谨以此书献给我敬爱的恩师王作富教授。

"北京大学普惠金融与法律监管研究基地"系列丛书

江苏银承网络科技股份有限公司资助

中国普惠金融
数字化转型与合规发展

顾　雷　著

中国金融出版社

责任编辑：肖丽敏　赵晨子
责任校对：刘　明
责任印制：丁淮宾

图书在版编目（CIP）数据

中国普惠金融数字化转型与合规发展/顾雷著. —北京：中国金融出版社，2022.8
ISBN 978 - 7 - 5220 - 1681 - 8

Ⅰ. ①中⋯　Ⅱ. ①顾⋯　Ⅲ. ①金融业—数字化—研究—中国
Ⅳ. ①F832. 1 - 39

中国版本图书馆 CIP 数据核字（2022）第 119124 号

中国普惠金融数字化转型与合规发展
ZHONGGUO PUHUI JINRONG SHUZIHUA ZHUANXING YU HEGUI FAZHAN

出版
发行　　中国金融出版社

社址　北京市丰台区益泽路 2 号
市场开发部　（010）66024766，63805472，63439533（传真）
网 上 书 店　www. cfph. cn
　　　　　　（010）66024766，63372837（传真）
读者服务部　（010）66070833，62568380
邮编　100071
经销　新华书店
印刷　北京九州迅驰传媒文化有限公司
尺寸　169 毫米 × 239 毫米
印张　31. 75
字数　450 千
版次　2022 年 8 月第 1 版
印次　2022 年 8 月第 1 次印刷
定价　98. 00 元
ISBN 978 - 7 - 5220 - 1681 - 8
如出现印装错误本社负责调换　联系电话（010）63263947

总　序

　　2005 年我国引入普惠金融，聚焦欠发达和贫困地区，帮助低收入群体，加大金融资源倾斜力度，推动各类金融机构提升精准扶贫和服务乡村及小微企业，为我国服务小微实体经济和取得脱贫攻坚全面胜利贡献了值得称赞的力量。

　　普惠金融，主要是指立足机会平等和公平正义要求及商业可持续原则，以可负担的成本为遭到传统金融排斥的且有金融需求的社会各阶层的"长尾客户"提供适当、有效的金融服务，小微企业、农民、城镇低收入人群等弱势群体成为重点服务对象。近年来，国家已将普惠金融摆到国家战略地位，但社会上对普惠金融定位一直存在着它与扶贫、慈善孰优孰劣，以及与传统商业金融有何差异的争论，其核心之一就是对普惠金融利率高与低存在不同观点。

　　孟德斯鸠在两千年前就说过："有商业的地方，便有美德。"虽然我国传统社会自古以来都本能地痛恨商人，无论是《论语》还是《道德经》，认为商人基本都是唯利是图的，"无商不奸"的形象根深蒂固，似乎这样才符合传统社会对商人的印象。于是，就出现了这样的怪象，人们在享受发达商业社会所带来便利和体验着从未有过的富足安逸生活的同时，却经常轻视商业和责备商人。

今天，这种误解依然在普惠金融领域流传。人们对扶贫慈善似乎更能理解和接受，而对那些借钱给低收入人群并收取一定利息的商人却依然鄙视。但是，我们只要对普惠金融和公益慈善稍加对比分析，就不难发现二者各有其应有的功能和作用。破除人们对普惠金融的误解，用利率趋低普惠金融服务社会低收入人群，为全社会提供及时、可得、有效和安全的金融服务是何等的必要。

有些人士认为，对于低收入人群更应该发放扶贫资金或者慈善款项，而不是施以具有一定利率的普惠金融信贷。要厘清这个问题，首先需要搞清楚金融活动与扶贫慈善的本质区别。

从本质上讲，一切金融活动归根结底是以金融消费者为核心展开的，最终由金融消费者决定市场走向。作为以盈利为目的金融机构，必须满足金融市场的各种消费需求。因此，在商业模式下，金融机构会时时刻刻关注消费者各种各样、变化多端的金融需求，并随之调整业务模式和经营方式，提供相应的金融产品和金融服务，这时的金融消费者才真正受到重视。而社会民间的扶贫或公益慈善是免费提供的，从事扶贫或公益慈善更多的是为了满足自我道德需求，或者是为了实现既定的某种理想情怀，以此获得精神满足，其行动方式的设计通常是以道德标准为中心展开的。所以，两者价值观差异直接反映在对客户或者金融消费者的服务动机、理念的不同，并由此带来行为方式的差异。慈善行为无法做到真正的可持续发展，往往是在阶段中产生，在相持中消失，而金融行为可以长久坚持发展，真正做到持续存在，并在商业化发展中不断壮大。

其次，虽然慈善家或公益机构想帮助贫困人群，但人的需求是无限的，而满足无限需求的手段、资源都是有限的。这种矛盾和窘境是必然的，加上缺少定价这一至关重要的市场信号，不可避免地掺杂着很多人为的不确定因素，导致资金供给和市场需求脱节，服务对象和资金流向背离，所以，这种慈善帮助在一定程度上是效率低下和短暂的。

最后，由于缺乏市场渠道，金融消费者很难提出自己的真实资金要求。一方面，得到了扶贫资金或者慈善款项，这在道德上已经不允许受惠人再提出更多要求；另一方面，由于受惠者无所失而有所得，不清楚自己更迫切的要求是什么，很难对自己免费得到的钱款有更多珍惜之情，发生挥霍和浪费也并不意外。比如你送他 10 万元，他很高兴地接受了，但他可能花费在普通消费上，而根本不知道该如何用 10 万元来摆脱贫困，最糟糕的是他可能会认为这是理所应当的事情。"有付出才会珍惜"，免费获得的东西更容易造成无谓的浪费，正可谓"授之以鱼，不如授之以渔"。如果免费发放的物资的实际成本高昂且数量稀缺，就更会导致慈善行为难以为继。

普惠金融较之纯粹的公益扶贫或慈善事业，最大的优势在于普惠金融具有自动扩张资金资源的特色，这是公益扶贫或慈善事业无法比拟的。因为公益慈善不能为自身的扩展提供必要的资源。比如说，办一家公益性的扶贫机构，所需投放经费较少，但如果将这个扶贫机构推广到全国，需要投放的资金将成十倍、百倍地增加，庞大的资金来源可能无法解决。加之没有利润和价格优势，扶贫机构主要依靠精神凝聚力，缺乏自我扩张的能力，在更多情况下是处于不稳定状态的。

另外，也有不少业内人士有不同于扶贫或慈善的强烈商业化主张。他们认为，既然普惠金融的本质是金融，就必须按照市场化方式运作，无关善恶；既然是普惠金融，就应该供需双方随行就市确定利率，不论高低。其实，我认为这样的观点并不全面。要搞明白这个问题，必须对利率趋低的普惠金融功能做一些分析。普惠金融应该贯彻实施的是保本微利、可持续发展的原则，这是它与传统商业金融的差别所在。

如果交易成本过于高昂，付出的边际成本过于庞大，任何使用收益，到最后都可能是负相的，难以确保金融消费者最有效率地使用这种稀缺资源。更为重要的是，金融机构提高利率虽然可以增加收益，但对金融消费者来说，成本高于收益，负担重于承受，很难获得生活中最有价值的财富，尤其对低收入群体并不公平，非但不能远离贫困，反而会陷入更深的贫困之中，不能真实地改善生活状态。

如何平衡两者的关系？笔者认为，利率趋低的普惠金融可以解决这一矛盾。利率趋低是指既区别于捐赠慈善的无偿性，又区别于以追求高利润为目标的商业金融，兼顾供求双方利益，以实现普惠金融的保本微利和可持续发展特征的一种利率。

利率趋低的普惠金融是一种能够把资金效用最大化的资源配置方式，特别是在数字化时代，金融机构可以借助大数据、云计算，为金融消费者提供边际成本较低的金融产品，这极大地改善了消费者的整体福利，为小微企业、个体工商户和低收入人群提供廉价、快速、高效的金融服务，纾解小微企业融资难、融资贵的困局，使金融服务覆盖面逐步扩大，优质金融产品供给不断丰富，使民营企业、小微企业、个体工商户、"三农"机构、小作坊、"双创"组织等都能及时获得宝贵有效的资金支持。最关键的是，利率趋低的普惠金融在提供有偿服务的同时，能够获得适当的收益，能够积攒起自身的资源储备，让可持续地减缓和摆脱贫困与金融科技能力完美结合。如果换成高利率，这些机构和个人未必能承受得起高昂的利息负担，而且更容易产生二次借贷，借新债偿还旧贷款，从此进入"以贷养贷"的恶性循环。

我们不能忽视普惠金融服务的对象是低收入群体，这也是普惠金融与传统商业化金融的最大区别。因为普惠金融服务对象是低收入群体，这是一个不能忽视的重要特征，而传统金融只是针对普通社会群体和机构，不存在任何特殊照顾，商业规则当然是畅通无阻的。特惠金融和财政补贴由于有了政府特殊性的资金支持，并不属于普惠金融范畴，或者说只是"普惠"的文字表达，并不是金融学意义上的普惠金融。例如，2021年中国银保监会、国家网信办、教育部、公安部、中国人民银行五部门联合下发《关于进一步规范大学生互联网消费贷款监督管理工作的通知》，禁止小贷公司对大学生发放互联网消费贷款、非持牌机构对大学生放贷，不得针对大学生群体精准营销，不得向放贷机构推送引流大学生。这就是针对大学生这个特定对象提出的限制性法令。

　　由此可见，服务对象是十分重要的表征，也是普惠金融区别于传统金融、特惠金融和财政补贴的一个最大区别，决定了普惠金融利率的走向只能是趋低，不能向高，否则，资金就无法顺畅地流向这些特殊群体，金融促进实体经济就成了一句空话。

　　利率趋低的普惠金融最合适社会低收入群体，因为他们拥有的资金很少，最需要有效率的普惠金融资源，既不是可能低效、均等的扶贫慈善，更不是利率畸高的高利贷投机。只有在利率趋低的普惠金融下，社会低收入群体才不会陷入"扶贫扶贫，越扶越贫"的恶性循环，打通金融服务实体经济的"毛细血管"，真正实现支持小微客户发展、推动就业、提升税收收入、刺激消费的目标。这就是普惠金融应该遵循保本微利、可持续发展原则的意义所在。

　　总之，普惠金融拥有市场化、便利性高和灵活性强特点，无论是在产品结构还是产品体验上均与传统的信贷产品有较大的区别。毫无疑问，普惠金融是我国信贷体系的重要工具之一，不仅是传统信贷体系的有益补充，也可以促进形成多层次、广覆盖、可持续和高质量的信贷体系，助力供给侧结构性改革。例如，对不同的金融服务对象，可以通过客户数据的不断积累，对个人信贷、小微企业、大中型企业提供不同利率的金融信贷。显然，这些不同层次的信贷体系需要不同的利率结构，如果金融市场中只有高利率，只存在一元结构，绝对无法满足不同经济结构人群、不同所有制形态企业的不同需求。

　　北京大学普惠金融与法律监管研究基地经过多年的潜心研究，秉持利率趋低普惠金融为学术理念，坚持普惠金融应该成为最好的可持续性公益金融的观点，提出普惠金融不是慈善，可以有利率，但普惠金融供给方不应该成为榨取社会低收入群体的高利贷，利率应该趋低而不能走高的观点。有利于弱势群体、利率趋低的可持续发展应该成为中国普惠金融的标签，这是深刻剖析普惠金融在当今社会扮演的金融扶持弱势群体角色以后的一种体验。

今天，北京大学普惠金融与法律监管研究基地将近年来研究普惠金融和法律监管的学术成果编撰成册，形成"北京大学普惠金融与法律监管研究基地"系列丛书，尤其是在普惠金融监管方面，对近年来普惠金融领域涌现的联合贷款、助贷、小额信贷等创新业务进行了详细分析，还对社会大众普遍关心的非法集资行为"非法性"、非法放贷入刑尺度、小贷公司定罪反思以及网贷P2P查禁问题进行了深入解析，全面评估各种创新业务的风险所在，提出了监管依据、监管原则和监管建议，有利于我国金融机构、互联网金融平台、金融科技公司以及金融中介防控风险，帮助监管部门更合理地开展金融监管，提高城镇市民阶层、农村农户以及社会大众识别违法犯罪行为能力。当然，系列丛书中的某些观点并不成熟，还需要在普惠金融市场中不断得到验证。作为一部学术著作，当然可以有争论、探究之处，但是，在普遍追捧效益第一、利益至上的数字经济时代，利率趋低的普惠金融是一个替社会低收入群体说话的金融理念，是一个兼顾经济效益和社会平等的公平观点，也是一份可取的学术爱心，值得肯定。

是为序。

中国社科院农村发展研究所研究员

中国小额信贷联盟理事长

杜晓山

2021 年 3 月 30 日

数字普惠金融是中国供应链金融
走向平台化的产物

（代序）

　　数字普惠金融是我国金融科技服务的大势所趋，也是科技创新的重要应用场景。普惠金融作为服务实体经济，实现共同富裕的第一金融方阵，从产业链角度出发，以"普"与"惠"作为核心着力点，整合推动整个供应链金融的快速高效流转，目的就是要通过供应链金融服务的覆盖率、可得性和满意度来调整落后地区产业政策、优化产业结构、提升落后地区发展能力，进一步提高经济发展的收敛性。

　　世界是永恒变化的，解读数字变化是衡量事物发展颠扑不破的真理。数字普惠金融的出现，将数字技术与普惠金融有机地结合起来，实现了"1＋1＞2"的作用。借助数字技术开展的产品创新和服务创新，数字普惠金融不仅能从整体上促进金融供给侧结构性改革，推动金融业高质量发展，还可通过增加高质量产品供应、激发内需活力来促进数字金融与实体经济的深度融合，成为缓解中小微企业融资难问题，提升实体经济服务质效的重要抓手。

供应链金融数字化是促进普惠金融发展的关键所在

　　在多年的企业服务实践中，供应链末端的中小微企业经常面临各种发展难题，而融资难则是最普遍和具有代表性的一种。随着党中央对发展普惠金融的高度重视，中小微企业融资"难、慢、贵、险"等困境有了大幅缓解。在中国普惠金融数字化进程中，结合自身多年的创业经历和服务实践，我时常思考数字普惠金融最合适的载体是什么？如何最优化地推进数字普惠金融建设现代化经济体系？

带着这两个问题，我发现推动供应链金融数字化转型可以有效降低普惠金融服务成本，使之达到商业可持续，从而构建一个有深度的、可以满足数字经济普惠性发展要求的服务体系。而供应链的数字化改造，会使数据的获取成本变低、效率变高且可信度变高，有助于构建数据化、动态化的供应链风控体系，为数字经济发展提供一个"安全阀"。

这和我创建江苏银承网络科技股份有限公司（以下简称为江苏银承）的初心是不谋而合的。这10年来，随着供应链金融科技服务数字化转型不断深入，江苏银承利用自身金融科技优势，积极发展数字普惠金融业务，通过数字化赋能构建"两翼一体"新金融科技服务生态。一翼是构建专注于供应链末梢中小微企业小额承兑汇票信息撮合服务平台的同城票据网；一翼是围绕供应链核心企业上下游提供综合金融科技服务的汇承金科；一体是海承供数科技有限公司通过对产业链上下游数据进行多维度挖掘、分析、处理，形成数据服务产品满足实体经济对产业链数字化创新业务的需要。

这一发展进程和中国普惠金融数字化转型与合规发展的路径是相当匹配的。2012年，江苏银承推出线上供应链承兑支付体系融资平台"同城票据网"，成为"链"接各方的"桥梁"，将各类资金机构、上下游中小微企业都囊括进来，以更加灵活的方式来服务产业链上的各类企业融资需求。2021年底，随着数字化的深入发展，江苏银承的服务覆盖到全国32个省级行政区、100＋个二级行业，其中融资申请人TOP5行业为批发零售业、科学研究和技术服务业、制造业、信息传输软件和信息技术业、建筑业，都是对国家经济发展起到重要支撑作用的行业大类。"两翼一体"新金融科技服务生态发挥开放型平台在普惠金融领域的强大优势，直接服务几十万家企业，通过产业链协同服务上下游250万家中小微企业，帮助中小微企业节约融资成本120多亿元。而在供应链末端中小微企业持有的"三小一短"票据融资"难、慢、贵、险"这一老大难领域中，江苏银承的服务对象里，中小微企业占比超90%，平均单笔成交票面金额为30万元，最小成交面额仅77.64元。应该说，时代的发展潜移默化地深入影响着每一个企业，在数字化发展过程中，供应链金融科技服务已成为数字普惠金融最合适的载体。

供应链金融平台化打通金融科技服务"最后一公里"

人生的每一次选择都会影响未来的舞台空间，企业的每一次选择都是对创新价值的直接判断和真实反映。供应链金融作为衔接各个产业的中枢平台，需要率先容纳新事物的变革，以不断创新来推动行业发展。2021年3月，八部门联合发布的《关于开展全国供应链创新与应用示范创建工作的通知》中，也再次强调了供应链平台创新的重要性。

我接触到的金融机构、核心企业、B2B平台等供应链金融参与者，不同产业链上的企业对供应链金融科技服务具备不同的需求，特别是一些依附于供应链生存的中小微企业，它们的需求简单而直接，但因为基数多、差异大，这就要求供应链金融具有差异化的金融科技服务。但是，银行等金融机构在服务这一类客户时，时间和精力都难以满足差异化、个性化的服务，这就使得当前供应链金融科技服务逐渐由核心企业转移到专业的供应链平台，行业呈现出平台化的趋势。

江苏银承在发展过程中，一直思考着以数字化发展来驱动实体经济发展，以场景和数据为依托，将供应链向上下游的延伸拓展作为数字普惠金融产品体系构建主线，建立票据数字化全链条服务平台，探索出"互联网＋票据＋供应链SaaS"的特色化服务模式，以创新灵活的服务机制、安全高效的服务效率，缓解中小微企业票据流转、信息撮合等难题，使金融科技服务中小微企业的"最后一公里"和"最后一步路"问题得到有效解决。

从需求上来说，供应链末端的中小微企业基于资金周转压力，客观需求要寻求低门槛、低价、便利的票据变现渠道。江苏银承基于10年来行业数据的专业性以及普适代表性，围绕产业链图谱多角度挖掘，全面描绘企业数字化的特征维度，以票据数字化金融创新型服务平台，对中小微企业的服务导向突出，持续向中小微企业提供"廉价"的普惠融资，不仅进一步惠及实体经济尤其是中小微企业，提高普惠金融的可获得性，更是在推动实体经济发展、促进产业链供应链循环以及缓解中小微企业融资问题等方面发挥积极作用，真正形成普惠、安全、高效、绿色的票据数字化服务生态体系。

实践发现，供应链金融平台加上数字技术能有效扩展金融的辐射范围、增加金融的服务深度，使金融科技服务触手伸向末梢中小微企业，多维度拓宽供应链企业的融资渠道，引导金融资源向优质的供应链中小微企业配置，形成稳经济、稳产业链及供应链的"双稳"效应，非常适合现代化经济服务体系，可以说，数字普惠金融是中国供应链金融走向平台化的产物。

数字化发展，让普惠金融服务具备更深厚的储备

在中国的最东边生长着一种竹子，生长4年时间，仅仅长了3厘米，但到了第5年却以每天30厘米的速度疯狂生长，仅仅用了6周时间，就长了15米。其实在前面那4年，竹子的根已在土壤里延伸了数百平方米。人生需要储备，公司的成长也是如此。《中国普惠金融数字化转型与合规发展》这本书，我是一边读，一边对照江苏银承这些年的发展历程，感受非常深。

在改善中小微企业融资环境的道路上，在中国普惠金融数字化发展的进程中，我很荣幸，能和顾雷教授一起成为这种转变的参与者和见证者。顾雷教授在中国普惠金融数字化发展的实践中，不仅系统且细致地整理了诸多可

供参考的案例，深刻地去理解企业数字化转型和发展的困境，并给予其独特的见解和思路。所以这本《中国普惠金融数字化转型与合规发展》，不仅可以给还在找寻数字化转型的企业家们带来很多启发和领悟，而且对普惠金融行业的从业人员包括科学研究人员都会甚有裨益。

江苏银承网络科技股份有限公司创始人兼 CEO

曹石金

2022 年 6 月 15 日南京

前　言

今天，数字化时代已经来临。无论是数字信息，还是数字产品，抑或是数字经营模式都在不断迭代变化，数字经济产值也在不断刷新增高。同时，数字化理念融入普惠金融领域，越来越多的金融机构借助数字技术进一步提高了金融产品普惠性，增加了金融服务可得性，扩大了金融领域覆盖率，尤其在服务实体经济、增加民生福祉方面发挥了巨大作用，为实现共同富裕带来了时代机遇，实现了"普"和"惠"的初步统一。

数字化转型是当前时代面临的重大课题。2020年11月，《中共中央关于制定国民经济和社会发展第十四个五年规划和二〇三五年远景目标的建议》中明确提出要"加快数字化发展"，提出"数字中国"与数字化转型路径。数字化转型，就是以数据作为传统行业转型的核心驱动力，未来社会发展的重要主题包括激活数据要素潜能，推进网络强国建设，加快建设数字社会、数字政府、数字金融，以数字化转型整体驱动生产方式、生活方式和治理方式变革。这是我国政府从战略和全局高度，着眼实现高质量发展和建设现代化强国作出的重大战略决策。《"十四五"数字经济发展规划》进一步在宏观指导金融行业推进线上营销、远程协作、数字化经营、智能生产线等数字化应用，突破传统金融"物理网点＋人工服务"模式限制，由点到面向全业务全流程数字化转型延伸拓展，鼓励实施中小企业数字化赋能专项行动，鼓励和支持互联网平台、行业龙头企业等立足自身优势，开放数字化资源和能力，帮助传统企业和中小企业实现数字化转型，扩大普惠金融服务覆盖面、可得性和渗透率。

近年来，商业银行始终把风险管理融入稳健经营和创新发展中，持续完善全面主动智能的风险管理体系，推动先进风险管理技术和工具的开放共享，打造风险共治的新生态，持续培育"稳健、审慎、全面、主动"的风险文化，构建智能风控系统，加速从"人控"向"机控+智控"转变。商业银行一方面要加快对行内系统数据开发和挖掘，积累、提取行内客户信息，如财务报表数据，账户往来数据，押品、关联公司、实际控制人等授信申报信息等；另一方面要大力推进诸如法院、征信、市场监管、税务、海关、社保、环保等外部数据接入，整合内外部数据源，准确关联内外部信息，形成覆盖全部可获得信息的风险信息网络，让银行与客户信息处于对称状态。与此同时，商业银行还要利用数字技术为创新提供后端技术支持，对农村客户精准画像，实时输出征信分数、行为特征、金融需求和风险指标，大幅提升信贷、保险、投顾、消费金融等前端业务的精准度和个性化。

为了更大范围地实行数字化金融服务，全国各地兴起的普惠金融改革试验区，充分证明普惠金融已经与金融科技、金融产业革命融合在一起，正在推陈出新，扩展到六省七地，形成了错位发展、各具特色的普惠金融发展格局，河南兰考、福建龙岩、浙江宁波、江西赣州以及山东临沂纷纷设立了普惠金融改革试验区，增强普惠金融供给能级，提升普惠金融服务质效，打造数字普惠金融科技创新生态圈。

国际社会在数字普惠金融领域已达成了高度共识。中国也是数字普惠金融的实践者和受益者。在宏观规划层面，强调"宏""微"并行，形成了相对比较完整的数字普惠金融政策框架和路线规划，促进共同富裕，为数字普惠实践指明了发展方向，发挥普惠金融在脱贫攻坚和乡村振兴中的作用，助力缩小收入差距、城乡差距和地区差距。在微观操作层面，发展数字普惠金融，加大对小微市场主体的金融支持力度，提升小微企业主的金融素养，拓展数字普惠金融服务广度深度，完善民生领域普惠金融服务，帮助老百姓尤其是老年人、残疾人、农民工、大学生等群体改善生活，积极借助金融科技，开展普惠金融综合示范区试点工作，得到了长远而明显的发展。

同时，在普惠金融行业数字化改革进程中，对金融消费者纠纷案件也产生了深刻影响。在金融科技迅猛发展的今天，产生了大量的信息不对称，金融机构或互金平台、小贷公司、金融科技企业都可能会刻意隐匿敏感消息，而金融消费者大多是分散在市场各个角落，个体实力单薄，整体上无法与金融机构相抗衡。于是，拥有信息的一方可能会滥用优势地位侵害另一方利益，而不拥有信息的一方可能作出非理性的判断。显然，数字时代的金融消费者始终处于一种弱者地位，这就需要我们重新构建金融消费者保护机构，将分散的"一委一行两会＋四家消保机构"规整为全国统一的金融消费者保护机构，这不仅有利于协调金融消费者纠纷处置，而且也便于金融消费者申请和执行。同时，创造性地运用和解、调解、仲裁等非诉讼在线方式，发挥其特有的灵活、快捷、简便等优点来及时处理金融消费者个人信息滥用或侵犯等的纠纷，将线上非诉讼方式作为解决纠纷的最广泛方式，构建以金融消费者保护为核心的多元化金融纠纷解决机制的统合体系，最终实现金融纠纷处理机制统合。这不仅是金融机构规范服务、吸引客户的立身之本，也是金融行业社会责任的集中体现，更是金融机构创新发展的"应有之义"。

正因为在金融科技发展背景下，金融业务边界日益模糊化，导致金融风险更加复杂，出现了越来越多跨行业、跨市场的跨界金融服务，不同业务之间相互渗透，金融风险呈现错综复杂局面。同时，金融科技将很多普惠金融小额信贷业务变为信息流、数字流，产品交叉性和关联性不断增强，打破了风险传导的时空限制，风险传播速度更快，风险隐蔽性更大，传统金融监管措施很难奏效。为此，我们需要更新监管理念，建立与金融科技相适应的监管方式，利用大数据、云计算等先进技术建设数字化、智能化、透明化、精细化的数字金融安全网，建立统一数据标准，量化数据管理，重塑高时效的数据分析系统，健全风险预防、预警、处置、问责制度体系，提升监管机构与业务人员沟通效率，推动金融机构、互金平台数据管理水平快速提升，满足数字化普惠金融风险分析能力和精细化管理要求，有效防范跨行业、跨市场、跨地域的风险传递，从而为监管部门提供更加科学精准的决策支持。

2022 年是"十四五"关键之年，我们必须加强对普惠金融创新业务的数字监管。一方面，在保持政策连续性的基础上，建立支持普惠金融创新发展的政策配套，坚持立法与监管科技应用相适应，加强最新数字技术与原有金融监管体系的有效衔接，完善普惠金融数字化监管法律法规，明确数字化监管的适当性原则，完善监管数据安全管理要求，优化金融监管指标体系，进一步完善金融监管数字框架。

另一方面，推进金融监管并不能阻碍数字普惠金融市场发展，不仅要让社会低收入群体、贫困人群能够及时获得可得的金融服务，更要促进平台经济数字化发展，增加优质数字金融产品和服务供给，让助农金融服务网点、个人征信机构、互联网银行、社区金融都能健康成长，让各类创新业务参与主体能够在监管政策指导下开展业务，构建有活力、有创新力的金融环境。

当前，我国经济已由高速增长阶段转向高质量发展阶段，以数字经济为代表的新动能加速孕育形成。2021 年我国数字经济增加值规模已经达到 45.22 万亿元，占国内生产总值比重达 36.2%。显然，数字化发展已经从根本上改变了传统经济的生产方式和商业模式，数字普惠金融能够发挥数据要素价值，加大对双循环"卡脖子"领域的金融支持力度，为科技创新企业提供精准、安全、高效、全面的金融服务，深刻影响生产、流通、消费、进出口各个环节，既有利于加快推动形成以国内大循环为主体、国内国际双循环相互促进的新发展格局，有效应对日益复杂的国际大环境、保障我国经济体系安全稳定运行，又有利于拓展经济发展新空间、培育经济发展新动能、推动经济高质量发展，加快实现质量提高、效率加快、动力提升。此外，在农业、工业、服务业等各个行业的数字化进程中，数字金融能够与其进行深度融合，通过延长产业链条、丰富应用场景、拓展新兴市场，不断催生数字化新模式、新业态，加快实现数字产业化和产业数字化。

未来，数字普惠金融将进一步助力解决金融领域的诸多发展难题，数字金融为社会发展和人民富裕提供广阔的应用空间，这样的双向作用形成良性循环，数字普惠金融将显示出源源不断的生命力。这种优势不仅体现在国家内部的经济循环，还体现在更大范围的国际循环中。在传统国际金融市场中，从生产到消费链条冗长，供应商利润被层层稀释，数字化手段凭借其强大议价能力挤占上下游的利润空间。而跨境电子商务平台通过直接连接买卖双方，降低了中小企业参与全球价值链的门槛，打破了国外大型企业在国际贸易中的垄断格局。数字金融为中小企业融入全球价值链，将重塑全球价值链利益的分配格局，实现弯道超车，享受全球化受益提供新的机遇，进一步提高我国数字金融在国际金融大市场中的话语权。

我们相信，发展数字普惠金融是把握新一轮金融科技和金融产业革命的战略选择。在数字化转型背景下，我们要深化金融服务智慧再造系统，搭建多元融通的服务渠道，为人民群众提供更加普惠、绿色、人性的数字金融服务，构建良性互动、优势互补、合作共赢的数字普惠金融生态，针对不同行业、不同场景、不同对象构建数字金融服务形态，推动传统金融的数字化转型，打破农村地域约束和空间障碍的限制，覆盖传统金融的服务盲区，减少"数字鸿沟"。以数字普惠金融为例，要根据其"信用风险大、交易成本高"的特点，构建覆盖企业全生命周期的数字金融服务生态，以及涵盖银行、信托、融资租赁、小贷、保理等金融和类金融工具的全方位数字金融服务体系，推进各类金融工具的数字化、智能化、专业化、协同化，促使数字普惠金融供给体系能够输出更及时、更多元、更优质的金融服务。

我们相信，数字金融以数据为基础、技术为驱动，通过信息流、技术流来加速资金流、产业流流动，能够激发各类市场主体活力，更高效地为生产、分配、流通、消费各个环节配置资源，推动实现供给与需求之间更高水平的动态平衡，推动经济体系优化升级，助推我国经济社会向低碳绿色高效集约的发展模式转变。比如，数字金融在加速地方经济发展方式转变，推进数字产业化和产业数字化进程，助力更高水平的对外开放都有所贡献。数字金融可以通过缩小农村地区间经济发展差距，以及不同地区、不同群体之间的支付服务差距，不断满足人民日益增长的美好生活需要，更好地满足人民群众对美好生活的向往等方面发挥着不可替代的作用，建设美丽乡村，支持统筹城乡发展，构建以国内大循环为主体、国内国际双循环相互促进的新发展格局。

目　录

第一章
普惠金融数字化转型趋势与效应

近年来，互联网、大数据、云计算、人工智能、区块链等数字技术加速创新，日益融入我国经济社会发展各个领域。数字经济发展速度之快、辐射范围之广、影响程度之深前所未有，数字经济也成为推动我国普惠金融迅猛发展的关键力量。《2020年中国数字经济发展白皮书》显示：2020年我国数字经济占GDP比重已达38.6%，增速是GDP增速的3倍多。数字技术可为企业提升约60%的作业效率，降低20%的人力成本，提升50%的管理效率。在抗击新冠肺炎疫情过程中，复工报批、设备消杀、出货物流管理等数字化应用，在弥补企业损失、复工复产等方面发挥了重要作用。

在第四届数字中国建设峰会主论坛发布的《数字中国发展报告（2020年)》显示："十三五"时期，我国数字经济总量跃居世界第2位，2020年，我国数字经济核心产业增加值占GDP的比重达到7.8%。截至2020年末，我国网民规模增长到9.89亿，互联网普及率提升到70.4%，已建成5G基站71.8万个，5G终端连接数据超过2亿个，信息技术创新能力持续提升，在全球创新指数排名中，我国从2015年的第29位跃升到第14位，并成为全球最大的专利申请来源国。同时，规模以上工业企业关键工序数控化率、经营管理数字化普及率和数字化研发设计工具普及率分别达到54.6%、69.8%和74.2%。国家数据中心、"东数西算"建设规划折射出数据中心、算力中心和大数据的社会性，这些基础设施和要素资源是企业和组织数字化转型的基础，数字经济、平台经济已为我国GDP增长作出了67%的贡献。[1]

值得关注的是，数字化在脱贫攻坚中发挥了瞩目的作用。截至2020年末，贫困村通光纤比例由电信普遍服务试点之前不到70%提高到98%，深度贫困地区贫困村通宽带比例从25%提升到98%。电子商务进农村综合示范已累计支持1338个县，实现对832个国家级贫困县全覆盖。[2] 数字化科技推动

---

[1]　数字化定义源于IT咨询公司Gartner，包括Digital、Digitalization、Digital Business Transformation三个递进层次的概念，目前已经在全球金融行业流行开来，成为金融行业发展方向之一。

[2]　参见《"十三五"期间我国数字化发展取得了哪些成就?》，载"人民网"，2021年4月26日。

了企业转变业务模式、产品结构、组织架构甚至企业文化等方面的变革，为行业构想和交付新的、差异化的价值，促进我国数字普惠金融在基础设施、支付、信贷、保险和理财方面的快速发展，凸显了数字平台对于我国普惠金融发展的重要意义。

第一节　普惠金融数字化转型战略

一、数字化转型基础性制度

（一）数字化转型战略规划

自 20 世纪 80 年代美国推广电子商务以来，数字经济表现出旺盛的生命力，带来巨大的经济利益和社会效益。为此，经济合作与发展组织（Organization for Economic Co – operation and Development，OECD）2015 年发布报告认为，从当前世界范围看，数字经济较为发达的国家，其创造的年产值在年增加值总额中占比较高，并在劳动力就业、对外贸易及创新投资等方面屡创新高。2013 年经济合作与发展组织数据显示：韩国数字经济年产值占比高于 10%，日本、美国、英国等的占比都处于 6% 左右，传统欧洲经济强国德国和法国的占比处于 4% 左右。2014 年，爱尔兰这一比例超过 5%，美国、英国这一比例均超过 3%。2015 年，美国从事数字经济行业的人口规模为 490 万人，在发达国家中居于首位。其他西方发达国家从事数字经济行业的人员占比近年来还在不断提高。在创新投资方面，作为与信息科技联系最紧密的部门，各国在数字经济涉及的部门均有较大投入。在 OECD 国家中，用于数字经济相关创新的商业研发投入占所有商业研发投入的 33%，在很多国家都超过本国 GDP 的 0.5%。韩国（1.75%）、以色列（1.5%）和芬兰（1.2%）

居于研发投入占 GDP 比例的前三位，美国、日本和瑞典紧随其后（都高于 0.6%）。① 显而易见，数字经济正在成为重组全球要素资源、重塑全球经济结构、改变全球竞争格局的关键力量。

2016 年 9 月，作为二十国集团的轮值主席国，中国政府在杭州峰会上发布了《G20 数字普惠金融高级原则》，第一次正式强调了数字技术是普惠金融发展的关键推动力，成为数字化转型发展的标志性宣言。多年来，我国数字普惠金融配合数字经济社会的演变，实现了跨越式的发展，正在不断改变人们的生产、生活方式以及经济结构。

2011—2020 年短短十年时间我国各省级行政区平均数字普惠金融指数由 40.00 增至 341.22，呈现出翻倍增长趋势（见图 1-1）。

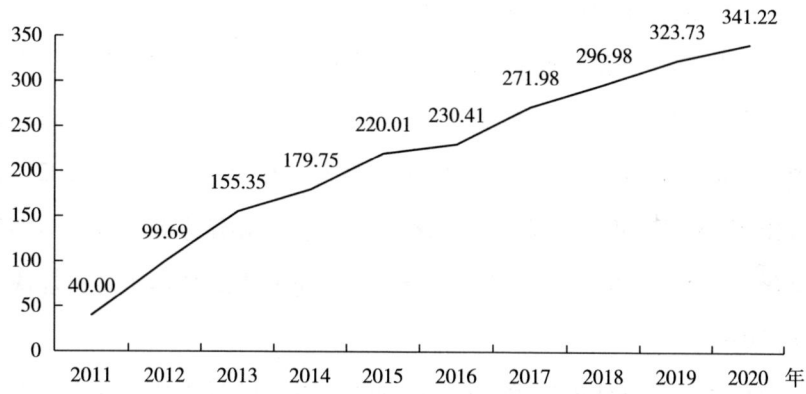

图 1-1　我国十年间数字普惠金融变化趋势

2021 年 3 月，国务院发布了《中华人民共和国国民经济和社会发展第十四个五年规划和 2035 年远景目标纲要》（以下简称《规划纲要》），提出"数字中国"与数字化转型路径，其中第五篇是专门的数字化章节，介绍了数字化转型的内涵和对数字化发展的各方面要求，形成了国家数字化转型指导的纲领性文件。

---

① 参见王灏晨：《国外数字经济的发展及对中国启示》，载"国家信息中心网站"，2017 年 12 月 21 日。

《规划纲要》提出"加快建设数字经济、数字社会、数字政府",而"数字化转型"是重中之重,是立足"新阶段"、构建"新格局"、实现"高质量"增长的核心所在。所谓数字化转型,就是以数据作为传统行业转型的核心驱动力。按照《规划纲要》表述,未来社会发展的重要主题,包括激活数据要素潜能,推进网络强国建设,加快建设数字经济、数字社会、数字政府,以数字化转型整体驱动生产方式、生活方式和治理方式变革。《规划纲要》提出了 4 个方面目标。

1. 打造数字经济新优势。加强数字技术创新应用,加快推动数字产业化,充分发挥海量数据和丰富应用场景优势,促进数字技术与实体经济深度融合,赋能传统产业转型升级,催生新产业新业态新模式,大幅提高社会生产力、优化资源配置,营造良好数字生态。

2. 提高数字政府建设水平。加强公共数据开放共享,推动政务信息化共建共用,提高数字化政务服务效能;将数字技术广泛应用于政府管理服务,不断提高决策科学性和服务效率。中央网络安全和信息化委员会 2021 年 12 月 27 日印发《"十四五"国家信息化规划》,提出要建立健全规范有序的政府数字化管理体系,推动营造开放、健康、安全的市政数字生态,加快数字中国建设进程。

3. 加快数字社会建设步伐。《规划纲要》专门设置"加快数字化发展建设数字中国"章节,并对加快建设数字经济、数字社会、数字政府,营造良好数字生态作出明确部署,要求提供智慧便捷的公共服务,构筑美好数字生活新图景;适应数字技术全面融入社会交往和日常生活新趋势,促进公共服务和社会运行方式创新,构筑全民畅享的数字生活。

4. 营造良好数字生态。2021 年 12 月,国务院印发《"十四五"数字经济发展规划》,鼓励建立数据要素市场规则,改善政策环境,加强网络安全保护,推动构建网络空间命运共同体,坚持放管并重,营造开放、健康、安全的数字生态。

（二）金融行业数字化转型设计

与数字化转型的大趋势相匹配，我国在金融领域做了数字化转型的规划。2019 年，中国人民银行组织编写并发布了《金融科技（FinTech）发展规划（2019—2021 年）》（以下简称《发展规划》），系统提出和规划了金融科技发展的目标和重点任务，要求人工智能、大数据、云计算、物联网等信息技术与金融业务深度融合，为金融发展提供源源不断的创新活力。

1. 数字技术整体规划。《发展规划》重点提到了以下 5 个方面：一是科学规划运用大数据，二是合理布局云计算，三是稳步应用人工智能，四是加强分布式数据库研发应用，五是健全网络身份认证体系。

2021 年，中国人民银行发布《金融科技（FinTech）发展规划（2022—2025 年）》（以下简称《新发展规划》），提倡发展金融科技，明确将金融数字化转型作为目标，加快金融机构数字化转型。《新发展规划》指出，数字技术的快速演进为金融数字化转型注入充沛活力，要求不断强化数据能力建设、推动数据有序共享、深化数据综合应用、做好数据安全保护，开展金融科技健全治理体系，完善数字基础设施，促进金融与科技更深度融合、更持续发展，满足数字经济时代提出的新要求，推动金融科技迈入高质量发展的新阶段。①

《新发展规划》着重在解决金融科技发展不平衡不充分等问题。从内容看，八项重点任务是主体部分：一是强化金融科技治理，全面塑造数字化能力，健全多方参与、协同共治的金融科技伦理规范体系，构建互促共进的数字生态。二是全面加强数据能力建设，在保障安全和隐私前提下推动数据有序共享与综合应用，充分激活数据要素潜能，有力提升金融服务质效。三是建设绿色高效可用数据中心，架设安全的金融网络，布局先进高效的算力系统，夯实金融创新发展的"数字底座"。四是深化数字技术金融应用，健全

---

① 参见《金融数字化转型中的合规保障》，载"金融界"，2022 年 2 月。

安全与效率并重的科技成果应用体制机制，不断壮大开放创新、合作共赢的产业生态，打通科技成果转化"最后一公里"。五是健全安全高效的金融科技创新体系，搭建业务、技术、数据融合联动的一体化运营中台，建立智能化风控机制，全面激活数字化经营新动能。六是深化金融服务智慧再造，搭建多元融通的服务渠道，着力打造无障碍服务体系，为人民群众提供更加普惠、绿色、人性化的数字金融服务。七是加快监管科技的全方位应用，强化数字化监管能力建设，对金融科技创新实施穿透式监管，筑牢金融与科技的风险防火墙。八是扎实做好金融科技人才培养，持续推动标准规则体系建设，强化法律法规制度执行，护航金融科技行稳致远。[①]

显然，《新发展规划》已经明确表达金融数字化转型是我国数字经济发展中不可或缺的重要部分。北京大学新结构经济学研究院在《"十四五"期间推动数字经济与实体经济深度融合发展路径研究》报告中明确表示：发展数字经济是中国经济在第四次工业革命中实现"换道超车"的机会，对实现高质量发展有着重要的战略意义，因为数字经济是第四次工业革命的核心组成部分，以人力资本投入为主，具有研发周期短、技术迭代快的特点，特别是在以大数据、人工智能、互联网为代表的数字金融方面，中国是有比较优势的，必须持续发展，不可懈怠。

2. 数字化转型任务。国资委 2020 年 9 月出台的《关于加快推进国有企业数字化转型工作的通知》较早提出了对企业的数字化转型指导要求，并明确提出了"以企业架构为核心构建现代化 IT 治理体系"，"探索构建适应企业业务特点和发展需求的数据中台、业务中台等新型 IT 架构模式"等数字化转型方向。

2022 年 1 月 10 日，一份关于金融机构数字化转型的重量级指导文件——中国银保监会《关于银行业保险业数字化转型的指导意见》（以下简

---

① 参见中国人民银行《金融科技发展规划（2022—2025 年）》，摘自《零壹财经》，2022 年 1 月 13 日。

称《指导意见》）更加具体，瞄准银行保险机构数字化转型的痛点与难点，对商业银行的数字化转型提出了具体要求。到 2025 年，银行业保险业数字化转型将取得明显成效，数字化金融产品和服务方式广泛普及，基于数据资产和数字化技术的金融创新有序实践，个性化、差异化、定制化产品和服务开发能力明显增强，金融服务质量和效率显著提高，数据治理更加健全，网络安全、数据安全和风险管理水平全面提升。

二、金融机构数字化转型构架

（一）战略目标

《新发展规划》提出了对基础设施的发展期望，坚持"数字驱动、智慧为民、绿色低碳、公平普惠"发展原则，以加强金融数据要素应用为基础，将数字元素注入金融服务全流程，将数字思维贯穿业务运营全链条，注重金融创新的科技驱动和数据赋能，推动我国金融科技从"立柱架梁"迈入"积厚成势"新阶段，力争到 2025 年实现整体水平与核心竞争力跨越式提升，对金融科技极大提升。

《指导意见》从多个方面要求金融机构大力推进数字化转型，比如，将商业银行的产品与服务开发、要求发展产业数字金融、推进个人金融服务数字化转型、数据能力建设、提升金融市场交易业务数字化水平以及数字化风险防控等重点发展目标，重点提出数字化转型方向，包括积极发展产业数字金融，大力推进个人金融服务数字化转型，提升金融市场交易业务数字化水平，建设数字化运营服务体系，构建安全高效、合作共赢的金融服务生态，以及加强数字化风控能力建设。

（二）保障措施

《新发展规划》和《指导意见》对如何保障数字化转型工作提出了保障

措施，都明确提到要对银行的数字化转型工作进行考核评价。《新发展规划》提倡"压实规划实施责任，通过制定台账、明确时间表和路线图等方式提升规划执行能力。做好规划实施情况中期评估和总结评估，将评估情况纳入机构内部考核评价体系"。《指导意见》则将"数字化转型情况纳入银行保险机构信息科技监管评级评分"。前者要求机构内部进行考核评价，后者则要在外部进行机构评价。

（三）试点思路

《新发展规划》提出了试点示范的主体思路，要"积极争取政策和资金支持"，提出 8 个方面重点任务；《指导意见》则要求坚持顶层设计与执行实施统一、鼓励创新与风险防范并重、制度完善与技术提升融合，要求银行保险机构大力推进业务经营管理数字化转型：一是积极发展产业数字金融，打造数字化金融服务平台，推进开放银行建设，加强场景聚合、生态对接。二是大力推进个人金融服务数字化转型，拓展线上渠道，丰富服务场景，完善数字化经营管理体系，提高金融产品和服务可获得性，推动解决"数字鸿沟"问题。三是提升金融市场交易业务数字化水平，加强线上交易平台建设，有效提升投资交易效率和风险管理水平。四是建设数字化运营服务体系，不断提高服务内容运营、市场活动运营和产品运营能力。五是构建安全高效、合作共赢的金融服务生态，强化系统集成，加强内外部资源整合，建立健全面向开放平台的安全管理机制。六是加强数字化风控能力建设，提升风险监测预警智能化水平。

三、数字化转型制度保障

（一）法律层面保障数字化转型

《网络安全法》《数据安全法》《个人信息保护法》加强了金融领域的

配套规章制度，进一步地规范银行的业务行为、技术行为，构建了适应新发展格局的高质量、多层次金融科技标准体系，推动金融科技标准化适配数字化转型要求，筑牢金融与科技风险防火墙，划定金融机构与数字渠道合作方的安全基线和责任边界，为数字化转型在行业管理方面给出了中国方案。

2021年6月10日，《数据安全法》由第十三届全国人民代表大会常务委员会第二十九次会议表决通过，正式公布，并于2021年9月1日起施行。这部法律既是数据领域的基础性法律，也是国家安全领域的一部重要法律，对中国的征信等数据应用领域影响深远。《数据安全法》的实施代表数据市场上"野蛮生长"的时代即将结束，数据市场走上了法治化、正规化道路。《数据安全法》带来至少4个方面的影响。

第一，能够有效遏制目前市场上盗用、滥用数据现象。《数据安全法》制定了以数据分类分级保护、监测预警、应急处理和安全审查等为基础的数据安全制度，同时提出重要数据确定安全负责人和管理机构，落实数据安全保护责任。

第二，可以有效促进相关监管部门加强数据处理规范研究，为最终形成统一的数据处理管理标准提供基础，在一定程度上消除数据的采集、加工等处理流程存在不安全、不透明等问题，促进有关部门合理制定严格的数据处理规范，加强数据安全保护。

第三，将数据要素发展与安全统筹起来，确定了数据流转过程中组织、个人的安全责任和义务，确立了数据分类分级管理，数据安全审查，数据安全风险评估、监测预警和应急处置等基本制度。

第四，为从事信用科技服务的机构提供了一定的市场空间。数据安全成为数据行业发展的重中之重，数据安全需求不断提升。一些从事信用科技服务的机构已经在数据安全服务方面积累了一定的优势，能够借此进一步扩大自身的数据安全服务赛道。

同时，《商业银行互联网贷款管理暂行办法》《网络小额贷款业务管理暂行办法》《征信业务管理办法》陆续出台，扩大了金融信用信息基础数据库、农户信用信息系统收录范围，为数字信贷的规范化发展提供了制度性保障。

（二）国有企业层面推进数字化转型

近年来，国有企业积极推动新一代 ICT（信息与通信技术）创新应用，加快推进生产经营数字化，着力培育数字新模式新业态，为数字化转型奠定了较为坚实的基础。例如，在数字新基建方面，目前已有 80 多家中央企业建成集团级数据中心，搭建了以"航天云网""中电互联"为代表的 60 多个工业互联网平台。再如，在产业数字化推进方面，中央企业三分之二的研发单位实现三维数字化建模和仿真，半数以上的研发单位建成了产业链数字化生态协同平台。[①]

当然，国有企业的数字化转型也只是部分试点，并没有全部开展。麦肯锡曾经的一份报告中指出：目前只有 20% 左右的中央企业在数字化转型上取得了基本成功，这说明我国国企向数字化转型的道路并不平坦。现阶段我国企业数字化转型比例约为 25%，低于欧洲的 46% 和美国的 54%，还有很大增长空间。

为此，2020 年 8 月，国资委发布了《关于加快推进国有企业数字化转型工作的通知》，明确国有企业数字化转型工作的重要意义、主要任务和保障措施，并将其作为国资央企改革发展的重点任务。2021 年 10 月，国资委、工信部又签署《关于加快推进中央企业两化融合和数字化转型战略合作协议》，共同加速推进国有企业数字化改革。普华永道在《数据治理在国有企业数字化转型中的核心地位》报告中表示：在国企改革、产能优化和国际形势变动大背景下，国有企业对数字化变革的需求已经比其他企业来得更加强

---

① 杨磊摄. 为什么国企要加快推进数字化转型？［J］. 瞭望·新闻周刊. 2022（2）.

烈，尤其是贸易类、能源类大型国有企业，对风险控制和国际市场掌控的需要越来越迫切，更需要加速转型。

（三）地方层面推进数字化转型

地方层面也在不断加码，积极推进地方数字化转型发展。2021 年 6 月，上海国资系统面向"十四五"提出的一系列目标，意味着数字化转型正成为当前上海国企创新转型的主战场，规模以上工业企业全部实现关键技术装备自动化、网络化和智能化提升。无独有偶，2021 年 9 月，北京市国资委发布了《关于市管企业加快数字化转型的实施意见》，推动数字经济与国有经济深度融合，带动效应强、辨识度高的数字转型升级示范项目，数字赋能发展效果充分展现，构建产销衔接服务平台，支持金融企业运用区块链、大数据、云计算对业务流程数字化再造，推动数字金融模式创新和服务创新，打通数据生成—汇聚—流通—消费—应用全链条，全面提升产业基础能力和产业链现代化水平。

第二节　普惠金融数字化转型市场背景

一、基础设施不断夯实

（一）信息技术基础设施

近年来，信息技术的基础设施不断得到夯实。全国行政村光纤和 4G 通达率均从八成多提升至 98% 以上，互联网普及率由 2016 年初的 50.3% 提升到 2020 年末的 70.4%。全国统一的票据交易平台开始运营，建设北京国际大数据交易所，分布式架构的网联清算平台上线，改造上海票据交易所成为我国票据领域的登记托管中心、业务交易中心、创新发展中心、风险防控中心、数据信息中心，为票据市场的安全性、透明度，为数字化发展打下了良好的技术基础。

以江苏银承网络科技股份有限公司为例，该公司以"缓解中小微企业融资难题"为初心，致力于服务当地中小微企业，坚持践行让资金流向最需要的地方服务宗旨，坚持自主创新和合作共赢相互补充、深耕细作和兼容并包相结合，建立了一支综合素质过硬、专业能力出众的研发团队，设立了同城、汇承、大数据三大自主研发中心。

▶▶【案例1-1】

从纸票时代到数字化时代，江苏银承网络科技股份有限公司通过10年的不断发展，用科技能力搭建架构先进、扩展性能强、安全可靠的"互联网+票据"平台，全渠道、多维度地收集、整理、挖掘和分析企业零散、碎片化的数据，帮助银行等金融机构提供新金融场景供应链支付+融资整体解决方案，从而改变传统线下冗长的模式；以数字化和平台化赋能形成了服务于实体产业核心企业及上下游中小微企业，引导客户数字化转型，全线上撮合融资的全链式供应链金融新模式，直接服务数十万家中小微企业，间接服务数百万家中小微企业，将原来5—7天的票据融资时间缩短至10分钟内，累计节约融资成本超百亿元，实现数字化服务中小微企业降本增效的目的。

案例来源：江苏银承网络科技股份有限公司提供。

截至2022年3月，江苏银承网络科技股份有限公司持续履行行业数字化"标准"创新者的责任担当，构建云平台、大数据一体的票据数智云链体系，以自身服务小额票据资产的强大能力，提高了承兑汇票融通的效率和安全性，弥补了现行票据贴现市场中小额票据资产融资难、慢、贵、险的缺憾，较大程度上解决了无法有效获得商业银行贴现服务的大量长尾小微企业的票据融资难题，有效助力实体经济高质量发展，完善推动票据网络的平台。[①]

（二）数字支付成为转型基础

从电商、餐饮、商超到地摊小贩，从教育、医疗到交通、文旅，数字支付融入了经济生活的各个领域，成为中国数字经济蓬勃发展的关键枢纽。新冠肺炎疫情暴发以来，数字支付的贡献尤其突出。社区、居民、本地商家自发组织了各种"云团购"，让突如其来的隔离生活少了些慌乱、多了些从容。所有这些运作的背后都得到了数字支付系统的强力支撑。

中国人民银行数据显示：截至 2020 年，我国使用电子支付的成年人比例为 89.2%，其中，农村地区也达到了 82.72%。在 ATM 等联网机具数量持续下降的背景下，数字支付在电子支付应用增长中发挥的作用更加突出。我国移动支付市场规模从 108.2 万亿元增长至 432.2 万亿元。与此同时，银行业金融机构处理的农村地区移动支付笔数达到 142.23 亿笔，同比增长超四成。

富达信息服务（Fidelity Information Services，FIS）旗下的 Worldpay 发布的《2021 全球支付报告》显示，2020 年，中国移动电商市场的市值已达到 1.2 万亿元，是第二大市场美国的 3 倍以上。中国消费者使用数字或移动支付的比例在电子商务和线下 POS 消费中分别达到 72% 和 50%，远超其他发达国家或新兴市场国家（见图 1-2）。

在数字经济时代，支付机构提供的服务已不再局限于支付本身，而是更加着重于如何通过已有的支付系统叠加多元化、数字化的 SaaS 服务，为企业实现数字化高效助力。

[①]　参见《对话曹石金：发挥平台优势，为特色环境下的中小微企业融资赋能》，载"中国经营网"，2022 年 4 月 12 日。

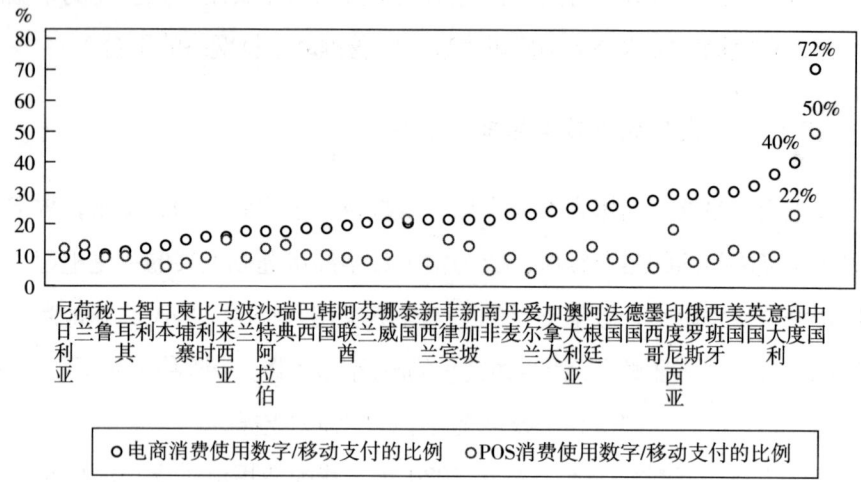

图 1-2　电商和 POS 消费中使用数字/移动支付比例

（数据来源：FIS-Worldpay《全球支付报告 2021》）

二、数字化转型大势所趋

（一）银行业数字化转型蔚然成风

近五年来，国有大行、股份制大行纷纷制定和强化了数字化发展战略，探索组织架构、业务流程的数字化变革，大量投入数字基础设施，加强建设数字人才队伍，推进研发创新，布局数字化销售体系。我们可以发现，国有大行发展数字普惠金融的目标从"扶贫"逐步延伸至"致富"；数字普惠金融服务也从基础的"线上贷款业务"逐步发展至以大数据为基础的普惠授信，银行业发展布局逐渐走向综合化的数字普惠金融产品体系和风控体系。

与大行大资本、大动作的转型路径不同，中小银行更需要找准定位，克服规模限制。通过与金融科技公司合作搭建全云化中台，赋能系统内数字化运营，积极与大中型银行、金融科技公司、地方政府和监管部门创新思路、推动数字化合作。

从消费互联网到产业互联网，数字化已经成为一种经济行为变迁，大量的个人客户行为和对公客户行为都会从线下迁移到线上，数字经济会渗透到中小银行所有客户身上，促使中小银行加速建设数据中心、算力中心等"新基建"，抢占中小银行市场。

被称为"互联网之都"的杭州，走在以数字经济为核心的新一轮科技革命浪潮的前列。杭州银行运用"数据、信用、抵押"三个支柱，稳步发展小微信贷业务，运用大数据赋能小微金融业务转型发展。第一，数据支柱。杭州银行以探索银税合作新模式为契机，坚持"标准化"原则，利用征信、税务、工商、法院和第三方大数据，运用人脸识别、规则引擎等技术手段，打开了以"跑数"模式创新小微信贷产品的新途径。"税金贷"就是杭州银行首次应用大数据技术尝试"跑数"的典型案例。[1] 第二，信用支柱。杭州银行研究出了杭银版"小微基本法"，即明确定位融资 500 万元以下、户均 100 万元以下的客户，并坚持"四个单独"：单独制定风险政策、单独制定授权规则、单独制定风险容忍度、单独制定问责制度。"小微基本法"为杭州银行台州分行建立了单独的体制、机制和保障体系，也开创了同类城市商业银行中整个分行专营小微的先河。第三，抵押支柱。坚持"本地化"原则，以客户体验为核心价值，注重时效管理、集约运营，做大小微基础信贷业务。"云抵贷"是杭州银行针对拥有自有优质住宅的小企业主开发的一款纯线上申请、线上评估、线上审批的个人经营性抵押贷款产品，最高额度达 800 万元。杭州银行的线上抵押贷款产品突出了以"客户体验"为核心，实行"5个1"作业时效要求，即 1 天内调查、1 天内审核、1 天内看房（签约）、1天内进抵、1 天内放款。[2]

---

[1] 杭州银行"税金贷"是信用微贷产品，积极尝试"跑数"模式，上述产品均实现了在线申请、在线自动预审批、线下核实签约、网上自助提款和还款，满足不同客群差异化需求，为依法纳税、稳定经营、信用记录良好的小微企业提供的无抵押、免担保的纯信用贷款，具有在线申请、快速审批、循环使用、按日计息、随借随还等特点，最高贷款额度可达 100 万元。

[2] 参见《数字转型是中小银行发展普惠金融的必然趋势》，载"东方财富网"，2020 年 11 月15 日。

（二）互联网保险市场空间广阔

从 2015 年 7 月《互联网保险业务监管暂行办法》发布到 2020 年 12 月《互联网保险业务监管办法》正式出台，经营互联网保险的公司数量从 2016 年的 124 家小幅增加至 2020 年的 134 家。互联网保险保费收入在经历了 2016—2017 年的下滑后持续上升，2020 年较 2017 年增长了近六成，在该年度保险业总保费收入中占比仅为 6.4%，未来还有较大的增长空间（见图 1 - 3）。理赔方面，在中国银保监会和银行保险机构的共同努力下，2021 年我国保险机构共清退、赔付消费者 245 亿元，这个数字非常可观。[①]

数字技术在保险业的应用最初局限于互联网渠道拓展，近年来随着大数据、云计算、物联网、人工智能及区块链等技术的进步，保险科技深入中后台，被更多地应用到长尾需求挖掘、产品研发、服务效率提升以及数据和架构等基础设施建设中。

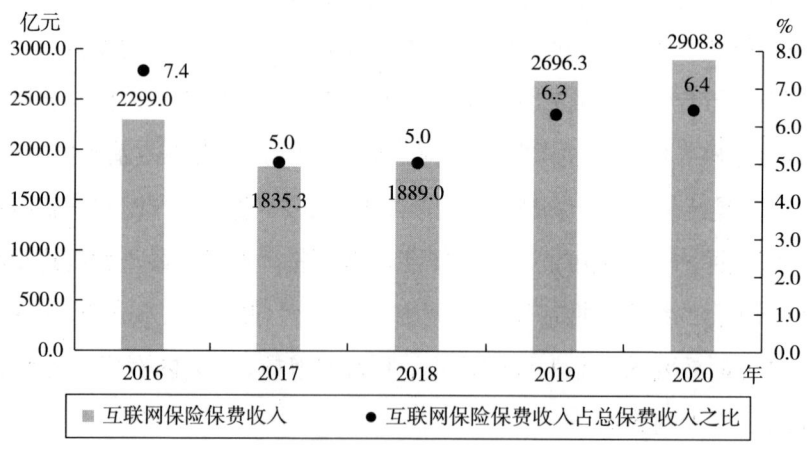

图 1 - 3　互联网保险保费收入比较（2016—2020 年）

（数据来源：中国保险业协会）

---

① 银保监会 . 2022 年重点开展个人信息保护专项整治［J］. 金融科技研究，2022（3）.

（三）互联网理财使用率稳步提升

自 2016 年以来，我国网民互联网理财使用率稳步提升，仅在 2020 年新冠肺炎疫情期间有所下降，2021 年以后使用率又开始回升。目前我国互联网理财用户约 1.7 亿人（见图 1-4）。

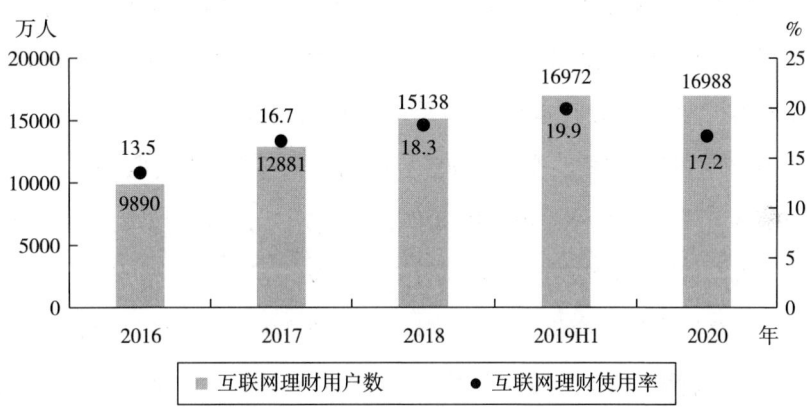

图 1-4 互联网理财用户数量及在网民中的占比（2016—2020 年）

（数据来源：CNNIC，图中 2019 年数据为截至上半年的数据，该年年末数据未公布）

与保险科技的情况类似，随着数据、计算、云以及分布式加密等技术的成熟，资管科技逐渐进入行业纵深环节的应用中，越来越多地被应用于智能投顾、智能投研等领域。

第三节 普惠金融数字化转型效应分析

一、打破时间和空间限制

数字技术帮助普惠金融服务打破了时间限制，极大地提升了服务效率，越来越多的服务通过移动终端和网络来完成服务，数字技术也推动普惠金融服务打破了空间的限制。远在外地的子女也可以随时为身在家乡的父母呼叫出租车、支付车款，越来越多的无接触信贷产品可以在几小时、几分钟甚至1秒钟内到账。

二、降低交易成本

数字技术应用降低了普惠金融服务的渠道成本、信息成本。以银行柜台业务为例，多年前有数据显示，单笔移动支付的成本仅为柜面成本的15%。[①]如果单笔银行柜台业务成本约为一元多，而网银或电话银行则是三至四毛钱。[②] 如今，随着用户量、交易规模的不断提升，基础银行服务的边际成本有望进一步下降。以农村普惠金融为例，在需求端，数字技术大幅降低了农村居民寻求金融服务的交易成本。数字金融服务完全基于信息网络和电脑、智能手机等终端设备，突破了传统物理网点的时空局限。理论上，只要有网络信号覆盖，就可以实现"地球村"和7×24小时全天候金融服务。农村居民足不出户或在田间地头，就可以完成存、取、汇、兑、理财、投资、保险、消费金融等嵌入手机App中的各项服务。在供给端，数字技术明显降低了金融机构提供普惠服务的交易成本，提升了服务效率。其一，在偏远农村设立网点的物理成本近乎完全削减。这些成本包括地租、设备、安保、水电气等，还包括相对成本——将网点设立在偏远农村的投入回报率要远低于城市核心区。其二，各类业务运行成本可整体降低约90%。据Manyika等（2016）的测算，与传统银行物理网点相比，数字普惠金融可以降低开户和账户维护成本的65%~75%，现金存取成本的40%~60%、支付和转账成本的90%~95%。其三，数字技术实现批量化服务，大幅降低人工成本。基于云计算和智能客服机器人，金融机构可以在短时间内实现批量化服务，大幅降低传统"一对一"模式的人工服务成本。比如，蚂蚁集团、工商银行等早已实现

---

① 马蔚华：《移动支付成本只是柜面成本的15%》，摘自"财经网"，2013年3月23日。
② 杨凯生. 数字技术有利于降低金融服务成本［J］. 新金融评论. 2016（11）.

"310"模式自动化放贷，即"3 分钟在线申请、1 秒钟到账、0 人工干预"；微众银行的分布式 IT 构架单日可处理最大金融交易笔数达 3.2 亿笔。①

三、贴近消费场景

不同于传统上客户去找金融机构寻求服务的模式，数字技术影响下的金融服务创造更多地产生在数字生活场景中。例如，手机银行大都转化成了综合化的金融服务平台，用手机银行收款后就可能收到保险或者理财产品的推送。这种形式极大方便了客户，与客户生活场景紧密贴合在一起。

四、分散金融风险

从金融机构角度看，金融科技在银行业的应用并没有改变金融业务的风险属性，反而由于技术复杂性，导致风险隐藏的更深。同时，由于银行获得的数据更多、分析手段更强，比如银行收集储备了呈几何级增长的风控数据数据，诸如网页浏览行为、消费习惯、地理位置信息等数据，从传统的身份、信用数据，扩展到行为数据。同时，采用了更多大数据机器学习的算法模型，如随机森林模型监控信用卡盗刷，图计算应用于欺诈团伙的识别技术，大数据处理、机器学习等技术将金融交易事中风控由不可能变为可能，组合运用生物识别、客户画像、风险模型训练等生成风险规则，利用规则引擎反欺诈等建立了实时反馈的风控系统，为网络融资业务提供风险识别、违约预测等风控支持。这就使得风险防控的过程等同于风险数据的处理过程，客户经理的风险判断经验转化为模型化的风险判断机制，可以帮助机构更好地识别潜在风险，采用更精准的业务可持续定价策略。

---

① 星焱：《农村数字普惠金融的"红利"与"鸿沟"》，摘自"中国普惠金融研究院网站"，2021 年 3 月 9 日。

五、提升数据管理能力

数据在商业银行管理中的作用已经从"业务记录"逐步演进为"业务驱动"，商业银行需要建立企业级的数据应用能力，助力商业银行进行智慧的决策和高效的行动：一是数据资产管理，通过数据规范管理、元数据管理、数据质量管理、数据安全管理、数据目录管理，提升覆盖面足够广、数据口径一致的企业级数据资产管理能力；二是数据价值挖掘，建立涵盖客户、营销、产品、风控、运营、管理等全方位的，深洞察、强预测的数据价值挖掘能力；三是数据成果共享，实现将提炼的有价值的数据转化为用户可以直接使用的信息，以多种形态嵌入商业银行生产运营的各个场景，实现对前中后台的数据驱动。[①] 也就是说，银行只有建立了数据管理系统后，才能有效拓展新型渠道，形成移动化、智能化的线下渠道，形成多样化、场景化的线上渠道布局，并让各渠道共享客户各类数据，统一用户服务体验，实现全行的一体化经营和"一站式"客户服务，实现智能感知、智能风控、智能交互、智能运营，提升渠道的智慧服务能力，打造移动、自助、智慧、安全、高效的服务体验。

六、助力数字平台创新

在传统上，我国金融部门供给不足，商业银行偏好信用评级高、经营业绩好的大型国有企业，对小微企业较为惜贷，在贷款时对抵押品和外部担保的要求很高，让小微企业和个体户等微弱经济体融资渠道受限。数字平台降低了服务门槛，提升了服务效率，拓展了交易可能性边界。从国际经验来看，数字平台可以与银行开展多元化的贷款业务合作，涵盖了获客、风控、共同出资、数据增值、贷后管理、云服务等诸多形式。例如，2010 年创建于英国

---

① 陈燕平，储慧《从业务部门视角看商业银行数字化转型——读〈大型商业银行金融科技管理〉有感》，载"中国普惠金融研究网站"，2022 年 3 月 23 日。

的 Funding Circle 网络借贷平台最初只有 P2P 形式的贷款，但在 2016 年引入了欧洲投资银行的 1 亿欧元注资，成功实现通过一个信息中介平台直接借钱给中小企业。高盛银行也非常看重与数字平台的合作，其旗下的 Marcus 品牌通过与亚马逊平台合作，双方共享数据，以平台经营数据为基础发放信贷。

不难看出，数字平台的关键作用并非在于摆脱信用中介，而是帮助信用中介更好地服务传统上服务不足的群体，在普惠金融发展中发挥了重要的"助媒"作用。在我国，金融助媒是在数字技术、金融市场和监管政策的共同推动下实现的，助贷和联合贷款业务为典型的金融助媒模式。助贷模式是信贷机构借助第三方的数据、技术或者平台提升获客、信贷决策、风控以及贷后管理等信贷链条上各个环节的效率。在数字金融平台"帮助"下，银行扩展了数据维度，拓展了客户渠道，长尾小微企业和消费者则获得了更好的消费体验、更低的信贷门槛和贷款利率。联合贷款是指两家或两家以上持牌放贷机构，基于共同的贷款条件和统一的借款合同，按照约定比例出资，联合向符合条件的借款人发放的互联网贷款。相较于助贷，联合贷款强调合作双方均需具备放贷资质和相关业务能力。银行和数字金融平台联合发放贷款是最常见的业务模式。传统商业银行资金成本低、金融产品设计能力强大，但是长尾用户数据少、线上风控技术相对较弱；数字金融平台则相反，触达长尾客户的丰富场景、拥有海量行为数据以及大数据风控技术，但是面临较高的资金成本。于是，双方通过开放合作、优势互补，让更多小微企业和长尾消费者获得原本享受不到的金融服务。

近年来，数字平台与大银行合作开展互联网贷款的情形已经越来越普遍。例如，2017 年，南京银行与阿里云、蚂蚁集团合作建设的"鑫云＋"互联网金融平台就成了许多中小银行和数字场景的生态连接者。该平台开创了"1＋2＋3N"的互联网合作新模式：1 代表南京银行；2 代表阿里云和蚂蚁金融云；3N 分别代表的是医、食、住、教、产、销等 N 个场景，旅游、电商、快递等 N 个行业平台，以及 N 家中小银行。参与银行包括日照银行、肥西农村商业银行、石嘴山银行、延边农村商业银行、东营银行、柳州银行、建湖农村商业银行、宁夏银行、润村镇银行、雄县丰源村镇银行、唐山农村商业银行、唐山银行、济宁银行、鞍山银行等中小银行。[①] 在合作模式上，既包含助贷模式，例如通过业务导流，将互联网流量导流给参与行帮助获客，也包含联合贷款模式，参与行通过 1～2 周的技术对接即可开展联合贷款业务。从合作效果来看，2018—2020 年，"鑫云＋"平台的用户从近千万户增长至4500 万户，累计贷款从 820 亿元增长至 4801 亿元。[②]

▶▶【案例 1－2】

疫情加速平安普惠房产抵押贷款服务方案全线上化。出于经营性资金周转的需要，小微企业及个体经营户有时需要大额度、长期限贷款，房产抵押贷款是不可或缺的融资解决途径。但是，传统房产抵押贷款动辄需要半个月甚至超过一个月的放款时间，无法满足小微经营者急迫的融资需求。

2020 年初，平安普惠将房产抵押贷款服务流程实现全线上化列为年度目标。在此背景下，平安普惠通过 AI 房产估值、智能化在线风险初筛、异地同步在线签约，于 2020 年 6 月将其房产抵押贷款服务升级为无接触、零上门的全线上流程，平安普惠将 AI 与大数据的能力贯穿在 3 个主要环节，构成了高效与安全的新平衡，并开始在郑州试点。

❖AI 房产估值

利用平安的 AI 技术，基于 1000 多个评判因子，实现了 1 亿个房产数据的覆盖。AI 估值时，既将过往成交价纳入其中，又会综合周边交通、学校、商业设施、绿化、交易活跃度等因素，实现比专人线下审核更全面客观的估值能力。

---

① 参见《南京银行："鑫云＋"互联网金融平台》，载"中国电子银行网"，2018 年 9 月 18 日。
② 数据来源：《南京银行年报（2018—2020）》。

❖**智能化在线风险初筛**

通过人脸识别、活体识别、微表情识别、AI 相面、声纹识别等前沿智能化技术的应用，提升风险初筛人员在线初筛的准确率与完成效率。

❖**异地同步在线签约**

通过独有的在线签约、签名投射技术，房产共有人双方与审核员可以清晰关注签约过程，实现相关多方可以完成异地同步在线签约，确保了签约的高度同步与真实有效。

通过以上 3 个主要环节，平安普惠房产抵押贷款服务实现了"畅享"的客户体验。"畅"是指客户足不出户就可以享受"AI＋人工"的全流程无断点服务，放款时效最短 3 小时；"享"是指该产品打破了空间限制，通过多方多终端视频这种创新技术使得房产共有人无须到现场即可在线办押、签约，突破了传统机构异地房产无法申请抵押贷款的限制，使离家创业的小微经营客户也可获得大额借款，并且通过 7×12 小时服务减少了时间的限制。

自 2020 年以来，平安普惠 70% 以上新增贷款用于满足小微经营者的融资需求。2021 年第二季度，新增小微贷款占比进一步提高至 78%。截至 2021 年 9 月末，房地产抵押贷款件均近 50 万件，最高授信 1000 万元，平均使用期限在 12 期以上。

案例来源：平安惠普（上海）提供。

作为头部互联网企业的互金平台，正在不断加大投入发展云计算、大数据、人工智能、区块链等技术，并下沉和深入到工业、能源、交通、金融、医疗、教育、零售、文旅等各个产业的数字化升级进程中，做好"连接器"，为各行各业进入"数字世界"，提供最丰富的数字接口，做好"工具箱"，提供最完备的数字工具，做好"生态共建者"，提供云计算、大数据和人工智能等新型基础设施。

第四节　普惠金融数字化转型主要模式

一、传统金融机构数字化转型模式

传统金融机构通过手机银行等电子平台推动数字普惠金融快速发展。中国人民银行数据显示：2016—2019 年，我国农村地区网上银行账户开通累计数由 4.3 亿户增至 7.1 亿户，增速达 65.1%；农村地区手机银行账户开通累计数由 3.7 亿户增至 8.2 亿户，增速达 120%。中国金融认证中心于 2020 年 12 月 10 日发布《2020 中国电子银行发展报告》显示：2020 年我国个人网上银行用户比例达 59%，同比增长 3 个百分点，增速持续放缓。与之相比，我国个人手机银行用户比例依然保持着较高的增长速度，2020 年增幅达到 8%，用户比例达到 71%，同比增长 12%，意味着手机银行已成为零售电子银行发展的关键核心。此外，个人微信银行用户比例继续稳步增长，用户渗透率攀升至 45%。①

国外很多国家的手机银行通常由电信和移动通信公司主导，其开户、存取贷汇等操作和交易关系均与银行无关，是独立于银行之外的第三方金融服务体系。我国的手机银行仍由银行主导，是银行借助移动网络平台的业务延伸。2000 年，手机银行业务就在国有大型商业银行和全国性股份制银行试点开通。受资产、地域、人才、理念、体制和综合实力制约，农村商业银行、农村合作银行、农村信用联合社开展手机银行的时间相对滞后。但在 2007 年前后基本上都开始启动手机银行，其数字业务升级直接促进了农村普惠金融发展。例如，海南农信社通过手机银行开发一款"一小通"支农小贷，并在

---

① 参见《个人手机银行用户比例达 71%》，摘自《经济日报》，2020 年 12 月 11 日选自《中国电子银行发展报告（2020）》。

2016 年升级为"线上评测放贷、线下信息调查"的农信互联网小贷模式，累计投放额约占全省小贷的三分之二，支农贡献显著。又如，由农业银行、邮储银行、农信社等提供的手机银行和 EPOS 等数字化服务，已经实现了北川地区物理空间全覆盖，贫困户授信率达 73.7%。其中，北川农信社数字金融活跃用户率为 57%，高于四川省平均水平 32 个百分点，农业银行北川支行的数字金融活跃用户率更是达到 75%。中国人民大学中国普惠金融研究院一项研究报告证实：我国网络提速降费力度不断扩大，固定宽带和手机流量平均资费水平相比 2015 年上升幅度超过 45%，平均网络速率提升 7 倍以上。[1]

二、互金平台农村产业链模式

（一）创新服务农村居民

2015 年，为了开辟就业增收新渠道，为大众创业、万众创新提供新空间，创造新的消费空间，国务院鼓励发展农村电子商务，发布了《关于促进农村电子商务加快发展的指导意见》（国办发〔2015〕78 号）《关于加快发展农村电子商务的意见》（中发〔2015〕1 号）等一系列行政文件，加快农村电子商务数字化转型路径，支持面向农村居民提供日常消费、远程缴费、健康医疗等电子商务平台发展，鼓励支持乡村旅游景点、酒店等开展线上营销，规范发展在线旅游预订市场，推动数字化在线服务模式。

（二）加强互联网与农村融合发展

1. 为实现农村和城市"同网同速"，我国大力实施数字乡村基础设施工程，推动农村千兆光网、第五代移动通信（5G）、移动物联网与城市同步规划建设，完善电信普遍服务补偿机制，支持农村及偏远地区信息通信基础设

---

[1] 中国人民大学中国普惠金融研究院《构建普惠金融生态体系——中国普惠金融发展报告（2021）》。

施建设。截至 2020 年 12 月末，农村网民规模为 3.09 亿户，突破 3 亿户大关；农村地区互联网普及率为 55.9%，突破 50% 大关，大多数农民已成为网民。2020 年末全国建成县级电商公共服务中心和物流配送中心 2120 个，村级电商服务站点 13.7 万个，基本实现快递网点乡镇全覆盖，快递直投到村比例提升至超过 50%，农村地区揽收和投递快递包裹超过 300 亿件，占全国的 36%。①

目前，我国初步实现了利用"万村千乡"市场网络改善农村地区电子商务服务环境。自 2015 年以后，我国已连续实施 6 批电信普遍服务试点工程，共支持全国 27 个省（区、市）13 万个行政村开展宽带网络建设和升级改造，引入产业链、价值链、供应链等现代管理理念和方式，开展电子商务进农村综合示范，推动信息进村入户，其中包括 4.3 万个建档立卡贫困村。中国行政村通光纤和通 4G 比例均超过 98%。截至 2020 年末，全国农村宽带用户总数达 1.42 亿户。

2. 建立农业农村大数据体系，推动建设农业农村大数据中心和平台，实施数字乡村建设发展工程，强化数据挖掘、分析预测能力，支持西部等重点地区推进农业农村大数据资源应用，推动新一代信息技术与农业生产经营深度融合。如今，大数据技术已经走进全国各省县域农田，应用到播种、耕翻、深翻、插秧、打捆、植保、收获、无人机等 20 余种作业类型中，告别凭经验种田种地，大数据技术应用让农事更"智慧"，全力推进乡村振兴。例如，浙江省农业农村大数据中心十大类数据资源库逐渐完善；湖北、山东均已建设省级数字智能农机平台。②

3. 电商扶贫成效显著。全国贫困村通光纤比例从"十三五"初期的不足 70% 提升至 98%，深度贫困地区贫困村通宽带比例从 25% 提升到 98%。2020

① 参见《推动乡村振兴，农村电商"十四五"大有可为》，载"商务部官网"，2021 年 12 月 14 日。

② 参见《"互联网+"，助力乡村振兴》，摘自《人民日报海外版》，2021 年 3 月 10 日。

年，电子商务进农村综合示范项目累计支持 1338 个县，实现了国家级贫困县的全覆盖。截至 2020 年末，国家级贫困县电商经营总数达 306.5 万家；2020年，国家级贫困县网络零售总额达 3014.5 亿元。[①]

4. 农村电商形态丰富。最典型就是直播带货打通农产品销路，并成为网络销售的主要渠道之一。大型电商平台进入，既吸引大量消费者参与，扰乱了传统农产品销售格局，社区团购也逐渐成为竞争热点。乡村旅游电商、农产品跨境电商、县域生活服务在线化、乡村零售终端数字化发展迅猛，带给全国农民更多就业和增收渠道。

5. 乡村电商主体活跃。目前，我国县域内网络店铺数量达到 1300 万家以上，总从业人员超过 3000 万人。2019 年、2020 年各类返乡创新创业人员各 850 万人、900 万人，其中，利用"互联网＋"创新创业的农村人员均超过 50%，在乡创业人员累计超过 3100 万人。显然，从乡村电商主体构成上看，农民已经从单纯的生产者逐步变为农村经济组织经营者，不再仅仅是在地头销售，而是直接在网上销售。

（三）推广农村金融电子新平台

建设完善移动金融安全可信公共服务平台，推动金融机构、电信运营商、银行卡清算机构、支付机构、电子商务企业等加强合作，实现移动金融在电子商务领域的规模化应用，推广应用具有硬件数字证书、采用国家密码行政主管部门规定算法的移动智能终端，保障移动电子商务交易的安全性和真实性，提升电子商务服务质量和效率。

2009—2020 年，我国"淘宝村"数量由 3 个增至 5425 个，覆盖 28 个省区，呈现"裂变"发展趋势，其发展速度之快令业内外都十分震惊。[②] 一方

---

① 参见《推动乡村振兴，农村电商"十四五"大有可为》，载"商务部官网"，2021 年 12 月14 日。

② 所谓"淘宝村"，就是指经营场所在农村地区，电子商务年交易额达到 1000 万元以上，本村活跃网店数大于 100 家或活跃网店数量达到当地家庭户数 10% 以上的行政村。

面，农村电商平台促进了城乡融合发展，降低了城乡之间商品物流和市场营销成本，为农村地区部分滞销产品打开销路；另一方面，农村"淘宝村"的快速发展，为互联网金融服务创造了应用场景，网络支付、网络征信、网络小贷、消费金融和大数据金融分析等业务体系应运而生，成为推进农村金融发展的一股新力量。

一方面，受国内电商平台开辟农村蓝海的"示范效应"影响，国有大行也开始尝试建立自己的电商体系，增强交易场景和产业链金融基础数据的获取能力。比如，中国建设银行设立了"善融商务"平台，其"平台＋扶贫企业＋贫困户"的模式，对支持贫困地区和贫困农户融资发展起到了一定的积极作用。截至 2020 年 6 月末，"善融商务"平台入驻参与扶贫的企业超过4200 家，对接建档立卡贫困户 2.6 万户（约 9 万人）。农业银行创设了"惠农 e 商"平台，致力于"农产品进城、工业品下乡"的城乡一体化发展。[①]截至 2019 年末，"惠农 e 商"注册商户超 136 万户，交易金额达 4127 亿元，同比增速达 136%。另一方面，部分地方性银行实力不足以自行创设电商平台，就与大型电商平台联合共建"互联网＋"农村金融服务体系。

三、"互联网＋"农村供应链金融模式

农村供应链金融，主要是基于涉农龙头企业的订单或应收账款，面向产业链上游农户、家庭农场、种养大户和农村小微企业的金融服务。核心环节是基于龙头企业对上游企业赊购行为的应收账款进行融资，包括应收账款的质押融资、保理融资、资产证券化（ABS）等，涉农应收账款电子化凭证可以在应收账款网络转让服务平台上实现线上交易。在实践中，农村供应链金融的资金供给方包括龙头企业、商业银行、网络借贷公司，借助网络技术放贷成为农村数字普惠金融的一种典型模式。

第一种模式，可由银行或核心企业搭建电商平台，形成"互联网＋企

---

① 参见《候选案例：善融商务电商扶贫》，载"人民网"，2018 年 11 月 12 日。

业＋银行（担保、保险）＋农户"模式，通过对生产、加工、运输、销售等环节的业务数据沉淀，支撑银行的征信、授信和个性化放贷。例如，马鞍山农村商业银行对当地养蟹产业搭建的"华新购"平台，做到当地蟹农不出村就能办理小额取现和结算业务，提升了银行服务功能，满足了养殖户对金融服务批量性、季节性的差异化需求。

第二种模式，由保险公司主导的"互联网＋"农业供应链金融模式。例如，2017年，中国人保财险公司与宁夏地方政府、实体企业合作，打造基于共享平台的"3＋N"模式。其中，3指的是龙头企业、政府增信、农户，N指的是全产业链保险，重点服务当地特色的滩羊养殖、马铃薯种植等产业。[①]

第三种模式，网络小贷公司与农业供应链相结合，由龙头企业提供供应链上的农户、小微企业的基础信用信息，由网络小贷公司利用应用场景、农户基础信息以及征信记录构建风控模型，向农户、小微企业提供放贷资金。目前，全国直接参与农村供应链金融的网络小贷公司有20家左右，一直发挥着振兴乡村的积极作用。

四、第三方互联网机构服务模式

在当前经济形势下，票据市场在解决中小微企业融资难方面发挥了重要作用。在供应链的体系中，企业主体在整个链条中都会选择票据进行支付，而供应链末端的中小微企业在缴税、采购中需要使用现金，这就涉及要将票据贴现。由于中小微企业在供应链末端的票据往往属于"三小一短"票据，其贴现大多会被银行拒之门外。比如一张300万元的票据和一张10万元的票据，银行在贴现时的流程是一样的。所以，很多大型国有银行更愿意给大额票据贴现，这就成了我国中小微企业票据融资的痛点。

为了解决小微企业票据融资"堰塞湖"的问题，以江苏银承网络科技

---

① 星焱：《农村数字普惠金融的"红利"与"鸿沟"》，载"中国普惠金融研究院网站"，2021年3月12日。

股份有限公司为例，它们不断优化迭代，搭建了全国首家为企业提供票据流转服务同城票据网，努力解决中小微企业的票据融资问题，收到了很好的效果。

》》【案例1-3】

　　江苏银承网络科技股份有限公司在数字经济时代，致力于科技赋能和服务创新，提升供应链金融科技数字化服务能力，构建一个广覆盖、低成本、可持续、可满足数字经济普惠性发展要求的生态体系，为加速广大中小微企业数字化转型，推动社会均衡普惠，助力实体经济发展提供动能。经过10年发展，江苏银承数智化供应链普惠金融科技生态体系逐步构建，创造贴近中小微企业需求的金融科技服务场景，为供应链上下游中小微企业构建开放共享、合作多赢的金融科技服务。

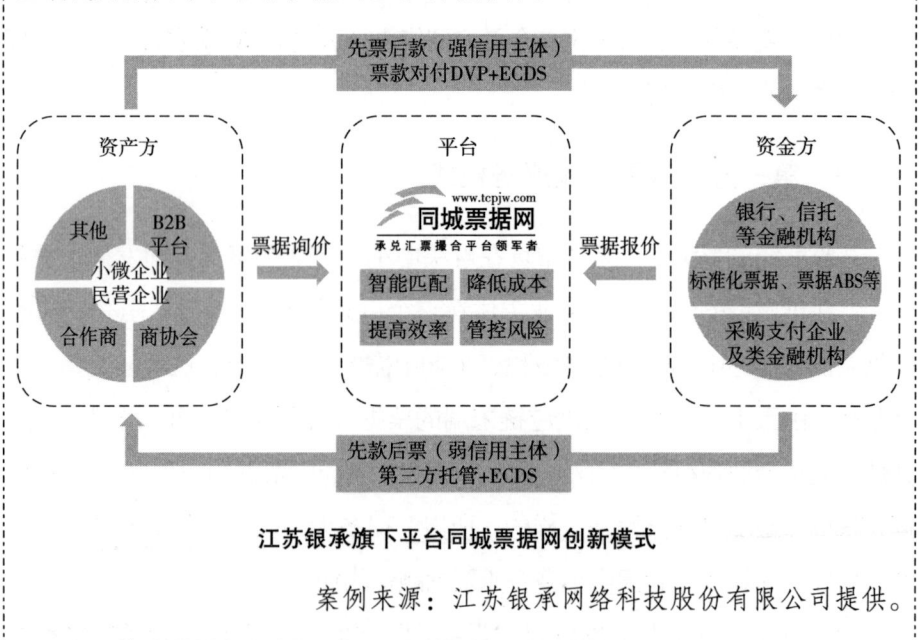

江苏银承旗下平台同城票据网创新模式

案例来源：江苏银承网络科技股份有限公司提供。

　　通过同城票据网在线服务能力，江苏银承网络科技股份有限公司为中小微企业提供与银行、金融机构全流程、线上化、"一站式"的低成本融资高

效信息撮合，降低它们融资信息的不对称性，有效缓解这类票据融资难题。现在单日最高可完成 6 万笔订单，平均市场仅 5 ~ 10 分钟。中小微企业基本上只要有需求，在平台上就能解决，有效纾解天南海北的中小微企业融资难问题，成为帮助我国中小微企业生存发展的好帮手、好平台。①

第五节　普惠金融数字化转型难点和痛点

一、缺乏数字化战略设计

数字化时代发展要求普惠金融有一个数字化转型战略设计。金融决策机构要对数字化技术、新型商业模式保有高度敏感的洞察力，并时刻反省或调整普惠金融发展战略。如果金融决策者没有意识到数字化转型的急迫性和重要性，那么金融机构、互金平台或科技企业数字化就没有成功的可能。

当前，金融机构虽然认识到了数字化转型重要性，也有推动数字化转型的强烈意愿，但多数金融机构仍普遍缺乏清晰的战略目标与实现路径，缺少对数字化转型路径的全面规划，对数字化转型缺乏系统性思考。实际情况是，很多金融机构、互金平台、小贷公司、金融科技企业认为数字化就是简单的IT 系统的重建和升级，少有企业将数字化转型提升到战略高度上，仅仅进行局部的数字化改造。要么在生产端引入各种信息化管理系统，要么在金融业务流程中引入各种数字化工具，没有相应的制度设计和组织重塑，部门之间数字化转型职责和权利不清晰，缺乏有效的配套考核和激励机制，这是构成金融机构数字化转型主要困难之一。德勤的一项调查结果显示：在推进数字化转型的金融机构中，约有 60% 的金融机构尚未建立好转型发展路径。

---

① 参见《对话曹石金：发挥平台优势，为疫情环境下中小微企业融资赋能》，载"中华网"，2022 年 4 月 12 日。

Wipro Digital 数据也指出，35% 的高管认为缺乏明确的转型战略是实现全面数字化潜力的关键壁垒。①

二、数字基础设施存在城乡差距

目前，我国城市地区已经实现 5G 和光纤全覆盖，数字化通信系统建设已经取得了显著效果。截至 2020 年上半年，北京市完成 5G 基站超过 4400 个，城市核心区域基本全面覆盖；上海市已经完成了 3700 个 5G 基站，实现全市 5G 网络深度覆盖；重庆市 5G 基站建设超过 700 个，并完成了对周边全部 38 个县的信号联通。

农村地区 4G 网络基础设施建设大多是从 2016 年之后才开始进行，信息服务质量较低。虽然 2015 年后工信部和财政部联合开展的电信网络普遍服务试点工作力图实现城乡"同网同速"，累计服务的行政村超过 13 万个。但是，很多接通 4G 和光纤网络的行政村网速并不快、信号效果差，部分农村尚未覆盖 4G 信号。我国约有 69 万个行政村、262 万个自然村。一个行政村通常由几个相邻的自然村组成。因此，即使某行政村的 4G 和光纤网络接通，但实际上可能仅有效覆盖其中的一个自然村，其他几个自然村的覆盖效果并不理想。

更为糟糕的是，农村地区的个人终端设备覆盖率普遍较低。根据国家统计局和中国互联网络信息中心数据：截至 2019 年 6 月末，中国城镇和农村地区的常住人口分别约为 8.5 亿人和 5.5 亿人。其中，城镇地区网民约 6.3 亿人，占常住人口的比例约 74%，而农村地区网民约 2.3 亿人，占比约为40%。显然，我国目前农村网民占比明显低于城镇地区。再从智能手机使用情况来看，据中国家庭金融调查数据测算：截至 2019 年 6 月末，中国城镇居民的智能手机覆盖率超过 90%，而农村居民覆盖率仅为 40% 左右。而且在越

---

① 王勇、谢晨颖：《企业数字化转型的困难与挑战》，载"前瞻网"，2021 年 2 月 15 日。

远离城市的农村地区，智能手机等个人终端设备覆盖率越低。[①] 上述因素都对农村地区智能手机推广和数字普惠金融发展带来一定阻碍，成为引发"数字鸿沟"问题的原因之一。

三、数字鸿沟阻碍数字化转型

近年来，随着数字化经济的快速推进，新型支付工具和方式迭代速度加快，城乡之间在数字化技术与设备使用方面的数字鸿沟日益凸显，加之农民、城镇低收入人群、老年人文化程度普遍不高，对新技术、新工具、新产品接受程度较低，产生了二次遭受数字金融排斥问题。比如，2020 年新冠肺炎疫情期间，非接触式支付服务在凸显其独特优势的同时，也给部分特殊群体和部分地区带来了诸多不便。

现阶段，我国农村数字普惠金融中的"三重鸿沟"主要包括：一是农村数字基础设施建设明显滞后，农村居民的个人数字终端设备覆盖率低；二是农村金融生态环境建设滞后问题并未得到实质性转变；三是城乡金融教育水平差距加大，极大地制约了农村居民的数字普惠金融参与度。

有学者调查显示：超过 10% 的农村居民没有使用过线上支付，其中，21.94% 的农村居民是由于没有手机或电脑而无法进行线上支付；在使用过线上支付的农村居民中，超过 50% 的农村居民认为网络信号不好影响了支付的成功率或效率。值得注意的是，农村贫困人口、老年人以及文化程度较低的人群正在沦为"数字贫困群体"，极易在移动支付等新兴支付发展中被逐渐边缘化，长此以往，城乡之间的数字鸿沟将更难弥合。大约有 17.28% 的农村居民不会使用移动支付，其中，57.63% 的农村居民为初中以下文化水平。[②] 因此，如何让被数字金融体系排斥的人群纳入主流金融体系，如何在

---

① 星焱：《农村数字普惠金融的"红利"与"鸿沟"》，载"中国普惠金融研究院网站"，2021 年 3 月 12 日。

② 李彤：《支付服务助力乡村振兴》，摘自《中国金融》2021 年第 6 期。

客户移动终端、人工智能、App 等数字技术便捷性方面进行改革，有效弥合数字鸿沟就成为普惠金融可持续发展的一项重要任务。

四、缺乏数字化转型人才

多数金融机构在推进数字化转型过程中，没有赋予企业文化新的数字化内涵，导致企业数字化转型进程缓慢。其中最重要的就是我国数字化转型缺乏数字化人才，熟悉业务和驾驭数字化应用设计的人才在金融行业属于稀缺资源，尤其是缺乏数字化转型领导者。大多数企业没有做到在数字化转型过程中培养数字化人才，在培养人才过程中促成企业数字化转型升级，这是企业在数字化道路上的一个重大障碍。有研究数据显示：超过75%的中小企业数字化转型人才占比小于20%，数字化人才资源匮乏是处于不同转型阶段的中小企业面临的共性困难。而随着数字化转型的深入，数字化人才供给不足的问题将愈加凸显。[1]

五、云端安全架构和数据迁移有待解决

越来越多的互联网企业将部分或全部业务迁移云端，进一步加大云端的公共属性管理和控制难度，诸如上云之后，数字分散导致数据的泄露和非法访问风险加大，物理隔离转变成虚拟隔离，安全边界越来越模糊，虚拟机和虚拟机之间缺乏必要的防护，风险漏洞被放大。同时，互联网企业如何解决云过程中数据迁移、私有云和公有云之间的转移成为互联网企业数字化转型不可回避的一个问题。如果从云端将数据拷贝下来，不但要收费，运输也存在安全问题，从企业角度考虑，需要运营商按需提供带宽，快速实现公有云和私有云之间的海量数据有效、安全迁移。但是，目前互联网业务需求快速多变，新技术层出不穷，很难保证从云上拷贝数据过程中不出现问题，诸如封闭系统或平台会严重阻碍数据迁移，初创技术平台也难以敏捷、快速地响应数据迁移的需求。

---

[1] 参见《我国数字经济"一路狂奔"，中小企业面临挑战》，载"腾讯网"，2022 年 2 月 26 日。

六、金融机构"数据生态圈"有待建立

现阶段，金融机构内部存在多个同时运行在不同软硬件平台上的信息系统，这些系统的数据源相对独立、封闭，尚未实现系统间的共享和融合。普惠金融各部门之间也存在明显的信息不对称问题，金融机构内部的"数据生态链"尚未真正形成。因此，如何建立数据间的运行模式，打造围绕普惠金融全生命周期的数据框架、数据渠道、数据利用体系，形成金融机构"数据生态"应该成为普惠金融发展中一个重要问题。

在数字化经济狂潮中，数字化转型是一个复杂的体系化工程，从普通的饮食、住宿、公共交通、通信和零售行业，到银行、保险、工业等行业都被一一变革转型，诸如从方便面到外卖，从传统酒店到民宿，无人驾驶的到来，从电话到 IM，无人值守的银行，UBI 保险，工业 4.0，让合作更加融合，让模式更加多元化，形成真正的数字化转型生态圈或者联盟。

数字化时代，一切的需求、交易、知识、社交都可以被数字化表达，一切环境的变化都可以被数字化智能感知。但真正参与建设数字化转型生态圈的金融机构、互金平台和科技企业并不多，目前很多机构或组织都处于观望之中，原因是建设生态圈参与者之间存在利益冲突，而我国目前横向联系和协调机构缺乏，没有办法及时解决合作机构或组织之间的问题。显然，我国数字化转型应该是一场持久战，需要始终秉承持续的、精益的运营改善思维和理念，不可能一蹴而就。

七、数字化转型资金支持不足

数字化转型是一项庞大、复杂的工程，尤其是传统金融机构资金投入需求更大。从软硬件购买到系统运维，从基础设备更新到组织人力的培训，覆盖生产、运营、营销、人力资源等各个方面，需要持续不断的资金投入，且回报周期长。例如，招商银行在过去 3 年中已经在数字化转型和改造升级方

面投入超过 10 亿元费用，但至今依然还在调试阶段。于是，面对生存压力，许多企业的数字化转型不得不让位于日常经营，导致数字化转型投入远远不足。从京东数字科技研究院调研结果看，我国企业数字化实际投入金额处在低位，70% 企业的数字化转型投入低于年销售额的 3%，42% 的企业数字化转型投入低于年销售额的 1%，仅有 14% 的企业数字化转型投入超过年销售额的 5%。[①]

八、数字化转型制度性保障有待加强

近年来，在数字化转型进程中，我国颁布了一些数据合规法律体系，诸如《网络安全法》《数据安全法》《个人信息保护法》及《关键信息基础设施安全保护条例》，以及中国人民银行、中国银保监会的相关监管规则，有了数字化转型的基础性法律文件，但总体上针对性不强。《"十四五"数字经济发展规划》虽然鼓励实施中小企业数字化赋能专项行动，鼓励和支持互联网平台、行业龙头企业开放数字化资源和能力，帮助传统企业和中小企业实现数字化转型，推进线上营销、远程协作、数字化办公、智能生产线应用，但是，真正有针对性的法规、实施细则，并不多见。这直接导致金融机构、互金平台和科技企业对数字化转型没有一个统一的指导性方向，大多是各自为阵，数字化转型的制度性保障有待加强。

第六节　普惠金融数字化转型建议

一、制定数字化转型顶层设计

数字化转型不是对企业的零散修补，而是全方位的深度变革，涉及企业

---

① 王勇、谢晨颖：《企业数字化转型的困难与挑战》，载"前瞻网"，2021 年 2 月 15 日。

全生命周期的所有内容。如果缺乏顶层设计，在转型过程中就将缺少目标指引和制度保障，从而拖慢企业数字化转型的步伐，甚至会走向失败。

二、数字技术赋能推动商文旅体融合

数字化技术进一步推动县域旅游与文化、商业、体育等的融合，创新消费场景，创造更多县域新消费增长极。其中，消费端，用数字科技连接文旅在线端、串联各类服务，为消费者打造全链路美好体验；供给端，用数字科技夯实文旅融合的新基础设施建设，实现数据线上线下沉淀。以旅游数字化为例，数字技术始终贯穿其中，全面融合赋能。文化机构可联合相关影视制作、赛事策划等传播当地IP，形成基于旅游IP的产业链，整合云计算、物联网、大数据、VR、AR、人工智能等技术打造的智慧景区、智慧酒店将成为重要趋势，带给游客沉浸式的互动体验。后期还可以通过提供特色创意产品，提升服务质量，提高旅游者（消费者）黏性，继续扩大旅游产业。

三、完善农村网络基础设施建设

新基建将改变传统意义上的时空距离，加快县域生产要素重构，重塑县域经济竞争优势，互联网在农村的应用将得到进一步普及。一方面，信息基础设施构筑起县域实时信息连接、数据处理及跨域协同能力，远距离高效协同办公、网上购物、线上娱乐、远程教育和医疗等更为顺畅，运用4G/5G和光纤网络的平稳运行为"互联网＋直播＋农产品销售"的消费新模式提供了重要保障，一定程度上减弱物理世界的区位重要性，提升部分区位较偏远但生态环境优良、文化符号鲜明的县域乡村对人才的吸引力；另一方面，数字技术将推动县域层面生态数据、农业数据、特色产业集群数据、休闲旅游观光数据及其他资源要素等海量数据的汇聚、挖掘、分析，实现市场化的开发应用，形成独特的县域数据经济价值，提升县域生产、分配、交换、消费等环节效率，促进县域产业链、供应链、价值链的高阶跃升，带动农村家庭高速宽带实现全覆盖，4G 网络、智能手机、无线设备等移动终端在农村地区得到广泛应用。[①] 截至 2020 年 6 月末，全国已经形成 5425 个淘宝村、1756 个淘宝镇及一批直播村、自媒体村等，它们正是县域对数字经济时代脉搏准确把握的产物，也将激活新时期县域的要素活力和经济潜力。[②] 我们预计，未来 5 年，伴随着移动互联网技术的不断成熟发展、电信普惠便捷服务以及质优价廉、简单易用农村移动终端的普及应用，移动互联网将成为主流农村网络基础设施，为打造现代智慧乡村提供重要支撑。

四、利用新技术产融结合

数字化进一步打破了行业边界，推动产业向更广范围、更深层次、更高水平上深度融合。"生物信息学 + 人工智能 +"促进传统农业的融合发展。农业智能机器人、小型便携式智能农机、智能语音识别系统等一系列具有自主知识产权的装备和产品将广泛应用到农业全产业链中，大大提高劳动生产率和资源利用率。无人机植保将控制、导航、通信等技术高效集成，形成自动化作业技术体系，构建高效精准分子设计育种体系提供支撑，保障农产品安全有效供给，实现无人机植保全过程智能作业模式和智能化管理，能够极大地节省劳动力，更好地保护农田生态环境，信息技术与基因组学、生物信息学、控制技术等将进一步融合，不断向深度和广度延伸。

"新型农业 + 数字赋能 +"多业态融合发展，农业与二三产业的融合场景和业态进一步丰富。从功能拓展看，互联网与特色农业深度融合，催生出创意农业、观光农业、认养农业、旅游农业等新产业业态。信息技术与农业的融合，推动农业生产托管、农业产业联合体、农业创客空间等生产经营模式创新，催生了工厂化、立体化的数字农业园及教育农园的兴起。从链条拓

---

① 参见《"互联网 +"现代农业国内外应用现状与发展趋势》，摘自《中国工程科学》2018 年第 2 期。

② 陈雪琴：《数字化助力乡村振兴——县域数字生态创新趋势展望》，摘自《阿里云研究》，2021 年 6 月 10 日。

展看，农业加快与二三产业跨界融合，推动"六次产业"发展，催生中央厨房、农商直供、农产品个性化定制等新型业态。

"新型智造＋消费新创意"的融合发展。在信息技术推动下，产品的生产与服务相互渗透，体验与消费同频互动。县域传统智造与新创意、新消费、新技术融合，迸发出强大的增长空间。通过主题赋能、创意叠加、互动娱乐、制作体验等，让县域智造商品触达性大幅提升，用户开始参与到产品设计中。通过打造智造空间、时尚市集、众创空间等的新载体形式、新消费空间，提升产品附加值，推动智造向服务的双向延展与复体融合。[1]

五、大数据提供个性化服务

利用大数据的技术挖掘体系和机器学习、自然语言处理等智能信息处理工具，自动发现、挖掘、预测用户的兴趣或偏好，实现个性化信息内容的关联与推荐。根据种植、养殖、农业企业、农产品流通经销商等不同农户类型，向农户推送符合其需求的精准信息服务将成为农村网络化服务，构成现代农业向中高端迈进的重要产业生态体系。

随着互联网技术的进一步普及和新兴中产消费群体的崛起，农产品销售互联网化程度将进一步提高，呈现全渠道融合、跨境电商化和产业生态融合等趋势。以新型农业经营主体为生力军、以电子商务为主流业态的创新模式将成为我国"互联网＋"现代农业发展的重要切入点，驱动非标准化的农产品逐渐向信息化、标准化、品牌化的现代农产品流通市场转变。[2]

六、构建数字化普惠金融生态圈

在瞬息万变的数字化时代，封闭式的内部创新模式已经力不从心，需要

---

① 陈雪琴：《数字化助力乡村振兴——县域数字生态创新趋势展望》，摘自《阿里云研究》，2021 年 6 月 10 日。

② 参见《"互联网＋"现代农业国内外应用现状与发展趋势》，摘自《中国工程科学》2018 年第 2 期。

构建起一个推动实现数字化普惠金融转型生态圈。经过多年来的探索实践，我国普惠金融已经取得长足的进步。然而，受困于传统的服务模式和技术条件环境，普惠金融面临着成本高、效率低、商业不可持续等难题，虽然并没有完全得到解决。中国人民银行数据显示：2020 年，我国仍然有近 2 亿没有账户的成年人，受信贷约束的中小微企业高达 500 多万家，占中小微企业总数的 40%，融资的总缺口超过了 5 万亿元。但是，在这样的背景下，随着近几年一系列数字技术在普惠金融领域的尝试应用，我们也欣喜地看到，在解决上述难题方面已经取得了一些突破。普惠金融实践证明，依托金融科技发展数字普惠金融可以帮助受惠主体提升金融服务的可获得性、成本可负担性以及供需可匹配性，从而为破解全球普惠金融难题提供了一条新的较可行的思路。

政府层面，要培育转型意识，支撑服务生态。建立市场化服务与公共服务双轮驱动，技术、资本、人才、数据等多要素支撑的数字化转型服务生态，解决企业"不会转""不能转""不敢转"的难题。中国人民大学中国普惠金融研究院一项研究报告发现：在数字政府服务方面，2020 年，我国电子政务发展指数已上升至全球第 45 位。省级行政许可事项实现网上受理和"最多跑一次"的比例达到 82.13%。全国一半以上行政许可事项平均承诺时限压缩超过 40%。[1]

企业层面，要摒弃单打独斗的思维，秉持开放融合的原则，积极联合数字科技企业与产业链上下游企业，多方协同构建数字生态共同体。企业完全靠自己的力量来完成数字化转型，常常会"穿新鞋走老路"，不容易把握最先进的技术和工具，内部的抵触也会成为转型的障碍。当前不少国企在推进数字化转型的过程中都积极展开生态合作，大量借助科技公司和互联网企业在数字时代前半场累积的优势，促进国企数字化转型升级。

---

[1] 参见中国人民大学中国普惠金融研究院《构建普惠金融生态体系——中国普惠金融发展报告（2021）》。

➤➤【案例1-4】

2022年4月30日，南京鲲鹏·昇腾人工智能计算中心正式上线。这是长三角地区第一个基于国产技术的人工智能计算中心。该中心由江北新区科技投资集团联合江北新区产业技术研创园、华为技术有限公司、江苏银承网络科技股份有限公司、鸿程大数据、安元科技、圣德医疗等多家知名企业共同发起成立，采用全球领先并自主研发的华为昇腾人工智能计算芯片为核心算力引擎，建设全栈自主可控人工智能计算能力，依托江北新区在云计算、大数据、集成电路、智能制造、生物医药等领域产业优势，面向企业提供"一站式"普惠人工智能全流程服务，让人工智能的算力可以像水和电一样，成为一种新的城市公共资源，让AI触手可及，培育具有强大竞争优势的人工智能创新型产业集群，促进产学研合作及科技成果落地，形成高水平人工智能产业生态链，初步构建起区域型数字化普惠金融生态圈。

案例来源：《同城票迅》，2022年4月30日。

城市层面，可借力区域数字经济整体发展优势，切入相关产业环节。如利用优越的生态环境，发展移动分时办公，依托本地劳动力资源，打造智能服务中心，数据整理、标注、清洗，图像数字化处理等技术门槛较低的信息技术外包（ITO）服务集群，围绕数字经济教育培训、产业孵化、会议赛事等，搭建起区域数字经济产业人才培养、技能提升和企业服务的产教融合平台，催生大量面向远程工作的内容创作、线上教育、服务咨询等"数字部落""数字游民"人群，贴近中心城市、信息基础设施较好、生态环境良好的县域对此类新型人群具有较强的吸引力。

县域层面，针对数字产业基础相对较弱的县域，可率先以政用引导民用，依托新基建形成的能力支撑，挖掘数字产业的场景应用，开展在线医疗、在线教育、乡村在线文旅、县域治理等领域的应用试点示范，引导和促进当地村镇企业数字化转型，培育本地村镇电商以及生活服务类产业，助力产业链条相关细分领域如电商培训、MCN 机构等的发展，依托政务云、乡村钉等新型互联网组织体系，将县相关组织、主体与居民以组织架构的形式从线下搬到线上，构建网格化管理体系，形成基层治理的"微循环"，逐步完善偏远农户通讯录、信息发布与查询、医疗咨询等，优化县乡村政务服务体系，纵向推动从村到乡到县的协同，横向推动各部门间的协同，实现信息互通数据共享，全面实现政务服务"一网通办"、民生治理"一网统管"、公共服务"一证通行"，建立起协同高效、上下联动的县域政务流程，可以通过设置数字模块化的民情反馈、书记信箱、村民群等畅通民意，推动乡村治理公开、公正、透明，推动全民参与共治，提升基层服务水平。

第二章
银行业普惠金融数字化转型

数字化的本质是以数据和技术为核心驱动力，通过技术手段，规模化地解决目标客户群体的痛点，可提高金融的运行效率，降低金融服务的门槛，随时随地为普罗大众提供个性化、普惠化、全流程的金融服务。应该讲，以银行为代表的金融行业作为数据密集型行业，历来是各行业中数字化、信息化建设起步较早、成熟度较高的代表性行业之一。但是，在过去几年里，银行、保险等金融行业受到互联网、金融科技等后来者的颠覆性冲击，在自身数字化转型上危机感明显。因此，银行业如何主动求变，顺应大趋势，如何将数字化经营模式作为未来的战略重点，尤其在数字化时代，金融监管部门与银行保险机构都在不断摸索探寻。

为了推进银行数字化转型，让科技赋能的银行适应 5G 时代的市场环境、金融生态和商业模式，我国银行业正在进行一场与全球银行业潮流同步的行动：建设开放银行，银行同业又将其称为"打造第二抛物线""金融＋科技＋生态""将支付入口提升为移动端高频客户入口和交互界面"等。今天，我国数字化浪潮方兴未艾，以大数据、云计算、人工智能为代表的新一代数字技术日新月异，催生了数字经济这一新的经济发展形态。

第一节　商业银行普惠金融数字化转型

一、商业银行数字化转型进程

（一）商业银行数字化转型初见成效

对于传统商业银行而言，数字化并不是一个全新概念。我国传统商业银行数字化进程起步于 20 世纪 90 年代。经过多年发展，我国银行业已走过以电子化、信息化为特征的数字化 1.0 阶段，进入了以智能化、开放化为特征的数字化 2.0 阶段，迎来以云计算、大数据、人工智能、物联网为代表的科技发展浪潮。传统商业银行已经充分认识到数字化对其业务经营发展的重要性，不仅出于节约成本、提升效率、精准营销等需求，更是实施数字化转型战略需要，有效应对其他竞争性对手数字化步伐和新型金融业态。因此，传统商业银行数字化转型被赋予了新的内涵和使命，从传统业务支撑逐步成为创造价值的重要引擎。

2022 年 1 月 4 日，中国人民银行刊发《金融科技发展规划（2022—2025年)》（以下简称《规划》），提出八个方面任务。其中多条涉及数字化转型问题，诸如"一是强化金融科技治理，全面塑造数字化能力，……构建互促共进的数字生态。二是全面加强数据能力建设，推动数据有序共享与综合应用，充分激活数据要素潜能，有力提升金融服务质效。三是建设绿色高可用数据中心，……布局先进高效的算力体系，进一步夯实金融创新发展的'数字底座'"。中国人民银行等部委共同出台了《关于促进互联网金融健康发展的指导意见》，以大数据、物联网、云计算、人工智能、区块链等金融科技以及以金融科技广泛运用的数字经济的发展，已经转化为新时代经济发展的新特征，成为新冠肺炎疫情下保持人与人之间正常交往、保持社会经济秩序运行的必经之路。

（二）商业银行数字化转型主导方向

1. 电商平台。在数字化转型的过程中，电商平台一直是金融数字化中非常活跃的主体，诸如淘宝网、天猫、京东、苏宁易购、一号店以及当当网等，始终在不同维度探索推进数字化转型以适应数字经济对产品和服务模式的新要求，着眼点是构建交易场景，融入实体经济。不仅是协调、整合信息流、货物流、资金流有序、关联、高效流动的重要场所，也是商家利用电子商务平台提供的网络基础设施、支付平台、安全平台、管理平台等共享资源有效地、低成本地开展商业活动的重要平台。既有信用卡积分商城、接入式电商平台、独立电商，也有自建电商平台，推动线上流量骤增，诸如阿里的支付宝、财付通在购物、外卖、支付等方面正发挥着越来越大的作用。中国人民银行数据显示：2020 年我国移动支付业务 1232.20 亿笔，金额达到 432.16 万亿元，支付笔数和金额同比分别增长了 21.48% 和 24.50%。国家统计局数据显示：2021 年，我国网上零售额达 13.1 万亿元，同比增长 14.1%，增速比上年加快 3.2 个百分点。其中，实物商品网上零售额 10.8 万亿元，首次突破10 万亿元，同比增长 12.0%，占社会消费品零售总额的比重为 24.5%，对社会消费品零售总额增长的贡献率为 23.6%。

eMarketer 的一项调查数据显示：中国正在引领全球电商市场，2021 年线上销售额接近 2.8 万亿美元，占据全球电商市场总额的半壁江山。而居于世界第 2 位的美国，2021 年全年电商市场总额仅为 8430 亿美元左右，不及中国的三分之一。

2. 直销银行。直销银行是指不设线下网点，由银行搭建"纯互联网平台"，在此平台上整合自身存贷汇业务、投资理财产品。在直销银行模式下，银行没有营业网点，不发放实体银行卡，客户主要通过电脑、电子邮件、手机、电话等远程渠道获取银行产品和服务。由于没有网点经营费用和管理费用，直销银行可以为客户提供更有竞争力的存贷款价格和更低的手续费率。

2013 年 7 月，中国民生银行成立了直销银行部，小规模开始线上业务。2014 年 2 月，"中国民生银行直销银行"正式上线，突破了传统实体网点经营模式，通过互联网渠道拓展客户，具有客群清晰、产品简单、渠道便捷等特点，精准定位"忙、潮、精"客群，提供操作便捷的网站、手机银行和微信银行等多渠道互联网金融服务。[①] 2014 年 3 月，兴业银行推出直销银行，用户可以持工商银行、建设银行、农业银行、招商银行、中信银行等多家银行卡，通过电脑、手机等设备直接在其上选购热销理财产品、基金以及定期存款、通知存款等，免掉了繁复的注册、登录、跨行资金划转步骤，一键购

---

① 参见《国内首家直销银行今日上线》，摘自《网易财经》，2014 年 2 月 28 日。

买，省时省力，还可以随时随地随身"一站式"查看、管理、调拨上述各家银行卡上的资金，享受在线理财规划服务。①

直销银行号称是"不下班的银行"，随时随地办业务，不用去实体银行排队等号了。开通直销银行也很方便，通过手机、电脑上传一些个人基本资料就可以开通。直销银行还支持跨行交易。这是一个人性化的设计，即使用户没有该银行的储蓄卡也没关系，只需注册一个电子账户，并绑定正在使用的银行卡就行，免去了去银行营业网点排队重新办理一张银行卡的烦恼。根据初步统计，直销银行目标客户群是 18～45 岁的中青年，他们更乐意接受直销银行，更喜欢体验方便快捷、产品收益率高的新体验。

当然，直销银行也存在不足：（1）消费有限制或者不能直接用于消费，只能作为一种投资渠道。（2）短期内受到传统银行特别是母行经营思维的影响。许多直销银行无法脱离传统银行母体，面临与母行内部的零售银行和中小企业、理财等部门或条线存在内部竞争、难以协调资源等问题。直销银行规模和影响力受到母行的制约，目前尚不具备颠覆传统银行商业模式的实力。从整体存款规模看，直销银行所占比例依然很低，传统银行仍旧是客户主办行。（3）直销银行是互联网和金融科技交叉型网点的有效尝试，以数字科技为金融赋能，构建一批差异化、数字化、场景化、智能化的金融产品和服务。早有学者指出，国内许多直销银行成长和生存在母行的体制内，市场定位并不明确，缺乏具备核心竞争力的市场机制和激励机制，因此，在未来激烈市场竞争中，真正能够存活下来并持续发展壮大的直销银行仍占少数。②（4）面临严监管政策的考验。目前，我国监管机构对直销银行虽然并没有禁止，但依然保持审慎态度，比如，在直销银行准入门槛、银行牌照、技术创新等方面受到比较多的监管法规约束。监管机构也没有制定专门对法人直销银行法律法规，对直销银行数字化进程依然采取稳妥的监管思路，防范出现

---

① 参见《兴业银行直销银行在线理财新体验》，摘自《网易新闻》，2014 年 5 月 12 日。
② 张春子：《直销银行未来发展之要》，摘自《银行家》，2020 年 4 月 9 日刊。

前几年的类似 P2P 等的互联网金融乱局。

2015 年以后，上海银行、南京银行、重庆银行、平安银行、江苏银行、南粤银行等 7 家直销银行接踵而至。2020 年，中国银行业成立的直销银行达 100 多家。虽然直销银行在降低获客成本上有所进展，但是分化也是比较明显的，真正大体量直销银行并不多见。根据我们初步统计，截至 2020 年 12 月末，我国直销银行活跃客户数量过 20 万户的只有 4 家，即长沙银行 E 银行、江苏银行直销银行、宁波银行直销银行、贵阳银行爽爽 Bank（见表 2 - 1）。

表 2 - 1 2020 年我国直销银行排名榜

排名	银行名称	直销银行名称
1	江苏银行	江苏银行直销银行
2	徽商银行	徽常有财
3	平安银行	平安口袋银行
4	民生银行	民生直销银行
5	杭州银行	杭银直销
6	广发银行	广发直销银行
7	宁波银行	宁波银行直销银行
8	贵阳银行	爽爽 Bank
9	中信银行	百信银行
10	甘肃银行	甘肃银行直销银行
11	恒丰银行	一贯
12	光大银行	阳光银行
13	郑州银行	鼎融易
14	长沙银行	e 钱庄
15	上海银行	上行快线
16	南京银行	你好银行
17	晋商银行	晋商直销银行
18	广州农商银行	珠江直销银行
19	苏州银行	起点银行
20	汉口银行	汉口银行直销银行

续表

排名	银行名称	直销银行名称
21	中原银行	中原直销银行
22	齐商银行	齐商直销银行
23	江西银行	金 e 融
24	青岛农商银行	青岛农商银行直销银行
25	平顶山银行	平顶山银行直销银行
26	日照银行	日照银行直销银行
27	富滇银行	富滇银行直销银行
28	昆仑银行	昆仑直销银行
29	民泰银行	民泰银行直销银行
30	浙江泰隆商业银行	小鱼 Bank
31	自贡银行	恐龙银行
32	大华银行	大华直销银行
33	廊坊银行	廊坊直销银行
34	威海市商业银行	威海银行直销银行
35	泰安银行	泰安银行直销银行
36	常熟农商银行	燕子银行
37	北京银行	北京银行直销银行
38	晋城银行	小草银行
39	桂林银行	桂银直销
40	长子农商银行	长青直销银行
41	兴业银行	兴业银行直销银行
42	广州银行	广州银行直销银行
43	铁岭银行	铁岭银行直销银行
44	东莞银行	东莞银行直销银行
45	齐鲁银行	齐鲁银行直销银行
46	哈尔滨银行	哈尔滨银行直销银行
47	紫金农商银行	紫金银行直销银行
48	恒生中国	YOU 理财
49	莱商银行	莱商银行直销银行
50	攀枝花市商业银行	芒果银行

注：由周波青整理。

3. 金融科技子公司。当前，以大数据、云计算、人工智能、区块链等新兴科技与金融业深度融合正推动传统金融业步入数字化转型发展快车道。越来越多的商业银行开始探索科技引领、科技驱动、协作创新发展的新路径，纷纷成立银行系金融科技子公司，深化金融科技在各个业务场景中的应用，不仅在技术层面，更体现为思维、理念、业务模式、管理模式等全方位的融合，加快了银行业金融机构数字化转型的步伐，开启传统金融在金融科技领域的创新篇章。

第一阶段，各自独立发展。银行主要做线下，通过网点方式来服务，主要为高端客户提供金融服务；金融科技公司主要做线上，以电商平台＋线上支付切入，主打用户是银行不愿意碰的长尾用户，积累了巨量的社会分散客户。

第二阶段，进行跨界竞合。主要体现为银行的业务逐步线上化，开始强调线上获客和维系客户关系的能力，而金融科技公司逐渐向价值链上游迁移，将金融置于场景之中。此阶段银行与金融科技公司是既竞争又合作的关系，例如四大银行与 BATJ 的战略合作，业务基本上都是跨界合作的。

第三阶段，实现生态重构。银行与金融科技公司实现更加深度的融合，银行在稳健、专业、牌照、风控等方面发挥专长，金融科技在快捷、创新、数据分析等方面为银行赋能。

第四阶段，银行系金融科技子公司应运而生。近年来，银行系金融科技子公司快速发展，目前已有 13 家商业银行成立金融科技子公司，实现生态圈的整合与重构。① 例如，2015 年 12 月，兴业银行通过旗下兴业财富，与高伟达软件、深圳市金证科技、福建新大陆云商 3 家公司共同设立了"兴业数金"，突破中小银行服务局限，成为业内最早设立金融科技子公司的股份制商业银行，开创了银行系金融科技子公司的先河。

---

① 参见《银行系科技子公司发展提速——数字化再造提升金融服务》，摘自《经济日报》，2021 年 7 月 6 日。

总体上，我国银行系金融科技公司分为两大类：一类是银行业机构直接设立的金融科技子公司；另一类是直销银行。依据商业定位和目的不同，银行直接设立的金融科技子公司可进一步细分为 IT 部门独立型、金融科技输出型、集团融合型 3 类。[①] 可以预见的是，未来将有更多的银行融入金融科技发展的浪潮，运作模式不断走向高效、成熟、完善，为银行业在信息科技时代的可持续发展提供坚实的基础。当然，这些子公司的盈利模式如何还有待观察。

4. 开放银行。开放银行是一种利用开放 API 技术实现银行与第三方之间数据共享，提升客户体验的平台合作模式。一般来讲，开放银行有 3 类参与主体，一是把数据开放出去的银行，二是期望共享数据的第三方机构、开发者等，三是被银行和第三方服务的客户。这 3 类参与者的角色相辅相成，缺一不可。尤其是银行和第三方机构之间，可以说是既有竞争，又有合作。

开放银行具备 3 个特征。第一，以开放 API 为技术。API 可以分为三类，即内部 API、伙伴 API 以及开放 API，每一种类型具有不同的特点，其适用的范围也不尽相同。应该讲，API 的特性最符合开放银行的要求，最适合充当传统银行"走出去"与第三方机构融合的桥梁。第二，以数据共享为本质。开放银行可以理解为银行领域的共享客户数据，这些数据是由支付、信贷、储蓄等一系列行为产生的。第三，以平台合作为模式。有别于传统银行业务，开放银行采用的是"Bank – as – a – Platform"（银行即平台）形式。银行不再如以往那样直接将产品和服务传达给客户，而是将各种不同商业生态嫁接至平台之上，再通过商业生态间接为客户提供各类金融服务，形成共享、开放

---

① 第一类是 IT 部门独立型。主要是由银行业机构的 IT 部门、IT 团队转型而来，代表为建信金融科技、民生科技。银行 IT 部门独立为金融科技公司，是为了适应金融科技人才激励的需求。第二类是金融科技输出型。利用自身资本与技术优势，提供金融信息云服务与技术支持，除为母行提供技术解决方案外，同时为金融同业机构、民营企业、小微企业提供技术外包服务。代表为兴业数金、金融壹账通、招银云创。第三类是集团融合型。主要为集团内部金融业务提供服务的金融科技公司，定位为打造集团金融科技生态圈，通过金融科技平台的搭建，实现集团协同发展。代表为光大科技。

的平台盈利模型。[①]

从目前的情况看，大中型银行多数采用自建和共建生态圈的模式，它的优点是可以充分利用已经搭建的客户和科技基础，吸引其他的合作方入驻自身的平台，实现生态圈的构建。小型银行多数采用加入已经成熟的金融生态圈，或者采取抱团取暖的联合模式来推动开放银行。

二、传统商业银行数字化转型紧迫性

(一) 社会经济宏观发展需要

当今数字化转型正在促进数字技术与实体经济深度融合，做强做优做大数字经济，不断拓展金融服务实体经济的路径和方式，增强数字技术创新驱动能力，打造先进可控的硬核科技，依托云化基础设施打造"云上金融""掌上银行"，构建具有行业示范效应的"云计算＋分布式"核心技术平台，升级大数据、5G、人工智能、物联网、区块链等企业级技术平台，加大与国家战略科技力量的产学研用联合创新，实施一批具有前瞻性的高科技项目，使科技创新成果加速转化为业务价值，助力社会生产方式、人民生活方式变革。

(二) 数字经济促进银行转型发展

目前，我国正加快构建以国内大循环为主体、国内国际双循环相互促进的新发展格局，2022 年 3 月 25 日，中共中央、国务院发布《关于加快建设全国统一大市场的意见》，要求从全局和战略高度加快建设包括数字经济在内的全国统一大市场，以数字经济赋能传统产业转型升级、推动全国经济高

---

① 蔡凯龙：《金融数据共享系列一：Open Banking 引发全球金融变革》《金融数据共享系列二：不开放的银行，未来岌岌可危》《金融数据共享系列三：银行被逼入墙角，如何扳回一城》，摘自《金评媒》，2017 年 11 月 3 日。

质量发展，其中的金融科技、数字货币、监管沙盒都可以促进银行数字化转型，增强数字资产智能应用能力，活跃金融机构数字经济大循环。

商业银行作为现代金融体系的中心源泉，必须深度参与数据要素市场化改革，广泛引入政府公共数据等优质外部数据，全力推动内外部数据入湖，强化数据质量源头与过程控制，夯实数据基础。同时，持续升级数据中台，健全数据服务产品管理与运营机制，打造智能化数据产品体系，强化数据管理，实现数据对业务的赋能和智能化决策，推动数据资源向数据资产转化，逐渐融入数字化改革发展大潮，以数字经济赋能产业转型升级，促进金融行业高质量发展。

（三）商业银行发展战略选择

越来越多的商业银行贯彻数字化战略理念，坚持金融为"体"、科技为"用"，率先开启数字化 2.0 新征程，围绕"数字生态、数字资产、数字技术、数字基建、数字基因"五维布局，加快推动经营模式和治理模式的数字化变革，打造与现代经济体系相适应的数字化银行，实现传统单一核心银行系统向去核心化开放生态银行系统的代际跃升、从集中式向全分布式转型突破，构建多元异构技术架构体系，深化全要素大数据驱动的经营管理体系。

（四）社会消费群体发生变化

近年来，在供给侧关系中，商业银行传统的网点服务、上门推销、电话营销等无差别金融服务模式已不再受青年客户的青睐，倒逼银行在供给侧加快数字化转型，对金融创新服务提出了更高的要求。"90 后""00 后"开始成为社会消费的重要群体，他们更愿意通过数字化、网络化的方式获得服务，追求定制化和个性化的产品与服务。于是，需求侧的客户群体结构发生了变化，开始逐渐渗透到居民衣、食、住、行、用各个方面，导致客户行为习惯发生变革，逼迫商业银行按照新的监管要求为客户提供服务。

三、传统商业银行转型方向与途径

（一）传统业务线上化

在零售和私人银行业务中，商业银行通过手机银行、小程序等形式，将传统柜面渠道延伸至线上，为零售端客户提供基础的金融服务，主要包括存取款、转账、贷款、理财等服务；在对公业务办理中，商业银行通过远程面审，完成疫情期间一些无法进行现场尽调、面审的工作。因此，线上业务成为很多银行开展标准化业务的主要方式，到银行网点办理业务的客户数量逐渐减少。银行网点要想重新积聚人气，需要根据当地客群的需求重新定位，包括对网点的选址、运营方式等方面的转变，需要将移动银行与物理网点相结合，统筹考虑。

>> 【案例 2−1】

2020 年，中国银行 90% 的金融交易都是通过手机银行完成的。特别是新冠肺炎疫情促使中行非接触业务快速发展，催生中行手机银行、网银、网联支付 3 类线上渠道的交易量，与疫情前的柜面渠道交易量之比为 1.5∶1，并在疫情防控常态化后继续上升。

案例来源：中国银行官网。

数字化并不是简单的技术问题，而是银行商业文化的转变，运营模式的转变。传统的物理网点将会不断转型、升级，向着数字化、轻量化、智能化的体验中心演变，以适应时代快速的发展节奏，物理网点也将从交易结算型向着营销服务型转变，柜员也将从防弹玻璃后面走到宽敞明亮的服务大厅中。通过数字化，商业银行物理经营场所可以变成线上虚拟场所，银行与客户可以突破空间和时间的限制来完成交易。因此，柜员不仅是办理业务的主体，更是营销产品和服务客户的主体，物理网点不仅是提供金融服务的交易场所，也是提供生活娱乐服务的体验中心。

中国人民银行数据表明：2015 年商业银行新设网点数每年还有 7129 个，到 2019 年已经下降到每年 2047 个。在同一时期，每年线下网点的关闭数量直线上升，2015 年关闭 341 个，2019 年关闭 3512 个。这说明，很多商业银行都在调整线下渠道，其中部分原因就是数字金融的挑战，实际上也是商业银行主动适应数字化的机构调整。①

近年来，银行对金融科技方面的投入更加重视，商业银行网点在推进数字化转型方面成效显著，营业网点进一步减少，在网点布局选址、系统平台、自助设备、业务运营等领域广泛应用大数据、人工智能、智能语音、RPA 等新技术手段，在网点持续推进线上便捷受理、集约高效处理、服务快捷交付等运营服务模式，完成实物、信息、现金、账户、外汇五大场景的推广应用，数字化成为银行网点转型主要方向，加快了数字化进程。

与此同时，以网上银行、手机银行等为代表的商业银行线上服务体系也基本建立起来，借助于自助服务设备的大规模应用以及服务功能的不断完善，一些复杂度较高、需要到营业网点现场办理的业务不再需要银行人员的深度介入，导致商业银行网点收缩仍在继续。在 2021 年商业银行机构退出列表中，合计有 2805 个银行网点终止营业，比上一年减少 889 个。截至 2021 年 12 月末，六大国有行的营业网点数和员工总数比上年出现大幅缩减。除了交通银行尚未披露网点数据外，其余五大国有银行披露的网点数量比 2020 年末合计减少 566 个。其中，中国建设银行网点减少数量最多，减少 231 个。

虽然全国银行从业人员数量在不断减少，但科技人员的占比却在增加。②

---

① 巴曙松：《商业银行数字化转型的背景、现状和发展》，收录于"北大汇丰金融前沿讲堂"系列第 82 期演讲稿。

② 2021 年 6 家国有商业银行年报显示：截至 2021 年 12 月末，只有中国建设银行员工数量较上年末增加，其余 5 家国有银行的员工数量均明显减少，合计减少 1.33 万人。其中，工行员工人数由 2020 年末的 439787 人减少至 434089 人，农行由 459000 人减少至 455174 人，中行由 309084 人减少至 306322 人，邮储银行由 194527 人减少至 193946 人，交行由 90716 人减少至 90238 人。

有数据显示：截至 2021 年 12 月末，交通银行的金融科技人员为 4539 人，占集团员工总数的 5.03%，较上年末提升 0.65 个百分点。中国建设银行金融科技人员数量为 1.51 万人，占集团人数的 4.03%，较上年末提升 0.52 个百分点。[①]

在数字化基础上，各家商业银行探索推出契合当前技术发展方向的数字化服务产品，整合自身产品和渠道，打造渠道平台，加入数字化元素，进一步提升服务品质，向互联网银行学"线上"获客，快速做大客户增量。有学者形容做大金字塔的"塔基"，继续发挥互联网银行所不具有的线下优势，对存量客户开展"二次营销"和多次营销，做深、做透、做精业务，建立精准数字化服务模式。[②]

（二）银行服务智能化

国有大型银行需要建立智能化金融科技发展战略，建立与之相匹配的创新与管理文化理念。要将网点优势资源转型为智能渠道，并将金融服务与生活场景无缝对接，建立线上线下联动的新金融智能平台生态体系，凭借丰富的客户群基础、优质的人才储备和实力雄厚的科技力量，可以构建以"我"为主的平台化智能金融生态，如通过 App、小程序等提供智能理财资讯、主动提供优惠利率贷款等非接触式金融服务。从实践来看，工行"融 E 购""融 E 行""融 E 联"三大平台，农行的金融、电商与社交三大互联网金融平台战略，均是向着这个方向发展。同时，国有大行也开始全面加强与金融科技公司的合作，实现优势互补。如 2017 年上半年，建行与阿里巴巴、工行与京东、农行与百度、中行与腾讯陆续携手，在科技、账户、数据、业务等层面，探索广泛的交集。

中小银行由于在技术储备、人才队伍、客户规模等方面都远逊色于大型

---

① 参见《商业银行网点去年关停 2805 个》，摘自《证券日报》，2022 年 4 月 11 日。
② 冯建强：《数字化转型下的商业银行》，载"中国电子银行网"，2020 年 9 月 14 日。

国有银行，没有雄厚资金投入在智能化金融科技研发和技术升级方面。因此，可以考虑加强与科技金融公司全面深入合作，推动技术与业务领域的深度融合，实现智能金融的"弯道超车"。通过联合开展"场景+技术"的直销银行模式创新，实现跨区域的智能低成本获客；通过引入智能客服，降低运营成本；通过引入先进的信用数据和智能风控模型，全面提升风控能力。例如，江苏银行推出的随 e 融产品，以后台智能化产品代替结构性产品，以一款产品满足多元化客户的各类需求。①

以推动零售网点转型为例。当前，国内中小银行通过金融科技对柜面运营体系和客户服务流程进行智能化改造，改善客户体验，已成为零售转型的共同选择。平安银行创新推出以"SAT 社交+移动应用+远程服务+智能网点"为核心的零售银行运营体系，截至 2017 年 12 月末，平安银行零售业务全行利润占比高达 64%，较 2016 年同期的 29% 呈现大幅度提升，智能网点效果显著。②

▶▶【案例 2-2】

中国建设银行自 2018 年起着手打造数字普惠金融，逐步探索出"五化三一"普惠金融新模式和新体验，即批量化获客、精准化画像、自动化审批、智能化风控、综合化服务，"一分钟"融资、"一站式"服务和"一价式"收费。同时，聚焦小微企业融资需求痛点，从交易、结算、纳税、采购等场景切入，形成了"云""快""善"数字化普惠金融产品谱系。截至 2021 年 12 月末，建行上海市分行线上普惠金融贷款占比普惠贷款总额的 78%，运用科技力量破解小微融资难。

同时，建行设立"惠懂你 App"客户体验为中心，打造小微企业"互联网获客+全线上信贷业务流程""一站式"服务平台。通过科技赋能，为小

---

① 冯建强：《数字化转型下的商业银行》，载"中国电子银行网"，2020 年 9 月 14 日。
② 参见叶望春：《金融科技如何助力银行智能化转型？》，摘自《中国金融》，2017 年 11 月 18 日。

微企业客户精准画像，客户最快几分钟内就可以确认授信额度。目前，上海市已有超过 3 万家小微企业和个体工商户通过该 App 获得了授信额度。

案例来源：邓侃《建行上海市分行普惠金融贷款突破 700 亿》，载《学习强国》，2022 年 1 月 21 日。

再以智能客服为例。中小银行近年来一直都在增加客户智能体验，使得大量简单话务被智能机器取代，极大节约了客服人工成本，改善服务体验。从实践来看，平安银行 AI 客服就是以 AI 技术为内核，通过人脸、声纹等生物认证技术和大数据匹配，可远程核实客户身份信息，实现"在线一次性业务办理"服务，目前该技术已广泛应用于银行营业网点。据初步统计，AI 客服支持文字、语音、图片等多种模式的机器人交互，拥有 93% 的机器答复率和 95% 的回答正确率，极大地提高了服务效率和客户体验，释放了人工资源。根据波士顿咨询公司 BCG 测算，智能运营转型将使银行成本收入比下降 1 个百分点，以一家营收为 1000 亿元的中小型银行估算，这意味着智能运营每年将增加约 10 亿元的利润，潜力巨大。[①]

（三）经营成本低廉化

一方面，商业银行借助线上化、大数据和人工智能，柜面业务办理、授信审批与放款等传统业务流程可以被更低廉高效的模式所替代，提升了商业银行服务效率，降低了运营成本；另一方面，商业银行借助大数据实现精准营销，根据客户的职业、收入、财产状况、消费习惯等要素进行聚类分析，内外部数据融合，精确定位客户服务，自动外呼或精准推送营销信息，较传统营销模式成本更低、渗透率更高。

---

① 参见叶望春：《金融科技如何助力银行智能化转型?》，摘自《中国金融》，2017 年 11 月 18 日。

（四）数字服务场景化

数字化金融的广泛应用赋能金融服务全面进入"无卡化时代"，借助数字化手段，全面推进数字化场景建设，开展"金融＋科技＋场景"数字化建设，围绕不同的行业构建多个金融生态圈，诸如智慧阅读、智慧教育、智慧社区、智慧诊所等场景，重构客户关系、业务模式和运营体系，将普惠金融服务置身于交易场景之中，为社会底层客户、老年人、妇女儿童提供个性化、差异化、定制化的解决方案，提升客户体验，构建开放互联、跨界融合的"数字共同体"，服务全体社会成员，将为银行新一轮科学技术应用带来广阔空间。

（五）数据管理系统化

商业银行加强数据管理能力，广泛引入政府公共数据等优质外部数据，强化数据质量源头与过程控制，健全数据服务产品管理与运营机制，打造系统化数据产品体系，创新应用与共享服务能力，实现数据对业务的即时赋能和数据驱动智能化决策，实现数据感知、数据风控、数据交互、数据运营，提升渠道的数据智慧能力，打造系统、安全、高效的数据体验，活跃数据服务循环。

▶▶【案例2-3】

近年来，中国工商银行深化数字化转型，围绕"数字生态、数字资产、数字技术、数字基建、数字基因"五维布局，创新一批数字化合作标杆和极致体验"精品"，树立 e-ICBC"第一线上金融"品牌形象，打造链接能力最强、产品供给最广的互联网合作模式，推动经营模式和治理模式的数字化变革，打造与现代经济体系相适应的"数字工行（D-ICBC）"，构建开放互联、跨界融合的"数字共同体"，增强金融服务的普惠性、精准性。

中国工商银行依托云化基础设施打造"云上工行""云计算＋分布式"两大核心技术平台，持续升级同业领先的大数据、人工智能、区块链、物联网、5G等一系列企业级技术平台，加快建立与新技术应用相适应的新一代运维体系，完善数据安全管理体系，建立数据分级分类管理规范，实现对个人隐私数据、敏感数据、公共信用信息全生命周期的安全闭环管理，稳妥开展数据合作共享，让数字化成果惠及普罗百姓，服务以国内大循环为主体、国内国际双循环相互促进的新发展格局。

案例来源：工行副行长张文武：《与时俱进强化数字化转型新认识》，载"中关村互联网金融研究院官网"，2022年1月25日。

（六）风险防控数字化

长期以来，传统商业银行信贷风险控制模式以人的管理为主导，其主要做法是在总分支机构体制下，信贷管理也实行分级授权管理：经营单位客户经理负责贷前调查，审批部门负责审查把关，风险管理部门负责风险监控。但是，对于数字化转型的商业银行，这种风险管理就显得比较被动。比如，传统信贷管理主观性较强，往往以风险管理人员经验作为决策的主要依据，信贷管理水平高低完全取决于风险管理人员的素质，主观性使决策结果有较大弹性，很难得出精准判断，还容易发生道德风险，存在一定的权力"寻租"空间。另外，各种金融工具和手段的创新降低了市场准入门槛，金融服务参与主体越来越多元化，关联性及集中度更趋复杂，风险外溢更加隐蔽，传导速度也变得更快。一旦某个点、某个系统性重要性机构或者某个关键业务领域爆发风险，很有可能引发系统性或区域性的风险事件。

商业银行的业务本质就是经营风险，而数据则是商业银行最有价值的资产，成为开展数字风控的信息基础。数字化技术在信贷风险管理的应用可以贯穿贷前、贷中、贷后等全流程各环节，从时间和空间两个维度对管理的内涵和外延进行扩展，逐步从"人控"向"数控"转变，从被动式风险防御到主动式风险监控和预警。

1. 贷前准入阶段反欺诈识别。以大数据风控为技术支持，对个人用户支付结算、信贷业务、电子商务、信用卡等交易行为的时间和空间多维度分析，再依据申请人、手机号、设备、IP 地址等各类信息节点，进行反欺诈模型实时识别。[①] 当然，最后还必须形成完整的贷前记录，保存好用户信息，有助于今后智能实时反欺诈。

2. 贷中审批阶段实质性把关。通过 C 端数据接入，获取客户公积金、社保、房产等信息，加强在审批环节对信贷申请人的还款意愿和能力进行风险评估，准确迅速判断客户的信用情况，解决多头授信、重复授信、过度授信、用途合规性、还款能力判断、借名融资、借壳融资、过度负债等问题，建立大数据增信模型，为授信审批提供依据，识别抵押物瑕疵等问题，汇集征信信息、交易数据，识别潜在关联关系，为贷中审批阶段实质性把关。

3. 贷后管理阶段高效预警。在短期内，可以考虑建立预警机制，用自动化数据分析和展示系统替代大量人工控制。通过搜索授信客户股权、水电扣费、税务、社保缴纳、财务状况、诉讼情况、借贷数量以及担保关系等信息，形成关联数据体，再针对其中每个维度的经营、交易、治理、新闻等各方面开展数据收集、分析，依靠网络舆情和监管发布信息，进行用户的甄别、筛选和预警。

在长期内，可以应用大数据学习技术，结合长期积累的财务风险判断经验，逐步探索建立客户财务异常系统功能，引进机器学习和知识图谱等金融科技手段，探索由机器自动配置风险策略，自动生成预警报告等，实现模型快速迭代，提供智能化技术支持，进一步提升预警管理效率。[②]

4. 优化产品风控模式。改变以往主要依赖借款人财务指标和抵质押品进

---

① 李保奇：《商业银行正加快向"数字化风控"转型》，摘自《当代金融家》总第 198 期。
② 李保奇：《商业银行正加快向"数字化风控"转型》，摘自《当地金融家》总第 198 期。

行信贷产品风险管理的模式，重点关注核心企业对上下游企业信用担保的供应链产品传统管理模式。有学者提出数字风控模式，通过物联网获取资产交易数据，通过 ERP 系统获取流动资产、固定资产真实数据，通过区块链确保数据真实不可篡改，针对不同场景提供差异化的供应链金融风控方案，精准支持产业链供应链发展。① 数字风控应该引领商业银行数字化转型，发现并解决痛点问题，实现数字赋能生产、流通、分配、销售过程，尽快完成数字化产品风控模式，助力数字经济的高质量发展。比如，根据客户"画像"的风险承受水平、财务状况、预期收益目标等需求，引入策略工具，搭建量化交易平台，逐步实现风险控制模型化、自动化、智能化。

➤➤【案例 2-4】

1. 大数据风险预警

中国光大银行利用工商、互联网舆情等外部数据，跟行内数据充分结合之后建立了在线运行特殊交易对手、风险共同体、复杂循环担保圈 3 类大数据风险模型，在风险预警、审计、反欺诈等领域，运用复杂网络、自然语言处理等大数据分析技术，实现风险的发现与预警。

2. 反洗钱可疑交易预警

建立了基于资金网络可疑交易行为预警模型，采用了复杂网络关系发现算法，计算出节点数量随指数级增长的复杂网络关系，在较短的时间内计算出全行所有客户的资金网络关系，为业务部门甄别犯罪提供了有价值的线索。

3. 贷后审计模型

2017 年，中国光大银行启动了审计大数据模型平台建设，利用图数据库及图算法模型展示关联图谱，提供可视化、人机交互式的业务人员操作

---

① 谢晓雪：《数字化转型下的银行风险管理》，摘自《中国金融》2021 年第 16 期。

分析界面，利用人工智能算法构建"隐性关系"识别模型，发现审计线索，判断信贷报告和审查报告合规性、真实性。

案例来源：广大银行专家：《银行大数据风控能力建设与实践》，载《中国金融电脑》，2018 年 8 月 13 日。

5. 优化渠道风控方式

以提高线上线下渠道协同风控能力为目标，优化线上功能，实现平台间互联互通、数据共享，打破"部门银行"的数据壁垒。以大数据驱动的线上风控手段为线下操作赋能减负，减少人工现场尽职调查、现场贷后走访等工作量；以线下核查支持线上风控有效性，风控模型驱动的授信审批、监测预警需要定期或不定期进行线下人工核查，检验模型有效性、稳定性，并通过核查数据进一步迭代优化模型。头部大客户适用于线上线下相结合的风控方式，长尾小客户探索全流程线上风控方式。[①]

总之，数字经济时代下，商业银行如何将数据与风险管理有效结合、实现风险管理数字化，是决定风险管理成败之所在，也是商业银行可持续发展的必然选择。数字化程度高的商业银行在应对疫情中明显更加主动和有效，满足疫情背景下客户足不出户办理金融业务的需求，保持住了商业银行业务的稳定。

四、传统商业银行数字化转型困境

（一）全局性谋划不足

尽管疫情的暴发为商业银行的数字化转型提供了机遇，但是机遇往往与挑战并存。在商业银行的数字化转型之路上，全局性设计依然需要完善，存

---

① 谢晓雪：《数字化转型下的银行风险管理》，摘自《中国金融》2021 年第 16 期。

在大量需要重新考虑的问题。同时，与国外大型银行业金融机构相比，我国商业银行数字化转型执行力不够彻底，尚处于追赶阶段，甚至与国内非银金融机构、互金平台相比，很多基于数字化理念开发的金融产品在应用领域、客户黏性等方面仍然存在一定差距，发展水平有待提高。

（二）底层数据化程度低

1. 数据规模激增、结构更为复杂。在数字化转型的背景下，银行业务向全面线上化发展，数据规模随之呈现几何级增长，数据类型多样，数据关系复杂，既有传统的客户信息数据、资产数据，也有行为数据、场景数据；既有原始数据，也有衍生加工数据。此外，随着业务类型的丰富，非结构化数据在整体数据资源中的占比显著提升，传统数据存储、清洗和挖掘技术的局限性逐步显现，大量非结构化数据得不到充分的整合和应用，难以释放其潜在的数据价值。

2. 数据呈零散式分布。我国商业银行数据创建，一般都是由银行内各部门自行主导，不同部门创建不同的数据集市为各自所用，如零售部门基于其零售方面的数据创建零售数据集市，信用卡部门创建信用卡集市以整合信用卡业务的相关数据。显然，商业银行数据分散在各自部门或小系统内，数据采集、存储和加工环节缺乏统一标准，数据标准、数据口径和数据含义也都不一样，各自为政，缺乏横向沟通和整体统筹，形成一个个"数据烟囱"，很难进行数据统一管理，数据完整性、准确性难以保证，数据挖掘分析和应用的效果也会大打折扣。这样就会使得银行内部数据资源无法实现完全共享，相同底层数据重复开发，造成数据和存储资源的浪费，直接影响数据的整体质量。

3. 数据开发和资产沉淀的能力不足。在传统业务开展和数字化转型过程中，商业银行虽然积累了海量的数据资源，但底层技术仍然是以自然人操作设计为基础的，数字化程度并不高。加之思维固化，传统技术手段和系统架构等方面的局限，其还不能完全满足各项业务的连续性特别是完全"线上化"的需求，而且面对体量庞大，且结构各异、关系复杂的数据，商业银行在数据开发和资产沉淀方面的能力普遍不足。例如，技术能力和设施建设相对滞后于数字化转型的脚步，部分银行对科技研发的资金和人力投入相对不足，导致对数据资源的开发力度不足，数据应用领域相对狭窄，数据资产的潜力无法得到充分释放。又如，缺乏体系化的开发流程，数据资产难以沉淀，缺乏体系化的数据开发和成果留存机制，导致数据资产难以积累和沉淀，也阻断了数据资产质量改进和价值持续挖掘的空间。

（三）缺乏有效数据管理和交易经验

数据资产管理是一项系统工程，需要连接银行多个部门及业务条线，贯穿从数据采集、处理到数据资产应用全生命周期的各个环节。但很多商业银行的数据资产管理工作多由信息科技部或数字金融部负责，受部门权责边界制约，单一部门难以对全行数据资产进行全口径和全生命周期的管理，阻碍数据资产的应用管理和价值实现。

另外，从商业银行风险管理看，开发和使用并不是一个部门，时常会存在倚靠某一个领导者的权威或行政手段，不仅对数据资产的管理缺少持久性，在领导没有特别指示的情况下，业务人员和技术人员也缺乏有效的沟通渠道，数据资产开发者和使用者存在沟通协同障碍，数据风险管理效果并不明显，受制于领导层思路和更迭状态。

（四）数据流通和交易环节没有建立

虽然国有大中型银行在国家大数据产业发展规划中提到"大体量汇聚"，但是范围还不够广。从目前国有商业银行的数据资产经营状况看，基本上滞留在银行内部运用，仅有使用价值，尚未在数据交易中心或数据资产交易场所进行公开交易。从理论上说，国有商业银行的数据既没有资产价值，也没有交易价值。这可能与国有大型银行不能直接到现场去搞物联网，只能通过生态方式，与供应链核心企业、平台型企业共同开展数据采集手段建设有关。为此，有学者建议，国有商业银行数据必须在市场上进行交易，开发国有商业银行数据的交换价值，确保国有大银行对个体客户的感知能力合规地体现出来。①

究其原因，一方面是现阶段我国数据流通和交易法律制度和市场环境不完善，数据资产管理和交易流通尚处探索阶段，数据资产的产权边界不明晰，阻碍了数据资产的定价和流通交易的推进。加之全国数据资产交易规则和场所尚未建立，数据资产流通交易模式和定价机制也没有最终确定。另一方面是数据资产流通交易的合法性问题。我们尚未明确数据资产交易和流通的合法性，对于限制和禁止流通交易的数据类型也未有清晰的界定，导致交易主体出于合法性的顾虑而降低对数据资产流通交易的动力。数据资产大多只能在机构内部发挥作用，市场参与者在进行数据资产交易时面临较高的交易风险和交易成本，不同机构间的数据资产共享和交易受限，形成"数据孤岛"，影响了数据资产的有效流通和价值再造。

（五）数字化经营生态圈尚未形成

伴随着互联网崛起，互联网的进攻者们显然没有满足于单纯在存贷汇等单一市场分解并颠覆银行业务这一目标。早在 2017 年，麦肯锡就发布了《全球银行业报告（2017）——凤凰涅槃：重塑全球银行业，拥抱生态圈世界》研究报告，对全球银行业面临的挑战与机遇做了全面阐述，其中一个就是告诫银行业必须建立经营生态圈。

麦肯锡报告指出，全球银行业呈现种种复苏迹象，已从金融危机的重创中完全恢复，资本存量得到了一定补充。但是，利润难以完全复苏，连续 7

---

① 付晓岩：《以架构视角解读和落实银行数字化转型的两份重磅指导文件》，摘自《零壹财经》，2022 年 2 月 12 日。

年行业净资产收益率一直徘徊在 8%～10% 无法突破，这也是公认的资本成本水平。2016 年银行业平均净资产收益率为 8.6%，比 2015 年下降了整整 1 个百分点。这主要是互联网平台正在利用平台经济技术，通过将银行与非银行业务充分结合，将金融与非金融场景无缝对接打造生态圈模式，"一站式"服务客户的所有需求。显然，银行业正面临数字化提速的威胁，主要来自新的数字竞争对手以及客户更快、更广泛地使用数字化银行服务。例如，亚马逊、阿里、腾讯正在将触角从其核心的非金融领域向支付、信贷、财富管理、征信等所有金融相关领域延伸。生态圈模式使这些"门口的野蛮人"显得更为强大，彻底夺取银行的客户关系，分解并根据客户需求更好地组合和包装银行业务，并使银行的资金和服务商品化，导致银行成为产品服务间接提供者，降低了银行的品牌认知度。麦肯锡报告还特意指出，如果银行不积极应对的话，到 2025 年，五大零售业务（消费金融、按揭贷款、中小企业贷款、零售支付、财富管理）中 10%～40% 的收入将面临威胁，20%～60% 的利润将消失。

为此，麦肯锡报告呼吁全球商业银行必须加快数字化转型和生态圈建设的步伐，驱动自身业务模式的变革，重新赢回市场。假如商业银行能找到与亚马逊、阿里巴巴和腾讯等互联网平台公司有效竞争方式，利用数字化生态圈为银行打开了一扇机会之门，就一定能在 2025 年之前实现 9%～14% 的净资产收益率。报告还借用招商银行在中国零售和数字化领域领先的例子，2017 年招商银行前 8 个月股价上涨超过 60%，市净率从 1.12 提升至 1.64，远高于竞争对手接近于 1～1.2 的水平，都是得益于招商银行初步建立了经营生态圈所致。

（六）数字化转型表面化趋势

金融机构不能为了数字化转型而转型。这既不是监管创新，也不是监管数字化，更不能提高监管效率。目前我国金融市场上存在几种现象，第一种现象，为了数字化而数字化。一些银行的手机银行频繁迭代升级，数字化功能越做越多，用客户体验却越来越差。比如，从大多数用户的视角来看，账户查询、资金转账、投资理财应该是几个比较重要和常用的，但就是这几个常用的功能却一弱再弱，而在手机上销售金银币却大幅增加，甚至销售普通商品也越来越多。也就是说，手机银行在显眼之处摆放了非金融业务或者非核心金融业务，而用户经常要用的诸如账户查询、资金转账、投资理财等核心功能越藏越深，需要寻找半天，有些银行甚至连转账功能都要找半天。有学者就此提出批评，认为这样的升级迭代，不知道是不是真的从用户的视角出发的？还是从银行业务拓展的视角出发的？①

第二种现象，数据开发没有从客户角度考虑，有学者曾经撰文描述到某些银行的转账功能感觉纯粹就是工程师视角，开发怎么方便怎么来，比如数据孤岛问题，微信银行和手机银行项目组可能缺乏有效的沟通，同样的业务在两个渠道需要重新提交。这些现象都可以看出有些银行数字化转型存在的问题，没有为用户考虑，没有把用户的需求放在数字化改革的第一位，而是把银行自身的利益放在第一位。

五、商业银行普惠金融数字化转型对策建议

（一）加快普惠金融数字化转型规划

随着数字化转型战略推广范围不断扩大，其对商业银行整体发展的引领与支撑作用也将越发凸显。可以预见，融合了大数据、人工智能等前沿技术的金融产品必将层出不穷，金融产品的前瞻性将成为商业银行信息科技能力的集中体现，数字化水平将成为其核心竞争力的代名词。商业银行必须牢牢把握住这一具有颠覆性的发展机遇，统筹规划，统筹决策，探索转型时期新的管理模式，建立与之相适应的管理机制，以数据分析整合和技术创新为驱

---

① 诗融：《警惕银行数字化转型的浮夸之风》，摘自《金融大数据观察》，2021 年 11 月 30 日。

动力，构建数字银行生态系统，具备结构健全、权责清晰的数据资产管理架构，加强顶层设计和统筹规划，科学制定和实施数字化转型战略，将其纳入机构整体战略规划，明确分阶段实施目标，长期投入、持续推进。

传统商业银行应从整体的价值链视角出发，根据自身发展战略，制定全行级普惠金融数据资产管理的整体目标和要求，同时形成体系化的普惠金融数据资产管理机制和流程，配套相应的设施资源支持。在此基础上，搭建结构健全、权责清晰的数据资产管理架构。数据资产管理是一项系统性工程，从数据产生到资产应用，涉及银行多个部门和业务条线，数据资产的经营管理工作应由独立的部门承担，对数据资产进行专业化、体系化的管理。

在数据标准上，做到数据定义、口径、格式、分类等方面标准的统一，保证数据内涵、提取和加工逻辑的可查验；同时明确标准管理和维护工作的责任主体，保障数据标准执行的跟进和更新。例如，建立"元数据管理"。元数据是描述数据的数据，包含数据的基本要素、在数据库中的位置和上下游分布关系等信息。元数据将成为未来数据管理的核心。随着云计算、边缘计算等技术的兴起，分布式数据存储将是必然趋势，如何在不移动数据存储位置的条件下，将数据关联起来进行统一的管理，并实现数据联动和上下游分析，就需要加强元数据管理能力。

在部门定位上，数据管理部门连通相关的各业务部门和条线，从全局视角统筹规划数据资产的经营管理工作，实现资产归口管理。在组织构成上，可分成数据资产决策委员会、数据资产管理中心和各业务部门三级。数据资产决策委员会是数据资产管理的决策者，负责制定数据资产经营管理规范，设计数据资产价值创造的分配激励机制和监督考核方案。数据资产管理中心负责数据资产管理的执行和监督工作，协调数据资产的提供者和使用者。

（二）确立数字化转型组织机制

强化金融科技治理顶层设计，组织保障是推动普惠金融数字化落地的一项重要工作。在组织高阶管理层面，加快普惠金融数字化转型的企业级统筹协调机制，要求高级管理层统筹负责数字化转型工作，建立数字化战略委员会或领导小组，鼓励选聘具有科技背景的专业人才进入董事会或高级管理层，明确金融机构董事会、监事会、高级管理层相关职责分工、权限分配和履职要求，制定全方位数字化转型战略。例如，将数字化转型工作定位在银行的"一号位工程"，制定考核指标，加强金融科技治理能力成熟度评估，将治理目标转化为不同部门、业务条线可量化可执行的重点任务和评价指标，建立银行数字化转型组织管理体系。

（三）加强数字化科技创新

科技始终是推动金融业创新发展的重要力量，普惠金融与科技深度融合发展，既提升了金融服务效率和客户体验，降低普惠金融运营成本，也推动了金融服务模式创新。

传统商业银行要想推动普惠金融数字化转型，就不可不投入科技力量。2019 年，中国工商银行科技投入为 163.74 亿元，占营业收入的 1.91%，全行科技人员达到 3.48 万人，占全行员工总数的 7.8%。建设银行科技投入以 176.33 亿元为最高，投入占营业收入的比例为 2.5%。中国银行和农业银行也在大举进行科技投入，占营业收入的比例都超过了 2%。投入比例最高的是招商银行，2018 年占总营业收入的 2.8%，2019 年进一步增加到 3.72%。[①]

另外，自 2017 年以来，不少对市场反应灵敏的商业银行纷纷宣布与科技公司、电商企业开展合作，中国建设银行与阿里巴巴和蚂蚁集团宣布进行战略合作，中国工商银行与京东金融签署了金融业务合作框架协议，中国农业银行与百度战略合作并共建金融科技联合实验室，中国银行与腾讯合作成立

---

① 巴曙松：《商业银行数字化转型的背景、现状和发展》，收录于"北大汇丰金融前沿讲堂"系列第 82 期演讲稿。

了金融科技联合实验室。招商银行则在业绩报中将金融科技定位为转型的
"核动力"，并提出要打造金融科技银行（见表 2 - 2）。

表 2 - 2　传统商业银行数字化转型升级及产品

传统商业银行	战略、平台	互联网合作机构	融资、信贷产品	支付方式
中国农业银行	农银 e 管家、惠农 e 通	百度	E 链贷	云闪付、刷脸取款、农银快 e 付
中国建设银行	E 付卡、金融云	阿里巴巴	云税贷	云闪付、龙支付
中国工商银行	E - ICBC 3.0 战略	京东	工银快贷、微贷、网贷通	云闪付、手机
中国银行	云端银行易惠通	腾讯	中银 E 贷	长城 e 闪付
招商银行	招商银行 APP 6.0、摩羯智投	滴滴出行	E 招贷、闪电贷	云闪付、一网通
交通银行	手机信用卡	苏宁	蕴通产业链	云闪付
中信银行	中信联盟	苏宁	税信贷	云闪付、薪金煲
中国民生银行	凤凰计划、E 民生、I 民生	奇虎 360	云快贷、云抵押	云闪付、民生付

注：周波青制表。

显然，中国银行业对金融科技的发展日益重视，大多数银行都将其作为
发展重点与转型方向，借助互联网机构帮助提高数字化进程，深入实施创新
驱动发展战略，完善科技创新体制机制。商业银行数字化转型必须坚持创新
发展的理念，快速融入城镇化、大健康、大消费等产业场景，产业生态平台
建设和渠道服务布局，营造包容试错的创新文化，探索孵化新的产品和服务，
为金融高质量发展提供新引擎、新模式、新业态。

从目前的发展趋势看，互联网、生物识别、大数据、人工智能、区块链
等技术的应用，将使得未来银行更加便捷、普惠、高效、安全，通过技术转
型提升科技自主可控水平，通过大数据、人工智能等技术创新风控手段，实
现转型发展与安全生产相互促进、协调并进。坚守底线，筑牢系统、网络和

信息安全防火墙。[①] 传统商业银行应从保证数据信息安全和建立全流程的业务规范等方面建立数据资产安全管理的长效机制。

1. 保证数据信息安全。采取加密技术和数据备份等方式，保障数据资产在存储和流通过程中不被篡改或损毁，建立安全审查机制并严控访问授权环节，防止数据资产在使用过程中发生泄密或侵权，对于具有强关联性的敏感数据进行安全隔离，完善的风险预警和应急预案，在发生异常时可保障数据资产的安全。

2. 建立全流程的业务规范。保障数据采集、存储和应用环节的合规性，统一管控外部数据的采购、接入、登记、存储和共享环节。在数据处理过程中保持客观、全面和公正，重点加强对消费者权益的保护，将保障个人隐私信息安全作为数据资产管理的必要前提。

3. 利用区块链和多方安全计算。在保障数据安全和隐私保护的前提下，发挥数据资产效用并实现价值再生。区块链的共识机制、数据加密等技术，可以实现数据从采集、处理到流通的全流程记录，并可通过智能合约实现对数据资产的收益分配的跟踪监测。银行间的数据资产交易可尝试链上和链下相结合的方式，这样既保证了本地数据的安全，又实现借助区块链技术赋能数据资产交易流通的目标。

4. 在技术生态上，把好选型关口。强化关键核心技术提供方资质与能力审核，避免"单点故障"，提升连续供给、快速恢复能力，加强技术供应链安全管理，有效管控价值链中与第三方合作企业相关的集中度风险和供应链风险，坚持管理责任、核心能力不外包原则，发挥大型金融机构带动作用和示范效应，加强金融科技共性技术、资源和服务的开放合作、互惠共享，鼓励科技领先的银行保险机构向金融同业输出金融科技产品与服务。

5. 加强技术能力建设。站在数字化转型的角度，技术能力是生态定位的基础。加大关键软硬件技术金融应用的前瞻性与战略性研究攻关，以应用场

---

① 刘小伟：《商业银行数字化转型面临的挑战与对策》，载"网易"，2021 年 7 月 5 日。

景为牵引推动关键核心技术持续迭代完善，鼓励有条件的银行保险机构组织专门力量，开展前沿技术研究，探索技术成果转化路径，降低外部依赖、避免单一依赖。只有分析和采集能力是无法发挥数据价值的。因此，数据应用是一项需要长期建设的能力，需要银行"以市场为导向、以需求为牵引"，挖掘业务场景，为业务培养数据产品经理、为业务培养用数感觉，才能不断催生高质量的数据需求，结合业务需要合理设计数据服务，利用"新产品、新业务、新模式"推动数据平台能力的发展，让业务能力与技术能力形成良性互动的增长。①

我们建议，建设"绿色高可用数据中心"，建立健全金融数据中心智能化运维机制，到2025年，实现对5G、物联网、IPV6、区块链等技术的应用和算力体系建设的全面使用，优化数据中心布局，构建多中心、多活架构，提高基础设施资源弹性和持续供给能力。在研发模式方面，大中型国有商业银行建立能够快速响应需求的敏捷研发运维体系，积极引入研发运维一体化工具，建设企业级"一站式"研发协同平台，通过精益生产管理方法，提高对大规模科技队伍和复杂技术工程的管理能力，发挥行业龙头作用，带头推动行业级数据标准、数据资产定义，既完成自身的高质量治理，又推动行业的高质量治理，数据标准建设离不开全面的数据盘点、定义，与数据建模工作可以互相推动，通过企业架构工程也可以进一步推动数据全生命周期管理平台的建设，并将数据贯标工作落到实处。

6. 数字化治理不断完善。不断完善银行现代化科技治理架构，夯实一体化运营中台，对业务中台、数据中台、技术中台的建设提出指导意见，提高企业架构支撑能力，使得主要业务系统实现模块化，加强"企业架构"设计，研究企业业务能力和技术能力布局，研究业务和技术如何面向数字化融

---

① 付晓岩：《以架构视角解读和落实银行数字化转型的两份重磅指导文件》，摘自《零壹财经》，2022年2月12日。

合，拓展全局视野，在数字化转型中再次领先。[①]

商业银行积极探索场景化营销模式，激活更多社会底层客户触点，提升规模化获客水平，向不同客户提供不针对其个人特征的营销内容、产品选项，探索推动营销服务向智能化、人性化转变，提升客户活跃度，推动客户关系管理智能化、精细化升级，增强客户黏性和稳定性，建立线上运营管理机制，提升市场活动运营、服务内容运营和产品运营水平，推动场景运营与前端开发有机融合。

同时，重塑智能服务流程，通过采用自然语言处理（NLP）、智能字符识别（ICR）、机器人流程自动化（RPA）、净推荐值（NPS）调研等技术重塑服务流程，实现跨角色、跨时序的业务灵活定制与编排，搭建多元融通的服务渠道，通过采用增强现实（AR）、混合现实（MR）、应用程序接口（API）等技术打造"无边界"的金融服务能力，打造数字绿色服务体系。例如，个人客户的销户业务、修改本人姓名、证件号码、手机号码、开立手机银行和网上银行以及理财签约仍需客户到商业银行物理网点办理。但是，目前的生物识别、远程开户、交叉验印、智能化管理等技术已经相当成熟，再加上物联网、区块链、大数据相关信息搜集和比对，确认唯一承办人在技术上已经不是难题。因此，可在这方面再进一步突破，采用大数据、电子签章、电子围栏、远程音视频等技术进行客户识别。

在个人金融服务方面，拓展线上渠道，丰富服务场景，加强线上线下业务协同，对互联网客户群体、老龄和残障客户群体、无网点覆盖客户群体，分别提出了不同的服务要求，推动解决"数字鸿沟"问题。中国人民大学中

---

① 从 1987 年诞生第一个企业架构理论框架开始，在近 35 年的时间里，先后诞生的企业架构理论也就十余个，主要是开放组架构框架（The Open Group Architecture Framework，TOGAF）、业务能力组件模型（Component Business Modeling，CBM）、中台等少数几个，前两个都是国外引进的，中台则是国内互联网企业基于自身实践总结推广的。现代企业架构框架（Modern Enterprise Architecture Framework，MEAF）是由一家咨询公司总结出来的，实现模式上接近于企业级业务架构和领域驱动设计（Domain Driven Design，DDD）的结合体；聚合架构（Architecture Based on Aggregate Elements，ABAE）是作者对以往企业架构理论提出的最新变革。

国普惠金融研究院 2021 年一份调研报告显示：目前我国老年人消费仍以现金为主，70 岁以上老年人更偏爱现金支付，只有不到 18% 的老年人使用微信、支付宝或银行 App 支付；在办理银行业务时，85% 以上老年人以银行柜台办理为主，自主使用自动柜员机／ATM 的人数不到 10%。老年人拒绝使用数字工具的原因大多是搞不懂、学不会，且对数字化金融资产安全性顾虑重重，仅不到三成的老年人认为数字金融是安全的。这些都是造成我国"数字鸿沟"的主要原因，导致老年人很难享受到数字金融服务和产品。

其实，"数字鸿沟"问题不仅是数字科技发展带来的技术问题，还涉及金融服务获得机会公平的社会问题。2022 年 1 月 27 日，中国银保监会印发了《关于银行业保险业数字化转型的指导意见》，要求银行保险机构积极发展产业数字金融，推进个人金融服务数字化转型，推动解决"数字鸿沟"问题。因此，如何将长期被数字金融排斥的人群重新纳入普惠金融体系应该成为 2022 年我国普惠金融可持续发展的一项重要任务。首先，银行应该以人为本，抓住"长寿红利"与"银发经济"的机遇，针对老年人、文化程度较低人群或轻微智障人员提供更便捷的金融工具和服务渠道。比如，利用客户移动终端、App 等技术在远程开户、线上支付提供简单、实用的金融产品，化解老年人不会使用智能手机的窘境，同时，按照适老化要求量身定制与其风险承受意愿和能力相匹配的金融产品，让更多的老年人享受到数字普惠金融的服务。其次，商业银行需要进一步发挥主导作用，加强对老年人数字金融知识的普及与宣传，及时更新大字版、语音版、民族语言版、简洁版等应用软件，提供更周全、更贴心、更直接的服务，让老年人、文化程度不高人群能够在日常生活场景中接受数字化服务，分享科技新技术、信息新渠道、理财新产品，让被数字金融体系排斥的人群重新纳入金融体系，缩小数字鸿沟，切实解决老年、残障特殊群体在金融领域运用智能技术方面遇到的困难，避免"数字鸿沟"的进一步扩大。最后，也是很关键的一点，就是商业银行加强老年人能力建设，解决文化程度不高人群、残疾人或轻微智障人员因能力不足而引发的使用不足、效率不高问题，提高他们"会用、敢用、想用"数字化工具和产品的能力，提振普通大众了解互联网、运用互联网初心，增加老年群体获得感、体验感、安全感，继续走好、走稳、走正普惠金融未来发展之路。

（四）培养复合型数字化人才

金融科技人才具备"复合型、专业化、稀缺性"的特点，总体上供不应求。早在 2018 年，普华永道曾在报告中指出：中国金融科技人才缺口约 150 万～200 万人。因此，加强金融科技人才的梯队培养机制以及能力储备至关重要，这不仅要求金融科技人才政策与相关产业政策协同，也是普惠金融迈向数字化的关键所在。

近年来，缺乏专业性复合型人才一直是我国银行发展金融科技面临的最大难点，实力较为薄弱的中小银行则表现更为突出，基本难以吸引或培养复合型的金融科技人才。这就使得商业银行数字化转型面临普遍困境。

为此，商业银行等金融机构积极探索数字化，相应地对科技、信息科技人员等资源投入呈现强劲增长态势，鼓励推进跨地区、跨机构人才顺畅流动，形成以区域人才高地为引领的战略支点和雁阵格局，最大限度地解决发展不平衡问题。例如，中国银行业金融科技师（CFT）认证项目由中国银行业协会联合建行大学、深圳大学、香港科技大学共同开发，为金融行业提供国际接轨的金融科技从业人员顶级能力认证，打造"培、考、战、评"四位一体的高端金融科技人才认证体系，加快金融科技人才梯队建设，打通金融科技人才职业发展通道，注重引进和培养金融、科技、数据复合型人才，引入数字化运营人才，强化对领军人才和核心专家的激励措施。

随着金融与科技的边界不断被打破融合，银行业的业务范畴进一步向垂直领域纵深发展，对兼具数字化技术、应用与管理能力的复合型人才的需求快速增长，银行业要进一步扩大数字布局则需更多数字化人才入局。数字化转型并非单纯的新技术革命，更为重要的是涉及人的思维模式的转变。企业文化是企业的根基和土壤，人才思维模式的转变、数字化转型的各项技术和举措，只有在整体企业文化适应性改造的基础上，才能够更好地落地生根、发展壮大。银行业过往的企业文化通常较为传统，各部门之间围墙高筑，并对风险避而远之。而领先的数字化企业文化则呈现出"持续创新、决策权不断转变、不断颠覆、移动性产出效益"等特征，探索多样化数字化人才吸引途径，构建完善的数字化人才培养与管理机制，同时促进数字化时代下领导力的升级。

（五）数据安全和平台化管理

1. 加快数据资产运营和流通。首先，强化数据资产运营的理念和能力，制定有针对性的数据资产经营机制及估值体系，打造数字化名品，改变传统观念，强化主动管理和营销能力，逐步将数据资产从对内使用向对外营销转化，实现资产价值最大化。其次，提供相应技术和系统支撑，提升数据资产开放输出能力。将涉及各业务的数据资产进行标准化封装，建立统一的数据对接系统并明确数据交换规则，提升数据资产共享时效性的同时更加准确地掌握和记录数据资产的流向。实现一般意义的"数据"向有价值的"数据资产"转化，不仅在监管上要对这些创新型的活动提供一些宽松的环境，而且让商业银行在特定的环境下相对宽松地去触碰监管框架，去做一些数字化新探索。最后，商业银行加快建设全行数据资产管理平台，加快建立数据交易所（中心）或数据交换中心，实现数据资产的集中管理、深度挖掘和交叉应用，使得海量的数据有一个公开、透明和价格公平的交易场所。

2. 强化数据管理协调机制。在数据能力方面，银行需要制定企业级数据规划和发展战略，建立协调一致、涵盖数据全生命周期的数据治理体系，建设企业级数据字典和数据资源目录，积极应用多方安全计算、联邦学习、差分隐私、联盟链等技术，实现数据可用不可见、数据不动价值动，推动金融与公共服务领域系统互联和信息互通，综合电子政务数据资源，不断拓展金融业数据要素广度和深度，为跨机构、跨市场、跨领域综合应用夯实多维度数据基础，建立健全数据全生命周期安全管理长效机制和防护措施，建立历史数据安全清理机制。

上述要求商业银行数字化转型过程中，加强信息保护环境的数据能力建设，发挥数据治理体系建设组织推动和管理协调作用，强化数据治理检查、监督与问责，构建覆盖全生命周期的数据资产管理体系，优化数据架构，加强数据资产积累，加强数据源头管理，形成以数据认责为基础的数据质量管控机制，在数据战略、数据架构、数据标准、风险管理、内部控制方面加强协调，让全局性、系统性数字思维深入人心，以数连接、由数驱动、用数重塑的数字理念深度融入银行数字化转型发展价值观。

（六）风控数字化和数字化风控

风控数字化方面，银行必须秉持持续迭代优化风控模型和风险控制策略，推动风险管理从"人防"向"技防""智控"转变，加快建设与数字化转型相匹配的风险控制体系，建立企业级的风险管理平台。

数字化风控方面，加强风险防范，将数字化转型相关风险纳入全面风险管理体系，确保数字化转型战略和实施进程与机构自身经营发展需要、技术实力、风险控制能力相匹配，分析数字化经营环境下客户群体的行为特征，加强与新产品、新业务、新模式相关的资金流动监测，有效识别流动性风险新特征，建立符合数字化环境中操作风险评估与管控框架增强运营韧性，建立对模型和算法风险的全面管理框架，制定管理制度，对模型数据的准确性和充足性进行交叉验证和定期评估，构建云环境、分布式架构下的技术安全防护体系，做好网络安全边界延展的安全控制，完善数据安全管理体系，建立数据分级分类管理制度，落实技术和管理措施。

（七）合规与监管数字化

1. 数字化合规。在数字化转型过程中，金融机构在线方式开展业务越来越普遍，金融数据成为金融数字营销、投融资活动、资金支付结算活动、金融产品设计、风险控制、反欺诈、自动化决策的基础，其中不乏对国家安全、国民经济运行、社会稳定产生影响的国家核心数据、重要数据，还包含大量个人信息，对于个人信息的保护，也在不断地产生、收集、加工、利用、存储和转让。不仅涉及金融消费者的隐私，大量的金融重要数据、核心数据的泄露、非法出境，可能还会对国家利益和社会稳定造成不可弥补的损失。

所以，在实施数字化转型过程中，数据安全和合规问题是无法回避的重要问题。金融机构应按照相关法律法规及监管规则要求，建立完善的数据合规体系，对于金融领域的国家核心数据、重要数据、个人信息予以保护，建立健全相应的数据合规与个人信息保护的组织架构和管理体系，加强金融科技创新行为监管，防范以"科技创新"之名模糊业务边界、层层包装产品等行为，强化金融科技创新行为的全生命周期管理，从源头防范金融与科技融合潜在风险。例如，远程身份核验的合规问题一直是数字化转型中的一个非面对面交易（远程交易）难题。《金融科技（FinTech）发展规划（2019—2021年)》特别提到了"健全网络身份认证体系"，即构建适应互联网时代的移动终端可信环境，充分利用可信计算、安全多方计算、密码算法、生物识别等信息技术，建立健全兼顾安全与便捷的多元化身份认证体系，不断丰富金融交易验证手段，保障移动互联环境下金融交易安全，提升金融服务的可得性、满意度与安全水平。

在实践中，个人远程身份识别采用的方式，包括多要素交叉识别、数字证书识别、生物特征识别3类：（1）多要素交叉识别，通过对身份证进行形式审核，并辅以其他信息交叉完成实名注册的身份认证。以金融机构要求提供身份证号码为例。金融机构根据身份证号码与公安人口信息库数据的比对，可以确认确实有这一自然人主体存在，但由于在远程操作中无法确定身份证的真伪，或者无法确认操作者是否为本人。因此，一般在实施网上实名注册时，还需要增加用户提供手机号码、银行卡卡号等信息。在手机号码为实名注册的情况下，通过发送手机短信验证码等方式进行实名注册的身份核实，需要通过烦琐、复杂的证据链条锁定主体身份。在实务操作中成本较高，也不能完全排除弄错的可能。（2）生物特征识别，在使用身份证注册的同时，通过电脑或手机、移动智能终端的摄像头扫描获取用户的面部特征数字模型，并将其与公安人口数据库中的照片进行比对，对用户进行识别。虽然虹膜信息、指纹信息具有识别准确率高等特点，可以用于远程身份识别，但生物特征识别如果没有合规约束，也具有一定道德风险和社会危害性。（3）数字证书识别，用户在实名注册的同时，通过数字证书的方式完成身份认证。[①] 数字证书识别系统在现有技术条件下，采用的不对称加密技术被公认具有很高的安全性、不可篡改性和不可抵赖性，对创新业务、创新模式带来的逻辑关系、服务关系进行数字化评估。所以，当前越来越多的学者认为，数字证书识别系统可以胜任对普惠金融新产品、新技术的合规性进行数字化审查。[②]

2. 数字化监管。普惠金融数字化监管需要关注 3 个方面变化。一是数字金融并没有改变普惠金融本质，普惠金融监管的基本理念和逻辑也没有变化。普惠金融仍是人和人之间基于信任的资源跨时空配置，银行数字化转型就必然要求监管数字化转型。二是普惠金融分工细分，普惠金融网络服务了新客户群，形成了数字形态业务模式和网络组织方式，普惠金融监管也必须实现数字化、网络化。三是数据驱动，需要不断强化数据治理规制。普惠金融分工细化和网络化后，不再是传统的以单一机构为核心、全面承担金融链条上的全部风险。普惠金融监管既可以通过合并报表，表外回表内、"穿透"等技术，回到传统的机构为主的监管，也可以创新监管方式，深入领悟监管精神，把握新业态普惠监管原则，创新普惠金融监管技术，向社会底层群体倾斜，尽可能地关注社会弱势群体的利益诉求。

---

① 所谓数字证书的认证系统，主要是基于非对称加密技术建立的，通过第三方数字认证机构对用户身份进行核验，并发放数字认证证书，用户基于证书的持有，作出的电子签名，可以视为产生了手写签名或盖章的法律效力。

② 参见《金融数字化转型中的合规保障》，摘自《金融界》，2022 年 2 月 24 日。

（八）普惠金融生态圈数字化

1. 拓展生活场景。商业银行不能只关注自己熟悉的某一个场景，应该细分场景，与更多的日常消费场景结合起来，实现对行业的定制化、专业化、个性化的金融服务，这样就可以牢牢绑定社区，建立起顾客忠诚度，也可以拥有稳定的客户。例如，美国安快银行（Umpqua Bank）原本规模很小，通过网点转型带动战略转型，逐渐从不到 2 亿美元的规模发展到目前超过 200 亿美元的规模，被评为美国最佳社区银行。这家银行就是将营业网点设立在社区中心，选址靠近星巴克，力争融入居民的日常生活。顾客到了营业网点除了办理简单银行业务，还可以喝咖啡、读报、上网、社交、娱乐、会客、商务洽谈。此外，安快银行还举办社区活动，比如诗歌、朗诵、瑜伽、电影之夜等，银行在互动过程中直接为客户提供个性化金融服务，形成了微小经营生态圈。又如，印度 HDFC 银行进行数字化转型后，没有盲目地削减银行网点，将主要战略定位在为排除在传统银行体系外的小企业提供服务，利用人工智能帮助 HDFC 银行在前端自动收集小微企业的相关数据，在中端可以自动进行数据挖掘、清洗、分析等，在后端帮助金融机构建立贷后管理，及时分析小微企业的信用状况，收到了很好的经济效益。[①] 2019 年，HDFC 银行开设了第 5000 家分行，成为印度最大的民营银行。

> **➤➤【案例 2 - 5】**
>
> 　　作为国有大型商业银行，中国建设银行"小微快贷"的发展历程充分体现了大银行如何在数字化转型过程中乘势而为，重塑业务架构，锻造服务小微融资的新能力。"小微快贷"较好地适应了小微企业融资需求"短、小、频、急"的特点，大幅提高融资服务效率，降低了客户融资综合成

---

　　① 巴曙松：《商业银行数字化转型的背景、现状和发展》，收录于"北大汇丰金融前沿讲堂"系列第 82 期演讲稿。

本。截至 2021 年 9 月末，建行"小微快贷"业务已累计为 230 余万户小微企业提供近 5.3 万亿元信贷支持。

❖**畅通数据　精准画像**

2016 年，中国建设银行构建完成"新一代"核心业务系统，全面打通全行不同渠道、不同部门数据壁垒，实现对小微企业和企业主结算、资产、消费、房产、POS 流水等银行存量信息整合。同时，积极联通外部数据，对接征信、工商、税务、司法、专利等外部信息，通过数据集成和交叉验证，解决小微企业融资过程中信息不对称问题，实现对客户数据精准画像。

❖**全渠道整合　"一站式"服务**

"小微快贷"业务实现了中国建设银行网银、手机银行、智慧柜员机、官方网站等全渠道覆盖，客户可在线完成贷款申请、支用和自主还款，随时随地享受服务。2018 年 9 月，建设银行还创新打造"惠懂你"App"一站式"移动金融服务平台，为小微企业和个体工商户等普惠客群提供以信贷融资为主的全生命周期服务。在新冠肺炎疫情期间，为广大受疫情影响的企业提供全流程线上非接触金融服务，有效降低企业融资成本，提高信贷资金的可获得性和便利性。

❖**自动审批　在线签约**

中国建设银行开发适合小微企业特点的信用评分卡，通过履约能力、信用状况、资产状况、账户行为等非财务信息，实现对小微企业量化评价，并应用于"小微快贷"业务自动审批，在有效控制风险的同时，大幅提高了业务办理效率。此外，开发了多维度额度计算模型、经营性结算模型、贷款用途监测模型等对信贷需求和信用风险进行综合判断。在签约流程中，"小微快贷"采用电子合同在线签约方式，通过"建行惠懂你"App 实现股东身份认证及电子签名，采集企业贷款授权及股东签名信息，确保线上信贷业务的证据链完整性。

案例来源：《构建普惠金融生态体系——中国普惠金融发展报告（2021）》。

显然，我国商业银行数字化转型也应该向国外成功案例学习借鉴，从场景和渠道入手，优化线下渠道，不局限于售卖产品的网点，主动融合到数字化的场景，聚焦用户体验和互动场所，创造出生态圈的多样性，更好地服务于千差万别的客户。

2. 产业生态融合发展。从大型商业平台向供给端延展，将供应链和完整的商业生态融合到一起，开展跨界合作创新，推动与供应链、产业链上下游数据贯通、资源共享，促进供应链和消费链结合，这也是数字化转型的长期愿景。在这样的生态平台上，大型银行可以发挥技术力量，打造对内聚合产品与服务，对外连接合作机构与用户的数字化综合服务能力，构建各方互促共进、互利共赢的网状数字生态，并对金融服务价值链中的关键活动进行有效管理和协调，建立新型客户关系的过程。

第二节　中小银行普惠金融数字化发展

一、建立数字化组织架构

大型银行是"总分支"模式，中小银行也基本上是这一模式的简化版。但是，以场景为中心的业务模式，需要组织结构作出一定的调整，有学者提出需要两方面的设计：一方面是对现有技术岗位的细分和加强，改变只有"工程师"单一职称的设计，使数字技术员、网络运维师、系统架构师、程序开发师成长空间更符合实际需要；另一方面是在原有的业务岗位中增加数字化技能，升级适配新的数字化工作要求，让组织调整变成对能力的再组织而不是"对人的折腾"，更好地匹配岗位技能，让从业人员可以找到自己的发展轨迹和职业晋升通道。[①]

---

① 付晓岩：《以架构视角解读和落实银行数字化转型的两份重磅指导文件》，摘自《零壹财经》，2022年2月12日。

二、数据管理与应用

数据管理是大多数中小型银行的弱项，没有相应的管理制度，数据质量差更会影响今后应用效果。所以，中小银行应该聚焦数据管理，对数据能力体系、基本数据概念的认知必须普及和提升，融合数据交换、主数据管理、数据标准管理、元数据管理、数据生命周期管理，不断增强数据资产管理、数据安全管理、数据质量管理能力，有学者比喻是从一个"低速率核算底盘"向"高速率核算底盘"进行切换。[①] 打通中小银行数据治理各个环节，独立或任意组合使用数据模块，快速满足企业、客户和金融消费者各类不同的数据治理场景。

三、业务模式转型方向

（一）平台化方向

在数字化转型的背景下，中小银行金融服务应该向平台化方向转型，各类金融业务集成到一个系统平台上，客户可在各种终端平台上"一站式"办理各类业务。最具典型的就是设立开放银行和直销银行。开放银行（Open Banking）是一种平台合作模式，利用开放应用程序接口（Application Programming Interface，API）等技术实现银行与第三方机构间的数据共享，提升中小银行客户体验，在非金融场景下获得金融服务。近年来，越来越多的中小银行都在加快推进开放银行，微众、新网等互联网银行纷纷宣布开展开放银行实践，以 API 为核心技术，部分以软件开发工具包（Software Development Kit，SDK）产品聚合金融服务能力，从平台建设、场景生态合作等方面积极探索新兴开放服务模式。

---

① 付晓岩：《以架构视角解读和落实银行数字化转型的两份重磅指导文件》，摘自《零壹财经》，2022 年 2 月 12 日。

（二）移动化方向

随着人工智能的快速发展，人工智能取代人力，电子银行取代物理网点的呼声越来越高，尤其在互联网第三方支付、网络银行等的夹击下，越来越多的银行物理网点关闭，中小银行在移动端发力，发展手机银行，"一部手机就是一个银行网点"发展趋势加速。

中国银行业协会 2020 年 7 月 11 日发布的《2019 年中国银行业服务报告》显示：截至 2019 年末，中国银行业金融机构网点总数为 22.8 万个。2020 年以来，已有 2087 家银行实体营业（厅）网点终止营业。如果按照目前银行物理网点消失的速度，5～10 年之后银行物理网点可能不足 6 万家，70%以上商业银行实体经营（厅）网点将消失。有学者就预言，在数字化转型过程中，中小银行网点数量将进一步减少。①

与此形成鲜明对比的是，中国银行业协会最新数据显示：2019 年，中国银行业金融机构网上银行交易笔数达 1637.84 亿笔，同比增长 7.42%，交易金额达 1657.75 万亿元；手机银行交易笔数达 1214.51 亿笔，交易金额达 335.63 万亿元，同比增长 38.88%。全行业离柜率为 89.77%，多家国有银行和股份制银行的柜面交易替代率已经超过 90%，部分银行甚至超过 95%。

我们以直销银行为例。直销银行的特点是方便快捷、收益高、费率低，致力于服务最广泛的个人和小微客户，用户画像呈现下沉化、年轻化、蓝领化特征，提升金融服务覆盖人群的多样性，推动金融资源供给平等化。直销银行没有实体网点，客户可以通过电脑、手机登录渠道获取产品和服务，不发放实体银行卡——生成一个对应的电子账户，全程业务都呈现出数字化形态，节约银行、客户成本，发挥金融科技优势，尤其在普惠信贷方面，聚焦服务长尾客群，填补了我国传统银行服务不到位的缺口，应该成为中小银行

---

① 万建华：《商业银行数字化转型的路径选择》，载《清华金融评论》2020 年 12 月刊。

朝着数字普惠金融方向发展的一个重要方向。

（三）智能化方向

随着数字科技的迅速发展，从智能制造、智能家居、智慧城市管理，到智能问诊、智能医疗甚至到智能出行，大数据应用越来越广泛，人工智能越来越深度融入人们工作和生活当中，同时也与银行业务发生深度融合，在民生领域广泛应用，促使银行金融机构必须向智能化发展。

》》【案例 2 - 6】

宁波银行以"服务地方经济、服务小微企业、服务城乡居民"为宗旨，按照宁波创建全国普惠金融改革试验区工作要求，将服务小微企业作为自身发展的使命，推动小微企业实现更好发展，力争 2020 年宁波普惠小微企业客户覆盖率达到 30%。

宁波银行从信贷政策、优惠政策、定价要求、不良率容忍度、尽职免责等方面明确支持措施，优先满足小微企业贷款投放。面对有抵押物的小微企业，宁波银行推出快审快贷产品，小微企业主可通过宁波银行 App、微信营业厅、二维码 3 类渠道发起自助申请，借助智能手机端"房产评估 + 人脸识别 + 绑卡认证"的方式，进行抵押物认定。面对没有抵押物的小微企业，宁波银行推出小微贷，最高授信额度为 150 万元，最长有效期为 5 年，企业可在授信期内循环使用额度，随借随还。

宁波银行业务人员以村、工业园区、街道等为单位，全面走访、服务小微企业，村村打卡、户户上门。联合各专业市场、园区、街道管理方，开展小微专场融资对接会，推出小微企业 CRM 手机移动版，实现小微企业金融服务移动化，实现金融需求高效对接。

案例来源：《普惠金融"甬"担当　改革创新再前行》，载《腾讯网》。

中小银行业务智能化必须加快推广。人工智能技术正在改变传统银行的业务流程、发展模式和客户服务方式，银行业的运营体系已不再是机械式的一对一业务办理，更多的是像服务业一样，为每一位用户带来专业、智能的更高等级的综合性服务，诸如大数据风控、客户画像与精准营销、智能化信贷决策、智能投顾服务、银行内部智能化管理等贯穿银行金融服务全过程。[①]

（四）场景化方向

近10年来，我国信息化发展快速推进，不论是从智慧城市条块化到对象化的规划设计，还是从数字政府集中式到一窗式的服务模式，都伴随着理念创新和实践探索，其中就是场景化的发展。以场景化为逻辑起点的规划设计、模式创新、技术应用、流程再造等，使数字化金融找到着力点。场景化的实质是围绕服务对象办理或完成一件事的闭环服务，即以人为本的具体化、具象化，以此为逻辑起点需要加强规划及建设运营升级换代。

金融业务场景化，在未来相当长一段时间会越来越显著，尤其是在物联网技术发展基础上，万物互联将使得场景和中小银行日益融合，中小银行很多业务需要植入产业互联网，与信息流、资金流、数据流、客户流融为一体，运用"开放、连接"的平台构建方法，嵌入"衣食住行玩"用户场景，将场景平台机构、金融科技公司、新兴互联网金融机构等多元主体连接起来，与其在场景、数据、技术等多个领域共建共享，与各个行业的多维交互共生，建立起数字银行生态圈，为用户提供无处不在的金融服务，成就中小银行未来发展模式。

四、流程标准化建设

（一）底层系统开放性改造

中小银行应该积极引用先进的底层系统架构、5G、区块链、生物识别技

---

① 万建华：《商业银行数字化转型的路径选择》，摘自《清华金融评论》2020年12月刊。

术、物联网，改造传统业务结算、信贷业务、授信融资、风险评估等系统，精选少数适用性广、性能成熟的银行功能制作 API 接口，开放 API 接口到云平台，构筑各种技术场景，形成中小银行技术层面生态云平台，让大量的信息处理过程实现自动化，将自然人员工从简单、重复、大流量的工作中解放出来，实现真正意义上的"无网点""无人银行"的转变，以新技术高科技支撑商业银行业务功能的存在并发挥作用。

（二）加强业务流程标准化编制

标准化流程化是中小银行发展到一定阶段的必然选择，是获得效益最大化、竞争力最大化的一种管理方法。对于中小银行而言是无法回避的，也是至关生存的。中小银行应该将金融业务从流程、数据、产品、体验等诸多视角进行综合梳理，并导入数字化目标进行变革分析，将流程梳理与数据梳理相结合才能做到数字元素注入金融服务全流程的目标，做到数据资产和数字化技术完美结合，这是数字化转型的必由之路。

以中小银行设立岗位为例。我们赞成这样的观点，中小银行不一定需要让岗位经常变来变去，这可能会让从业者和客户感到无所适从。岗位职能的相对稳定和定向成长，可以结合流程的标准化，因为流程梳理也离不开岗位定义。组织变化，岗位重新聚合，根据岗位与流程的关系，进行业务调整和系统调整，这是灵活变动而非混乱变动的基础。在 Gartner 近 3 年的战略技术趋势分析中，超级自动化始终占有一席之地，再加上对组装式应用和组装式企业的关注。[1] 总之，基于流程梳理、流程标准化、数据标准化推动的新型业务系统设计，是中小银行未来业务系统设计的必然格局。

---

① 付晓岩：《以架构视角解读和落实银行数字化转型的两份重磅指导文件》，摘自《零壹财经》，2022 年 2 月 12 日。

五、数字风险管理

一项调查显示：2021 年前三季度，大型商业银行累计净利润同比增长 13.64%；股份制银行同比增长 12.73%；而城市商业银行仅同比增长 0.366%，不足大行与股份制银行的零头，且较 2019 年同期下降 5.7%。梯队内部的分化也需要注意。2021 年第三季度单季城市商业银行整体净利润增速为 −11.9%，但 29 家上市城市商业银行净利润增速高达 22.6%。[①] 江苏迪普思数字经济研究所调查测算：新冠肺炎疫情对受灾严重地区的区域性商业银行 2020 年造成财务收入年减少 6 个百分点，不良资产年增长 1 个百分点。[②] 为此，中小银行防控金融风险就成为疫情期间最重要的一项工作。

但是，大多数中小银行普遍存在以下问题：在负债结构中，AUM 中存款占比高，存款中定期占比高，带来较高负债成本。在资产风险收益结构中，较低的资产收益率并没有带来较低的不良率，自主风控能力普遍需要提升。在客群结构中，睡眠户甚至 0 元户占比高，客户黏性较差，客户老龄化趋势明显，逐利型客户占比高，导致客户触达、激活以及忠诚度提升普遍存在痛点。在收入结构中，中间业务收入占比偏低，可持续盈利能力堪忧。

在风控数字化方面，大型银行已经建设了相应的平台，诸如交易类型的风控，反欺诈、反洗钱、结合评分卡的快贷类信用风险评价等，模型训练效果较好。但是中小银行由于数据量较小或者由于平台能力不足，智能风控能力的获取需要有一定的生态圈支撑，尤其是个人端用户模型。虽然中小银行可以利用客户数据进行风控模型分析，但是效果毕竟不如大型银行基于海量数据训练出来的模型好。所以，我们鼓励中小银行在人工智能技术方面持续进行能力提升，深入了解模型缺陷，提升开源工具或者公有云服务训练部分模型的解释能力。总之，数字化不改风控的逻辑，数字化风控能够提升风控

---

① 参见《中小银行数字化转型如何才能见效》，载《九卦金融圈》，2022 年 3 月 29 日。
② 参加《后疫情时代，商业银行的数字化转型之路》，载"网易"，2021 年 6 月 2 日。

的效率，但中小银行需要建立完善的风险管理体系，对数据的汇聚进行跨领域风险提示，提升数据实时处理能力，这样才能更好地匹配自身业务。

六、合规风险管理

（一）形成标准化合规制度

近年来，中小银行业发展步入缓行区，普遍出现了资本补充不足、管理体系粗放、服务产品单一、消费场景匮乏、大数据风控能力不足等窘境，持续稳健经营面临前所未有的挑战。究其原因，中小银行内部缺少必要的合规管理。中国人民银行统计数据显示：截至 2019 年 12 月末，我国中小银行资产规模已达到 36 万亿元，中小银行新增贷款占比更是接近 60%。为此，中小银行要将数据治理纳入全行发展战略，就应该制订数据治理发展路线图和实施计划，明晰数据治理标准，制定科学有效的数据管理制度，保障数据治理工作标准清晰，有章可循。

（二）搭建智能化合规系统

智能合规管理系统是目前大多数中小银行数字化技术的薄弱之处，尤其是农商行和农信社。由此，中小银行合规部门需要密切注意技术应用的合规管理问题，建立稳健的审批流程和业务变更管理流程，尤其是围绕个保法等一系列新出台的数据规范进行的新产品审查，不可按照自己的意愿盲目开展业务创新活动，也就是说，中小银行应建立合规检查制度，对各业务条线和分支机构经营管理的主要领域、层面、环节和关键点的合规性进行定期或不定期检查，依托智能化风险合规管理系统，从过去间接价值创造向直接价值创造转变。国际主流咨询公司研究表明：通过大数据分析、智能定价模型、数字化审批、机器人催收等智能管理手段，可以实现增长 10% 以上新客群、提升 5%～15% 的收入、降低 20%～40% 运营成本、减少 80% 人工座席的目的，达到风险管理、成本管控和收入提升的有机共生，并全方位提升银行的运营管理水平。①

（三）制定数字化合规程序

当前大数据、人工智能、云计算已经运用到中小银行风险控制的很多环节，应用大数据进行客户画像、行业分析以及风险防控已成为当下银行业务发展的主流。但是，在控制新增授信项目信用风险时，必须实现授信审批部门的有效专业审批程序，强化风险管理审核的执行力，提高创新业务与法律合规的全面匹配能力，最大限度地满足风险合规审查的法律需求。

七、优化服务能力建设

（一）数字化转型领导层认知

数字经济是一轮重大变革，其发展前景是不容小觑的，不融入的"大我数字化"的"小我利润化"是没有时代价值的。如果中小银行想在资源有限的前提下把数字化转型做到位，前提就是领导层充分认知数字化转型，充分结合中央、地方的发展规划、方向和重点，了解数字普惠金融发展进度，有目标和节奏地适应地区环境的变化，不断提升领导层的"顶层设计"能力和认知高度。

（二）数字化转型执行层认知

数字化转型是由人推动的，必须是转变人的思维和行为。中小银行必须提高全体行员对数字化执行的认知，通过行业基础设施的发展提升整体技术能力。这意味着中小银行必须提升思维、转变人员结构、改进工作模式，为大规模技术升级做好准备，比如业务标准化、数据标准化、产品思维、场景

---

① 张强：《持续打造中小银行风险合规管理核心竞争力》，摘自《当代金融家》2020年第1期。

思维、用户思维、业务与技术人员的融合工作方法等，在努力吸收大型国有银行经验基础上，进行业务调整。中小银行需要多花精力在业务人员的数字化培训上。比如，在业务岗位上招聘具有技术或者理工科背景的人员，之后通过若干年的业务岗位培养和行内数字化技能培训，再逐步向技术侧充实。又比如对业务人员、理财经理的数据思维进行培养，提升对数据的使用和对数据需要的感知，树立良好的用数习惯，为全行数字化管理提供有力支撑。

（三）数字化区域合作层认知

数字化并非是竞争手段的升级，而是连接方式和生态环境的升级，不要将其仅当作竞争手段去看待，所以中小银行应该积极开展区域化数字合作。中小银行规模小，业务量也有限，业务经验累积、试错反馈不会太多，与其缓慢地"单打独斗"，不如进行区域性合作。通过联合行动，可以补充经验、提升资源利用效率。以企业架构或者中台架构设计为例，多家机构联合开展时，可以分别选择不同业务领域开展设计，然后采用整体轮动的方式在各个成员之间轮转，既能推动经验和成果共享，也有助于推动标准化进程。

第三节　互联网银行数字化进程

一、互联网银行再次兴起的背景

1995 年 10 月 18 日，世界上诞生了第一家互联网银行——美国第一安全银行（Security First Network Bank，SFNB），完全在互联网上提供银行非现金服务。20 世纪 90 年代后期，美国互联网银行快速生长，比尔·盖茨曾据此预言"传统商业银行将是在 21 世纪灭绝的恐龙"。但此后互联网银行并未如同人们预期那样成为银行业主流。随着美国网络经济泡沫的破灭，大量互联网银行或被收购，或是倒闭，而传统银行在实施了"网上、网下业务兼营"的战略后生机盎然。显赫一时的 SFNB 在 1998 年就出现了停滞，并在同年被加拿大规模最大的皇家银行以 2000 万美元收购。互联网银行的再次兴起是与新冠肺炎疫情有着一定关联的。

自全球新冠肺炎疫情暴发以来，世界各国的经济发展不确定性大幅提升，人员隔离，交流受阻。为了更有效地应对疫情的隔离，自 2021 年以来，各大行业的数字化进程不断加速，加快推进互联网银行发展进程也成为金融机构发展的重要课题。

互联网银行是金融业深化改革的产物，自成立伊始，互联网银行基于传统银行在服务这类客户方面的"短板"，选择了数字银行、互联网银行的独特经营形式，确立了"让金融普惠大众"的使命和"科技、普惠、连接"的愿景。互联网银行的设立，就是希望以特色化、差异化的金融服务，解决长期以来围绕长尾客户的重大难题。所以，互联网银行从设立第一天起，就将自身定位于专注服务小微企业和普罗大众的科技银行、数字银行，并将业务确定在个存小贷为特色、数据科技为抓手、同业合作为依托。近年来，我国互联网银行始终坚持普惠金融的定位不变，坚持差异化竞争，坚持人才、科技、创新驱动业务发展的方向不变，积极运用金融科技构建普惠金融新业态、新模式。截至 2020 年 12 月末，我国互联网银行累计服务个人客户已突破 3.9 亿人，服务小微企业法人客户超过 527 万家，初步创造出了一种商业可持续的数字普惠金融发展模式，为国内银行业发展普惠金融、深化金融供给侧结构性改革、解决金融服务供给不平衡不充分问题提供了一种新的思路，并在提升金融服务的覆盖率、可得性、满意度和增强人民群众金融获得感方面取得了一些宝贵的经验。

2014 年 12 月，由深圳市银监局批准，国内首家民营银行微众银行开业，专注于传统银行不愿意服务的 80% "低端客户"。几年间，微众银行利用互联网、大数据为"低端客户"提供服务，截至 2017 年 9 月末，贷款客户达

1000 多万户，贷款发生金额为 6000 多亿元。传统商业银行中 80% 的收入利润来源于 20% 的优质客户和高端客户，普惠金融就是要关注到传统银行不愿意服务的 80% 的所谓"低端客户"，为社会低收入群体、贫困人群提供可得的普惠金融服务，这就是在解决社会问题，同时也在对社会造福，具有一定的社会正向影响力。

▶▶【案例 2 - 7】

2017 年末，微众银行依托数字化、线上化的服务能力，打造了一种新型的小微企业金融服务模式——微业贷，通过纯线上操作，无须纸质材料，全天候、智能化的服务，让用户获取贷款更加灵活、便捷，从而扩大金融服务的覆盖面，也打通了小微企业融资难的"最后一公里"，有效降低了小微企业获得融资服务的门槛，让分散在全国各地的小微企业都能随时获得高质效的金融服务。

案例来源：微众银行官网。

在新型冠状病毒肺炎疫情大考之中，互联网银行发挥非接触金融服务优势，充分展现出数字银行应对危机的能力，加大金融服务实体经济的力度，为"稳企业、保就业"贡献力量。

二、金融科技持续数字创新

当前，新一代信息技术正在互联网银行系统内加速行业应用，以移动金融、数字金融、金融科技、智能金融等为代表的金融新业态、新应用蓬勃兴起，互联网银行成为与信息社会和数字经济相适应的金融新业态，坚持践行普惠金融方向，有效运用金融科技技术，提升运营效率、优化客户体验、支持业务放量，实现主要业务的全流程数字化和无纸化，充分体现了数字经济时代逐步探索和积累起来的核心科技能力。

今天，互联网银行构建了基于安全可控技术的全分布式银行系统架构，有效地支持了普惠金融业务发展，具体体现为四大优势：一是低成本，利用数字化和智能化技术，节省购买高端计算资源、软件许可的巨额费用，将单账户每年IT运维成本降低至同业的十分之一以下，以科技手段实现普惠金融发展的可持续性；二是高敏捷，最快扩容速度仅需两天，支持新业务快速投产最快仅需10天，提升了应对外部环境不确定性的反应速度；三是高可用，支持所有业务和产品7×24小时全天候持续运营，支撑重要IT产品综合可用率达到99.999%，达到电信级的高可用性，安全性也大幅提升；四是高并发，支撑了亿量级客户的金融服务，单日处理的最大金融交易笔数在7亿~8亿笔，系统处理能力大大改观，加快对ARM架构服务器的规模化投产使用，当前基于ARM架构的服务器占比约为35%，实现了银行核心系统的软硬件全面自主可控。

三、创新场景化普惠金融

传统商业银行的直销银行、纯互联网银行以及独立法人形式的直销银行等广义的联网银行不断创新产品与服务模式，形成差异化优势，通过与政府、互联网金融企业平等的合作，打造场景化金融，打造开放式掌上移动客户端以提供个性化的直销银行服务，并广泛布局医疗挂号、交通违规罚款和水电气费缴纳等生活服务场景，加快推进金融与"互联网＋生活"的深度融合。尤其在新冠肺炎疫情期间，开展场景合作，提供疫情实时动态及在线问诊服务，打造便捷的智慧金融服务新体验。

》》【案例2-8】

广州农商银行积极挖掘利用行业"互联网＋"转型机会，通过输出e账通电子账户切入专业市场、社区、高校教育等场景，向第三方输出开户、支付、理财、贷款、增值服务等标准化产品，并关联合作方业务，开拓并

深化智慧商圈、智慧社区、智慧校园等生态金融服务模式，为客户提供不止于金融的"一站式"线上服务。

百信银行依托互联网和金融科技优势，通诺"开放银行＋"的生态策略，发力场景金融，持续布局车生态，内容娱乐、新消费、大健康等场景生态，输出可定制化 API，赋能消费和产业互联网平台，构建金融生活生态圈。

案例来源：《互联网银行的发展趋势与展望》。

四、创建大数据服务体系

互联网银行首要解决的是小微企业"短小频急"的融资需求，构建出一种全新的小微企业融资模式，赋能商业数字化转型，提升数据使用效率，挖掘数据内在价值，推动数据要素流转和融合，改变商业银行的产品设计模式，从多个渠道和过程节点获取客户更多的数据，奠定银行感知客户、理解客户的基础。此外，互联网银行通过云计算、大数据、人工智能等新技术，主动挖掘用户需求、分析用户偏好，开展数据驱动的产品设计活动，制订精准营销体系，发挥出在小微金融服务方面的优势。

未来，互联网银行将更加注重数据，依托数据资产，在安全可控的环境下为客户提供一体化、定制化的金融服务，发挥出"毛细血管"的作用，专注于服务实体经济、小微企业，破解小微企业融资难的问题，让更多的小微企业得以平等地获得金融服务，在银行端实现风险可承受、成本可负担、发展可持续。

▶▶【案例 2－9】

2019 年，基于对科技创新小微企业经营特点、融资需求的充分调研分析，微众银行针对性地推出了科创金融产品——科创贷，为科技创新及战略新兴产业的小微企业提供金融支持。目前，微众银行科创贷已经在全国

21 个省、100 多个地级市开展业务，吸引了近 13 万户科创企业的申请，切实提升了科创小微企业的金融服务体验。

截至 2021 年 12 月末，微众银行累计触达小微企业 227 万家，累计授信客户 73 万家，累计发放贷款金额超 7100 亿元，管理管理资产余额突破 4400 亿元，服务范围广泛覆盖了全国 27 个省和直辖市。其中，年营业收入在 1000 万元以下企业占客户总数的 80%，客户中约 60% 的企业客户系首次获得银行贷款，2021 年上半年新增"首贷户"超过 4 万户。

案例来源：微众银行网站。

五、依托智能风控体系

在互联网银行数字化转型过程中，银行数据包含大量个人隐私和商业机密，数据规模和种类的激增给银行数据存储和安全防护能力带来挑战。开放模式下的数据流转路径更加复杂和难以控制，第三方机构数据的来源合法性难以准确甄别，导致互联网银行对数据管理边界的把握难度增加，甚至外部合作机构自身的数据风险还可能传播到互联网银行。因此，如果互联网银行自身的数据安全管理能力跟不上数字化转型的节奏，就可能增加数据丢失、泄露或被窃的风险。

因此，互联网银行必须高度重视对金融科技风控建设，充分运用金融科技手段，运用互联网技术建立高维客户识别模型可以帮助解决风险识别难的问题，诸如批量化机器审批、线上进件的自动化方式可以大大节约成本。面对小微企业主、农民农户这类尚未完善征信情况的客户群体，互联网银行可以通过大数据、云计算、人工智能等技术，有效解决"风险识别难"和"作业成本高"难题。数据显示，当前我国互联网银行超过 99% 的贷款已实现自动化审批，平均审批速度 20 秒，真正实现"秒批秒贷"，显示出金融科技在推动金融机构数字化转型的威力。①

实践证明，数字化智能风控体系可以搜集、积累、整合交易数据、经营数据及财务数据等，减少对人力和经验的依赖，将提升银行传统风控算法精准度，建立全新风险管控模式，在高度自动化的运营过程中实现大数据风险管控，构建全新的数字化智能风控体系，重塑商业银行的核心竞争力。

六、数字生态共享模式

从根本上讲，商业银行竞争不再只是单一银行之间的竞争，而是生态圈之间的竞争。互联网银行需要秉持"痛点"思维，实现开放共享，利用 API、SDK 等技术实现方式搭建平台，实现与第三方之间的技术和服务共享。例如，通过多年努力，网商银行积极探索通过卫星遥感技术结合 AI 模型算法获取大规模数据，基于 Mask - RCNN 等 AI 模型算法建立了 28 个卫星识别模型，包括水稻、小麦、玉米等全生长周期识别模型，服务全国种植大户，以此来解决农户种的是什么、种多少、种得好不好的问题。②

总之，互联网银行需要构建与科技公司、核心企业及上下游之间的全链条，与生态系统的伙伴形成更加紧密的耦合关系，嵌入客户所在的各种生产生活场景中，从辽宁省新立村的果品合作社，到浙江青田县的家庭农场，从广西桂岭镇的养猪场，到福建龙海的水产养殖场，从城市到场镇、乡村，服务的涉农客户包括果蔬、养殖、水产、园林等多个领域，实现金融业务的线上实时交易，让"金融标准、为民利企"惠及更多小微群体，不断拓宽普惠金融的服务半径，大力支持乡村产业发展和基础设施建设，提升金融产品和服务质量，纾解农村金融发展不平衡不充分问题，以金融标准支持缓解农村农户融资难、融资贵问题，增强金融服务可得性，目的就是要提升金融服务

---

① 参见《新网银行：金融科技显担当，数字化转型跑步前进》，载"艾瑞网"，2021 年 11 月 19 日。

② 参见《数字化变奏曲：数智银行让服务更民生化更智慧化》，载"中国网"，2021 年 11 月 16 日。

的覆盖率、可得性、满意度，满足人民群众日益增长的金融需求，特别是要让农民、小微企业、城镇低收入人群、贫困人群和残疾人、老年人等及时获取价格合理、便捷安全的金融服务。

第四节　开放银行数字化转型与创新

一、开放银行的理念创新

（一）开放银行的全球探求

所谓"开放银行"，本质是对银行数据的共享，API 就是实现这一目标最为前沿的技术手段，以应用程序编程接口（API）技术为技术外观、以数据共享为本质的一种全新平台合作模式。从狭义而言，开放银行本质是以数据的开放和共享为核心。[1] 在技术层面，开放银行解决技术开放问题，通过 API 接口把银行的数据开放给其他相关机构，使得相关机构能够帮助银行面向消费者等开展更好的服务；在内容层面，银行通过开放实现数据共享，更好地利用和开发银行的数据资产、数据价值；在组织层面，通过网络搭建平台，构建银行网络生态，在生态圈中为消费者、企业等提供更加高效、增值的服务；而从广义上而言，开放银行不仅意味着数据的开放与共享，更包含更多银行功能的开放与共享，尤其是在第三方支付领域的开放方面。

---

[1]　API 可以分为 3 类，即内部 API、伙伴 API 以及开放 API。内部 API 仅供企业内部开发者使用，通过轻量级接口公开数据、业务流程和应用程序功能，尤其适合不愿意公开数据和应用程序的企业。伙伴 API 主要用于机构之间（B2B），其访问通常是根据业务协议授权的，对于规模较小的合作伙伴而言具备较大吸引力。开放 API 在组织之外公开应用程序功能，主要供外部合作伙伴、第三方开发者使用，较前两类 API 开放程度更深、合作层面更广，最适宜用于开放银行领域。这 3 类 API 各有千秋，具有不同的特性和应用场景，供应方可以根据数据的隐私度选择合适的类型进行分层管理。

英国是"开放银行"理念最早的提出者。英国主要基于各类法规规章，通过建立行业标准、行为模式等强制性手段自上而下地实现对"开放银行"的监管。2014年6月，英国开放数据研究所（ODI）对个人活期账户和中小企业贷款进行研究，提出API和开放数据有利于银行发展等观点。2015年，英国政府出台《银行业API公开规范》。2016年，英国颁布了《开放银行标准》，构建"开放银行"标准体系，成为首个将"开放银行"理念付诸行动的国家。2018年1月，包括汇丰银行在内的9家机构开始彼此共享数据，旨在提高金融服务水平，打破数据垄断。2020年1月，英国竞争和市场管理局强迫市场份额最大的9家银行开端落地实施开放银行计划，截至2021年12月末，英国已经有9家银行正式对外开放API接口，57家第三方公司参与开放银行计划。

2017年，美国消费者金融保护局提出9条信息共享指导建议，为美国实现"开放银行"数据共享奠定了法律基础。2017年，美国发布《消费者金融数据共享和整合原则》，消费者有权对未经授权的信息获取等业务提出质疑和解决争议。澳大利亚也先后发布《竞争与消费者法令（2010）》与《隐私法案》等政策规定，保障"开放银行"数据共享时的用户安全。2018年5月，澳大利亚政府采纳金杜律师事务所的《开放银行调查建议》，对"开放银行"监管框架、监管体系等作出明确规范。①

欧洲是开放银行实践较早的地区，各国政府在其中发挥了重要作用。在开放银行发展之前，欧洲金融业主要是由部分大中型银行垄断，为了激励创新，提高客户体验，欧盟开始实践开放银行，并通过立法手段强制性措施倒逼金融业进行转型与创新。2015年，欧洲议会和欧盟理事会正式发布新的支付服务指令（PSD2），制定了账户开放规则，为开放银行奠定了立法基础。2016年，欧盟议会通过《通用数据保护条例》（GDPR）统一各成员国个人数据保护规则。同年，英国财政部开放银行工作组发布《开放银行标准框

---

① 董希淼：《"开放银行"国际监管经验借鉴与启示（一）》，载"中国电子银行网"，2020年6月10日。

架》(The Open Banking Standard),详细制定了开放银行的框架与标准。欧洲其他国家也相继制定法律法规规范开放银行的发展,欧盟与欧洲其他国家制定的规定与标准已经成为引领全球开放银行发展的准则。

欧洲开放银行以金融科技为载体,发展出多元功能。BBVA 是西班牙第二大银行,也是欧洲第一家开放 API 的传统大银行。BBVA 拥有大量客户群及客户数据,通过数据分类与聚合挖掘银行数据的价值,BBVA 实现了金融科技、金融银行和数据保护的协调统一,成为开放银行的领头羊。荷兰国际集团(ING)下属的荷兰国际直销银行(ING DIBA)在开放银行的探索中创新地提出了账户整合的应用软件,拓展了客户资源,保护了客户数据,提高了数据应用和管理的效率,成为开放银行的发展先锋。法国农业信贷银行则通过应用程序商店的形式,提供 SDK 服务,让第三方开发者可以更便捷地构建新的移动程序。英国在开放银行实践的主要特色则是 API 划分更加细致,各方当事人的地位更加明确。[①]

于是,一场名为"开放银行"(Open Banking)的金融变革引发全球银行业的新一股转型浪潮,包括 BBAV、花旗银行、星展银行等多家银行都已经开拓了开放银行业务。目前,国际范围内较为知名的 API 软件管理公司有Yodlee、Apigee、Xignite、MuleSoft 和 TibcoMashery 等。麦肯锡发布的《2019开放银行的全球实践与展望》显示:目前,全球已经有30多个国家和地区采纳或正在采纳开放银行模式。国际数据公司(IDC)估计:截至 2021 年末,大约有20%的银行开始接受开放银行的概念,并以数据共享为核心的金融实践已经越来越多地付诸行动。

(二)开放银行的中国实践

近年来,数字化浪潮方兴未艾,在银行业领域尤为突出,金融产品、金

---

① 参见中国人民大学中国普惠金融研究院:《互联网联合贷款调查报告及监管建议》,2020 年 7月 14 日。

融服务模式、金融生态体系都发生了诸多变化。不难看出，传统金融服务的数字化转型，提升了金融服务实体经济的能效。

在这种背景下，构筑多层次、多渠道的金融服务体系的开放银行诞生了。从金融服务体系角度看，开放银行本着"手续从简、放款从快"宗旨，按照"小额、分散"原则，以方便快捷、灵活高效的放款方式为小微企业和弱势群体提供了可得的金融服务，引导银行资金流向中小微企业、"三农"机构、个体工商户以及贫困人群。从金融互联网化到金融科技，人工智能、区块链、云计算、大数据等现代信息技术在开放银行均已有较多应用，逐步实现了线上线下渠道综合运用的方式更好地触达客户，随时随地满足客户的金融服务需求，并且降低了客户获得金融服务的成本。

开放银行通过接口和第三方机构对接，承担起金融微循环的底层功能，提供无抵押、无担保贷款服务，将银行资金流向社会低收入群体和偏远地区人群，提供了及时、可负担的金融服务，缓解了小微企业、"三农"机构以及个体工商户融资困难，解决长期困扰小微企业、个体工商户以及贫困人群的资金短缺问题，发挥出金融机构服务于实体经济的积极作用，填补了银行业金融服务不能满足融资需求的空白区域。

开放银行是银行探索线上化服务的重要方向，是一种以数据为核心的平台化经营模式。银行通过将自己打造成为平台，吸引其他参与方加入进来，同时主动嵌入其他场景，由此汇聚广泛的生态场景，整合资源，共享数据、算法、交易、流程等，以"金融+场景"的方式提供金融服务。开放银行主要有以下4个特点：平台化是其主要发展模式，数据是最重要的生产要素，极致的用户体验是主要手段，生态圈经营则是发展目标。①

---

① 张健华：《风控能力是未来银行制胜关键，银行数字化转型的八大痛点》，载"中国电子银行网"，2020年8月24日。

▶▶▶【案例 2-10】

上海浦发银行北京分行以应用程序接口（API）形式为某大型休闲零食电商平台接入了预付费资金存管系统，以数字化方式为预付费资金的管理探索出可批量复制的高效解决方案。这相当于银行采用"数字化产品输出"模式，将产品以 API 等形式嵌入各个场景中，成为一种新型的获客和引流模式，充分体现了数字化金融服务特色，提供了更多因地制宜的贷款产品，开展了一般传统银行不涉及、做不了或者不愿做的小额贷款业务，可以接入更多用户，但成本并没有增长，弥补了我国金融系统的不足。

根据《银行系科技子公司发展提速——数字化再造提升金融服务》整理。

开放银行有利于成本节约，获得稳定的经济效益。金融科技正在于把传统银行从原本封闭式的、内生的过程，变成了开放式的、外化的过程，各类型的金融科技公司可以从各个角度切入，实现市场化分工与利润重新分配，一定程度上降低经营成本。

开放银行在风控模式上摆脱了过去依据抵押和质押模式，有效防范了银行自身信贷风险，推动风险共摊模式。通过"贷款银行 + 第三方助贷机构"模式，助贷机构负责为银行推荐客户和进行信贷分析，并通过提供兜底服务为银行承担最终的信贷风险，银行直接向小微客户发放贷款。这种互保模式既可确保银行及时足额收回本息，又可以为客户提供经营性信贷和消费性信贷，在降低商业银行风险方面的作用是毋庸置疑的。

中国建设银行、中国工商银行、招商银行、兴业银行和微众银行都采取与第三方互联网金融平台合作模式，建立了各自的开放银行。中国农业银行开放银行于 2019 年 8 月试运行，该平台整合了农业银行现有金融产品，针对场景金融的具象需求重塑业务流程，具备了金融服务输出的全生命周期管控能力。中信银行推出三款开放银行零售产品"开薪易""信视界""无卡"。其中，中信银行唐山分行"开薪易"开放代发平台于 2019 年 12 月 20 日正式上线。据了解，中信银行零售银行业务将借助金融科技与用户场景的深度融合，以用户为中心，打造数字化移动平台，为用户提供"即时即用"的金融服务，让代发业务不再受限于中信银行的客户，开放到个人可提供的任何一家银行的账户。[①]2019 年 10 月 24 日，中信银行又推出"无卡"开放产品，进一步提升了安全等级，可不挂失、不换卡、长期有效的个人账户。[②] 百信银行发布的开放银行生态加速器暨 UP 加速器也成了科创企业和百信生态的智能连接器，该产品将帮助百信银行实现 3 年内加速 100 家科创型中小微企业成长进阶的目标。

虽然开放银行形式各有不同，但殊途同归，都是直接融入场景、共建场景，通过场景触达客户，形成金融机构与第三方机构互联互通支持中小微企业资金需求的新型运作机制，将银行资金优势与金融科技公司获客能力和资金优势结合起来，使用数据化模式提供经营性和消费性贷款，使之能够获得安全、低成本的金融服务，客观上带动民间借贷利率下行，压缩了高利贷蔓延空间，缓解实体经济与金融机构在资金分配上不平衡不充分矛盾，解决获客难题，为后续交叉销售打下了基础。

二、开放银行监管价值取向

（一）双维监管原则

当前，科技变革正在重写金融行业的交易规则。现代金融机构、金融市

---

① 中信银行"开薪易"在线可以享受到中信银行网点的一切服务：支付、转账、申请贷款、跨境汇款、买理财、买车险，以及交党费、医疗报销、出国旅行、代理签证等。用户不用从一个平台切换到另一个平台，只需在自己日常使用和熟悉的企业内部平台上即可"一站式"享受金融和非金融服务。"开薪易"还可帮助企业人力资源平台实现数据化管理和人工智能应用，为企业和员工提供智慧行政服务。"代发薪"平台还能进行积分管理、健康管理、员工学习课程设计等，可以看作企业内部交互系统的高配升级版，全程实行数字化管理和操作。

② 中信银行"无卡"账户具有"永不挂失、永不换卡、长期有效、借助高科技提升安全等级"的四大特点，借助"云计算"的功能，让用户可以"随时、随想、随得"，未来还将增加定制卡号等专属功能，让客户真正享用无介和无界体验：存款、取现、转账、缴费、购物、投资理财一样都不少。同时，中信银行输出银行账户，与京东、华为、厦航等企业联手打造"电子钱包"用户，让用户在购物、乘机、通信等多个场景下，都能轻松使用银行服务。

场诞生以来最深刻、最宏大的技术创新,大数据、云计算、人工智能、区块链等不断迭代创新的科技发展已经从根本上改变了现行业务模式和监管框架。

金融科技在提升效率、服务多元化方面发挥着重要作用,但不会对金融的本质产生质变影响。对金融机构来说,应对各项业务保持审慎发展的态度,始终怀有对风险的敬畏之心,必须是"科技向善",必须是"守正创新"。如果过分收集、传播客户的隐私信息,或者未经授权使用客户隐私信息,都是不合适的,需要加强监管。

开放银行所折射的正是以金融科技为代表的新金融业态。有学者提议,有必要引入不同以往的监管理念,就是在传统金融监管维度之外,加之以科技维度,形成双维监管体系,以科技驱动型的监管思路应对新技术发展对于金融监管的挑战,采用科技驱动型监管模式回应金融科技监管的特殊性,以契合金融科技创新的技术性本质特征。[①] 因此,我们必须在审慎监管、行为监管等传统金融监管维度外增加科技维度,塑造双维监管体系,以数据驱动监管为核心,构筑起分布式的平等监管、智能化的实时监管、试点性的沙盒监管,突破传统金融监管的固有困局,更好地回应开放银行所内含的风险及其引发的监管挑战。

(二) 包容性监管原则

包容性监管就是在守住不发生系统性风险的同时,探索出一套既规范又有弹性、适应日新月异变化业务生态的监管模式,而不是简单禁止或从严限制。[②]

互联网金融具有行业交织、混业经营特点,一般涉及或嵌套多项金融业

---

① 杨东:《监管科技:金融科技的监管挑战和维度构建》,摘自《中国社会科学》,2018 年第 5 期。

② 包容性理论是 2007 年由亚洲开发银行(ADB)提出,强调社会协调可持续的发展方式。全社会在不断发展进步的同时,许多地区显现出了不小的贫富差距,在经济、利益和社会资源的分配中,许多弱势群体处于不利地位,包容性发展致力于让全社会发展成果惠及更多人群,让社会弱势群体也能享受到发展的红利。

务，形态多样易变。在这种情况下，监管者就不能简单采用"一刀切"的监管方式，必须对不同种类互联网金融采取不同监管方式，实现创新激励和风险防范的协同发展。如果监管者采取"穿透式"监管简单处置创新业务，采取过严姿态对待每一个创新行为，就可能导致大量互联网金融新业务"胎死腹中"。监管者应该充分考虑互联网金融市场信息和资源的各种差异，给予互联网金融平台一定的创新空间，在监管目标、监管手段等方面不能简单套用统筹划一的监管模式，在业务目标、准入条件、资源配置、人员资质以及风险处置手段上采取灵活性管控，用更为弹性的监管手段去处罚违法行为，实现公平与效率的有机统一。

（三）主体平等监管原则

由于开放银行涉及的主体不仅有银行，还有互联网金融平台、第三方机构，甚至还会有自然人，主体结构较为复杂。因此，在对开放银行监管时，必须秉持对主体平等对待的原则。这不仅与《电子商务法》第四条确立的"线上线下平等对待"原则相一致，而且与《合同法》第三条规定的平等精神一致，有利于弥补交叉型金融业务的监管漏洞，避免监管套利的发生。

（四）最小必要性规则

从大数据运用角度看，开放银行和第三方机构总是希望获取尽可能多的用户个人信息，使得大数据应用场景更加丰富。但是，从保护金融消费者权益角度看，有必要限制开放银行、第三方机构使用客户数据的信息类型、频率和使用数量。因为个人数据信息涉及隐私权保护和法律责任问题，必须明确消费者权利，开放银行不能随心所欲对第三方机构开放所有个人数据，更不能毫无限制地公开所有内部信息资料，任何数据的开放与共享都不得以侵犯损害消费者权利为前提，必须遵循最小必要性规则，不得开放与其提供的金融服务无关的个人信息，也不得违反双方收集、使用和开放个人信息的约定。

我们必须明确消费者在数据开放中所享有的权利，其一是授权的权利，消费者可以自主授权给第三方的访问、使用数据，也可以轻松地废止对数据获取、使用或储存的授权，要求被授权的第三方删除个人可识别数据；其二是充分知晓的权利，第三方在获得授权后应该将自己获取、存储、使用消费者数据以消费者能够充分理解的方式高效地披露给消费者，包括数据获取的频率、数据范围和数据保存期限等。否则，银行和第三方机构很可能侵犯个人信息相关主体的合法权益，遭到金融消费者和监管机构的质疑，引发公益性集体诉讼。

最小必要性规则符合我国《网络安全法》规定的个人信息控制者应当遵循"合法、正当、必要"原则，以及禁止收集"与其提供的服务无关的个人信息"规定，也符合《个人信息安全规范》有关"收集的个人信息的类型应与实现产品或服务的业务功能有直接关联"条款，更与欧盟推出的《一般数据保护条例》（GDPR）中被称作数据最小化（Data Minimization）原则相一致。因此，在数据共享过程中，监管机构必须保证所有开放银行、第三方机构最小范围引用银行数据，整个流程应尽可能透明化、阳光化，确保客户可随时查看数据共享过程。

三、开放银行难点和痛点

（一）开放银行难点

1. 把握技术风险难。此类风险主要来源于信息系统自身不稳定导致的风险、外部攻击造成的风险、内部缺陷带来的风险，如何控制好此类风险是重中之重。

2. 平衡数据共享和隐私保护难。开放银行聚合了众多主体，数据泄露风险增大，客户数据必须受到银行最严格的保护。如何在合法合规前提下，把据好数据开放共享和数据隐私保护的尺度，有一定的难度。

3. 连接场景难。银行由于业务相对低频，很难凭借金融业务本身打造生态、获取流量，需要与外部平台资源进行场景对接，嵌入客户所需的金融服务，构建数字生态体系依然存在难度。

4. 识别客户难。开放银行大多仅根据客户在本行的资金账目情况、基本个人信息以及 CRM 系统部分线上交易记录等现象级认知的识别。

5. 第三方合作机构风险防控难。在合作过程中对于第三方机构的选择也是风险的重要来源，银行与合作方之间如何建立缓冲和隔离机制，提出了新挑战。

6. 开放维度及程度的把控难。开放银行要妥善解决银行对外开放什么、开放到什么程度等问题，建立相应的标准、原则、规则，把握好阈值、验证等关键节点，处理好业务发展与落实监管要求的关系。

（二）开放银行痛点

1. 数据存储和安全防护带来较大挑战。在数字化转型过程中，银行自身安全治理能力和开放经营模式是数据安全问题增加的来源。开放银行数据中包含大量的个人隐私和商业机密，数据规模和种类的激增给开放银行数据存储和安全防护能力带来极大的挑战。如果开放银行自身的数据安全管理能力跟不上数字化转型的节奏，就可能增加数据丢失、泄露或被窃的风险。

2. 客户流失经常发生。在金融业务线上化转移的环境下，客户对金融平台自主选择更加开放，银行无法利用线下资源有效整合线上客户信息，无法获取客户线上喜好、消费习惯等客户重要画像，通过数据分析实现用户精准画像也不十分准确，客户迭代不能及时跟进，容易引起客户流失。

3. 完全实现数据共享仍有困难。开放银行"场景在前、金融在后"的模式使银行后台化，银行不直接接触客户，须借由数据了解客户、服务客户、管理风险，运用数据挖掘和人工智能分析用户要借助完备的智能化分析系统，并不是所有开放银行都具有的。

4. 实现降本增效障碍较多。开放银行连接场景构建生态圈，要求银行整合内部产品及服务整齐划一，在机制体制上需要打破业务边界，建立多业务条线协同机制，再造与优化内部运营流程，打造智能高效的前中后台流程体系。[①] 显然，这种平台化运营方式实现降本增效牵涉业务条线更多，并不是一件轻松的事情。

5. 加剧了数据安全隐患。开放模式下数据流转路径更加复杂和难以控制，银行对数据管理边界的界定难度增加。此外，在开放的网络环境中进行数据共享交互，第三方机构和互联网等外部渠道数据的来源合法性难以准确甄别，外部合作机构不安全数据也可能波及银行，增加数据安全的连带风险。

四、开放银行数字化对策措施

（一）开放银行保护性法规

自 2020 年以来，监管部门多次就小微金融业务发布相关通知，明确提出要以提升风险管理能力为立足点，改进小微企业授信审批和风控模型，逐步减少对抵（质）押品的过度依赖，增强能贷会贷的服务能力。虽然开放银行在使用 API 技术的安全性方面日臻完善，但并不能完全杜绝安全隐患。因此，我们需要规定明确以下几个关键问题。

（1）在我国设立开放银行的宗旨、目的和任务。（2）对开放银行的监管对象进行规范，解决监管开放银行自身，还是第三方机构，抑或金融消费者的重要问题。（3）开放银行和第三方机构在使用、修改和删除个人数据时必须遵循的原则是，建立一整套事前授权、事中跟踪、事后补救的规则，规定金融数据开放的程度、范围和频率，消除开放银行在数据隐私与安全保护方

---

① 张健华：《风控能力是未来银行制胜关键，银行数字化转型的八大痛点》，载"中国电子银行网"，2020 年 8 月 24 日。

面的隐患。（4）规定开放银行、第三方机构以及金融消费者各自的权利和义务。开放银行在运作过程中，包括但不限于尽职调查、数据监控、数据保护以及数据恢复等业务规范。（5）开放银行、第三方机构以及金融消费者的法律追责条款和处罚性规定。

（二）准入门槛和业务规则

过多的冗杂数据和非结构化的数据会造成信息堆积，空耗资源的同时还会提供错误的信息，这对数据共享会带来极大不便，必须对数据的保存格式、共享格式甚至是 API 端口等进行标准化规定，减少数据开放过程中因数据标准不统一而带来的资源浪费。

我们建议，首先，由互联网金融协会制定我国统一的开放银行数据分享标准，具体可包括数据标准、API 标准以及安全标准等，为形成一个规范、有序和透明的开放市场提供规则考量；其次，中国银保监会负责成立由行业协会、商业银行、金融科技企业、支付机构等共同组成的"开放银行监督管理领导小组"，尽快结束目前商业银行各自为政开展开放银行业务的混乱局面。

1. 数据标准。开放银行业务参与方必须遵守监管机构制定的数据标准，包括但不限于数据读取权限，即第三方机构读取银行数据和文件的范围和方式，以及数据写入权限，即第三方机构有权对银行数据和文件进行修改、执行等权限和方式。这两类权限均通过向第三方机构开放 API，包括开放数据、交换数据、客户/机构数据、商业敏感数据以及保密数据等。

2. API 标准。API 标准是开放银行对 API 设计、开发和维护的基本规则，主要涉及数据架构、资源格式等各个方面。开放银行应提供示例代码，让第三方机构在与不同开放银行之间合作时，能够顺利使用银行接口，协助第三方机构使用 API，不至于限定在少数几家开放银行。

3. 安全标准。安全标准主要是指 API 规范的安全性，目的是保护消费者的数据安全，包括客户/机构身份认证与识别、数据欺诈以及客户权益保护等方面内容。

4. 门槛标准。对开放银行开展 API 业务，必须设定准入门槛条件。例如，英国开放银行参与 API 业务，第三方机构需要向英国 FCA（或欧洲同等机构）提供业务模型，以及数据隐私和安全措施来进行评测，只有获得 FCA 或者欧洲同等机构监管许可，才能够开展开放银行业务。因此，我国也应该设立一定的门槛，不是所有商业银行都适合开展 API 业务，只有通过严格的审批后，符合一定条件的开放银行和第三方机构，才能开展 API 业务。

5. 保密责任。开放银行与第三方机构使用个人敏感信息和数据时，必须事先得到明示许可。在传输、受托转让或存储时，对个人敏感信息和数据应该采用加密等安全措施，确保敏感信息和数据不外泄。开放银行、第三方机构均不得将个人信息和数据再转让给其他机构/个人。

6. 法律责任。开放银行与第三方机构存在明显过错，需要承担法律责任的，按照分摊原则处置。原则上不单独追究开放银行的法律责任，也不单独追究第三方机构的法律责任，除非开放银行或第三方机构存在重大过错。

总之，我们引入开放银行，核心就是搭建起商业银行和互联网金融平台的互联互通，并通过市场准入、市场运营、市场退出规则的变革与再造，将合法性、透明性与可问责性制度融入互联网金融。令人欣慰的是，监管机构已经开始对光大集团、中信集团等传统金融服务机构，以及蚂蚁集团等互联网企业展开监管试点，这不仅是对金融监管的大胆创新，更是回应了普惠金融善治的制度诉求，充分体现公平效率的完美统一。

（三）交易信息透明化

区块链技术具有去中心化、可靠性强、降低成本、数据质量高和信息不可篡改等众多优点，可以解决信息透明和可信问题。开放银行在交易中使用区块链技术，可以实现信息和资金流动更加高效透明，增强合作机构之间的互信。区块链在开放银行应用场景主要有征信、资产管理、中小企业融资三大领域。

1. 在征信领域，开放银行可以基于区块链技术改进征信信用算法，提升对于异常交易的识别效率。同时，改变征信数据的应用模式，主要是通过基于区块链技术协议实时共享征信数据，从而提升审批机构对于数据采集和审批的效率。

2. 在资产管理领域，实物资产和无形资产是借助第三方机构进行确认和管理，可能存在记录错误、数据虚假或者人为的恶意改动，使得资产权益信息证明不完整或者出现失实等现象。一旦区块链技术成熟，与物联网技术有机融合，可将固定资产管理升级为"智能化的数字资产"，有望实现托管合同签订线上化，对托管资产进行控制及跟踪智能合约化等，实现信息和资金流动高效透明和真实可靠。

3. 在中小企业融资领域，由于中小企业在向银行贷款过程中存在信息不对称、信贷配给政策和缺乏抵押物等问题，导致其很难得到银行贷款。区块链通过去中心化模式运用，将所有数据积累到一个统一的区块链平台上，对所有信息进行整合，最终形成一个庞大的信息集合，并形成独立的、不受任何个人和组织操控的信息网络。金融机构与顾客、顾客与顾客之间信息将会更加全面、透明。

未来开放银行发展方向，将是在充分融合金融科技的基础上的智能化，通过积极应用区块链技术、人工智能技术、大数据，以降低运行效率，获得新的业务增长动力、提升客户服务黏度、获得新的收益来源，并更好地控制风险。

（四）数字技术实现智能化

1. 利用金融科技将网点轻型化、智能化，通过智能化设备的应用，使服务变得更智能、简单、快捷。用智能机器人替代大堂经理进行客户引导和分流，配置智能预处理终端和手机 App，实现客户预填单和预约排队，解决当前商业银行普遍存在的客户排队多、服务空间有限、服务流程冗长等问题。

2. 应用智能图谱，不断获取外围和内部数据并进行数据分析，及时获取借款人的关系图谱、消费行业图谱、供应商图谱，了解其风险及消费习惯，提升反欺诈和信用风控模型准确率。

3. 应用人工智能客服，通过影像识别、证件读取、电子签名等自助服务，帮助客户快速办理业务。

（五）元宇宙与开放银行未来关系

1. 数字化转型本身就是一个毋需置疑的趋势，一些看似"玄幻"的概念也在逐渐成为很多人愿意尝试的东西，比如元宇宙。韩国首尔市政府宣布未来 5 年要在元宇宙提供市政服务给市民。2022 年 1 月 5 日，浙江省数字经济发展领导小组办公室发布了《关于浙江省未来产业先导区建设的指导意见》，元宇宙与人工智能、区块链、第三代半导体并列，是浙江到 2023 年重点未来产业先导区的布局领域之一；2022 年 1 月 8 日，上海经信委召开会议谋划 2022 年产业和信息化工作，强调加快布局数字经济新赛道，紧扣城市数字化转型，布局元宇宙新赛道，开发应用场景，培育重点企业；2022 年 1 月 19 日，在北京城市副中心产业高质量发展推进大会上，北京市通州区出台了包含"元宇宙相关政策"在内的一系列产业生态扶持发展政策。除了地方政府外，工业和信息化部召开的中小企业发展情况发布会也提出培育一批进军元宇宙、区块链、人工智能的创新型中小企业。

今天，越来越多的金融机构、科技公司开始关注元宇宙，认为元宇宙是对人类触感无限的延伸，不仅仅是戴上 VR 眼镜进入虚拟世界那么简单。目前元宇宙发展仍属于前期阶段，在金融领域应用以数字虚拟人以及优化服务和展业流程为主。比如，Kookmin 等韩国银行就在元宇宙环境中开设了分行，允许其客户在虚拟金融小镇中四处走动。该小镇为客户提供虚拟分行和金融游乐场，并为员工提供"远程办公"中心。客户可以走进虚拟分支机构，并通过视频通话与现实生活中的客服进行交谈。韩国投资公司 IBK Investment & Securities 也与 Meta City Forum 进行合作，将提供虚拟金融服务，并推出自己的元宇宙平台，以此来吸引客户。

银行业正在成为元宇宙在金融领域落地的先头兵。据了解，海外银行在元宇宙领域早有布局，如法国巴黎银行的 VR Banking Apps，允许客户在 VR 环境中虚拟访问其账户活动和交易记录；GTE Financial（佛罗里达州最大的信用合作社之一）推出了"GTE 3D"，用户可以通过台式计算机访问银行搭建的虚拟世界，在虚拟的社区金融中心内有服务和产品，包括汽车和房屋贷款、投资、保险和金融知识信息等，足不出户就可以逛银行。①

目前，国内也有浙商银行、江苏银行、百信银行等商业银行布局元宇宙，落地的应用和服务主要包括虚拟数字人、数字藏品和建设元宇宙营业厅 3 类，提供沉浸式体验。尤其是虚拟人方面，金融机构百花齐放。在保险领域，对元宇宙也有相关尝试。比如，互联网保险公司泰康在线发布了以旗下自有 IP TKer 为原型的 NFT 数字藏品"福虎开泰"。未来元宇宙带来的新一轮技术革命将在提升互联网保险用户体验、颠覆保险购买认知等方面发挥无与伦比的价值。

同样，元宇宙也是保险、财富管理等领域从互联网时代升级到物联网时代寻求突破的端口。元宇宙在感官和技术上的颠覆有望重塑保险的购买认知，通过元宇宙中营造的氛围以及由此带来的情绪感知，化无形的产品为有形的体验，增强用户风险感知度。元宇宙还可以提供跨越物理界限的财富管理服务，可以享受和现实场景下同样的咨询服务，通过虚拟产品的实体化展示提升客户对产品的认知度，优化理财产品业务流程。

2. 元宇宙对金融行业带来实质性影响可以分 3 个阶段：第一个阶段是元宇宙概念爆发期，在此阶段元宇宙的技术与应用初显成效但并不成熟，商业

---

① 苏洁：《元宇宙金融有多远?》，摘自《中国银行保险报》，2022 年 2 月 14 日。

化的产品以游戏平台、虚拟人、VR 线上办公与空间、AR 视觉增强为主。金融在这个阶段更有可能会经历营销与展业模式上的革新,如虚拟经纪人与代理人、游戏化展业平台、虚实结合的营销体验等。第二个阶段是元宇宙沉淀期,这个阶段元宇宙热潮已过,其噱头化的宣传价值已经消耗殆尽,真正能够创造价值的元宇宙应用得以留存。在此阶段,元宇宙或作为供应链金融的数据获取与管理核心渠道之一。第三个阶段是元宇宙成熟期,随着元宇宙核心技术的成熟,元宇宙应用的长期积累将对金融系统带来新的挑战与机遇。元宇宙的出现可能会赋予金融行业更多元化的展业模式、更丰富的场景,但不会改变金融行业的本质。元宇宙的核心价值在于提高服务的效率与质量。元宇宙将给商业银行带来全新的金融服务场景,重塑客户体验、运营管理以及金融生态构建等诸多方面。比如,元宇宙将改善客户体验,客户服务将不再受物理空间距离和时间限制,无须等待就可以办理支付、结算。①

由于元宇宙是一个开放的生态平台,人们可以自由在这个平台上建立经济系统,在提升用户体验、提高金融效率和安全性方面有非常大的促进作用。但是,元宇宙目前还处于发展的早期阶段,在技术、场景和产品层面尚未成熟,搭建和运作还有很长的路要走,加速去中心化的技术实践,加速数字货币并实现渠道数字化和产品定制化都会遇到很多挑战。部分商业银行布局元宇宙是以技术储备和场景探索为主,元宇宙带给商业银行的是对现有服务的一种补充和场景延伸,离真正、大规模商业化还有一定距离,仍有诸多基础设施、应用尚未完善,还有诸多技术需要突破。

3. 在金融行业数字化浪潮中,元宇宙的出现或许将为行业技术的发展提出新的方向和挑战,一方面,元宇宙可以服务于传统金融业务,在提升用户体验、提高金融效率和安全性方面有非常大的促进作用;另一方面,元宇宙内部也将形成自己的一套金融体系,这套金融体系以区块链和 NFT 技术为基础,与元宇宙产业发展相辅相成,为客户线上与线下体验结合提供一种新的

---

① 苏洁:《元宇宙金融有多远?》,摘自《中国银行保险报》,2022 年 2 月 14 日。

方式，可能将更多地转向如何通过元宇宙技术提升用户体验，推动金融服务的触角向元宇宙生态进行延展。

元宇宙将虚拟世界与现实世界连接起来，虚实相生为其重要特征。这就使得元宇宙在金融领域的发展道路上充满了较多的不确定性和复杂性，尤其对于布局元宇宙的金融机构，风险更是不容忽视的。但元宇宙在金融领域的发展仍值得期待，通过元宇宙数字孪生、区块链、数据交互等技术将成为推动元宇宙发展的重要驱动力，带动金融行业技术创新发展，商业银行服务客户的方式将极大改变，以人工智能为代表的新型技术有望得到快速创新与推进，未来前景可期。

第三章
个人征信业务数字化延展

完善的个人征信体系是一切信贷业务的基石。在传统商业银行风险缓释手段中，个人、小微企业、个体工商户以及农村个体经济组织融资需要有资产、抵押、担保等保障，需要对个人、小微企业、个体工商户以及农村个体经济组织进行资产评估、财务评估，但实际情况是，个人、小微企业、个体工商户以及农村个体经济组织都是"轻资产"状态，也不太可能出具够"分量"的抵押财产，因此，这一传统模式并不适用。所以，要解决个人、小微企业、个体工商户以及农村个体经济组织融资难题，就必须完善个人征信数字化制度，让更多个人、小微企业或个体工商户能够获得银行信贷支持，为普惠金融数据共享和治理提供宝贵的经验。

第一节　个人征信概念和范围

一、个人征信市场兴起背景

（一）普惠金融发展的需求

我国的征信行业起步较晚，经过多年的探索与实践，目前正面临着难得的历史机遇。征信不仅关系到客观、公正、科学地记录和评价信息主体的信用状况，影响到信息主体能否获得公平的交易、信贷机会，还关乎社会信用体系建设、关乎诚信文化发展。

目前，中国人民银行征信系统的主要使用者是金融机构，其通过专线与商业银行等金融机构总部相连，并通过商业银行的内联网系统将终端延伸到商业银行分支机构信贷人员的业务柜台。征信系统的信息来源主要也是商业银行等金融机构，收录的信息包括企业和个人的基本信息，在金融机构的借款、担保等信贷信息，以及企业主要财务指标。

长期以来，中国人民银行征信中心个人征信市场规模有限、征信产品较为单一，没有一套完整的个人或中小企业征信系统，没有建立起全国个人征信信息评级体系，不能完整高效地体现出个人的基本信息、借贷历史信息、资产信息以及法院执行信息，无法及时对该个体的整体信用等级进行评价。互联网金融企业也只能通过向第三方征信机构购买信用信息，或通过构建基于自身业务闭环的个人征信系统，人民银行征信系统牵头的线上覆盖率仍然较低，远远不能满足个人征信业务的需求。[①]

2019 年 4 月，新版个人征信报告已上线，拖欠水费也可能影响其个人信用。2020 年 1 月 19 日，征信中心面向社会公众和金融机构提供二代个人征信报告查询服务。

我国二代个人征信报告除报告头外包括 8 个部分：（1）个人基本信息；（2）信息概要；（3）信贷交易信息明细（信用卡借贷信息、对外担保信息）；（4）非信贷交易信息明细；（5）公共信息明细；（6）本人声明；（7）个人信息概要（个人信息主体信用状况的概括性信息，包括评分信息、信贷交易信息概要、非信贷交易信息概要、公共信息概要、查询记录概要 5 个数据块）；（8）查询记录。

与一代征信系统相比，二代征信系统在信息采集、产品加工、技术架构和安全防护方面进行了优化改进。一是优化丰富信息内容，更为全面、准确地反映信息主体信用状况。二是优化信用报告展示形式和生成机制，提升信用报告的易读性、适应性和便捷性。三是改进系统技术架构，大幅提升信息采集和征信服务效率。四是强化系统安全防护能力，确保征信信息安全。五是能够帮助个人获得更公平的信贷机会。征信中心提供给银行的是个人信用历史的客观记录，"让事实说话"，减少了信贷员的主观感受、个人情绪等因素对个人贷款、信用卡申请结果的影响，让每个人得到更公平的信贷机会。

---

① 中国人民银行征信系统包括企业信用信息基础数据库和个人信用信息基础数据库。其中，企业信用信息基础数据库始于 1997 年，并在 2006 年 7 月实现全国联网查询。

六是个人征信系统已成为金融机构防范化解金融风险的有效工具。仅 2019 年上半年，金融机构通过查询征信系统贷前审批拒绝高风险客户申请：3936.9亿元；预警高风险存量贷款：7803.4 亿元；清收不良贷款：957 亿元。

（二）个人征信市场形成

金融科技给征信行业的发展带来了巨大的变化。从技术角度来看，金融科技中人工智能、区块链、云计算、大数据已经渗透到征信业务的收集、整理、存储、加工和提供信用信息的方方面面，客观上为征信业务的数据采集、数据分析与实际应用提供了坚实的技术基础。例如，区块链技术可以应用在征信的数据采集、数据传输、信息保密、信息转让等环节，尤其在联盟区块链准入机制、分布式数据库、多中心、脱敏映射、加密传输、智能合约方面应用于征信信息存储、加工、验证和监管环节，独立、公正地提供多样化的征信产品和服务，这一切使得个人征信信息可以实现快速收集、发布的可能，个人征信市场由此日渐发展起来。

与此同时，面对国家大力推行社会信用体系建设的宏观机遇，个人征信业务市场加速开放，具备移动优势和大数据优势的第三方征信机构纷纷抢滩，筹建中国人民银行征信数据库以外的"信用数据"和"非信用数据"。有学者将此比喻为"传统征信的重要补充，推动征信行业逐步迈入互联网多元化发展阶段"。[①]

2015 年以前，我国的个人征信体系由人民银行主导建立，可以开展个人征信服务的只有人民银行征信中心及其下属的上海资信公司。2015 年，中国人民银行发布《关于做好个人征信业务准备工作的通知》，通知要求腾讯征信、芝麻信用等 8 家机构做好个人征信业务的准备工作，这在一定程度上意味着个人征信市场"开闸"。2018 年 2 月 22 日，中国人民银行将首张个人征信牌照发给了百行征信有限公司（以下简称百行征信），其由中国互联网金

---

① 王永超：《个人征信市场革新赋能信用卡数字化转型》，载《中国信用卡》2018 年第 5 期。

融协会和 8 家个人征信试点单位共同出资成立。这也是我国第一家拥有个人征信业务牌照的市场化组织。①

百行征信是首家正式由中国人民银行批准获得个人征信机构，后来又有了"朴道征信"，作为市场化运营机构，共同开启征信和社会信用体系建设领域"政府＋市场"双轮驱动的新模式。截至 2021 年 12 月末，百行征信、朴道征信已经与近 600 家机构签署了信用信息共享协议，涵盖网络借贷信息中介机构、网络小额贷款公司、消费金融公司、汽车金融公司、融资租赁公司、金融科技公司等。百行征信、朴道征信成功的最大意义在于打破了过去征信市场的垄断局面，表明了国家加快推进个人征信市场化发展的决心，也为后来者获取个人征信牌照提供了现实借鉴，有利于营造出更加健康有序的市场环境。

（三）个人征信数据拓宽

长期以来，中国人民银行征信报告是信贷审批的首要甚至是唯一依据，其数据主要来源于对传统金融机构信贷数据。这些数据行业集中度小，数据结构化程度不高，整体应用价值有限。伴随着个人征信市场的加快开放、大数据信息技术的飞速发展，使得个人信用数据呈现几何式增长，"大数据征信模式"在数据采集的广度和深度、数据处理效能等方面更具优势，几乎触达人们在金融行为、消费偏好、个人兴趣、社交网络、活动范围、出行方式的各个方面。为此，2021 年新版《征信业务管理办法》第三条改变了这种狭窄的局面，不仅涉及金融方面，还拓展到通信和消费领域，包括但不限于：个人和企业的身份、地址、交通、通信、债务、财产、支付、消费、生产经营、履行法定义务等信息，以及基于前述信息对个人和企业信用状况形成的

---

① 百行征信由中国互联网金融协会与芝麻信用、腾讯征信、前海征信、考拉征信、鹏元征信、中诚信征信、中智诚征信、华道征信 8 家市场机构按照共商共建共享共赢原则，共同发起组建的一家市场化个人征信机构。其中，中国互联网金融协会占股 36%，其余 8 家机构分别占股 8%，以保证征信工作的公正性。

分析、评价类信息。于是，我国个人征信信息的范围，经过分类、匹配、整合更新后，最终形成内容更多的实现数据，不仅实用性大大提高，而且相比传统征信数据覆盖面更广。

（四）个人征信市场存在问题

但是，我国人民银行个人征信信息系统依然存在不少问题，尤其是使用人民银行个人征信信息系统的金融机构，存在一些不规范使用个人征信信息的行为。

1. 部分重要的个人信息无法显示。在人民银行个人征信信息系统信息接口中，部分法院执行信息无法显示，部分个人纳税以及资产信息等无法显示。

2. 个人征信信息更新速度缓慢。在人民银行个人征信信息系统中个人征信信息是金融机构报送而来的，但金融机构并不是每天或每周实时更新的，而是每个月（甚至每个季度）才报送给人民银行个人征信信息系统。因此，人民银行个人征信信息系统中个人征信信息更新较慢，无法适应市场对个人信用信息的需求。

3. 使用政务信息作为个人征信信息。银行早就发现可以使用税务信息、公积金信息、社保信息来了解贷款人的还款能力，有的银行整合各种渠道已达几十项之多。可是政务信息不等于公开信息。比如税务信息，一个人一年缴多少个人所得税，属于绝对的个人敏感信息，除非其本人知情同意，银行就是接入了信息渠道也不能用。

4. 使用征信评分作为个人征信信息。银行都知道外部征信信息不能随便获取，于是想了个简便的方法，让这些征信评级机构给出一个评分数值，供银行评审使用。孰不知，征信评分本身就是基于综合个人信息而得出的对其经济信用的评价，是处理个人信息的一种方式。没有信息主体的许可，是不可获取的。

5. 以概括授权作为客户有效知情同意。近几年，互联网领域盛行的"概括授权"个人信用数据的情况非常普遍，大量掠夺个人信用数据，并粗暴践踏个人权利，漠视商业伦理。例如，《征信业务管理办法》规定：不管何种机构或个人都要经授权才能收集、使用或处置个人征信信息。假如某一个征信机构拥有很多个人征信信息，但该征信机构把这些个人信息提供给其他商业机构，商业机构就给个人提供产品。这就严重侵犯个人征信信息安全了。因为征信机构要从保护个人征信信息方面出发，所有个人征信信息使用必须事先授权，特定用途特定授权，不能一次授权反复使用、多次使用或者无限使用。因此，这涉及个人（客户）敏感的个人隐私权问题，必须事先得到个人（客户）充分知情，知道其信息的具体使用目的，银行或个人征信机构需要的客户授权并非仅仅是客户概括授权就能满足的。

6. 公示个人不良征信记录作为惩恶扬善手段。个别银行以悬赏财产线索为名，公示违约债务人的个人征信记录；个人征信机构为了惩戒违约者，向社会公众公布了个人违约信息。这些做法都是不可取的，直接违法《个人信息保护法》第二十五条规定的"个人信息处理者不得公开其处理的个人信息，取得个人单独同意的除外"。在我国，只有政府机关在涉及公共利益的时候可以考虑是否公开个人隐私政府信息，而银行或个人征信机构作为商事企业都无此特权。

二、个人征信快速发展因素分析

（一）新兴市场催生个人征信

20 世纪 90 年代中期，我国新兴市场私营部门信贷占国内生产总值的比重从 35% 增长到 50%。2000 年以后，私营部门信贷占 GDP 比重从 46% 增长到 104%。为此，监管机构意识到了加强和提高包括征信体系在内的金融基础设施建设的重要性。《巴塞尔协议Ⅲ》提高了对银行的资本供应要求，强调需要更严格的风险评估和管理框架，这促使我国重视发展中央信贷登记系统，以收集信贷数据支持微观审慎和宏观审慎政策决策。于是，新型放贷机构进入零售信贷市场，对信用信息和简化贷款流程的需求与日俱增，相应的征信服务应运而生。

（二）数字化合作授信兴起

过去 10 年间，随着金融科技的快速发展，我国数字化授信业务逐渐增加。比如，放贷机构与电商企业、互金平台或小贷公司合作，使用手机和移动行为数据进行审贷，产生了"联合贷""助贷"业务。放贷机构可以基于电商企业、互金平台或小贷公司提供的客户信息、数据资料以及潜在数据源收集信息，采用不同的模型进行信用评分，提供不同种类的信贷产品。例如，基于大数据、云计算的头部平台，可以将客户信用信息与放贷机构和信贷专家组成的网络相结合，支持金融机构快速获得成千上万客户信用信息。

（三）非结构化数据大量涌现

近年来，开始大量涌现出非结构化数据。非结构化数据的来源主要包括在线借贷平台、B2B 平台、移动支付公司、社交媒体网站（如 Facebook、Twitter、LinkedIn、Instagram、Yelp 等）、交易平台（如阿里巴巴、亚马逊、乐信公司）、心理测量数据等。这些非结构化数据开始被用于开发替代性信用评分工具，大量使用在个人征信信息的风险评估上。越来越多的新型放贷机构（多为金融科技公司、互金平台）使用非结构化数据为长期遭受金融体系排斥的消费者开发替代信用评分工具，比如蚂蚁"借呗""花呗"使用移动数据来验证潜在借款人的身份，并建立信用评分，向那些传统金融机构不予提供服务的借款人提供贷款。当然，目前非结构化数据可能带来的潜在风险也受到业界广为关注和热议，"借呗""花呗"业务限制也越来越多。

（四）征信科技蓬勃发展

信用科技旨在提升金融服务质效，从信息化到数据化，最后实现智能化。

信息化解决的是业务协同问题，数据化解决的是业务效益问题，智能化解决的是解放人力问题。

≫【案例 3-1】

微众信科致力于运用信用科技破解中小微企业融资痛点，让更多中小微企业都能享受到高效便捷的普惠金融服务，帮助更多银行实现"线上化、批量化、自动化"的效能。随着疫情期间无接触贷款需求的提升，通过微众信科企业征信服务平台免费申请各合作银行线上融资产品的中小微企业数显著增长，较上年同期增长101%。

案例来源：微众信科提供资料整理。

征信科技持续引入新数据源，对数据进行更深层的挖掘、更多维的扩展，推进传统金融业务流程、风控体系、运营模式的全方位转型，解决银行数据获取难、客户数据维度不全，准确度不高的难题，实现触及更多长尾客户的场景，不仅为银行节省了大量人力成本，规避了人工核查风险，而且实现了对传统金融模式的升级和补充，成为征信科技的一种优势。

三、我国征信立法主要成效

（一）确立"最少、必要"原则

随着互联网应用的广泛开放，征信系统过度收集个人信息的副作用已经产生，带来了公民隐私泄露问题，出现了不少恶性事件，严重侵犯金融消费者权益。如果对其放任不管，更大的伤害可能还在后面。因此，加强对征信业务监管成为共识，增加"最少、必要"原则就显得及时且必要。

《征信业务管理办法》（以下简称《办法》）第五条提出采集信息遵循"最少、必要"原则，明确规定了在从事征信个人信息处理活动中，所谓

"最少、必要"原则就是指非必要不收集，如收集必告知，用多少收多少。

也就是说，征信业务应当在"最小、必要"范围内展开，不得从事超出用户许可范围或者与服务场景无关的个人信息处理活动。虽然未能解决信息采集的合法边界问题，但从法律上限制过度采集个人信用信息的规定已经是一种进步，体现信息保护意识整体提升，减少了过度采集用户信息和滥用客户信息的可能。

（二）完善信息主体诸多权利

首先，在个人信息主体免费获取本人的信用报告方面，《办法》第二十二条从个人信息主体的角度，明确个人信息主体有权每年两次免费获取本人的信用报告，从征信机构角度，规定征信机构应当通过互联网、营业场所、委托其他机构等多种方式为个人信息主体提供每年两次免费信用报告查询服务。

其次，在信息错误更正方面，《办法》第十五条从征信机构的角度，规定征信机构在整理、保存、加工信用信息过程中发现信息错误的，如果属于信息提供者报送错误的，应当及时通知信息提供者更正；如果属于内部处理错误的，应当及时更正，并完善内部处理流程。

最后，坚持征信为民理念，保障信息主体知情权、同意权、异议权、投诉权，《办法》明确规定采集个人信息应当告知采集的目的、信息来源和信息范围，防范个人和企业信用信息滥采滥用，满足人民群众对高质量征信产品和服务的需求，保障征信信息安全，防止信息泄露。

（三）明确征信机构禁止性行为

《办法》第一次从保护个人和企业权益角度，对信用信息采集、整理、保存和加工进行了限制性规定，明确了征信机构不得以非法方式采集信息，采集非公开的企业信用信息也应当取得企业同意，明确了征信机构不得为之的几种方式。《办法》第六条规定"征信机构不得以下列方式采集信用信息：（一）以欺骗、胁迫、诱导的方式；（二）以向被采集的个人或企业收费的方式；（三）从非法渠道采集；（四）以其他侵害信息主体合法权益的方式"。这是立法者第一次明确表示了整理、保存、加工信用信息的禁止性规定，也是对欺骗等方式收集信用信息的一个态度，为实际部门在执法时进行参照，具有较强的可操作性。

（四）细化用户不良信息处置方式

《办法》首先规定征信机构对个人不良信息的保存期限，自不良行为或事件终止之日起 5 年；超过 5 年的，征信机构应当删除。《办法》第十六条还规定，如果新增不良信用信息作为样本数据的，应当进行去标识化处理，移入非生产数据库保存，确保个人信用信息不被直接或间接识别。除此之外，《办法》还要求征信机构不得以删除不良信息或者不采集不良信息为由，向信息主体收取费用。这些新规都是保护用户的条款。即便是用户的不良信息，但在到期以后，依然要本着保护用户的宗旨，征信机构必须无条件删除，保证个人信用信息不能被其他人员或机构再次识别或二次利用，避免了用户利益二次受损。

（五）建立产品信息披露和服务评价标准

一是征信产品客观展示和信息报送。《办法》规定征信机构必须客观展示查询的信用信息内容，对查询的信用信息内容及专业名词进行解释说明，提供的信用信息查询、信用评价、反欺诈服务还应当向中国人民银行或中心支行以上分支机构报备，初步建立了征信信息的信息披露制度。

二是《办法》规定征信机构提供个人信用评价服务的，评价使用的所有数据应当在向信息主体提供的信用报告中展示，对外披露个人信用评价类产品所采用的评分方法和模型，披露程度以反映评价可信性为限。如果征信机构提供画像、评分、评级等评价类产品服务的，还应当建立评价标准，不得将与信息主体信用无关的要素作为评价标准。《办法》的这些新规在客观上限制了不法征信机构滥用客户信息的可能。

三是《办法》还从反面规定征信机构的禁止性义务：对信用评价结果进行承诺的；有市场推广性质的；以胁迫、欺骗、诱导的方式提供；对征信产品和服务进行虚假宣传；其他影响征信业务客观公正性的征信产品和服务。显然，这些新规定，征信机构服务评价标准的明确与披露，加强了征信业务的透明度，有助于征信业务的健康发展。

第二节　全球个人征信概况和趋势

一、各国征信体系建设情况一览

（一）征信机构设立情况

世界银行《2019 年全球营商环境报告》表明：截至 2018 年末，参与调研的 201 个国家中有 173 个设立了中央信贷登记处或私营征信机构，其中 122 个国家设有私营征信机构。可见，大多数国家对个人征信行业是鼓励和保护的。个人征信行业自 2000 年以来开始了前所未有的快速增长，特别是新兴市场国家增长更为明显（见图 3－1）。

根据《2019 年全球营商环境报告》，欧洲和中亚的信用信息指数在发展中地区处于领先地位，其次是拉丁美洲和加勒比地区，然后是中东和北非。南亚、东亚和太平洋以及非洲撒哈拉以南地区的信用信息指数排名低于其他地区。

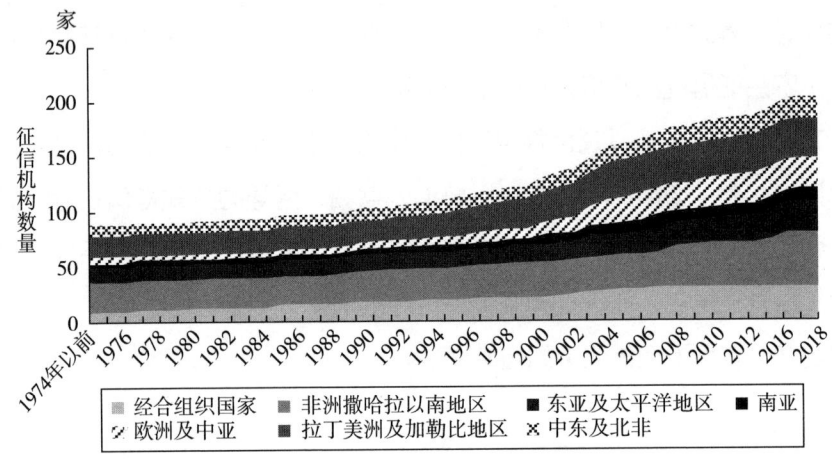

图 3-1 全球私营征信机构数量增长情况

(二) 征信体系覆盖人群情况

截至 2018 年末，在 122 个有私营征信机构国家中，收录的成年人口比例差异较大。其中经合组织国家收录比例最高，达到 64.44%；其次是欧洲和中亚，收录成年人占 51.32%；拉丁美洲和加勒比地区收录人群占比 44.09%；中东和北非地区征信机构覆盖了 18.11% 的成年人，而非洲撒哈拉以南地区信贷信息基础设施最不发达，49 个国家中只有 23 个国家设立了征信机构，对成年人口的覆盖率低至 8.88%。

由全球中央信贷登记系统收录人群覆盖情况可知，欧洲和中亚地区的覆盖率为 26.0%，经合组织国家覆盖率为 24.6%，而南亚则相对落后，覆盖率为 4.8%。

二、部分国家征信业发展变化

(一) 德国

在德国，人们不管是贷款还是租房，通常被要求出具 Schufa 信用证明。

Schufa 成立于 1920 年，是德国最大的信用数据收集和保证机构。德国对个人数据和信息的保护很严格，除了政府的特别调查部门，一般人和机构只可以自我查询，而无法查询别人的信息。《德国联邦数据保护法》规定，每位公民每年都有一次获取自己相关信用报告的权利，并且可以要求更正数据中的不实之处，以书面形式填写申请表格后会得到该公司提供的个人信用信息。通过网络注册成为会员，并一次性缴纳 18.5 欧元，自己就可随时在网上查询。一般情况下，失信者还清债务或履行相关义务后，不良信息会在 3 年后从数据库中自动删除。如果是未成年人，其还清债务后不良信息会被立即删除。[①]

1. 征信模式。德国信用体系是典型的混合征信模式，涵盖了 3 种征信模式：以中央银行为主体的公共征信系统，以私营征信机构为主体的市场征信模式，以行业协会为主体的会员制征信方式。

（1）公共征信系统。受 1929 年经济危机影响，德国经济出现衰退，企业大量倒闭，出现大量坏账并且波及银行的生存。为了恢复经济，确保信贷资源质量，德国政府于 1934 年建立了世界上第一个公共征信系统。公共征信系统是指向中央银行、商业银行以及其他公共征信机构和监管部门提供有关公司及个人的信用信息的系统。其不以营利为目的，由中央银行或金融监管当局负责运作和管理。公共征信系统收集数据信息的主要目标是监管银行等金融机构，使其可以健康和稳定的运行。今天的德国公共征信系统主要包括中央银行——德意志联邦银行的信贷登记系统，地方法院工商登记簿，法院破产记录以及地方法院的债务人名单。德意志联邦银行的信贷登记系统主要供银行与金融机构使用，工商登记信息、法院破产记录和债务人名单均对外公布，以供公众进行查询。

（2）市场征信模式。德国的私营征信机构主要包括 Schufa、Creditreform、Buergel 3 家征信调查和评估机构，主要业务是通过收集与企业和消费者个人

---

① 参见《看德国和英国的银行如何管理个人征信记录》，载《信用中国》2018 年 8 月 13 日。

信用相关的所有信息，从事企业与个人信用调查、信用评级、信用保险、商账追收、资产保理等业务，并用科学的方法加以分析评估，向顾客提供信用报告和信用评估风险指数。

其中，以 Schufa 的经营范围最为广泛，受认可程度最高。Schufa 于 1927 年在柏林成立，是一家以个人征信业务为主的信用服务机构。该公司占领了德国个人信用市场的 90% 以上。Schufa 拥有德国最大的个人信息库，数据库中拥有超过 6600 万个的个人信用记录。同时，Schufa 还是德国目前唯一拥有银行信用信息的征信机构，拥有一套非常完善的信用评估体系，包含了个人身份的基本信息、住址、信贷记录、银行账户信息、保险信息、住房、电话和网络缴费情况、犯罪与个人不良记录等，采用 0～100 的评分制度，分数越高信誉度越高。

（3）会员制征信方式。除了公共和私人征信体系，德国还有会员制模式的行业征信协会。行业协会会为其会员提供一个信用信息共享的平台。但是相比其他两种体系，行业协会的信息收集和使用都较为封闭，仅对内部会员企业开发。

2. 征信监管。

（1）法律监管。为了规范征信行业，保护消费者的个人数据，德国联邦政府出台了《联邦数据保护法》《商法典》《信贷法》等多部法律。其中，《联邦数据保护法》是德国最主要的数据保护法规，也是和征信业务联系最密切的法律。

根据《联邦数据保护法》规定，个人数据是指关于"任何一个已识别的或可识别的个人（数据主体）的私人或者具体情况的信息"。首先，任何机构对于个人数据的征集、使用和处理必须取得数据主体的同意，或者取得相关法令的许可，在具有合法性的基础上进行。数据主体有权在任何时候无条件收回同意授权。征信机构对于个人数据的处理需要对数据主体透明公开，数据主体在任何时候都可以对数据进行查询。其次，如果征信机构以非法手段获取个人数据信息，或者收集和使用了本法或其他数据保护法规不允许的个人数据，并对数据主体造成了利益损害，均会受到 50000 欧元以下的罚款，并且有责任赔偿数据主体的损失。征信机构对于个人数据的非法处理和传输，不论故意或者过失，也属于违法行为，应处以 300000 欧元以下罚款。任何为了谋取利益或者故意损害他人利益的数据收集、处理和传播的行为会受到 2 年以下监禁或者判处罚金。最后，对于个人信用数据的保留，按照《联邦数据保护法》的规定，征信机构对于负面信息数据的保留期限一般不得超过 3 年，其他类型的个人信用信息最多可保留 6 年。

数据保护官的主要职责是依据《联邦数据保护法》和其他数据保护法规对征信机构进行监督和建议指导，主要包括：①对征信机构的数据处理计划进行监督。②对数据处理工作人员进行培训，确保其在熟悉和明确个人数据保护的各项法令的基础上进行工作。③所有的公共和私营征信机构必须支持数据保护专员的工作，为其提供工作场所、设备和其他资源。消费者如有需求，可以在任何时间接触到数据保护官。

（2）行政监管。在德国，德意志联邦银行和联邦金融服务监管局（Ba-Fin）是主要的信用活动监管机构。德意志联邦银行是德国唯一可以对金融机构行使信贷数据统计权力的机构，各类金融机构必须每月向联邦银行报送各类信贷业务数据的统计报表。此外，联邦银行还建有"信贷登记中心"，通过信息共享的机制来控制银行业内部的信用风险。

联邦金融服务监管局（BaFin）是由联邦银行监管局（BAKred）、联邦保险监管局（BAV）、联邦证券监管局（BAWe）整合而成的独立的联邦机构，受德国联邦财政部的直接管理。联邦金融服务监管局可以对德国超过 2700 家的银行、800 家金融服务机构和 700 多家保险机构的商业信用行为进行监管。此外，联邦政府及各州政府均设有个人数据保护监管局，负责对掌握个人数据的相关机构进行监督和指导。

（二）英国

在英国，个人信用等级非常重要，信用机制渗透到人们生活的每一个角落，尤其是个人的信用等级极为重要。在日常生活中，求职、贷款等重大个人事项无一例外地需要个人信用等级的支持。如果个人信用等级很低，许多工作机会就会与之无缘。

英国的征信机构都是由私人组建和拥有。Experian、Equifax 和 Callcredit 是英国主要的 3 家个人征信公司。英国全国征信机构采集的信息包括消费者的基本信息和信用信息。采用先进的计算机和网络技术对数据进行集中处理，建立庞大的数据中心并异地备份。这些数据每月都更新，最终形成每个消费者的信用等级。而且英国征信机构获取个人的信用信息也是多途径的。消费者可以通过付费的方式查询自己的信用分数。据了解，缴纳电话费、水电费等甚至都会影响个人信用记录；如果不能按时缴纳电话费，就有可能被列入黑名单影响信用积分。①

如果有过不良信用记录，在未来对找到高薪、稳定和体面的工作都会有负面影响，甚至还影响人们能否顺利购买或者租住房屋，就连缴纳电话费、水费、燃气费、网络费以及电费等日常行为都会影响到个人信用记录，其他像借用他人证件、考试抄袭作弊、漏缴市政税款，甚至忘记购买车辆保险等行为，都会被认为是违法失信行为记录在案，影响个人信誉。有研究显示：在英国，潜在的雇主、房东与其他服务机构，诸如教育机构、签证中心、收养机构以及养老机构都随时有权查看征信记录并决定是否受理与其相关的业务。有不良征信记录的人不仅在再就业的时候受"冷落"，在贷款、保险、租房、教育、医疗以及旅游等方面都会受到不同程度的"社会隔离"。②

1. 监管法律。目前，英国征信行业相关的监管法律主要有《消费信贷

---

① 参见《看德国和英国的银行如何管理个人征信记录》，载《信用中国》2018 年 8 月 13 日。
② 参见《在英国，信用这样的小事的影响能有多大？》，载《信用算力》2019 年 4 月 18 日。

法》（*The Consumer Credit Act* 1974）和《数据保护法》（*Data Protection Act*），主要侧重于如何规范征信机构取得和使用个人数据。

《消费信贷法》于 1974 年颁布，是英国最重要的信贷消费立法，也是欧洲消费信贷法的典范，涵盖了包括信用销售、信用卡、分期购买、租赁和担保交易等所有基本的消费信贷领域。该法案经过多次修订，替代了小额贷款、典当贷款和租赁信贷等领域的多部立法规定，完成了对信贷消费立法的统一。

1984 年，英国颁布了第一部《数据保护法》，对个人数据的保护作出了相对全面和完整的规定。1998 年，英国根据欧盟《数据保护指令》调整并修改了该法律，颁布了新的《数据保护法（1998）》，任何影响个人隐私的信息，包括影响信息主体的个人或家庭的生活、商业或专业能力等方面的信息，都属于个人数据。

（1）准入门槛。根据《消费信贷法》要求，从事消费者信贷、租借和其他相关业务的机构必须持有牌照。与其他国家相比，英国信用活动市场的准入门槛较为宽松，对于申请者的资本没有设立硬性的要求。

（2）征信数据的采集、使用和披露。在数据采集方面：征信机构必须在征得数据主体的同意下，以公平、合法的方式从数据主体那里取得信息。当然，与国家安全、犯罪、和医疗健康等敏感数据不属于合法采集范围之内。

在数据使用方面：商业银行和贷款机构是主要的个人信用数据的使用机构。但如果司法部门和警察局出于工作需要，可以在法律允许的范围内查询个人信息，当然，需要同其他用户一样支付一定的费用。除了合法的商业和司法用途外，任何个人和机构都不得私自将个人数据移转至欧洲经济区域以外的国家或领土作为他用。[①]

在数据的披露方面：按照《数据保护法》规定，征信机构只有在征得数据主体的同意下，才能将个人数据向第三方披露。同时，征信机构有义务告

---

① 飞哥：《欧洲征信模式与监管纵览：多种模式并存以保护个人数据为中心》，载《零壹财经》2016 年 9 月 9 日。

知数据主体其个人数据将基于何种目的，被何人或何方机构进行何种处理。如征信机构未履行法定通知义务，即属犯罪。

（3）消费者权益保护。按照《消费信贷法》和《数据保护法》的规定，消费者有权知道征信机构收集了什么信息及谁使用了这些信息。消费者在填写固定格式的索取函后，可以依法向英国任何一家征信机构要求获得本人的信用报告，并在7个工作日内得到自己信用记录的拷贝文件。由于征信机构对个人数据的违法使用造成的个人损失，消费者有权要求征信机构承担民事赔偿责任。对于错误的信息，消费者有权给予纠正。

2. 监管机构。在行政监管方面，英国主要征信监管部门有英格兰银行、英国金融行为监管局（Financial Conduct Authority，FCA）和信息委员办公室（Information Commissioner's Office，ICO）等。

英国征信监管部门的主要职责是维护征信市场的正常运行，一般情况下，监管机构不得直接干预征信行业机构的经营活动。英格兰银行作为英国的中央银行，主要负责对商业银行的信用活动进行监督和指导。英国金融行为监管局（FCA）主要根据《消费信贷法》，负责对消费信贷市场进行监管和各种审批，包括控制征信机构的准入条件并颁发许可证。信息委员办公室是为了确保《数据保护法》的执行实施，从英格兰银行分离出来的独立监管办公室，隶属于英国议会。该委员会的信息专员由英国女王直接任命，会定期到征信机构进行巡查，可以针对信用活动机构的违法行为采取刑事起诉、非刑事执法和审计行动。

（三）法国

1. 征信模式。与英国和德国不同，法国是一个只有公共征信系统的国家，所有的企业和个人信用信息都由公共征信系统采集。法国的征信服务最早开始于20世纪20年代。1929年，受到美国经济大萧条的影响，法国的银行出现大面积的坏账，为此，法国开始重视征信。1946年，法国政府建立了FIBEN数据库，后来发展成为法国信用风险登记系统，包含企业信贷和个人信贷两个登记系统。[①]

（1）企业信贷登记系统。1984年，法国建立了企业信贷登记系统。根据法律规定，所有的商业银行、租赁与保理公司、财务公司和保险公司必须接入企业信贷登记系统。这些金融机构需要每月向法兰西银行报送企业客户的信贷、票据和商事法庭裁定的诉讼判决等信用信息。这些信息既包含正面信息也包含负面信息，可以让金融机构对客户有一个全面而客观的信用研判。

（2）个人信贷登记系统。1989年，法国又颁布的《防止以及解决个人贷款问题的法案》，开展个人信贷登记业务。与其他国家不同，法国的个人征信系统只收集个人的负面信息，是一个全国性的个人不良信用信息的数据库。根据《防止以及解决个人贷款问题的法案》规定，金融机构以及企业必须定期向个人征信系统报送消费者个人在信贷和租赁，分期付款以及信用卡等方面的预期、拖欠和透支的信息。此外，个人征信系统还会通过媒体和法院等公开信息源采集个人负面信息。

2. 法律监管。1978年，法国通过了《数据处理、数据文件及个人自由法》（*Data Processing，Data Files and Individual Liberties*），并于2004年根据欧盟《数据保护指引》进行修改。《数据处理、数据文件及个人自由法》是法国的数据信息保护的核心法律，主要侧重于对个人数据的保护，避免给数据主体带来伤害。根据该法案规定，个人数据是指"可通过身份证件号码、一项或多项个人特有因素被直接或间接识别的自然人相关的任何信息。"任何征信机构对个人数据信息的采集必须告知数据主体，并得到其书面同意。该法规还规定了违法条例的行为都将被警告和处罚。如果是第一次违反，会作出不超过150000欧元的罚款。如果在第一次违反规定之日起5年内出现第二次违反，则会对其进行不超过300000欧元的罚款。[②]

---

①　飞哥：《欧洲征信模式与监管纵览：多种模式并存以保护个人数据为中心》，载《零壹财经》2016年9月9日。

②　飞哥：《欧洲征信模式与监管纵览：多种模式并存以保护个人数据为中心》，载《零壹财经》2016年9月9日。

3. 行政监管。1978 年，法国政府成立了国家信息技术与自由委员会（CNIL），进一步保障征信行业的发展，保护消费者的权益。该委员会是法国主要的征信监管机构，直接向议会负责并报告工作。委员会由 17 位成员组成，分别来自国民议会、参议院和最高法院等。国家信息技术与自由委员会有权对任何违规的征信机构进行处罚，所有数据处理的机构和人员都必须履行以下义务：任何个人数据的自动化处理行为必须提前通知国家信息技术与自由委员会，并报告有关的个人数据档案；保证个人数据的安全性和保密性，不得向无关的第三方泄露数据。[1]

（四）美国

1. 美国个人征信体系现状。美国个人信用市场的培育走的是渐进式的市场化道路，自 1860 年美国纽约布鲁克林成立世界上第一家信用局至今，美国征信体系经过百余年的发展，上千家个人信用机构经过优胜劣汰法则的筛选之后，基本形成了信用局——Equifax、Trans Union、Experian，专门从事个人信用信息的收集、处理、分析、销售、存储。目前，三大信用局每月进行 20 多亿份信息数据的处理工作，拥有美国 1.8 亿成年人的信息资料，每年出售个人信用报告多达 6 亿多份，收入过 100 亿美元。从世界个人征信业发展趋势看，各国征信业正普遍由政府主导逐渐向市场化运作的发展模式转化，无形中也促成了这项具有良好经济效益的产业，同时，美国的信用局不满足在美国本土开展业务。它们早已占领加拿大信用报告业务市场，并且在欧洲、南美的主要国家拓展业务。

2. 美国信用立法。美国有比较完备的涉及信用方面的法律体系，将信用产品加工、生产、销售、使用全过程均纳入法律范畴。目前，美国正在实施的与信用相关的立法多达数十项。第一，通过立法保证信息公开。信用服务

---

[1] 飞哥：《欧洲征信模式与监管纵览：多种模式并存以保护个人数据为中心》，载《零壹财经》2016 年 9 月 9 日。

企业在法律规定的框架下，可以合法地获得大量信用信息，并把它制作成信用产品。第二，规定了消费者个体对资信报告的权利并规范了资信调查机构对信用报告的传播。如《公平信用报告法》《格雷姆—里奇—比雷法》《平等信用机会法》和《诚实租借法》等。第三，规范了商业银行和信用卡公司的授信行为，包括不得对消费者作出歧视性授信决定，消费者对一切信用条款都享有知情权等内容。第四，对当事人失信及违反信用管理有关法规的情况设定惩罚措施。

3. 美国个人征信监管。美国个人征信监管体系分为行政监管、司法监管和行业自律 3 个层面。美国联邦贸易委员会（FTC）负责监管个人征信公司、信用报告协会；美国联邦储备系统（FRS）负责监管银行机构；联邦或州法院负责金融机构的司法监管，包括审理个人征信方面的诉讼案件。

（五）欧盟

与美国相对开放不同，欧洲绝大多数国家对于个人信用信息的使用都有着严格的限制。在欧盟的规范与协助下，妥善的平衡征信行业机构对信息的获取、交换与个人隐私保护之间的关系。因此，欧洲各国除了遵守本国法律外，各国征信行业机构还需要遵守欧盟《关于涉及个人数据处理的个人保护以及此类数据自由流动的指令》（*Directive on the Protection of Individuals with Regard to the Processing of Personal Data and on the Free Movement of such Data*，EU 95/46/EC，《数据保护指令》），《消费者信用指令》（*Consumer Credit Directive*，2008/48/EC）和《资本要求指令》（*Capital Requirements Directives IV*）等法令的约束和管理。[①]

1990 年，欧共体委员会发布了第一个关于《数据保护指令》的草案，建立了欧洲征信行业数据保护的基本准则，最大限度地实现了数据监管的一致

① 飞哥：《欧洲征信模式与监管纵览：多种模式并存以保护个人数据为中心》，载《零壹财经》2016 年 9 月 9 日。

性，并为欧洲各国建立了良好的信息流动机制，降低了跨境数据共享的成本。

（六）印度

2013 年 3 月，印度储备银行（RBI）成立委员会，以加强信用信息共享的基础设施建设，并根据该委员会的建议，发布了一系列政策指南。例如，要求所有数据上报机构（包括小微信贷机构）统一信贷业务数据标准，使其向征信机构提交数据的过程更加精简高效。印度储备银行（RBI）还规定，自 2015 年 4 月 15 日起，所有放贷机构（非银行金融机构和合作银行）都必须是征信机构的成员，并向征信机构报送数据、信息等材料。同时，业界还呼吁共享周期性支付信息，诸如电信、水电煤、保险保费等，进一步扩大了征信信息的范围。[①]

三、全球征信业发展趋势

（一）亚非新兴国家势头强劲

全球征信行业正在快速发展，越来越多的征信机构从经合组织国家快速推进到新兴市场，与成熟的国际征信机构建立伙伴关系，征信业务遍及中东地区，最近还扩展到非洲撒哈拉以南地区。不少非洲国家建立联盟征信机构实现跨境信息共享。邓白氏南亚中东有限公司（D&B SAME）在亚太地区、中东和非洲撒哈拉以南地区开展业务。非洲征信公司（Credit Reference Bureau Africa Ltd.，CRBA）和专家决策系统公司（Expert Decision Systems，XDS）均在 3 个或更多非洲国家运营。西非经济货币联盟（Union Economique et Monétair - eOuestAfricaine，UEMOA）是由同一个中央银行下的 8 个法语国家（贝宁、布基纳法索、科特迪瓦、几内亚比绍、马里、尼日尔、塞内加尔和多哥）组成，已批准一个联盟征信机构为这 8 个国家提供征信服务，实现

---

① 王静、杨渊：《全球征信业发展最新进展及趋势分析》，载《中国征信》2019 年第 6 期。

区域信用信息共享。① 这种中心辐射的业务模式可以实现区域的规模经济，促进放贷，支持普惠金融，防范区域内过度负债风险。

（二）信贷数据共享明显

许多国家和地区的征信相关法规要求受监管的金融机构共享信贷数据，并在信贷业务开展过程中使用征信机构的服务。根据《2019 年全球营商环境报告》的调查，52% 的受访机构表示本国法律要求银行必须向征信机构报数；39% 的受访机构表示本国法律要求所有金融机构（包括银行）应与征信机构进行协商，实现数据共享。

（三）征信业务数字化表达增多

首先，通过大数据搭建起开发合作的框架和技术平台，建立信用产业生态链，包括细化风险评估种类，从单一信用风险到资产预测、破产预测、偿债预测、收入预测等细化风险；从简单评分产品到定制化的数据应用与工具对接服务；从规避风险领域拓展至市场推广领域，以及帮助客户进行决策分析等。其次，在征信业务中正在尝试使用人工智能。目前，有的金融企业已经开始在服务中使用智能客服，即智能客服机器人通过精准的语义分析、自主学习能力，探索人工智能在客户服务、异议处理的应用，快速准确地识别用户意图、提供标准答案并进行预回答。最后，在数据中台服务中，把征信相关的数据，包括个人征信报告等进行规划和处理，为机构提供可以机读或者人读变量，这里就涉及数据标准化处理、数据质量管理以及防范机构报送数据的污染等相关技术，同时为机构提供相应的数据模型，使得征信机构结合这些数据、模型进行风控和信用评估。

---

① 参见世界银行：《征信知识指南（2019 年）》。

第三节　我国个人征信数字化问题

一、个人数据来源不够全面

根据目前我国个人征信报告披露内容，中国人民银行征信系统基本上是对公服务系统，个人征信占比很小。主要是针对国有企业的征信设置的（见图3－2）。

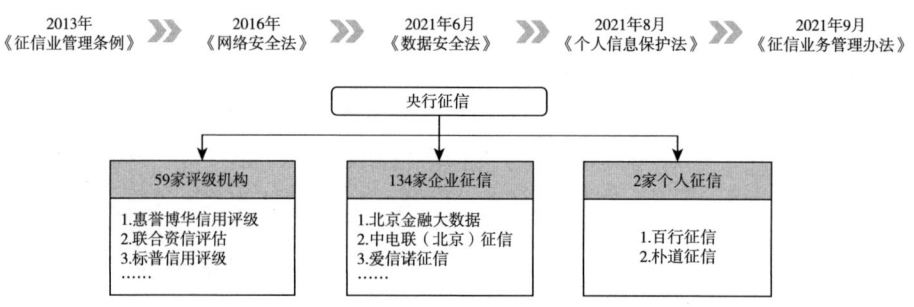

图3－2　中国人民银行征信结构

（资料来源：中国人民银行，中国银保监会）

反观国外，全球知名征信机构 Experian（益博睿）自 2014 年起越来越广泛地将房租信息应用于个人征信产品和服务中；FICO（费埃哲）积极尝试将电信大数据纳入信用评分模型中。[1] 在我国，未纳入个人资产、行为等信息，直接导致我国个人信用信息的严重缺失。因此，有必要对个人征信数据的范围继续补充，准确地刻画用户信用画像，丰富我国个人征信数据来源，从多元化、有效性、实时性 3 个层面丰富个人征信数据。

---

[1] 杨祖艳、陈琨、李艺、王国赛等：《多方计算在个人征信领域中的应用》，载《征信》2021年第 5 期。

二、个人征信数字化立法滞后

2021 年 8 月 20 日，全国人大常委会通过《个人信息保护法》。此举虽然加快推进个人信息保护法出台，但总体上原则性较强，操作性不够，而且颁布之时互联网并没有很多发展，与现在的市场情况存在较大差距，关键是其中几乎没有涉及个人征信的条款，当然更没有征信数字化改革方案，主要是针对个人信息保护，并不能完全解决个人征信领域的问题。

2020 年 12 月 7 日，国务院办公厅印发了《关于进一步完善失信约束制度构建诚信建设长效机制的指导意见》（国办发〔2020〕49 号），进一步规范失信行为认定、记录、归集、共享、公开、惩戒和信用修复等机制，但针对面较为狭窄，并没有涉及社会征信数字化方案，在社会信用体系在支撑"放管服"改革和政府职能转变等方面仍然需要进一步加强。

2021 年 9 月 27 日，中国人民银行颁布了《征信业务管理办法》，推动信用信息在信息提供者、征信机构和信息使用者之间依法合规使用，力图保护信息主体合法权益。但是，从《征信业务管理办法》本身看，涉及个人征信方面的条款并不多见，更不用说个人征信数字化条款了，是满足不了当前数字经济发展的需求的。今天，随着大数据应用的普及，数据安全、个人信息保护在法律体系中的地位日渐凸显，我国现有个人征信保护的条款散落在相关法律法规中，高度分散的法律文本停留在纸面上难以落实，没有专门个人征信保护的保护法规，监管部门职责更是有待进一步明确。

三、覆盖用户群体不够宽广

随着大数据技术的广泛应用，人们日常行为和生活方式发生了很多变化，各行业对多元化征信产品和服务的需求不断增加。但目前我国在中央银行征信系统中并没有接入个人信用记录，征信体系个人征信系统一直没有建立起来。

我国"政府＋市场"双轮驱动的发展模式仍存在市场动轮偏弱的格局，相较于美国的"市场主导型"征信体系和德国的"混合经营型"征信体系存在较大的市场化差距。百行征信、朴道征信相继成立，虽然通过建立大数据征信体系增加一部分个人信用信息，但数据确权与定价难题导致数据的流通问题并未得到有效解决，征信替代数据进入征信市场尚未确立闭环，征信体系覆盖人群仍显不足，相当一部分未办理过信贷业务且从未查询过信用报告的人群仍然被排斥在征信系统之外。有学者初步统计：按2019年我国总人口计算，目前尚有3亿左右的自然人未收录在金融信用信息基础数据库中。①

虽然中国人民银行多次强调可以利用替代数据为金融机构提供信用管理服务，但《征信业务管理办法》并没有对替代数据进行规定。于是，将替代数据纳入金融市场征信监管范围就缺乏法律依据，尤其无法对"白户"信用进行认定。也就是说，数据库收录的自然人中，还有众多用户仅有查询记录，但未办理信贷业务，导致个人征信领域很多新问题、新纠纷无法依法得到解决。不单是人群数量问题，上述个体往往是普惠金融重点服务的对象，却因征信记录缺失不仅难以在传统金融机构获取信贷服务，就连非金融机构、小贷公司、第三方支付机构都无法获得资金支持。因此，如何在日常网络购物消费数据中挖掘个人信用价值，利用交通、通信、债务、支付、消费等海量替代数据架起数字普惠金融与征信业务之间互利共生桥梁，应该成为未来我国征信行业一项重要任务。

四、面临个人隐私保护挑战

征信领域的大数据是典型的多元异构大数据，具有数据量大、数据源自多方和数据包含维度多等特点，这使得大数据征信在刻画精准信用画像时也

---

① 杨祖艳、陈琨、李艺、王国赛等：《多方计算在个人征信领域中的应用》，载《征信》2021年第5期。

存在数据泄露与滥用的隐患。同时，出于合规性和保护商业机密考虑，拥有大量征信替代数据的机构很难直接明文共享其核心数据资产，数据孤岛问题尚待破题之钥。

> **▶▶【案例 3 - 2】**
>
> 2016 年，老家位于湘西泸溪县的代先生向媒体反映，他和家人当时在长沙按揭贷款买房并交完首付后才发现，自己不能办理贷款。其原因是代先生有一笔在 1996 年的 400 元贷款未还，并且进入了征信黑名单。在代先生提供的个人信用报告中显示，1996 年 4 月 6 日，代先生在泸溪县农村商业银行白沙支行贷款了 400 元，1996 年 12 月 30 日到期，他共逾期 59 次。
>
> 事实上，1996 年的代先生才只有 8 岁，这怎么可能向银行借贷呢？通过调查才发现，2009 年 8 月，泸溪县农村商业银行白沙支行工作人员通过信贷管理系统补录贷款客户信息时将一个同名同姓的贷款人，错误地录入了代先生的身份信息。对此，该银行负责人向代先生道歉，并承诺将尽快消除他名下的不良信用记录。
>
> 案例来源：《红星新闻》，载《征信报告错误大盘点》2021 年 5 月 26 日。

五、个人征信牌照资源稀缺

当前，网络征信平台开展普惠金融业务存在一个突出问题就是没有持牌经营，或者是变相没有持牌经营。在金融市场中，大量的互金平台、大数据公司、金融科技公司正在以"信用信息服务""信用评分""个人信用评级""个体信用修复"等名义对外提供着具有征信功能的服务。这其实有违征信理念，夸大了征信替代数据的作用，容易把征信概念搞乱。

为此，必须促进网络征信平台依法合规开展个人征信业务，让互金平台、大数据公司、金融科技公司必须持牌经营，否则就不能开展征信业务，允许所有持牌机构（包括银行、小贷、担保、租赁、保理等）都加入征信系统，统筹把握全面防控金融的系统性风险，提高征信机构覆盖率，构建我国多层次、全覆盖、宽领域的个人征信体系。

当然，持牌经营应该成为征信领域的行业共识，但目前采用"一刀切"或者"急刹车"方式，容易将互金平台、大数据公司、金融科技公司全部排斥在征信业务外，不利于整个征信行业发展。为此，我们建议采取一个过渡办法解决这个问题，就是监管机构可以引导非持牌机构与持牌征信机构合作，然后向征信机构主管部门报备。这种过渡办法也是有依据的，《办法》保留了这种可能性。《办法》第四十三条规定"与征信机构合作，为金融经济活动提供个人或企业信用信息的其他信息处理者，应当在签署合作协议后向中国人民银行或其副省级城市中心支行以上分支机构报备"。显然，《办法》第四十三条提及的与征信机构合作并进行"报备"的做法，可以理解为在立法上认同其他信息处理者与征信机构合作这一形式。也就是说，互金平台、大数据公司、金融科技公司只要"报备"了，就能扮演"其他信息处理者"的角色。这种非持牌机构与征信机构开展合作而间接接受监管是否也可以视为一种生存之道呢？

六、替代数据甄别问题

为了解决债务"白户"缺乏表现数据问题，21世纪初国外一些研究机构提出替代数据（Alternative Data）概念，使用类似债务数据的非信贷信用交易数据作为信贷表现数据的替代。近年来，我国越来越多征信机构为了解决信用"白户"问题，也尝试使用替代数据，开始利用非信贷信用交易数据应用在征信领域，主要包括缴税数据、工商登记信息、涉税信息、用电数据、用水数据、环保数据、用工数据奖惩数据、司法诉讼数据等。

我们并不否认替代数据存在的合理性。但不赞成"征信的本质是信息共享"的观点。[①] 征信信息本质上必须是直接反映消费者信贷整体面貌的合规

---

① 李铭：《正本清源话"征信"》，载《数字经济与社会》2021年5月11日。

信息，并不是互金平台、大数据公司、金融科技公司的市场评估。例如，A先生曾经拖欠银行借款，但最后归还了银行信贷。从征信信用上，A先生依然是好用户，保持良好信用记录。但社会信用和道德层面就不同了。如果A先生曾经拖欠水电燃气费用、拖欠交通罚款等，社会评价可能是比较差的，道德层面也不会太高。但这一切并不妨碍A先生该用户良好的征信记录。所以，按照"信息共享"要求推导征信业务数据，大量与客户信贷没有关联的数据都可以算作替代数据，可能存在巨大信用风险。

替代数据只是由数据服务机构收集、加工整理的非信贷信用交易数据，原则上只是在传统借贷信息采集范围外用于放贷机构授信决策的参考数据。由于替代数据与银行信贷活动之间缺乏内在对应性，无法有效证明用户的信贷信用情况，所以，业界将替代数据看作是预测能力弱于征信数据的另类数据，仅在不存在征信表现数据条件下使用。这也是人民银行虽然不反对使用替代数据却迟迟未明确替代数据具体内容的重要原因。

也就是说，替代数据与银行信贷没有关联的数据不能成为替代数据。诸如电信缴费和闯红灯罚款单，前者属于征信替代数据范畴，后者属于道德范畴，因为电信和交通数据信息与金融机构的信贷之间没有直接关联，不能算作信用信息的替代数据。否则，可能会造成征信机构错误判断，最终影响个人信用等级的真实性。虽然越来越多的学者提出替代数据可以用来解决个人信用信息缺乏问题，不少互金机构、商业银行也将大数据统称替代数据，但这是没有真正理解"观察数据"与"表现数据"之间的关系。征信市场一直缺少表现数据，不是缺少观察数据。当今世界很少有征信机构将"观察数据"全部认定为"表现数据"，也很少有征信机构使用信贷交易数据之外的替代数据开发信用产品的。唯一的例外是南美一家征信机构使用"心理测量学数据"的使用，但实际效果如何还有待考察。

问题是，随着金融科技快速发展，数字化授信业务每年快速增加，有关共享周期性支付信息（如个人电信、水电煤、交通、保险保费等）用于预测或计量一个人在经济活动中的信用程度的呼声越来越高，完全排除非信贷交易数据在征信业务运用也是与互联网大数据时代格格不入，似乎也是不现实的。特别是对于大多数社会普通人群和小微企业来说，他们长期徘徊在国家主流征信系统外围，他们名下的非信贷信用交易数据只能以非信贷信用交易数据形式提供征信使用，目前还没有更好的办法。

2021年9月，人民银行颁布的《征信业务管理办法》明确可以利用交通、通信、债务、支付、消费等海量的数据作为我国个人信用信息。所以，替代数据需要满足3个条件才可以被视为"类信贷"信用数据，允许在征信活动中使用：第一，替代数据必须同样具备"信用"交易活动"先服务、后付费"特性。第二，替代数据的"借债"和"偿债"方式必须类似于银行借贷，也要具备主动申请、主动付款、周期性付款等环节。第三，替代数据有效期是有一定时间限制的。任何债务"白户"在持有第一个债务产品达一段时间（国际上通常是6个月）以后就不再是"白户"，不能再作为替代数据使用。

当然，选择使用哪些数据做替代数据通常要有多方面考虑。除去对数据预测能力、数据质量、数据获取成本、获取渠道是否稳定、数据加工难易等因素外，还需要考虑数据使用是否可能招致当前社会习俗和道德文化方面的麻烦，是否引发其他的社会问题和矛盾。如何监管这些以大数据形式出现的非信贷信用交易数据应该成为未来我国监管部门和征信机构面临的一项重大挑战。

七、现有个人征信机构独立性不够

有研究机构的一项研究指出：世界近百年发展历史证明，只有独立第三方开展个人征信才更有公信力。而国内的商业征信机构并不是完全独立的第三方，例如根据芝麻分，消费者可以获得蚂蚁集团的信用贷款等金融服务，其债权人的身份与独立性要求相左。2017年5月，有专家撰文指出，试点从事个人征信业务的机构存在业务闭环影响信息共享、业务及公司治理独立性受限、信息误采三方面的问题。[①]

第四节　我国个人征信业务立法建议

一、探索个人替代数据信用价值

（一）个人征信信息范围

2013 年出台的《征信业管理条例》虽然明确了市场监管部门在企业信用信息公示系统公示的信息，但对于信用信息的定义仍旧不够清晰。2021 年新版《征信业务管理办法》第三条改变了这种狭窄的局面，不仅涉及金融方面，还开拓到通信和消费领域，包括但不限于个人和企业的身份、地址、交通、通信、债务、财产、支付、消费、生产经营、履行法定义务等信息，以及基于前述信息对个人和企业信用状况形成的分析、评价类信息。

但是这样一来，信用信息的范围就十分宽泛，不仅涉及个人财产、债务情况，还涉及支付和消费方面的信息，甚至还涉及交通和通信方面的信息。这样宽泛的界定是否超出了信用信息本来应该有的范畴？

从理论上说，个人信用信息主要包括三方面：一是敏感性信息，二是公共性信息，三是公共查询信息。

1. 个人敏感性信息比较简单，主要包括个人姓名、证件类型、身份证号码。除此之外，其他信息并不属于信用信息范畴。《办法》对于这些敏感的个人信息应该绝对保护，诸如民族、家庭出身、宗教信仰、基因、指纹、血型、疾病和病史以及法律、法规规定应当保密或者禁止采集的其他敏感信息，

---

① 参见嘉银新金融研究院：《中国个人征信行业现状与趋势展望（2018 年）》。

不应该反映在征信业务管理方面的立法中。

2. 公共性信息，主要是指个人信贷交易信息，包括若干年内的欠税记录、商业银行提供的自然人在个人贷款、贷记卡交易记录、民事判决记录、强制执行记录、行政处罚记录、金融机构信贷记录以及担保等信用活动中形成的交易记录等。在公共性信息中，个人信贷交易信息是核心内容，主要包括个人的贷款、还款状况、信用卡状况、贷款余额以及还款记录等信息。

公共性信息具有法定性质，必须是针对信贷的法律关系的信息，就是要确定该信息是否关联到了与用户信贷行为存在某种关联，对用户和征信机构的信用风险的防范是否有实质意义。如果信用信息可以公开展示，但与用户信贷活动没有实质性关联，也无法防范信用风险要素；或者信用信息虽然能够防范某种风险，却与信贷问题没有任何关系，对于征信业务没有实质价值，不能视为具有关联性，当然不能纳入信用信息范畴。

3. 查询信息是对咨询或查询个人信用信息的一种客观记录。诸如若干年内都有谁、在什么时间、为什么查询个人征信报告。这些客观记录基本上都反映在"本人查询记录"和"机构查询记录"中，也构成个人信用信息很重要的一个部分。

我们认为，判断一个征信信息的范畴的宽和窄，必须依据征信法律法规的明文规定。确定征信信息的范畴实际上是判断征信信息与个人或机构业务活动之间是否具有逻辑性。例如，一个公民的通信信息并不涉银行资金往来，即便是欠费，也不牵涉其个人银行资信问题。如果将包括人脸、通讯录、短信、位置、图片等纳入信用信息范围，表明可以扩大征信信息适用范围，实际上容易造成信用信息的滥用，可能会极大地侵犯用户个人隐私权。所以，个人支付、消费、交通和通信信息与信贷活动之间缺乏必要的逻辑性，不应该成为个人信用信息。

（二）个人信用信息扩大的前提

新版《征信业务管理办法》明确了《征信业管理条例》未规定的"信用

信息"范围，信用信息包括但不限于个人和企业的身份、地址、交通、通信、债务、财产、支付、消费、生产经营、履行法定义务等信息，以及基于前述信息对个人和企业信用状况形成的分析、评价类信息。如果没有这些信息的支撑，可能不能完全覆盖全社会的征信系统要求。因此，应该进一步扩大征信信息的覆盖范围，打破征信只为金融机构服务的格局，对个人的收入、存款、有价证券、商业保险、不动产的信息和纳税数额信息也可以涵盖在征信信息范围内，让全面的信用数据成为社会发展所用的一个有效资源。

有人提出这些数据可以作为替代数据在信用信息数据中得到使用。我们并不否认替代数据存在的合理性。如前所述，我们不赞成"征信的本质是信息共享"的观点，那只是从互联网企业角度得出的一般性结论，并不能代替征信整体评价。

2018 年 5 月 25 日正式生效的《欧盟通用个人信息保护条例》（GDPR）很好地体现了这一点。根据相关统计分析，最能反映一个人的还款意愿、还款能力的数据种类依然是信贷数据，目前其他数据只能起到一定的辅助作用，无法完全代替信贷数据。所以，我们运用替代数据时需要严谨、全面的商业和法律的考量，选择合理的数据源，比如位置数据、行为数据、社交数据、支付数据、航旅数据等非信贷数据应用在信用评估、评级中，严格遵守现有的法律法规，采用合理、可信、合规的数据源。注重数据自由流动和信息保护之间的平衡。

在实践中，按照"信息共享"的要求推导征信业务数据，大量与客户信贷没有关系的数据都算作替代数据，如果两组数据之间缺乏内在关联性，无法有效证明用户的信用情况，就不能当做信用信息的数据来源使用和采信，就可能存在一定风险。由此可见，《征信业务管理办法》第三条虽然扩大了个人信用信息范畴，但个人支付、消费、交通和通信方面的记录也未必能准确反映出个人的信贷信用情况，前提条件是必须与金融信贷之间存在关联，否则就不符合《办法》规定的"必要"和"最少"原则。所以，我们建议

《办法》第三条作出如下修改：

包括但不限于：个人和企业的身份、地址、交通、通信、债务、财产、支付、消费、生产经营、履行法定义务等与金融信贷相关的信息，以及基于前述信息对个人和企业信用状况形成的分析、评价类信息及查询记录。

同时，尽快编制《征信业务管理办法实施细则》，适当扩大个人数字信息适用范围。当然，必须权衡好信用信息中敏感性与公共性之间的关系，针对缺乏信贷记录甚至没有信贷记录的"白户"时，需要明晰征信机构可以采集什么信息，不可以采集什么信息，确保信用信息不仅都是由符合法定要求、值得信赖的机构采集和使用，避免信息过分采集和使用。

二、增加个人隐私权保护性规定

（一）个人隐私权与国家秘密同等重要

《征信业务管理办法》第六条虽然规定不得作出有违社会公序良俗的歧视性安排，不得违反个人隐私权保护的规定，但总体上较为简单。其实，从个人征信行业角度，个人的隐私权保护是更为重要的一项内容。今天，对个人信用制度的推进绝不能以牺牲个人隐私权为代价。如果只强调信息公开，不顾及个人隐私信息保密，最后只会伤害国家信誉和公众形象，给国家、金融机构造成不良影响。

（二）单独增加保护个人隐私条款

从某种意义上说，个人信用信息在多大范围内被采集和使用，就意味着个人信用信息会在多大范围内可能被披露和侵害。所以，隐私权保护条款应该明确起来，使得法律的内在公正最大化。为此，《办法》第四条第二款应该增加对个人隐私的保护性规定，使该条内容更趋完善，外延更趋全面：

公共信用信息征集、共享和使用，应当遵循独立、客观、公正的原则，保守国家秘密和商业秘密，保护个人隐私，不得作出有违社会公序良俗的歧视性安排，不得借助优势地位提供排他性服务。

三、个人数据安全保障

（一）采用数据本地采集方式

多方计算征信模式支持数据本地采集方式，数据不出库且实时更新弥补传统征信数据非实时、风险评估状况滞后的缺陷，吸引更多维度数据进入征信领域，更能支持数据类型多样化的协同计算。在此模式下，更容易吸引更多数据拥有方参与到数据融合计算中来，获取多元化数据，构建更高质量的征信模型，更精准地刻画用户的征信画像。

（二）个人数据"可用不可见、可控可计量"

安全多方计算（Secure Multi – Party Computation）起源于 1982 年姚期智的百万富翁问题，并逐步发展成为现代密码学的重要分支，主要是针对无可信第三方的情况下，如何安全地计算一个约定函数的问题。安全多方计算技术被视作明文计算的有益补充，能够有效化解数据隐私保护与数据融合之间的矛盾，对我国的征信个人隐私权保护有所帮助。

清华大学五道口金融学院的一项研究成果《多方计算在个人征信领域中的应用》显示：多方计算技术能够实现数据"可用不可见、可控可计量"，在数据明文信息不暴露的情况下充分释放计算价值，助力征信业安全融合多元化数据，为我国征信体系下一阶段实现数字化、多元化发展，实现以大数据为基础的信用体系全覆盖提供可靠的技术支撑，对于征信市场化意义重大。

传统信息共享方法是基于明文数据，但明文数据一旦被看见就会泄露信息，一旦遇到数据滥用更难以厘清"责、权、利"。所以在现实中，数据所有方在分享数据时顾虑重重。多方计算技术可实现数据"可用不可见、可控可计量"，解决数据泄露问题，例如，以数据"可用不可见"通过多方计算，数据原文在参与计算过程中不出本地，只需向各不同安全域提供明文数据编码形成的计算因子即可，并将计算最终结果提供给事先商量好的指定方，保证全过程数据"可用不可见"，同时，通过多方计算，每次计算都需要事先对数据的用途和用量进行规定（算法审核），方能进行计算，从而以"可控可计量"解决数据滥用问题。有学者总结为，多方计算已经成为支撑征信数据权益分配与流通的底层技术，为我国个人征信领域存在的痛点提供了破解之道。[①]

（三）数据以密文形式参与计算

目前，各国尚未实现大规模密文计算的征信模式，国外征信机构也是基于明文数据进行征信产品开发，导致泄露事件时有发生，个人隐私保护问题面临挑战。例如，2017 年 9 月 7 日，美国征信巨头 Equifax（艾克飞）因黑客入侵，导致约 1.43 亿人的个人信息被泄露，从而面临巨额罚款。此外，Dun&Bradstreet（邓白氏）、Experian（益博睿）等全球知名征信机构均遭遇过信息泄露事件。

为此，运营商在本地将其数据进行编码形成碎片化密文，数据以密文形式参与计算，供查询方（征信系统）查询统计。查询方（征信系统）将待查询用户 ID 发送至业务接入组件，并发送至多方计算平台，然后由多方计算平台进行用户匹配，调用该用户在各大运营商的数据，得到密文统计结果，并将该结果返回业务接入组件，最后由业务接入组件对结果进行解密，得到查询结果，并将其返回给征信系统。这样的密文形式可以使得明文数据无须物理上融合汇聚，仍由不同的数据源管理，降低了单一数据源数据泄露的影响，为个人隐私数据保护提供了解决路径。

---

① 杨祖艳、陈琨、李艺、王国赛等：《多方计算在个人征信领域中的应用》，载《征信》2021年第 5 期。

（四）实行数据差异化定价方式

采用多方计算技术不仅可以很好地将征信系统个人隐私从 3 个层面保护起来，不暴露各方数据，降低个人征信数据泄露风险，而且多方计算技术中数据"可控可计量"特点可以在保护提供方数据所有权的情况下，通过数据多样化计算方式，支持数据融合计算的计算因子按创造的价值进行差异化定价，支撑多样化个人征信产品，完善市场化产品与公益性产品相结合的供给机制。

当然，数据差异化定价模型也存在一定的缺陷，例如，技术层面，多方计算基于密文计算，在计算性能上低于明文计算，存在一定效率损失，大规模商业化应用综合成本高，还需在算力、算法、存储、网络等维度加强技术攻坚，需要在制度、技术、市场认知层面加以支撑。制度层面，多方计算相关法律和应用标准还需完善，针对数据差异化定价多方计算、评估、检测认证等标准需要制定。

（五）征信机构及责任人员法律责任

近年来，征信机构社会诚信意识和观念遭遇强烈冲击，对征信信息记录严重不实，或制假售假、商业欺诈、逃债骗贷、电信诈骗屡见不鲜。很多机构提供的信用信息不但存在虚假内容还在用户注册时非法采集用户的脸部信息，严重侵犯金融消费者合法权益，反映出目前我国金融监管还需要进一步加强监管及处罚力度，坚决阻止信用查询变为信用欺诈，让征信市场良性发展。

结合中国人民银行《个人信用信息基础数据库管理暂行办法》第四条、最高人民法院、最高人民检察院《关于办理侵犯公民个人信息刑事案件适用法律若干问题的解释》，我们认为，对个人信息保护本质上是兼具私权和公共属性，属于民事和刑法交叉意义上的双重法律保护。如果放任违规披露个人信用信息，放任数据泄露、骚扰电话、绑架用户（不同意不让用）等现象的出现，将会侵犯个人权利，使社会对数据安全、人们对隐私保护的担忧、害怕达到前所未有的程度。因此，我们必须明确征信机构的责任条款，建议完善对征信机构及工作人员法律责任追责的条款加大对征信机构及相关责任人员泄露、篡改、毁损、出售或者非法向他人提供个人信息等行为的查处力度。

征信机构及相关责任人有下列情形之一的，依法依纪处理；构成犯罪的，依法追究刑事责任。

（一）拒绝、拖延向各级征信机构主管部门提供有关信用信息的，以及擅自减少应提供数据量的；

（二）故意或者因重大过失向各级征信机构主管部门提供虚假信息的；

（三）未及时发布、更新信用信息数据的；

（四）违反规定擅自发布或泄露涉及国家秘密、商业秘密和个人隐私信用信息的；

（五）对已发现不一致的信息，拒不协助各级征信机构主管部门进行异议信息处理的；

（六）对于各级征信机构主管部门责令整改的问题，拒不整改的；

（七）以欺骗、胁迫、诱导的方式；

（八）从非法渠道采集信用信息的；

（九）向被采集的个人或企业收费的方式；

（十）窃取或其他不正当方式获取信息的；

（十一）采集禁止采集的个人信息的；

（十二）逾期未删除个人不良信息的；

（十三）因过失泄露个人信息的；

（十四）未经当事人同意采集信息的；

（十五）其他违反国家信用信息管理办法的行为。

从立法技巧上讲，增加上述"十五款"征信机构及工作人员法律责任规定，与《办法》第六条对应起来了，就有相应处置的后续条款。否则，《办法》第六条就成为空中楼阁，没有操作性可言。因此，在《办法》中增加征信机构和相关责任人员的禁止性规定，可以增加法条的操作性和针对性，对于依法依规严肃查处非法从事征信业务的行为，规范征信市场发展，使征信业步入有规可循、公平竞争的正轨。

四、个人信用信息异议处置规定

（一）个人信用异议种类与原因

个人征信异议，就是当个人认为本人信用报告中的信用信息存在错误时，可以通过所在地中国人民银行征信管理部门或直接向征信服务中心提出书面个人征信异议申请。

1. 认为某一笔贷款或信用卡本人根本就没申请过。典型的有以下几种情况：他人冒用或盗用个人身份获取贷款或信用卡；信用卡为单位或朋友替个人办的，但信用卡没有送到个人手上；自己忘记是否办理过贷款或信用卡。

2. 认为贷款或信用卡的逾期记录与实际不符。有以下几种典型情况：个人的贷款按约定由单位或担保公司或其他机构代个人偿还，但单位或担保公司或其他机构没有及时到银行还款造成逾期；个人办理的信用卡从来没有使用过因欠年费而造成逾期；个人不清楚银行确认逾期的规则，无意识中产生了逾期。

3. 身份、居住、职业等个人基本信息与实际情况不符。个人征信异议申请人当初在申请资料上填的就是错误信息，而后来基本信息发生了变化却没有及时到银行更新；个人信用数据库每月更新一次信息，系统未到正常更新时间。

4. 对担保信息有个人征信异议。一般存在以下几种情况：个人的亲戚或朋友以个人的名义办理了担保手续，个人忘记或根本不知道；个人自己保管证件不善，导致他人冒用。

（二）增加个人信用异议处置条款

个人信用信息异议处置并不是可有可无的选项，而是关系到个人用户征信正当权益的大问题。《办法》缺少对个人信用信息存有异议的处置规定，这在当今互联网市场中是难以想象的，因为征信范围极广，涉及人员极多，发生信用信息错误的可能也是挺高的。用户有权向征信机构主管部门提出对信用信息的异议，这不仅是用户的权利，对征信机构最直接的监督，也是征信工作文明的体现，表达了立法者对征信工作负责任的态度。为此，在《办法》中建议增加异议的处置条款：

（1）自然人、法人和其他组织对信用信息有异议的，可向记载主体提出书面异议申请，并提供相关证明材料。

（2）征信机构主管部门自收到异议申请之日起（15/20）个工作日内完成核查，将结果告知异议申请人。信用信息确有错误的，征信机构主管部门应予更正，并告知信用信息共享服务平台或系统。

（3）征信机构自收到异议申请之日起（5/7）个工作日内完成信息比对。平台或系统记载的信息与来源不一致的，应予以调整并通知异议申请人；一致的，将异议申请转交信息提供方处理，并通知异议申请人。

（4）异议申请处理过程中，信用信息共享服务平台或系统、征信机构主管部门构应当对异议信息予以标注。无法核查的异议信息，不再向社会提供。

第五节　我国个人征信数字化趋势分析

一、个人征信数字化发展策略

（一）实施数据安全策略

安全策略的第一步是分析要保护的信息所受到的各种威胁并熟悉其风险。个人信用数据的安全威胁主要来自3个方面：自然破坏，比如地震、房屋自然倒塌、机房毁损等；人为失误造成，比如操作错误等非主动新破坏；人为主动破坏，比如黑客入侵。对于非主动破坏，主要只能依靠定期备份或者热备份等，并在相隔物理距离外保护备份，或者加强业务技能等。

1. 物理安全。保证物理安全是安全防范的基本，这主要是指保证个人信用数据库服务器、数据库所在环境、相关网络的物理安全性。比如，是否能够保证服务器所在网络的网线、交换机能环境的物理安全；是否只有数据库管理员能够在物理上接触数据库服务器；是否能够确保避免通过非法手段欺骗等。

2. 访问安全。访问控制是基本安全性的核心，它包括了账号管理、密码策略、权限控制、用户认证等方面，主要是从与账号相关的方面来维护数据库的安全性。对个人征信数据管理人员施行安全双原则，（1）最高权限最小化原则，确保不会分配多余的管理员权限账号。（2）账号密码安全原则，分配账号的密码必须符合密码安全原则的要求。基本密码安全要求包括密码长度（8位以上）、密码复杂性（必须同时包括字母、数字和符号）、密码结构非连续性（密码构成内容必须是在键盘上分别隔离的元素。

（二）探索数据共享治理

首先，建立全面的数据治理政策体系，完善管理制度及工作流程，引入数据全生命周期管理理念，结合元数据、数据标准等开展数据治理工作，融合主数据管理、数据交换管理、数据资产管理、数据安全管理、数据生命周期管理等模块，从数据质量到数据治理流程中发现问题、解决问题，全面提升数字监管水平。

其次，制定替代性数据监管规则，保证替代数据客观、公正和准确，避免因使用替代数据导致信用偏差的发生，保障信用信息系统的精准运行。

再次，原始数据的"去标识化"。确保合作第三方不能通过数据反向逆推出数据主体，即不能识别出消费者的"自然人"身份，但又尽可能地保留数据中的"信息"价值，做到共享信息的"可算不可识"。

最后，构建市场化个人征信生态圈。我国个人征信行业具有投入大、周期长、专业性强的特点，在财力、技术、人力和时间等方面需求较大，因此，单凭某一个机构或某几个平台很难建立起市场化个人征信系统，更不用说生态圈了。需要多方长期参与，充分发挥各方在资金、技术、数据等方面的优势，共享个人信息，例如，百行征信积极参与"长三角征信链""珠三角征信链"以及四川省"天府信用通"平台的建设，已经在一定区域或范围内建立起了个人征信生态圈。[①] 这些小型或地区生态圈，针对特定地区提供的多元化征信服务，稳步推进征信和个人信息保护等方面的标准化建设，为金融信贷业务提供相关信息，对征信链条进行全方位规范，提升征信数据的质量、价值及安全性。通过标准，各机构可在生态圈中达成共识并实现互联互通，从而促进征信生态圈的构建，促进更多维度的信息共享与更多元化的征信产品开发，以此带动更多征信标准的出台，形成良性循环。

小型或地区级生态圈"共享"体现了协同合作的商业机制。征信圈的构建，离不开圈内金融机构、金融科技公司、IT 公司、互联网平台等之间的互利共享，其中包括数据、算法和技术方面的共享，以及征信跨境互认所带来的征信服务融通共享。例如，联盟区块链技术具有多中心化系统和节点准入审查机制，链上的成员数量有限且相互信任，降低了信任验证、全域共识的成本。通过联盟链，实现征信数据的点对点平等交互，快速建立更多场景化、行业化、区域化共享机制，促进共享数据平台的搭建；云计算技术可帮助征信机构建设征信行业云，发挥云计算无缝迁移、弹性扩展、快速部署等能力。在服务内容上，以征信、风控、增值信息服务为主

---

① 百行征信的"长三角征信链"运用区块链技术促进长三角地区在征信领域的互联互通，缓解金融服务中信息不对称问题，切实支持中小微企业发展；"珠三角征信链"主要以"粤信融"征信平台为依托，运用区块链技术推动珠三角区域内征信基础设施互联互通；"天府信用通"定位为准公共性的金融基础设施，初步实现了区域性数据汇集、融资产品对接、征信产品开发、信用体系建设等功能。行业标准化建设能促进征信生态圈发展，生态圈的发展也将加快标准化建设。

的 SaaS 平台可为客户提供优质、全面的征信服务体验；多方安全计算、密码学、联邦学习、差分隐私等技术，可以在保障原始数据不出域的前提下规范开展数据共享应用，探索实现"原始数据不出域、数据可用不可见"的交易范式。显然，市场化个人征信机构将持续探索、优化现有技术保障体系和数据生命周期管理体系，构建完整、有效的数据质量管理闭环，切实提高信息安全保障能力。[①]

（三）明确数据使用监管办法

金融科技公司和放贷机构、征信机构使用的大多数机器学习模型都是"黑匣子"，形成决策、预测的方式尚不清楚，可能存在来自特定地区、种族、宗教、经济收入、职业甚至性别的消费者的信用数据评分较低的现象。就此，有学者曾经建议，有必要对使用新型信用数据评分技术风险进行深入研究，明确数据使用监管规则，确保征信业务中数据使用的公正、无歧视和连续性，采取多方安全计算、差分隐私、联邦学习等方法，保护个人信用数据的智能监管技术，在用户原始数据不出域、不泄露的前提下共享并提取数据价值，实现数据信息"可用不可见"。[②]

（四）加强征信数据安全保障

当前我国亟须完善征信法律以及隐私保护技术支撑，解决多维度数据采集中存在的数据安全问题，这需要解决两个方面问题，一个是追究征信机构法律责任问题，另一个是征信机构金融持牌问题。第一个问题在本章"（五）征信机构及责任人员法律责任"中已经阐述清楚，第二个问题是我们未来要做的工作，即加快推进个人征信机构金融牌照的认定。

第一，有效遏制目前征信市场上盗用、滥用个人信用数据现象，制定以

---

① 田昆：《构建市场化个人征信生态圈》，载《中国金融》2022 年第 8 期。
② 陈道富：《数字金融监管的基本思路、原则和重点思考》，载《北方金融》2021 年第 6 期。

个人信用数据分类分级保护、监测预警、应急处理和安全审查等为基础的数据安全制度。

第二，促进相关监管部门加强数据处理规范研究，为最终形成统一的数据处理管理标准提供基础，在一定程度上解决数据的采集、加工等处理流程存在不安全、不透明等问题，促进有关部门合理制定严格的数据处理规范，加强数据安全保护。

第三，将个人信用数据要素发展与安全统筹起来，确定数据流转中组织、个人的责任和义务，确立数据分类分级管理，数据安全审查，数据安全风险评估、监测预警和应急处置等基本制度。

（五）增加征信主管机关协调功能

虽然我国规定征信业由中国人民银行主管，但金融消费者的征信信息则散落在金融监管部门、交通部、公安部、民政部、工商总局以及金融机构、互金平台等各个部委或机构管辖范围内，相互之间无法协调和通用。我们建议，组建以中国人民银行为主体的个人征信业监管协调机制，负责在征信工作中对中国银保监会、中国证监会、公安部、民政部和地方金融监管机构工作，解决个人征信业发展中存在的法规冲突、法条竞合问题。

二、扩大个人征信机构准入条件

（一）两种征信准入制度比较

当今世界，征信准入制度可以分为以美国为代表的宽松型和以英国为代表的严格型。在美国，联邦政府和州政府均有权发放银行牌照，并按照"谁发放牌照谁承担主要监管责任"的原则实施机构准入监管，其优点是有利于行业充分发展，缺点是催生了"影子银行体系"，加重了后续监管负担。

在英国，监管当局对经营银行业务和接受存款的机构采取了许可审批制，并按照谨慎性原则不断对其进行评估和考察，使得获取银行牌照的机构必须持续满足《银行法》规定的授权标准，其优点是便于监管，缺点是过于严格的准入制度导致市场固化，并最终凸显出金融市场的脆弱性。①

（二）我国个人征信范围局限性

有学者提出，征信的真正意义和价值，是收集、汇总并报告彼此为竞争对手的多家授信机构各自的债务交易信息，实现交易信息的共享，以减少交易中的信用风险。

从理论上看，学者提出的观点是完全有道理的，也是符合征信学原理的。但是，我国目前的征信现状似乎并不是这样简单。现阶段我国征信业务正处在大数据时代，面临着必须发展和跨越发展过程中的破解数据孤岛的阶段。现实情况是，海量的个人征信业务长期没有纳入央行的征信系统，大多是通过百行征信、芝麻信用、金蝶征信3家个人征信机构来实现，远远不能满足征信市场需要。而且面对银行卡盗刷、信用卡纠纷、恶意赖账、暴力催债、保险理赔无力等问题层出不穷，金融消费者维权举步维艰，有必要扩大界定个人征信数据范围。

根据有关部门统计，目前我国仍有4.5亿人左右的自然人没有银行信贷记录，也就是说，全国将近有1/3的人群无借贷记录，无法借贷或不敢借款。这类人群大部分来自城镇下岗人员、低收入人群和新市民，越来越多的"群众"被列为所谓"不诚信"行列，触犯了"做人诚信、做事认真"原则底线，客观上助长了失信行为在全社会的蔓延。结果就是创新积极性被挫伤，客户利益受到侵害。于是，这就产生一个大问题：我国个人征信数据范围是否需要再作调整？

---

① 王永超：《个人征信市场革新赋能信用卡数字化转型》，载《中国信用卡》2018年第5期。

（三）扩大个人征信数据类型

虽然从理论上说，采集信息遵循"最少、必要"原则，但究竟什么才是真正的"最少、必要"并不明确。新版《征信业务管理办法》对信用信息的范围进行了扩大调整，不仅涉及金融方面，还开拓到通信和消费领域，包括但不限于个人和企业的身份、地址、交通、通信、债务、财产、支付、消费、生产经营、履行法定义务等信息，以及基于前述信息对个人和企业信用状况形成的分析、评价类信息。

显然，《征信业务管理办法》的规定对于解决个人征信难题是至关重要的。因为公共服务"先消费后付款"，本质就是"小额无抵押融资"，也是最能体现一个人诚信与否的行为。所以，通过采集"先消费后付款"的公用事业缴费信息，帮助缺信贷记录的个人建立信用记录，让他们有获得金融资源的权利，从情理上讲也是可以成立的。因为剔除个别漏缴、意外原因无法缴纳费用外，我们有理由相信，如果一个连日常生活费用都欠缴的人，应该可以将其视为一个并不具备诚信的人。

其实，国外不少征信大国对个人信用信息的收集也是全方位的。据了解，在英国，缴纳电话费、水费、电费等都会影响到个人信用记录。如果不能按时缴纳电话费，名字就有可能被录入"黑名单"，从而影响信用积分。阿里的花呗、腾讯的芝麻信用、京东的白条以及互联网蚂蚁借呗等之所以可以给很多人提供无抵押、无担保消费融资，就是因为可以利用大数据算出用户的信用分，评估出借款以后用户按时归还的概率。尽管不会披露，但互金平台看得一清二楚，可以直接估算出用户的信用程度。

显然，这种非金融类数据如社交平台及电商网站行为数据也可用于评估用户信用及消费能力，弥补现有征信系统的空白。基于这些数据的个人征信产品，可帮助金融机构对现有"白户"与"准白户"人群进行信用评级，同样可以更好地为其提供金融服务，促进普惠金融发展。

当今社会，如果每个人都有统一的信用评分，不同的分数获得不同的贷款金额，就能更好地解决个人、个体工商户、农户融资难问题。当然，这必须扩大数字信息适用征信业务范围，重新扩展个人征信体系。为此，中国人民银行曾多次强调将替代数据纳入征信监管，利用替代数据为金融和经济活动提供信用管理服务。因此，百行征信、芝麻信用、金蝶征信在开展 C 端个人征信业务时，完全可以利用替代数据积累海量用户信息，挖掘个人信用轨迹，比如那些在商业银行没有任何信贷记录的人群，可以在互联网金融科技企业数据中发现有用信息，诸如交通、生活日常消费、商场消费、餐饮以及网络购物数据，使用这些海量的"替代数据"进行个人、企业信用评级、个人/企业分析画像的大数据风控新兴业态，利用交通、通信、债务、财产、支付、消费、生产经营等信息形成个人信用构架，用大数据架起数字普惠金融与征信业务之间的互利共生桥梁，可以满足个人征信业务发展需求，成为借贷业务的数据支撑，提高普惠金融运行效率。

所以，利用大数据来解决征信信息采集问题并不是违背征信原理的一种妄想之举。未来，基于多方计算的大数据征信未来大有可为，除了融合替代数据，还可联合多家征信机构的数据进行联合信用评估，高价值的征信数据还可实现对金融以外的其他行业的有效赋能，切实落实国家数据要素战略，重新扩展个人征信体系，处理好第三方征信机构与中国人民银行征信中心的互补关系，建立一个种类齐全、功能互补、竞争充分的个人征信市场。

第四章
社会影响力投资数字化崛起

当今世界越来越多的国家开始关注社会企业影响力投资，要求在获取一定经济效益的同时注重人文关怀，实现投资回报和社会价值双赢目标，解决社会影响力投资评价体系与衡量方法不确定性、法律和监管不足等问题，让社会获得一个客观、真实、全面的企业履责信息，体现其履行社会责任的价值，获得名副其实的社会评价，接受监督，真正成为一个对社会、环境、老百姓有社会责任感的角色，发挥数字化先发优势，促进社会影响力投资朝着数字技术与金融行业融合渗透，激发深层次的产业变革，抢占数字经济发展新高地，不断催生新模式、新业态，实现社会影响力投资的动力变革、模式变革、能效变革，拓展我国社会影响力投资数字化新业态，关注社会民生，创造与自身商业价值相对称的社会价值，保证社会影响力投资的稳步发展，承担更多社会责任，在社会中扮演一个有社会责任感的好角色，既能产生社会价值又能满足投资者对财务回报的要求，是一种市场主体主动承担社会责任的行为。

第一节　社会影响力投资概念与社会价值

一、社会影响力投资概念提出

20 世纪 70 年代初，环保运动在欧美国家兴起。1972 年"第一届联合国人类环境大会"召开，联合国在全球范围内开始推行环境保护理念。近 50 年以来，工业革命在全球快速发展，在给社会带来正面效应的同时，也积累了很多社会问题，比如环境污染、贫富差距、温室效应等，由此引发的社会矛盾越来越激烈，仅仅依靠财政补贴、慈善捐助和公益活动去化解就变得越来越力不从心。于是，英国在 1997 年就提出了"社会企业"概念，就是以商业手段实现社会价值目标的企业。2006 年，联合国儿基会就支持牙买加政府建立了该国的"儿童福利社会价值投资"。经过十年发展,"社会影响力投资"概念在 2007 年被正式提出。2015 年,联合国开发计划署开始和私募基金等各种社会资本力量一起,通过 PPP 模式或社会价值投资模式,推动那些对社会环境有积极意义的高新技术公司发展,逐步建立统一的社会影响力投资评价体系。

作为一种国际新兴投资形式,全世界越来越多的国家开始专注于以社会需求为驱动的蓝海产业领域,诸如环保、教育及老龄、儿童、女性、残障等特殊群体,其目标是实现社会需求、产业生态与金融资本的深度融合。社会影响力投资的产业,以基金、债券、VC/PE、保险、信托等为主,集合多元金融模式共同参与,驱动社会领域的新兴产业壮大和发展,用一种全新理念思考投资活动。

社会影响力投资(Social Impact Investment,SII)是瞄准特定社会目标的一种新兴资产类别投资方式,也是介于商业盈利和公益慈善之间的创新型投资工具,即采用商业价值和社会价值的混合资本,对带有社会价值使命的初创企业进行风险投资。简单来说,社会影响力投资(SII)就是在投资过程中不仅仅考虑财务收益,还要考察投资项目的社会效应和社会影响,尤其是对环境的影响,不仅聚焦"市场化""利润最大化",同时还要通过投资活动为劳动就业、医疗卫生、食品安全、教育培训提供解决方案,在获得财务回报的同时向解决社会问题方向转变,强调"社会资本"解决"社会问题"理念,注重企业的社会责任,推动社会与经济双向可持续发展。

从全球社会影响力投资市场发展情况来看,社会影响力投资(SII)资产管理规模从 2012 年初的 13 万亿美元增加至 2020 年初的 36 万亿美元,增幅接近 160%。其中,欧洲最早开始发展 SII 资产,其资产规模早在 2012 年就已经达到接近 10 万亿美元,而同期美国 SII 资产规模只有近 4 万亿美元。而后美国 SII 资产管理规模迅速膨胀,于 2020 年超过欧洲。在亚洲,日本在 2014—2016 年保持了每年 8.1 倍的增长速度,并且在 2018 年增速依旧高达 3.6 倍。

2021 年 2 月，MSCI 进行的一项调查显示：在接受调查的所有机构投资者中，社会影响力投资策略已经受到了超过半数（52%）机构投资者的青睐，有七成左右的机构明确计划增加社会影响力投资规模。社会影响力投资理念追求公司质量，相信优质的公司在中长期会表现出色，获取的是公司长期价值回归的收益，这一类公司的波动相对其他公司更平稳，受到注重中长期投资的机构投资者的偏爱。随着金融市场不断完善、投资者金融成熟度不断增强，个人投资者所持有的社会影响力投资资产比例实际上已逐渐提高，例如，SII 资产个人投资者与金融机构持有比例从 2012 年的 11% 逐渐增长至 2020 年的 25%。但从绝对数额来看，整体上仍旧是机构投资者持有绝大部分比例的社会影响力投资资产。

二、社会影响力投资价值取向

（一）双向目标管理制度

德鲁克在《21 世纪的管理挑战》指出，21 世纪管理执行者应该是一个倡导改变的领导者，领导者知晓"改变"背后蕴藏"机会"，应该为持续改变做好准备，并制定适当的政策，以持续提升其机构的效率和创新性。因此，新一代管理者必须采取一个新的投资方法，既有别于传统捐款捐助模式，又不同于纯粹的商业化投资，做好"社会绩效和财务回报"的双重目标，除了在金融投资中产生财务收益之外，还必须同时承担环境保护等社会责任，帮助政府调动更多的私有资本解决社会问题。[①] 也就是说，社会影响力投资对利润回报率要求接近或略高于市场投资回报率就可以了，但必须是基于能够带来可预期的、有利于社会环境正向效应的财务回报，是一种以追求可测量的社会环境正向效应为目的并兼具投资财务回报性质的投资形式。

---

① 参见罗格斯大学社会工作学院华民研究中心、北京师范大学中国公益研究院：《华民公益手册系列》。

（二）财务回报要求

一般而言，社会影响力投资对投资的财务回报并不是没有，只不过对社会价值投资的财务回报为次要投资决策考虑要素，预期回报率要求相对较低，一般是低于或接近市场投资回报率。如有些学者描述的那样，不同于慈善捐赠或私人无偿捐款，社会影响力投资对财务回报也是有所期待的，其投资收益率可能低于经风险调整后的市场收益率，也有可能高于社会平均利润率。[①]值得一提的是，近年来，私募市场各种投资资产在社会影响力投资中产生了可观的实际回报，逐渐处于主导地位，占历年参与机构总数的比值均超过60%，显示出投资整体重心逐步从公募市场转向私募市场。

（三）投资渠道多样化

社会影响力投资的资产配置种类丰富，包括但不限于固定收益债券、风险资本和私募股权，其中，债权投资和股权投资是主要投资方式，另类投资中母基金、私募股权基金、基础建设投资也常见于社会影响力投资领域，甚至证券交易所也对社会影响力投资的上市公司情有独钟。例如，2006 年，我国深圳证券交易所开始推行社会责任投资、碳交易、绿色建筑。经过几年的社会责任立法，倡导社会责任投资理念，推动上市公司履行社会责任。目前，在深交所有上市公司 2000 多家，共有 85 只投资基金专门投向责任投资领域和绿色投资领域，资产净值 600 多亿元。

（四）社会评估体系

为了避免"只说不做"或"只做不说"现象发生，真正履行社会责任，必须有一套社会影响力投资评价标准，让社会获得一个客观、真实、全面的履责评估。有学者指出社会影响力投资评估体系是对影响力投资产生的社会

[①] 罗韬：《社会影响力投资四个特征》，载《第一财经》2019 年 12 月 12 日。

及环境影响进行度量，通过如新增就业人数、脱贫人数、减少的碳排放量等一系列指标，提高投资透明度，对社会影响力投资引发的环境影响进行度量，评价影响力投资的实际效果，从而度量影响力投资的实际效果。[①]

三、社会影响力投资与相邻概念区别

目前，全世界对社会影响力投资的概念包括但不限于以下几种，环境、社会和公司治理（Environmental, social and governance, ESG）、社会责任投资（Socially Responsible Investing, SRI）、影响力投资（Impact Investing）、可持续发展投资（Investing）以及社会影响力投资（Social Impact Investment, SII）。虽然各国对社会影响力投资的表述在概念上有所不同，其实这些概念本质上殊途同归，都是介于单纯追求财务回报的商业投资和慈善捐赠或公益捐助之间的一种投资方式。

（一）社会影响力投资与公益创投

公益创投（Venture Philanthropy, VP）是指以公益慈善的理念运用风险投资的技术手段达到公益目的，创造更大社会价值。从理念上看，公益创投更偏向于慈善捐助，更关注投资企业是否造福社会，不像社会影响力投资以财务效益和社会影响为双重考量，公益创投在财务回报诉求方面明显低于社会影响力投资，但要比慈善捐助要高一些。

（二）社会影响力投资与慈善捐助

一般来讲，慈善捐助（Charitable Donations）本质上是不需要财务回报的，完全追求投资所产生的社会正向效应，对财务回报基本上不在考虑范围之内。而社会影响力投资（SII）无论如何是需要考虑财务回报的，必须要有可预期的财务收益，否则，投资企业是很难长久生存和发展的。这一点是社

---

① 高扬、曾惠子、卢舸：《影响力投资的四要素是什么?》，载《新浪财经》2020 年 3 月 21 日。

会影响力投资与慈善捐助的本质区别。

从效率上分析，社会影响力投资所获得的收益可以反复再投资，而慈善捐助需要不断"输血"，不断地通过财政或其他途径补充资金，否则慈善捐助就无法延续。这就构成了社会影响力投资和慈善捐助在社会效益扩展性的差异，社会影响力投资更具有竞争力，生存能力更强一些。所以，近年来越来越多的慈善家、基金会也开始采用社会影响力投资的方式，让投资更富有策略、结果和效率，抛弃了传统的单一慈善捐助模式。

（三）社会影响力投资与传统投资

社会影响力投资（SII）带有双重投资目的，投资不仅需要一定的财务回报，同时必须产生一定的社会影响，对特定社会问题提供自己的解决方案。但传统投资（Traditional Investment）基本上不考虑社会效应，追求利润最大化是唯一的经营目标。

（四）社会影响力投资与社会责任投资

社会责任投资（Socially Responsible Investing，SRI），是以避免片面追求经济利益的投资可能对社会环境造成负面影响为首要投资决策标准，例如，通过公开市场交易投资有助于环境、健康和医疗卫生领域的公司，避免投资于酒类、博彩、烟草、武器制造等可能对社会产生负面影响的企业，而不是以追求综合性社会责任改善为主要目标。显然，虽然两者都是追求对社会产生正面影响的目标，但社会影响力投资（SII）更为主动，是主动投资可以产生正面影响的行业，而社会责任投资被动一些，是以消除一定负面影响行业达到支持正面影响行业的，避免投资可能对社会环境造成负面影响的企业为首要投资标准，而不是以社会环境本身的改善。这一点是两者最为显著的差别。

（五）社会影响力投资与环境、社会和公司治理

从概念上来说，两者存在较多交叉领域。社会影响力投资（SII）和 ESG（环境、社会和公司治理）都提倡更多地关注投资的长远时期的社会影响，强调投资的社会效益，但 ESG 投资更强调投资过程中的环境（Environment）、社会（Society）和企业治理（Government）三大因素，为投资者提供了社会化考察企业非财务指标的方法。简单来说，环境（Environment）是指企业对环境的影响，必须考虑企业环保政策、员工环保意识、生产废弃物排放措施等。社会（Society）是指企业对社会的影响程度，特别是在企业社区关系、企业社会知名度、品牌口碑、职场劳动待遇以及男女性别平等方面。治理（Government）则是指企业的公司治理情况，诸如公司高层权力分配情况、内部治理结构与监督、公司高管贪腐情况以及选举程序等。投资者可以通过观测企业 ESG 评级来评估投资对象在绿色环保、履行社会责任等方面的贡献，对企业是否符合长期投资做出判断。

不同的投资者用这三个维度构建自己的投资方法，以获得长期回报和规避风险。首先，ESG 考量的范围相对更精确、更具可量化性，ESG 评价指标相对完善，已成为衡量上市公司业绩的重要参考之一；SII 涉及内容十分广泛，而不仅限于 ESG 所考量的三个因素。其次，在投资收益方面，ESG 投资的主要目的还是财务回报，SII 似乎更多带有慈善色彩，更关注财务回报之外的扶贫、环保等社会需求。最后，ESG 投资比较注重对负面事件的预防，而SII 更具主动性，积极地把资产投入基金以获得更好的社会影响。

（六）社会影响力投资与主权绿色、社会和可持续发展债券

主权绿色、社会和可持续发展债券（GSS）有助于围绕气候的战略政府举措，催化当地绿色金融市场并吸引新投资者。在国际上，绿色债券（Green bond）、社会责任债券（Social bond）、可持续发展债券（Sustainability bond）

一般被统称为 GSS 债券。截至 2020 年 12 月末，全球一共有 22 个国家政府发行了总额约 960 亿美元的主权绿色、社会和可持续发展债券，其中有 16 个绿色主权债发行人、2 个社会主权债发行人和 4 个可持续主权债发行人。绿色、社会和可持续发展债券正在催化迈向气候目标及加速绿色金融的发展，与社会影响力投资（SII）最大的区别是投资的领域不同。绿色、社会和可持续发展债券所募集资金指定用于新建或现有环境和社会项目，由政府支持机构发行的债券，其目的在于为具有积极的环境效益、气候变化效益或社会效益的项目提供资金。

简单来说，社会影响力投资就是位于强调社会价值的慈善捐助和强调经济价值的传统投资的中间层，而公益创投及社会责任投资分别作为两个极端和中间层的过渡。ESG 考量的范围相对更精确，集中在环境、社会和治理三大方面，更具可量化性，而 SII 评价指标相对更宽泛一些，不仅仅局限于 ESG 所考量的三个因素。

第二节　全球社会影响力投资发展概况

一、全球社会影响力投资发展趋势

（一）全球总规模逐年最高

2014 年，联合国开发计划署提出的可持续发展目标，成为各国履行社会影响力投资的发展方向和共同框架，就法律、财务、运营等方面与联合国各大机构开展合作。2015 年，联合国专门成立了用于投资社会影响力建设的"影响力基金"，并在欧洲、亚太区南美洲建立孵化器联盟，推进影响力投资计划。在随后的几年中，联合国开发计划署与泰国财政部共同制订泰国慈善企业法案，推进影响力投资计划，与马来西亚政府一起建立优秀企业优先进入政府采购系统，帮助实施社会影响力投资活动，还与孟加拉国证券交易所一起合作，将社会影响力投资作为另类投资资产，建立一整套与 PE（私募股权投资）和 VC（风险投资）一样的风险投资法案，完善社会影响力投资体系。

近十年全球跟踪调查显示：截至 2020 年 12 月末，全球 57 个国家和地区的社会影响力投资主要集中在劳动密集型的第二产业和以金融服务为主的第三产业。在投资者规模方面，小规模投资者或管理少于 1 亿美元的投资者占全球社会影响力投资（SII）样本的 53%。全球社会影响力投资者网络（GIIN）报告显示：社会影响力投资资产管理规模从 2016 年的 1200 亿美元增长至 2018 年的 5000 亿美元，增长 4 倍之多，补充了约 12 万亿美元投资缺口，并将成为 2030 年实现联合国可持续发展目标的一个重要渠道。

根据世界保险统计机构（The General Insurance Statistical Agency，GISA）在 2018 *Global Sustainable Investment Review* 提供的数据：截至 2018 年末，全球社会影响力投资（SII）在五大市场中的总规模达到 30.7 万亿美元，两年内增长 35%，其中，欧洲占比最高，接近全球可持续投资资产的 50%，投资增长最快的地区是西欧、北欧和南欧（WNS Europe）以及东亚和东南亚地区，分别以 25% 和 23% 的年复合增长率快速发展。日本自 2016 年以来可持续投资资产迅速增长，在全球可持续投资资产中所占比例同比增长 3 倍。美国、加拿大、澳大利亚、新西兰等国家各持有的全球可持续投资资产的比例则基本保持不变。在 2018—2020 年跟踪调查的全球社会影响力投资（SII）的投资者中，年复合增长率（CAGR）为 17%。[①]

2020 年，世界被笼罩在新冠肺炎疫情肆虐的阴影下，各金融市场普遍大幅波动。然而在这一背景下 ESG 资产却受到了全世界投资者的追捧。在全球

---

① 安国俊、訾文硕、贾馥玮：《影响力投资发展现状、趋势及建议》，载《金融理论与实践》2020 年第 9 期。

范围内，ESG 基金在 2020 年第二季度流入总额高达 710 亿美元，2020 年末，ESG 基金总规模也再创新高。为何在全球经济充满不确定性之时，ESG 投资理念却能逆势而上受到推崇？从情理上看，新冠肺炎疫情的暴发和肆虐让全世界人民深刻意识到"人与自然共生"的重要性，意识到企业经营与人类的公共卫生息息相关的重要性，因此，富有社会责任感的公司在此时此刻更容易受到投资者青睐；从基本面逻辑上，在 ESG 三方面表现优秀的公司一般信息披露较全，公司质量较好，具有可持续发展能力，其应对疫情带来的财务风险的能力更强。投资者往往更愿意相信这样优质的公司。这样的优势表现在股价上一般是波幅相对更小，长期收益往往更高，股价上涨的同时减少了公司的再融资成本，形成了正反馈，促使企业进一步提升公司价值。

近年来，我国资本市场开始有了明确的投资方向，新的碳中和板块、绿色投资指数相继建立，绿色金融、碳中和主题基金层出不穷。我国对环境问题的重视以及对碳中和金融的支持正是 ESG 投资的理念在中国落地生根的体现。

（二）投资资产地域分布差异较大

目前，全球社会影响力投资的资产地域分配存在较大的偏差。就资产管理规模而言，社会影响力投资（SII）资产的 55% 用于发达国家市场，而40% 用于新兴国家市场。大部分资本（59%）分配给新兴市场，撒哈拉以南非洲（SSA）吸引的资产最多（21%）。社会影响力投资机构的性质也呈现多元化发展趋势，61% 的 SII 组织完全由影响力投资者组成，其余（39%）组织则会将其部分资产另外分配给与影响力无关的投资。

（三）文化教育领域投资比重增多

近年来，社会影响力投资（SII）在"文化和教育""艺术"以及"知识产权"领域比重开始凸显，资金配置总量呈大幅增长状态，这意味着越来越多的社会影响力投资机构开始重视文化领域给社会投资带来的影响力。但同时，全球评价社会影响力投资体系开始分化，世界各国对"社会影响力投资界定""社会影响力投资的社会绩效量化考核"以及"社会影响力投资的评价体系"存在较大差异，各不相同，无法统一对社会影响力投资进行统一评价，因为背后是需要解决支持社会影响力投资的政策或法律建制不足、直接投资与间接投资比例不协调、主流金融机构参与不足等问题，至少目前世界各国没有完全解决上述问题。

二、欧洲社会影响力发展情况

（一）英国

英国一直是社会影响力投资的先驱。早在 2000 年英国财政部就成立了一个工作组，专门研究如何将财务收益和社会收益结合的事业。为了减少刑满释放人员再次犯罪，让社会重归平静，2010 年 9 月，英国司法部宣布了一项社会影响债券（SIB）试点方案，从 18 家基金会募集了 800 万英镑，交付彼得伯勒项目使用，通过开展实验性干预来减少彼得伯勒地区刑满释放人员再犯罪率。英国"彼得伯勒项目"管理方为具备专业矫正犯罪经验的圣吉尔斯信托（St Giles Trust），提供包括集体宿舍、就业辅导、戒酒戒毒及心理咨询等，为罪犯人员出狱后提供生活环境和工作机会，防止或减少他们再次犯罪。①

2012 年，英国政府成立了一家 Big Society Capital 的金融机构，通过向资本管理者分配资金推进社会影响力投资市场，将 25 亿美元的资产提供给社会企业和慈善机构投资使用。2013 年，英国在担任八国集团（G8）主席国期

---

① 英国"彼得伯勒项目"由格林威治大学和莱斯特大学组成团队开展独立评估。该项目于 2014 年 8 月公布了第一阶段的试验结果：首批参与试点的刑满释放人员中，再犯率降低了 8.4%，而同期英国再犯率则提高了 10%，充分验证了政府机构、投资人、公益组织三方合作的可能性，在西方国家预防违法犯罪的矫正领域获得好评。

间，成立了社会影响力特别工作组和全国咨询委员会（Social Impact Taskforce and National Advisory Board），将社会影响力投资理念推广到全球。目前，英国发起的社会影响力特别工作组和全国咨询委员会已扩大至 13 个成员国，成为欧盟在全球最有影响力的社会影响力投资指导小组。

2014 年，英国政府又推出了"社会投资减税计划"，减免针对具有社会目标的组织的投资价值的 20%。2016 年，英国政府还提出关注老年人养老问题，发布了新的业务守则，规定受托人作为其信托职责的一部分，在财务意义重大时应考虑养老金投资中的 ESG 因素。2019 年，英国政府委托养老基金承担将金融实质性 ESG 考量纳入其投资方式的明确责任。这些政策发展代表了政府在全球展示其对 SII 的承诺方面所取得的许多进步中的一部分。根据英国公民社会部公布的消息，截至 2018 年 12 月末，英国已发行了 32 只社会影响力债券，涉及流浪汉、精神健康、教育和失业等领域。2020 年，英国社会影响力债券市场更是达到 14 亿美元，全球至少 15 个国家参与到了社会影响力债券的发行过程中。

（二）荷兰

早在 2014 年，荷兰政府就启动了"荷兰良好成长基金"（the Dutch Good Growth Fund），将政府和私人公司管理的资金导流到在新兴市场中运营的荷兰中小企业和当地中小企业提供财务援助。2016 年，荷兰中央银行（DNB）鼓励各类私人企业对社会影响力项目进行可持续投资，还特别鼓励社会资本推动纺织服装行业的绿色产业链发展。2018 年，荷兰驻上海总领事馆针对江苏和浙江的纺织印染企业发起了纺织印染企业可持续发展项目，从污染防治、资源减量、健康安全三方面促进服装品牌与供应链的联合，以提高企业的可持续发展意识与管理能力。2019 年，荷兰国家银行第一个签署《负责任投资原则》（PRI），将 ESG 六项原则作为其投资实践的重要参考标准。近年来，荷兰又积极支持推广《联合国商业和人权指导原则》，目标就是在 2023 年前实现 90% 大型荷兰企业依据 OECD 经合组织《跨国企业准则》开展社会责任投资。

2019 年，荷兰政府发行了首批绿色债券，即 AAA 级主权债券。荷兰外交部也于 2020 年 1 月支持 AGRI3，这是联合国环境规划署（UNEP）和荷兰合作银行创建的混合融资工具，旨在扩大私营部门对可持续发展目标的投资。[①] 同年，荷兰政府还联合荷兰养恤基金联合会、工会、非政府组织一起签署了《负责任的商业行为协议》（*The Responsible Business Conduct Agreement*），设立了一站式负责任商业行为倡议（RBC）服务站，帮助荷兰企业改进国外供应链的运作，推动绿色供应链建设，化解在员工、健康、腐败、反腐以及环境安全方面的风险。2019 年 10 月，荷兰政府对 RBC 进行了更新，协同欧盟立法将尽职调查升级为一项强制性义务，旨在解决养老金投资的负面影响。

（三）美国

1990 年 5 月，美国创立了多米尼 400 指数（Domini 400 Social Index）。这是美国第一个以社会性与环境性议题为筛选准则的指数，目的就是为社会责任型投资者提供一个比较基准，帮助投资企业了解社会责任评选准则对公司财务绩效的影响。十多年来，多米尼 400 指数中的上市公司投资回报率远远高于道琼斯和标准普尔 500 指数，虽然其并不是现代意义上的社会影响力投资，但多米尼 400 指数对美国上市公司财务绩效形成的影响，已经远远超出了上市公司财务指标、盈利水平的范畴，成为吸引社会资本解决社会问题和矛盾的一个风向标。

2007 年，洛克菲勒基金会（Rockefeller Foundation）提出了"社会影响力投资"理念，并在美国开始积极推广。2010 年，洛克菲勒基金会和摩根大

---

① 参见中国人民大学中国普惠金融研究院《社会影响力投资的国际趋势》（第 3 辑），2021 年 2 月 24 日。

通（J. P. Morgan）在一篇合作研究报告——《影响力投资：一种新兴的投资类别》中首次提出将影响力投资区别于其他投资类别，并将影响力投资界定为一种可以融入美国主流投资界的新型投资方式，不仅可以创造有利于解决社会问题的正效应，而且能带来可观的财务回报。

在以后十多年时间里，社会影响力投资（SII）在美国逐渐发展起来。2011 年，美国成立革新食品连锁店（Revolution Foods），依靠影响力投资为周边学校提供餐饮服务。目前，该店已经发展到每周可以提供 120 万份校餐，其中，80% 的学生来自社会低收入家庭。2012 年 8 月，高盛银行（Goldman Sachs Bank）旗下的城市投资集团（Urban Investment Group）发行了美国首笔社会影响投资债券 SIB（Social Impact Bond），参与者有纽约市政府、MDRC、奥斯本协会、高盛银行和彭博慈善基金会。2013 年，风险投资家、慈善家 J. B. 普利茨克和高盛集团共同筹集 700 万美元，用于资助美国犹他州低收入家庭的高质儿童早教项目。2014 年，高盛集团开发了瑞克斯岛项目（Rikers Island），1500 万美元的贷款专门用于为在瑞克斯岛服刑的 16～18 岁年轻犯人提供犯罪矫正、心理咨询和辅助医疗，试图通过金融投资组合管理化防止年轻罪犯再次犯罪。美国可持续责任投资论坛（USSIF）的《社会投资趋势样本调查报告》显示：目前，全美大约有 3000 家家族企业名下管理约 1.7 万亿美元资产，在投资时参考了环境、社会和管理指标，成为社会影响力投资的中坚力量。[①]

（四）加拿大

2010 年，加拿大社会金融工作组发动了旨在推动社会影响力投资运动，在随后发布的《为公共利益动员私人资本》（*Mobilizing Private Capital for Public Good*）报告中，加拿大社会金融工作组承诺到 2030 年至少将其资

---

① 郑立飞编译：《美国人如何玩转影响力投资》，载《影响力投资财富家族纲领》2016 年 5 月 19 日。

本的 10% 用于与使命相关的投资。2012 年，加拿大新斯科舍省通过了《社区利益公司法》（*The Community Interest Companies Act*），不列颠哥伦比亚省则颁布了该法一个新的框架结构——《社区贡献公司》（*The Community Contribution Company*），都是为经济利益和社会效益为目标的社会企业提供治理框架，刺激有需要的地区社会影响力投资市场的创建和发展。[①] 2019 年，加拿大马尼托巴省（Manitoba）宣布了其社会影响力债券项目，承诺从私人投资者那里筹集 300 万加元，为多达 200 名可能将新生儿置于儿童福利系统中的原住民母亲提供资源和育儿支持，实现了私人投资者对社会影响力投资的贡献。

（五）葡萄牙

2011 年，葡萄牙政府与欧洲委员会成立欧洲结构和投资基金，利用社会影响力创新性融资计划，为社会创业项目的整个生命周期提供 1.5 亿欧元资金，用于新产品、环境、就业以及低碳循环经济，促进公共、私营和社会参与者之间协调发展。经过十几年发展，截至 2019 年 12 月末，葡萄牙社会部门有 8000 家经济或非经济组织致力于解决社会创新项目，100 多万家社会企业获得了资金支持，对国民生产总值的贡献为 2.85%。[②]

三、亚洲社会影响力发展概况

（一）泰国

在一些发展中国家和地区，社会影响力投资也得到了当地政府和企业支持，尤其在亚洲地区。2010 年，泰国政府成立了社会企业办公室（Thai

---

[①]　参见中国人民大学中国普惠金融研究院《社会影响力投资的国际趋势》（第三辑），2021 年 2 月 24 日。

[②]　参见中国人民大学中国普惠金融研究院《社会影响力投资的国际趋势》（第五辑），2021 年 3 月 2 日。

Social Enterprise Office），以刺激社会企业发展。2012 年，泰国政府还发布《可持续发展准则》，陆续出台了为"以社会使命开展工作的企业和机构"提供支持的一系列政策，例如，泰国证券交易所（The Stock Exchange of Thailand）定期发布具有环境、社会、治理出色表现的上市公司名单，鼓励投资者购买这些上市公司股票。2016 年，泰国政府通过了《皇家免税法令》（*Royal Decree on Tax Exemption*），为在社会影响力投资方面作出贡献的企业投资者提供税收优惠。截至 2017 年末，泰国注册了 300 万家微型及中小型企业，12 万个组织以社会使命开展工作，为泰国社会带来较好的投资机会。2019 年，泰国最大的机构投资者泰国政府养老基金发布了新准则，在其所有投资中实施 ESG 标准，包括使用 ESG 评分工具，增强养老基金在泰国社会的正向影响力。[1]

（二）印度

2007 年，印度 D. light 清洁能源公司是一家提供低成本照明解决方案的太阳能和 LED 为主的企业，主要是为生活在印度社会底层、生活面临贫困的家庭提供清洁、安全、明亮和用得起的照明产品。2008 年，D. light 公司获得了总额为 600 万美元的第一轮融资。美国国际开发署发展创新风险基金也为该项目提供了 100 万美元支持。截至 2020 年 12 月末，D. light 通过中国、非洲、南亚和美国的 4 个枢纽，已在 60 个国家和地区销售了超过 2200 万个太阳能照明和电力产品，改善了超过 1 亿人的生活。在南亚和非洲，D. light 共卖出 1000 万盏低成本灯，项目已经惠及 3000 万贫困人群。通过为家庭和小型企业提供分布式太阳能解决方案，D. light 正在改变印度人使用和购买能源的方式。[2]

---

[1] 参见中国人民大学中国普惠金融研究院《社会影响力投资的国际趋势》（第三辑），2021 年 2 月 24 日。

[2] 参见中国人民大学中国普惠金融研究院《社会影响力投资的国际趋势》（第五辑），2021 年 3 月 2 日。

2009 年 12 月，印度政府公司事务部发布了《2009 年企业社会责任自愿准则》，旨在指导企业在社会影响力投资方面作出更大贡献。2010 年 4 月，印度联邦政府直属智库机构印度公司事务研究所发布了《印度企业社会、环境和经济责任自愿准则》，这是第一份由印度政府颁布的在企业社会责任领域的指导准则。2014 年 4 月 1 日，印度《公司法》修改生效，其中，第一百三十五条规定，符合一定财务条件的公司应在董事会下成立包括一名独立董事在内的"企业社会责任委员会"，还必须将前 3 年平均利润的至少 2% 用于企业社会责任支出。从此，印度社会影响力投资得到了较快发展，涌现了大量社会影响力投资企业，例如，印度梅拉高微型电网公司（Mera Gao Power）自 2015 年以来长期为 25000 多名印度农村农户提供太阳能照明，给这些农村贫困人群生活带来显著改变。据说梅拉高微型电网公司由于使用了太阳能节能灯，大大降低了投资成本，使得本国农民可以在夜间工作，增加了当地农户 20% ~ 30% 经济收入，村子里孩子们也因为有了稳定照明，夜间可以继续学习，提高了考试成绩，有利于印度农村教育水平的提高。[①]

（三）日本

日本于 1999 年设立了第一个环保投资基金，专门开展社会影响力投资活动。2010—2012 年，日本政府组织了 20 多家机构为 900 家新兴社会企业提供了建设支持和 8000 万日元启动资金。2013 年，日本对社会影响力投资金额还不到 1 兆日元，2015 年就增加到 26.9 兆日元，2016 年增加到 57.7 兆日元，在全球可持续投资资产中所占比例同比增长 3 倍，发展势头迅猛。[②]

---

① 顾雷：《普惠金融视野下社会影响力投资的发展与成长》，载《零壹财经》2021 年 8 月 19 日。

② 富田秀实：《日本社会责任投资评价标准催生责任投资影响力》，载"豆丁网"，2015 年 7 月 18 日。

2014 年，为了鼓励社会影响力投资的可持续发展，日本厚生劳动省启动一项针对 SIB 研发的赠款计划，制定了《负责任的机构投资者原则》（*The Principles for Respnsible Institutional Investors*）。目前，该原则已由日本 282 家机构投资者签署，包括日本著名的养老金投资基金和养老金协会。此外，日本社会影响投资特别工作组也开始参与社会影响债券（Social Impact Bond），资助明治大学一个为期 5 年的项目，主要针对儿童教育、年轻人职业培训和社区就业引导。2017 年，日本还颁布立法，促进将资金从休眠的银行账户转移到社会投资银行，鼓励日本银行多为偏远地区的儿童和年轻人提供资金，以减轻贫困和振兴农村地区。[①]

总之，全球 SII 受访者的投资计划反映出人们对东南亚越来越大的兴趣，因为 52% 的全球社会影响力投资者（SII）计划在未来 5 年内增加对东南亚的投资。2020 年 6 月，亚洲首个新型可持续金融平台 STAGE 在中国香港交易所成立，STAGE 旨在提高可持续及绿色金融产品的市场关注、信息透明及流通，致力于推动可持续、绿色和社会责任债券发行。自成立全球 SII 网络以来，约 99% 的 SII 投资者达到了投资的预期效果，更令人印象深刻的是，88% 的 SII 投资者也通过 SII 达到了投资方的财务回报预期。

值得一提的是，新冠肺炎疫情大流行期间，全球公共卫生系统、市场和供应链极其脆弱，社会影响力投资（SII）主题投资突然大受欢迎，与病毒有关的债券迅速创立，诸如"SII 投资—新冠债券"吸引了大量资金。这类债券的收益或被用于资助开发疫苗或治疗方法，或被用于加强卫生保健系统、遏制疫情，还可能被用于任何与缓解疫情相关的工作中。

---

① 参见中央财经大学财绿色金融国际研究院：《中国资本市场 ESG 发展 2019 年度总结报告》。

第三节　社会影响力投资中国现状

一、社会影响力投资初级阶段

（一）社会影响力投资兴起背景

作为一种利用社会资本解决社会问题的积极实践，我国社会影响力投资（SII）基本上还处于初期阶段，但具有可观的发展前景。2006 年 3 月，香港民政局启动"伙伴倡自强"，资助初创了我国第一家"社会企业"。2006 年 9 月，深交所发布了《上市公司社会责任指引》，这是我国第一个对社会影响力投资方面的文件。2008 年，上交所发布《〈企业履行社会责任报告〉编制指引》。2008 年 1 月，国务院国资委发布《关于中央企业履行社会责任的指导意见》。2016 年，我国公布《关于构建绿色金融体系的指导意见》，成为世界上第一个由中央政府推动构建绿色金融体系的国家。

2017 年 12 月 15 日，中国人民银行、中国银监会、中国证监会、中国保监会发布的《关于金融支持深度贫困地区脱贫攻坚的意见》指出，要发挥资本市场作用，拓宽深度贫困地区直接融资渠道。这直接催生了"社会效应债券"的发行。

2018 年 9 月，中国证监会重新修改《上市公司治理准则》，确立了上市公司 ESG 信息披露框架。2019 年 8 月 15 日，陆家嘴金融城理事会绿色金融专委会联合华宝基金共同推出国内首只基于 MSCI（明晟指数）ESG 评级的指数型基金，以绿色金融产品创新来更好地服务实体经济，为完善我国社会影响力投资指标体系下的绿色金融体系奠定了基础。①

---

① 参见中央财经大学财绿色金融国际研究院：《中国资本市场 ESG 发展 2019 年度总结报告》。

2019 年 9 月 21 日，"2019 社会影响力投资项目发布会"披露，数字化科技正在成为社会投资影响力提高影响力评估水平的重要手段，用数字化科技手段解决最紧迫的社会问题、帮助有需要的人群，快速平衡公益和市场机制在价值观上的冲突，必将成为所有社会影响力投资的重大命题。

2022 年 4 月 29 日召开的中央政治局会议上，再次强调平台经济治理。会议决议提出要促进平台经济健康发展，完成平台经济专项整改，实施常态化监管，出台支持平台经济规范健康发展的具体措施，加强平台经济组织的社会责任。与此前 3 月金融稳定发展委员会会议相比，此次政治局会议决议似乎更加强调互联网平台在社会影响力投资方面的责任，在两年多来对互联网平台反垄断与资本无序扩张的治理行动过后，进入了一种全新周期，平台经济将在国家经济"稳增长"与迈向高质量发展中扮演更重要的角色，面对新的发展阶段，平台经济需要"再出发"，行稳才能致远，其关键在于"不忘初心、牢记使命"，强化自身的社会责任担当使命。

十多年来，联想、汇丰、芝华士在内的各大企业，以及全国各地的省、区、市都举办过公益创投大赛——类似公益圈的创业大赛。特别是 2020 年以后，社会影响力投资在中国加快发展步伐，在基础设施建设方面，包括信息披露、评价体系、数据支撑和中介服务也有了一定的起步。在制度规范方面，监管部门包括自律机构，在自律规范方面也在进一步完善。产品种类也进一步丰富，出现了两项创意性的可持续发展资产支持专项计划，拓宽了 ESG 债券的思路。投资主体更为多元化，越来越多的机构、民营投资主体参与进来。可以预见，随着中国和资本市场的逐渐成熟，将会有更具可执行性的政策法规出台，诸如社会效益评估体系的完善，社会影响力债券有望在中国真正实现更大的"影响力"。

未来，对中国平台经济而言，平台价值 = 商业价值 + 社会价值。商业价值固然是平台经济发展的底层逻辑与根本动力，但如何更好地服务用户、尊重社会、敬畏监管，不仅仅是实现盈利和创造经济价值，更重要的还有如何担当、如何更好地履行企业社会责任，助力国家科技创新与提升国家竞争力，为国家发展与社会进步贡献应有的力量，回归以用户价值、科技创新及社会责任为中心的本源，最大限度地发挥平台经济的社会价值。

（二）社会影响力投资主题形成

中国人民大学中国普惠金融研究院一项研究显示：为什么要把社会责任投资放到现在的中国来倡导？原因是深刻的。中国经历了 40 多年改革开放，收获了显而易见的红利，创造了发展的奇迹——经济实力显著增强、GDP 增长、人均收入水平提高。但粗放型经济增长的背后是付出了非常巨大的代价的。如果用包含经济、教育、健康、人均寿命等标准的联合国的人类发展指数 HDI 来衡量，我国全球排名只是第 85 位，而巴西、斯里兰卡、古巴等国家都排到我国前面。可见，经济上我们增长得比较快，但是我们在教育、健康、社会福利方面反而是拖后腿的，这应该是我国大力发展社会影响力投资的主要原因之一。[①]

我国可持续发展债券尚在起步阶段，发展空间相当广阔。目前，我国一共发行了 842 只可持续发展债券，发行时票面利率的加权平均数为 4.26%，主要投向交通运输及能源产业，二者占比分别为 37% 和 26%（见图 4-1）。

当前，作为全球最大的发展中国家——中国积极参与其中。2017 年 12 月 24 日，"首届全球公益金融论坛暨 2017 社会影响力投资峰会"在深圳举办，深圳国际公益学院董事会主席、招商银行原行长马蔚华在大会上提出"将公益理念引入商业机构（企业社会责任），把商业手段运用到公益领域，让商业向善、金融向善，让投资成为一种向善的力量。"[②]

一般来讲，公益机构只追求社会效益，不追求投资回报。问题是，公益

---

　　① 贝多广：《社会责任投资的实践与前景——从边缘到主流》，载"中国普惠金融研究院网站"2021 年 11 月 12 日。

　　② 张明敏：《社会影响力投资：中国破局进行时》，载《公益时报》2018 年 1 月 9 日。

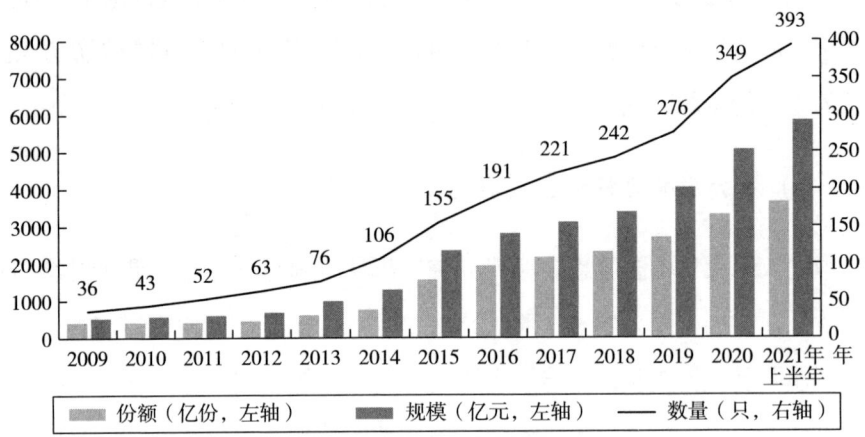

图4-1 中国社会影响力投资数量份额和规模

（资料来源：《中国 ESG 发展创新白皮书2021》）

机构往往会面临较大的发展瓶颈问题，仅仅依靠情怀来推动一个机构发展是不能持久的。于是，越来越多的机构将"投资＋社会公益＋数字金融＋数字科技"方式作为社会影响力投资机构可持续发展的一种新型方式，这也是金融机构解决社会问题的最佳主题（见图4-2）。

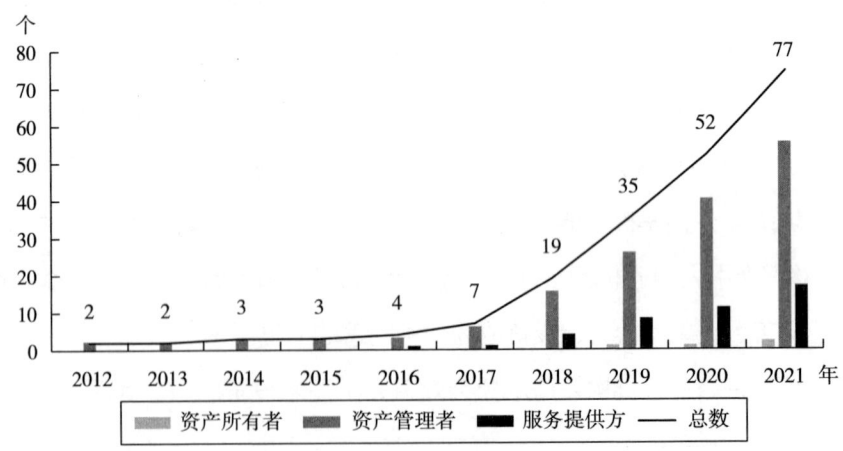

图4-2 中国社会影响力投资数量结构

（资料来源：《中国 ESG 发展创新白皮书2021》）

根据瑞银集团一项调查发现：可投资资产在 100 万美元以上的中国投资者中，约 60% 的人表示已将环境、社会和治理（ESG）纳入投资组合中。约 74% 的中国投资者希望未来 10 年"影响力投资"能成为新的投资准则。[①] 截至 2019 年末，泛 ESG 公募基金在中国的规模已达到 502 亿元，相较 2013 年的规模增长了约 78%。[②]

总体上看，虽然我国社会影响力投资发展尚处于发展初期，与之配套的各大产业链，诸如第三方评估机构、投资管理公司、社会企业孵化器、影响力投资联盟、融资顾问并不成熟，从政府到企业对社会影响力投资理念的理解正在形成过程中，但社会影响力投资发展的势头很快，社会正在逐渐接受和理解社会影响力投资，与"创新、开放、绿色、协调、共享"的五大新发展理念高度一致。

二、我国社会影响力投资实践

（一）政府社会实践

从政府角度来看，将商业资本引入公共领域，在帮助解决现实社会问题的同时，也使解决社会问题的模式更加可持续化。对于市场机构而言，通过对财务绩效和社会绩效的双重目标管理，可以促进机构的良性发展，成为介于商业投资和公益慈善之间的一种投资新工具。

虽然我国目前还没有关于社会影响力债券的相关立法，但我国政府还是积极出台绿色金融优惠政策以吸引外资和先进绿色技术，与社会影响力债券概念近似的"社会效应债券"已经出现了实践案例。社会影响力债券的核心是公私合作，政府利用私人投资来支付社会服务的前期成本，通过绩效合同

---

① 参见《美媒：中国"影响力投资"越来越有影响力》，载《人民日报·海外版》2020 年 2 月 20 日。

② 参见中央财经大学财绿色金融国际研究院：《中国资本市场 ESG 发展总结报告（2019 年）》。

为高质量的社会服务提供资金，与高水平的服务提供者合作。①

2016 年 12 月 23 日，山东省沂南县扶贫社会效应债券作为中国首单社会效应债券，以非公开定向债务融资工具的方式在银行间市场交易商协会完成发行和资金募集，采用"本金保证 + 收益浮动"方式，绩效收益率在 3.25% ~ 3.95% 浮动，募集资金 5 亿元，期限 10 年，主要投资于沂南县扶贫特色产业项目、扶贫光伏电站、扶贫公共服务和"六个一"扶贫配套工程。虽然 2018 年 11 月 9 日，财政部认为山东省沂南县人民政府发行社会效应债券的行为违反了《预算法》第三十五条"除前款规定外，地方政府及其所属部门不得以任何方式举借债务"的规定，至此该项目最终宣告失败，② 但该债券作为国内首例"社会影响力债券"，还是引起了广泛关注。

2017 年 12 月 1 日，深圳市福田区政府发布《社会影响力投资专项政策》，成为我国首个发布这一政策的地方政府。深圳市福田区人民政府将在福田地区打造成初具规模的社会影响力投资高地，推动发展 5 种业态发展，即设立"社会影响力债券""社会影响力政府引导基金""社会慈善信托""支持社会企业发展""社会责任性投资"，同时开展 5 个方面的扶持工作，一是加大财政资金扶持力度，2018 年计划安排 3000 万元资金扶持；二是加大地区人才培育力度，支持社会组织、金融机构进行人才初步引进和相关课程开发；三是鼓励海外社会和家族机构进驻福田区，按照品牌影响力和社会共建给予支持，让全世界更多的投资机构认识福田区；四是鼓励社会影响力各种业态创新，包括区块链、大数据、云计算、人工智能、物联网等技术产品和业务创新，用金融科技力量帮助更多的投资企业走入福田地区，带给福田本地企业更多的投资资金；五是对发行含有社会

---

① 郝志斌：《社会效益债券法制化的他国镜鉴》，载《证券市场导报》2019 年第 6 期。
② 林文漪、孙艳、赵兴宇：《社会影响力债券在中国》，载"上海复观律师事务所网站"2021 年 2 月 3 日。

影响力投资债券的企业，政府补贴 2 个百分点，连续补贴 3 年，支持企业发展。①

令人欣慰的是，为了应对全球气候变化，我国政府正在创造更多机会，2020 年实现新能源电动汽车产销量达 200 万辆，并正在逐步替代燃油汽车。2019 年 6 月，中国人民银行决定适当扩大中期借贷便利（MLF）担保品范围，包括不低于 AA 级的小微企业、绿色和"三农"金融债券，AA + 级、AA 级公司信用类债券，优质的小微企业贷款和绿色贷款。②

截至 2020 年 6 月，我国发行绿色债券数量 195 只，发行规模 2827. 60 亿元，数量和规模分别较上年增长 52. 34% 和 26. 86%，AAA 级和 AA + 级的发债主体保持稳步增长态势，其中，我国金融机构 2018 年绿色债券发行量约占绿色债券发行总量的 60%，政府支持机构发行占比第 2 位，发行量为 400 亿元。发行扶贫类债券（含资产支持证券）189 只，发行量共计 7592. 16 亿元人民币，扶贫类债券的加权平均票面利率为 3. 44%。

2021 年 10 月，深圳市在香港发行首只离岸人民币地方政府债券，发行规模为 50 亿元，其中，39 亿元为经过香港品质保证局认证的绿色债券，用于城市轨道交通和水治理项目。同年 12 月，匈牙利政府在我国银行间债券市场发行 10 亿元人民币绿色主权熊猫债，这是熊猫债市场首单外国政府类绿色人民币债券。③

为切实推动中央企业科技创新和社会责任工作，经中央编委批准，国务院国资委于 2022 年 3 月 15 日成立科技创新局、社会责任局，抓好中央企业社会责任体系构建工作，指导推动企业积极践行 ESG 理念，突出抓好中央企业"两化"融合和数字化转型，大力推进中央企业创新链、产业链深度融合，主动适应、引领国际规则标准制定，更好地推动可持续发展。

---

① 张明敏：《社会影响力投资：中国破局进行时》，载《公益时报》2018 年 1 月 9 日。
② 参见《美媒：中国"影响力投资"越来越有影响力》，载《人民日报·海外版》2020 年 2 月 20 日。
③ 参见中国人民银行《2021 年我国绿色债券市场发展回顾与展望》，2022 年 4 月 28 日。

（二）金融机构社会实践

2016 年以来，兴业银行累计发行绿色金融债券 1300 亿元，是国内最大的绿色金融债发行主体，也成为国内较早发展社会影响力投资项目的商业银行。2018 年 9 月，中国建设银行香港分行累计发行 10 亿美元绿色金融债券用于华东地区的铁路项目以及为二三线城市的经济适用房、教育和医疗项目提供融资服务。2019 年，中国工商银行发行"一带一路"银行间常态化合作债券，发行金额为 150 亿元，推动"一带一路"倡议与绿色发展理念有机融合，促进沿线国家和地区金融市场的共同繁荣。中国农业发展银行累积发放农民集中住房贷款 2742 亿元，支持农村棚户区改造、危房改造和游牧居民定居工程，惠及 106 万户农户，属于民生工程，社会影响力巨大。

2016 年，仅有 14 家银行和 24 家券商参与承销绿色债券。截至 2021 年末，绿色债券承销机构数量增至 105 家。其中，中国工商银行、中国银行、中国农业银行和中国建设银行承销规模居前 4 位；中小型银行（城市商业银行、农村商业银行）的参与数量由 2016 年的 4 家增长至 2021 年的 22 家，南京银行、宁波银行、杭州银行的承销规模较大。

2021 年 12 月，中国建设银行在境外发行全球首笔基于中欧《共同目录》的绿色债券，支持粤港澳大湾区清洁交通、清洁能源项目。2021 年 7 月，国家开发银行面向全球投资者发行两笔绿色债券（各 100 亿元），属于生态保护专题绿色金融债券，分别用于黄河流域生态保护以及长江经济带发展。①

（三）国有企业社会实践

国有企业通过模式创新、技术创新、思维创新，回应了社会诉求，展现了社会影响力实质内涵，彰显了普惠金融的辐射温度。早在 2016 年 2 月，平

---

① 参见中国人民银行《2021 年我国绿色债券市场发展回顾与展望》，2022 年 4 月 28 日。

安信托就率先设立国内首只永续型集合慈善信托——"中国平安教育发展慈善信托",专注于教育领域的慈善项目,截至 2021 年 12 月,该慈善信托累计规模已超过 2000 万元,在业内被视为第一只与社会影响力投资相关的信托。

创新发行碳中和专题债券。2021 年 2 月,三峡集团、华能国际电力股份有限公司、国家电力投资集团有限公司等发行首批 6 只碳中和债券,规模合计 64 亿元。2021 年 5 月,中国节能环保集团有限公司发行首笔"碳中和、乡村振兴"双标绿色中期票据。2021 年 9 月,中国农业发展银行面向全球投资者发行国内首单用于森林碳汇的碳中和债券,募集资金 36 亿元。[①]

》》【案例 4 - 1】

北京市基础设施投资有限公司于 2018 年发行了共计 50 亿元社会效应债券,为北京两个地铁项目提供融资,全部用于北京轨道交通 3 号线和 12 号线的建设。在债券募集资料中发行人声明,举借债务不会增加政府债务规模,不会划转给政府使用,政府不会通过财政资金直接偿还该笔债务。地方政府作为出资人仅以出资额为限承担有限责任,相关举借债务由地方国有企业作为独立法人负责偿还。发行人不存在政府购买服务的情形不仅解决了修建地铁基础设施的资金问题,还减少了二氧化碳排放,创造了就业机会,节约了市民出行时间,间接提高了市民幸福指数。

案例来源:北京市人民政府网站。

2017 年 11 月,宁海城投集团有限公司发行共计 12.5 亿元债券,该债券是全球首单以可持续发展资产作为底层资产的专项支持债券,基础资产为以宁海城投安置房未来销售收入为偿还现金流的信托贷款收益权,改善了社会中无房户的居住条件。

---

① 参见中国人民银行《2021 年我国绿色债券市场发展回顾与展望》,2022 年 4 月 28 日。

（四）互联网机构社会实践

"社会价值投资联盟"是我国首家社会联盟类型的公益机构，是支持"义利并举"社会创新创业项目的投资促进平台。① 社会价值投资联盟以"创造社会福祉"和"提升商业回报"双理念为宗旨的投资平台，秉持"打破恶循环、建立善经济"为使命，引导资本、智库及政策等要素资源支持社会创新创业项目，聚集"项目池"和"资金库"为模式，开展以数字化信息作为核心驱动要素、以信息网络为载体、以通信技术为传输的结构化社会投资活动，促进政府、市场与社会协同破解健康、养老、脱贫、安全、教育、环境、能源和金融八大领域的民生问题。

>>>【案例 4-2】

平安秉承开放的态度，积极贯彻"社会影响力金融"理念，以金融服务实体、服务社会，为行业赋能加力，践行 ESG 理念的扛鼎之作，平安"三村工程"自 2018 年启动以来，已在全国 21 个省、自治区落地，通过扶贫保、发债、贷款等多种形式，共发放扶贫资金 265.96 亿元，带动建档立卡贫困户 47036 人，人均增收 2500 元，惠及贫困人口 73 万人。

案例来源：平安普惠网站。

2017 年 12 月 15 日，社会价值投资联盟发布《A 股上市公司社会价值评估报告（2017）及首届"义利 99"排行榜》，成为全球首套针对上市公司经济、社会、环境综合效益的量化评估体系。中国建筑、长江电力、正泰电器等 99 家企业成为首届上榜的义利并举的企业。

---

① 社会价值投资联盟，简称"社投盟"，是由友成企业家扶贫基金会、联合国社会影响力基金、中国社会治理研究会、中国投资协会、青云创投、明德公益研究中心共同发起，在深圳设立总部，由近 60 家机构联合创办的中国首家社会联盟类公益机构，也是支持"义利并举"社会创新创业项目的投资促进平台。

　　当前，民生科技以服务民生为宗旨，围绕人民群众最关心、最现实的产品开发、成果转化和科技服务，把科技成果转化到与民众生活紧密相关的活动中。在戈德史密斯（Goldsmith）和帕特里克（Patrick）的金融发展理论中，经济欠发达的国家和地区通常采用金融优先的金融资源供给带动政策，以刺激储蓄和投资，这能对经济发展起到较明显的促进作用，有利于降低生活成本，改善人民生活质量。以智能康辅产业为例，我国涉及该行业相关人群达 2 亿之多，潜在市场高达万亿。

　　2020 年我国遭遇新冠肺炎疫情，中小微企业的生存面临巨大的风险。一项研究报告显示：疫情的暴发，可能成为压垮融资本身就较为困难的中小企业的"最后一根稻草"。86.46% 的企业生产经营受到较大影响，其中，38.90% 的中小企业反映影响严重，经营暂时处于停顿状态；29.43% 的企业反映影响特别严重，将导致经营发生亏损；18.13% 的企业反映影响较大，经营勉强维持，但时间并不能坚持很久；仅有 12.05% 的企业反映影响较小，经营稳定可以承受。该研究报告还显示：67.69% 的企业反映营业收入减少；21.61% 的企业反映无法及时偿还贷款等债务，经营资金压力加大。从企业账上资金能支持的时间来看，86.22% 的企业账上资金无法支撑 3 个月以上；33.73% 的企业反映资金支撑不到 1 个月；只有 9.89% 的企业反映可以支撑半年以上。[①]

　　为此，支持我国中小微企业就成为新冠肺炎疫情特殊时期的重要任务。越来越多的互联网机构投入了这场艰难而光荣的金融支持活动中，体现出了互联网机构社会责任感。江苏银承网络科技股份有限公司积极投身到疫情期间支援中小微企业，利用自身数据和票据优势，推出江苏省中小微企业"亿万工程"的免费服务项目，深受当地中小微企业的欢迎和好评。

---

　　① 参见维度数据科技产业发展中心：《"危中有机"，浅谈疫情对中小企业发展的影响与应对之策》，载"腾讯网"2020 年 4 月 11 日。

> **【案例 4 - 3】**

2020 年 1—7 月，湖北省深受疫情影响，线下融资渠道受阻，共有 104946 张承兑汇票通过江苏银承网络科技股份有限公司完成融资变现、总金额达 329.41 亿元，其中武汉市 50670 张、161.68 亿元，有效帮助疫情区的企业渡过了生存难关。

当南京发生疫情，江苏银承网络科技股份有限公司积极通过平台优势，携手江苏省工信厅，推出江苏省中小微企业"亿万工程"的免费服务项目，推动实体经济中的中小微企业融资向线上场景的数字化转型，降低中小微企业固有融资信息的不对称性，有效缓解企业小额票据融资难题。

案例来源：江苏银承网络科技股份有限公司提供。

三、我国社会影响力投资主要问题

（一）没有形成社会影响力投资体系

在我国，影响力投资概念还未得到充分普及，社会对影响力投资的关注度在很大程度上集中在慈善公益机构。社会影响力投资主体有待多层次扩充，很多行业诸如养老、水利、农业等还没有充分发掘，涵盖教育、基建、文教卫生、环境保护领域的社会影响力投资项目并不多见，股票、债券、信托、保险等金融工具在影响力投资中发挥作用也不明显，大部分的社会企业处于非常早期的阶段，还没有一个可以被证明为行之有效、广泛推广的商业模式，社会影响力投资体系远未形成。

尽管如此，作为一种利用社会资本解决社会问题的社会实践，社会影响力投资虽然属于发展初期阶段，但仍然具有可观的发展前景。我们注意到中国人民银行、中国银保监会、中国证监会近年来多次要求发挥资本市场作用，拓宽深度贫困地区直接融资渠道，鼓励符合条件的社会企业通过发行短期融资券、中期票据、扶贫票据、社会效应债券等债务融资工具筹集资金。[①] 可以预见，随着我国脱贫攻坚工作不断深入和普惠金融市场逐渐成熟，社会效应债券相关具体规则将有更具可执行性的政策法规出台，不断完善社会效益评估体系，融资产品结构设计更加合理，社会影响力债券有望在普惠金融领域实现更大的影响力。

（二）社会影响力投资理念尚未形成

社会影响力投资（SII）是一个舶来品，几年前中国才开始关注社会影响力投资。由于东西方的文化差异，对社会影响力投资的理解上可能存在差异，例如，影响力投资的市场容量如何测定？影响力投资评估标准如何确定？影响力投资中国市场的潜力究竟有多大？未来用何种方式推广影响力投资更为有效和适应中国市场？如何消除体制内对影响力投资的障碍？这些问题一直没有得到很好解决，导致社会影响力投资机构在中国的发展非常有限。

一方面，在社会大众心中，传统的公益或者慈善思想影响深远，社会大众普遍认为公益或者慈善才是对社会有真正帮助的社会救助形态，对社会影响力投资理念不认可，认为那不过是高额利润投资的新版说法，从内心深处并不认可社会影响力投资；另一方面，我们不断面临环境、教育、资源等诸多社会问题，这使得国内慈善业试图与商业界结合起来，快速解决这些社会问题，但是一些负面事件使全社会对于公益慈善与商业的结合变得敏感、质疑甚至排斥。抵触企业选择社会影响力投资，从客观上阻碍了社会影响力投资的深入发展。

（三）立法存在较大差距

目前，我国社会效应债券发行实践均适用《银行间债券市场非金融企

---

① 林文漪、孙艳、赵兴宇：《社会影响力债券在中国》，载"上海复观律师事务所网站"2021年2月3日。

业债务融资工具管理办法》及相关配套规则，纳入银行间债券市场管理体系，在这种发行结构下发行人与投资人之间构成债权债务关系。但是，银行间债券市场并不完全适合社会影响力投资，而且涉及范围比较窄。我国现阶段几乎没有真正意义上的社会影响力投资法规，只有零星散见各个部委发布的一些通知、指导意见等政策性文件，诸如 2016 年我国七部委联合发布的《关于构建绿色金融体系的指导意见》，2008 年 1 月国务院国资委公布的《关于中央企业履行社会责任的指导意见》。显然，我国针对社会影响力投资方面的立法制度几乎空白，缺乏统一的立法，不利于社会影响力投资的健康发展。

（四）评价体系与衡量方法不确定

我国社会影响力投资起步较晚，除富时罗素、明晟 MSCI 等外国机构对 A 股部分上市公司进行的评级以外，国内的第三方评级诸如商道融绿、华证等的评级标准、细分原则很多都承袭国外的标准，尚未搭建一套本土化的评级框架和准则。另外，我国虽然有类似企业责任报告等的披露要求，但目前尚未有完善的社会影响力投资信息披露规章制度。也就是说，目前，社会影响力投资指标远未充分完善和成熟，评价社会影响力投资的评价指标太多，而且设计上缺乏针对性、差异化，没有各界共同认可的指标。例如，明晟 MSCI《ESG 评价方法》、中央国债登记结算有限责任公司和中债金融估值中心有限公司联合发布的"债券发行主体 ESG 评价 2020"、中国社科院《中国企业社会责任报告编写指南》、中国证券投资基金业协会、国务院发展研究中心金融所《2019 中国上市公司 ESG 评价体系研究报告》、汤森路透《ESG 评价 2017》以及商道融绿"商道融绿 ESG 评估系统"等社会影响力投资评价方法可谓是众说纷纭，莫衷一是，有的聚焦"生态环境"中排放污染目标，有的聚焦到"生物多样性"目标，还有的关注"气候变化"目标，五花八门，"评"出多门（见表 4 – 1）。

表 4－1　社会影响力投资评价体系与衡量方法比较

项目	GRI可持续报告标准	明晟 MSCI	汤森路透	中国社科院	中央国债登记结算有限责任公司	中国基金业协会	中国社会投资联盟
资源	材料、能源和水资源	自然资源	资源利用	节约资源和能源	资源利用	企业环境分析管理情况	绿色发展
排放污染等负面环境因素	排放废水废料	污染和浪费	排放	降污减排	污染防治	环境信息披露水平	污染防控
管理合规	环保合规、供应商环保评估	环境机会	创新	环境管理	环境管理	环境信息披露程度	环境管理
其他	生物多样性	气候变化	—	—	绿色发展	整体环境分析暴露程度	环境监督和管理

注：周波青制表。

这些社会影响力投资指标，既没有统一的基础性评价标准，也没有一个权威机构进行全面评判，缺乏对社会影响力投资评价的认同，很可能造成个别机构或企业滥用社会影响力投资，沽名钓誉，愚弄社会，甚至借机从事非法活动。[①]

（五）数字化监管进程迟缓

伴随着金融机构与科技平台的合作融合越来越深度，主观上需要我们具备更为开放的社会影响力投资数字化监管理念，客观上需要更为有效的跨行业社会影响力投资数字化监管协同。

社会影响力投资数字化转型的背后推手是数字化技术，诸如风险模型结

---

① 参见《经济改革下"社会影响力投资"的发展与成长》，载"东方财富网"2021年8月24日。

构、数字指标、风控结构等，它们与传统金融机构风险结构、数字指标是不太一样的。大数据共享带来社会影响力投资监管的新模式，跨界数据共享、跨境数据治理需要重新审视数字金融监管边界、行为准则以及参与各方的权利与义务，需要重新架构数字化金融监管框架、监管重点和难点，甄别社会影响力投资过程中各类新型风险，加强数字金融风险分析与数字监测能力，调整金融监管导向，提升风险防控能力。但是，我国社会影响力投资数字化监管相对比较滞后，社会影响力投资数字化监管正面临着数据质量参差不齐、数据权属界定不明、数据流通规则不清、金融数据监管不统一，没有真正形成社会影响力投资数字化监督和管理框架，带来了信息安全、系统风险、信用安全和市场风险等诸多挑战。

（六）社会责任感不足

近年来，我国社会影响力投资发展迅猛，涌现出很多创新模式，无论是共享经济、消费升级、金融科技等新的业态，还是大数据、区块链、人工智能等新技术，社会影响力投资都扮演了推动者与建设者的角色，取得了一定的成绩。为此，早在 2014 年 9 月于北京召开的"互联网金融企业社会责任峰会"上，中国社科院以及百余家互联网金融企业联合发布了《互联网金融企业社会责任自律联盟、互联网金融企业社会责任报告白皮书》，承诺履行社会责任，追求阳光利润，保证利益相关方合法权益。但是，不少互联网企业为了短期利益，并未投入更多精力来关注和解决这些问题，近年来互联网企业社会责任和伦理缺失缺位事件并不少见。例如，部分互金平台打着社会影响力投资旗号，招摇撞骗，在 C－C 电子商务交易平台中大肆坑蒙拐骗，假货、水货、虚假陈述产品充斥其中，屡禁不止。2021 年初，中国银保监会两次约谈蚂蚁集团，指出了蚂蚁金融法律意识淡漠，垄断互联网市场，利用市场优势地位排斥同业经营者，藐视监管合规要求，损害消费者合法权益进而引发消费者投诉，要求蚂蚁集团停止侵犯金融消费者合法权益商业行为，履行更多的社会责任。国家市场监管总局也依法对阿里巴巴集团控股有限公司实施"二选一"等涉嫌垄断行为开展立案调查，强化反垄断和防止资本无序扩张，引发业内对互联网企业社会责任的深入思考。

从"百度魏则西事件"到今天约谈蚂蚁集团，都是互联网企业缺乏社会责任的一种反映。显然，现阶段我国社会影响力投资还处于"流量为王"的收割期，个别互联网企业伦理缺失责任缺位事件时有发生，引起了社会广泛关注。

四、社会影响力投资功能

（一）重构社会公平管理规则

全面审视社会发展的公平问题，推动社会影响力投资数字化的管理理念、管理模式、管理手段，打造智能化、精细化的城市、乡村"数治"新范式，聚焦网格化管理、智能化交通管理、应急性公共安全管理，以"人性化"为引领，重构数字时代社会管理规则，消除数字化转型发展的政策性门槛，推进基层法治建设、群团组织数字化转型，实现城市、乡村治安感知、风险监测预警、警力资源调度改革，为数字化转型提供制度保障，构建与数字化转型相适应的城市安全格局。

（二）提升数字化发展能力

为了加快社会影响力投资在生产制造、金融服务、航运物流、智能销售、数字贸易领域数字化转型，越来越多的互联网机构、第三方支付平台有效配置资金、人才、技术，大力发展新应用，创造新业态，探索新模式，为客户提供快速、便捷的综合型金融服务，引领在线消费，做大配送市场，形成数字经济的竞争新优势。在这一方面，江苏银承网络科技股份有限公司建立多渠道的资产与资金撮合融资服务模式，表现得十分突出。

▶▶【案例 4-4】

江苏银承网络科技股份有限公司依托金融科技创新服务商业银行、非银金融机构、中小微企业，建立多渠道的资产与资金撮合融资服务模式，将金融服务嵌入客户常用、高频的生活场景，为客户提供足不出户的便捷综合服务，从资产端、资金端两大方面降低成本、提高效率、增加收入。目前，公司服务覆盖全国 32 个省级区域 94 个行业，"从数字中来，到实体中去"，这是江苏银承网络科技股份有限公司发展数字经济的出发点和落脚点。

案例来源：江苏银承网络科技股份有限公司提供。

（三）推动数字化升级

首先是打造智能医院、数字校园、智慧社区等一批数字化生活服务示范场景，推动大众教育、公共卫生、就业、养老更精准发展，提高人民生活质量，不断丰富社会人群的文化艺术生活。

▶▶【案例 4-5】

中国光大银行"光大云"缴费践行"为生活数字化升级，为社区群众办实事"。"光大云"缴费深入推进社保代收等各类政务缴费项目，现已支持山西、河北等 27 个省（自治区、直辖市）城乡居民和灵活就业人群社保缴纳。2021 年，有超过 1.8 亿人次通过光大云缴费完成社保缴纳，缴费金额超 770 亿元，为异地就业、偏远地区人员解决了往返奔波的不便。

此外，搭建以云缴费 App 与云缴费官方、社保云缴费、医疗云、光大社区、开薪宝 5 个小程序为核心的"1+5"场景生态系统，提供包括 1 元理财、1 折基金等"微金融"小额普惠金融服务，支持众多普惠、细微金融服务，满足了用户更全面的便利性金融需求。截至 2021 年末，"光大云"缴费接入缴费项目超过 12000 项，涵盖水、电、燃气、供暖、通信、交通、医疗、社保、非税等数十个领域，全年缴费金额突破 5500 亿元，缴费笔数突破 20 亿笔，服务活跃用户突破 5.6 亿户，直联客户突破 1 亿户，先后荣获"年度最具影响力便民金融服务平台""2021 人民企业社会责任案例"等奖项。

案例来源：《光大银行：推进"数字光大"高质量发展》，载"人民网"2022 年 3 月 29 日。

其次是构建数字商圈平台、社区智慧物流终端等生活"新基建"，推进电影剧院、体育场馆、宾馆旅社、购物中心、餐饮、游艺场馆、音乐厅、图书馆、博物馆等城市公共设施数字化转型，打造便捷化数字化公共服务体系。其中，新西兰奥克兰博物馆最为著名，通过对一场名为 Moana - My Ocean 的海洋保护主题展览进行了 SROI 评估之后，实现了环境保护、社会效益的同时，彰显了文化展览类活动同样可以带来巨大的商业效益。①

再次是合理利用大数据、区块链等多维技术创新，江苏银承网络科技股份有限公司发挥开放型平台在普惠金融领域的优势，为商家供应链末端的中小微企业提供了融资新渠道，提振数字化升级，逐渐缓解当前我国中小微企业融资难、慢、贵、险问题，收到了较好的效果。

▶▶【案例 4 - 6】

江苏银承网络科技股份有限公司采用"两翼一体"票据数字化全链条服务模式，发挥开放型平台在普惠金融领域的强优势，依托 AI、大数据、

---

① 目前，全球已有数十种社会影响力评估工具，社会影响投资回报评估（social return of investment，SROI）是目前最能直接核算混合价值体系的社会影响力投资回报率的评估工具。

区块链等多维技术创新有效缓解了当前票据贴现市场中的"三小一短"票据融资难、慢、贵、险问题，为中国数百万家供应链末端的中小微企业提供了融资新渠道，其中，中小微企业占比超90%，平均单笔成交票面金额仅30万元，最小成交面额仅101.07元，打通了普惠金融"最后一公里"。凭借出色的科技服务能力，江苏银承网络科技股份有限公司入选《中国普惠金融发展报告（2021）》典型案例。

案例来源：江苏银承网络科技股份有限公司提供。

最后是倡导各类公共服务面向老年人和残障人士，开展"数字无障碍"适应性活动，最大限度地杜绝"信息落差""知识分割""操作障碍"问题，消除因为网络、通信的拥有程度、应用能力差别而造成的信息普及率不高现象，缩小因贫富差别造成的两极分化趋势，更多、更好地缩小数字鸿沟解决方案，方便中老年人通畅使用移动通信工具，满足老年人、残疾人和罹患疾病的人群对新时代美好生活的向往。

（四）提高数字化市政管理

在公正化方面，社会影响力投资建立数据治理和安全保障体系，数字赋能多元化社会治理，推进基层治理、法治建设的数字化转型，以城市安全治理为导向，系统性优化数据采集、共享和应用，完善城市环卫管理信息系统、楼宇防火管理系统、园林绿化管理系统、交通管理信息系统及治安巡逻升级系统，实现政府决策科学化、公共服务高效化、社会治理精准化，加快释放数据要素在城市治理的改革红利。

在透明化方面，社会影响力投资建立公开、透明的数据要素市场，整合市政、交通、社区调度职能，收集、处理城市管理相关数据，推动公共数据大范围使用，实现城市道路、桥梁、楼宇、街道和公共场所全面覆盖。

在人性化方面，社会影响力投资打造智能化、精细化的城市"数治"新范式，围绕新市民实际需求，以一体化数据资源服务平台为载体，形成数字化"一网通"管理模式，让新市民从嘈杂、忙碌的生活中进入安静的数字化环境中，完善以人性化为目标的城市管理体系。

（五）提高老百姓幸福感

以数字化转型践行"为人民谋幸福"理念，社会影响力投资坚持面向低收入群体，搭建更多群众喜闻乐见的数字经济公共服务平台，满足社会底层人群生活新需求，构建创新型数字经济生活服务体系，消除数字化转型过程中新技术带来的数字鸿沟，最大限度地调动普罗大众积极性、参与性，构建知识型高端科技服务平台，不断提升社会低层人群的获得感、幸福感、安全感，谱写人民城市美好生活新篇章。

>> 【案例 4 - 7】

为了解决美国旧金山湾区高额房价给低收入家庭带来的远程职住通勤压力，旧金山湾区的大都会交通委员会（MTC），采用联邦交通基金，撬动包括摩根士丹利在内的各类公私资本，2006—2011 年，建立了高达 5 亿美元的"湾区交通导向的可支付住房基金"，用于解决这些低收入家庭在公共交通周边高房价区域的住房问题。这个基金已在 7 个项目上投资 2.9 亿美元，建设了 779 个住房单元。

案例来源：《社会影响力的机遇、盲点和痛点》，载《澎湃新闻》2016 年 11 月 17 日。

其实，在中国内地也经常出现类似的案例，引入社会资本积极参与老旧小区改造，是城市更新中的一项关键举措，尤其对旧城改造、城市更新项目进行影响力评估，也是"十四五"规划中提到的"社会治理共同体"建设在老旧小区治理中的重要体现。《中共北京市委关于制定北京市国民经济和社会发展第十四个五年规划和二〇三五年远景目标的建议》指出，持续推进老旧小区、危旧楼房、棚户区改造，推广"劲松模式"，引入社会资本参与。在引入社会资本参与老旧小区更新改造的诸多治理实践中，劲松社区和首开集团的试点项目，成为全国老旧小区改造中的"样板项目"。

▶▶【案例 4-8】

2018 年 7 月，北京劲松社区宣布与社会资本——愿景集团达成合作，从设计、规划、施工到后期的物业管理，全流程参与改造，成功开启"劲松模式"，就是借助后续物业管理服务的使用者付费、政府补贴、商业收费的多渠道融资模式，维持一定期限内投资回报的平衡，形成了社会力量加入老旧社区改造项目的吸引点。

劲松小区引入高水准物业公司，推进全链条质量管理，规划师、设计师、管理团队联手改造小区公共设施，实现了"配套先进、街巷干净、停车有序、管理智能、居民乐居"的喜人变化。首开集团以新定位，致力于打通城市空间建设、改造、保护、修缮与运营服务的全生命周期，建立集城市开发、城市更新、城市保护于一体的综合业务模式，增加集团在城市价值链布局上的广度和厚度，实现集团新时代的新发展。

案例来源：《城市更新中的"劲松模式"和"首开模式"》，2021 年 11 月 26 日。

劲松社区联合愿景集团做了大量调研工作，发放 2380 份调查问卷，把居民需求进行条块梳理；2019 年 3 月 28 日，进行物业路演；从 2019 年 4 月 8 日起，1 个月的时间内分 10 个志愿小组上门讲解改造细节，争取业主同意的"双过半"；随后经过约 2 个月的改造，2019 年 8 月 2 日，以"一街"（劲松西街），"两园"（二区小公园、209 小花园），"两核心"（社区居委会、物业中心），"多节点"（社区食堂、美好会客厅、自行车棚、匠心工坊等）为改造重点的示范区终于出炉。这些改造围绕公共空间、智能化、服务业态、社区文化四大类，共 16 小类 30 余项专项，深受劲松地区居民的欢迎和称赞。①

第四节　促进社会影响力投资数字化建议

一、建立统一社会影响力评估标准与体系

（一）社会影响力评估标准

社会影响力评估（Social Impact Assessment，SIA）是衡量社会企业获得社会影响力投资的重要手段，帮助组织作出更好的决策、传播其价值，正确评价社会影响力投资。统一的社会影响力评价（SIA）可以引导社会影响力投资朝着公平、对等、实效方向发展，避免主观因素干扰，增加大众对社会影响力投资活动的信任感。

哈佛大学商学院（Harvard Business School）一项研究显示：全球目前已有数十种社会影响力评估工具，从本质上看，既有事中的衡量，也事后的评价，方法各不相同，原理也大相径庭。诸如社会投资回报（SROI）、收益成本比（BCR）、经济回报率（ERR）、变革理论和逻辑模型（Theroy of Change and Logic Model）、任务调整方法（Mission Aligment Methods）以及实验和准实验方法（Experimental&Quasi Experimental Method）。②其中社会投资回报（Social Return of Investment，SROI）是目前最直接核算混合价值体系的社会影响力投资回报率的评估工具，由欧洲区域发展基金和罗伯兹企业发展基金

---

① 参见《北京首个引入社会资本改造老旧小区："劲松模式"能否推至全国?》，载《中国城市报》2020 年 8 月 19 日。

② IvySo&AlinaStaskevicius, 2015, Harvard Business School.

（REDF）联合开发而来。[1]

在美国，社会影响力投资基本上以"6E 模型"进行专业评估，就是通过 6 种方法来衡量影响力投资所产生的利润和社会影响。"6E 模型"包括了 6 个以字母 E 打头的词汇概念，分别为经济（Economics）、就业（Employment）、赋权（Empowerment）、教育（Education）、道德（Ethics）和环境（Environment）。其中，"经济"状况与公司股票价值的计算有关；"就业"与直接和间接创造的就业机会有关；"赋权"与公司利益相关者的多样性有关；"教育"与公司在遵守和持续改进方面的成本有关；"道德"与管理企业的行为准则有关，指导人们作出对与错的判断；"环境"指标与企业对地球的影响有关。[2]

因此，尽快促使监管机构出台相关法律法规，完善国内社会影响力投资市场的体系建设，引导企业更加注重环保、责任、治理，为国际投资者提供更多优质资产，鼓励更多社会企业积极进行社会影响力投资实践，提升其在资本市场上的表现，拓宽其融资渠道，最终改善经营问题，优化财务报表并对融资成本进行有效的正反馈，帮助投资者构建更为稳健的投资组合，或者为投资者排除基本面风险较大的劣质标的，能够为投资者带来超额收益。

（二）社会影响力评估体系

在我国，虽然已有一些社会影响力投资（SII）的评价机构和评价方法，但是在评价统一性方面还比较薄弱，仍缺乏更客观、更科学的评价体系。比如，如何将传统财务状况和社会影响力投资所涉及的非财务状况进行综合分析、评判和度量，依然是目前学界和业界尚未解决的问题。

---

① 任钰：《如何评估长远的社会效益：社会影响力的机遇、盲区和痛点》，载《中国发展简报》2016 年 12 月 15 日。
② 张明敏：《社会影响力投资：中国破局进行时》，载《公益时报》2018 年 1 月 9 日。

中国社会治理研究会、中国投资协会、社投盟三方联合成立了"中国社会价值评价中心"，将根据由友成企业家扶贫基金会独家研发的"三A三力评价体系"进行评估，即社会价值实现必定是社会目标驱动力（Aim）、解决方案创新力（Approach）和目标达成行动力（Action）三者之间三位一体，当中涉及27个指标，然后再对投资企业进行"体检"和排名，具有较高社会价值排名的企业将成为行业的标杆。但是，"中国社会价值评价中心"毕竟是一个民间组织的标准，其颁布的评价标准是否得到了广泛认可还有待时日，我国社会影响力的评估标准现阶段还有待开发。

结合我国实际情况，考虑与第三方机构合作建立操作性强的社会影响力投资评价指标体系，设计国内影响力投资评价体系时，适当参考国际标准。但是，有一点是必须坚持的，就是我国与西方国家经济发展情况不同，不能完全照搬照抄别国的样式，我国应该将国际经验与本国实际结合，必须建立符合我国社会与经济发展情况的评价方法。比如，对联合国责任投资原则（PRI）中不适合中国本土的内容坚决不能接受，必须剔除国外影响力投资评价体系中不适用于国内市场的指标，不能盲目照搬照抄。针对我国市场、行业特点、ESG信息披露情况，设计具有中国特色的评价指标体系，必须聚焦国内社会舆论与投资者普遍关心的问题，从社会企业孵化到扶贫济困，从医疗健康、儿童福利到老人照料、残障人群保障都可采用社会影响力评估，增加经济安全度、社会/情感/物质福利、激活社区活力、增加就业机会等实现社会效益的指标，进一步扩大评价体系范围，设计出更完善、更明确、操作性强的评估体系。

（三）完备评估信息披露制度

真实、准确、完整的信息披露是社会影响力投资生存之本，也是社会资本进行社会影响力投资的重要依据。在国际上，日本GPIF基金（Government Pension Investment Fund）选定运用"优秀的综合报告"和"改善度高的综合报告"作为公开披露的信息进行评估，取得了良好的社会影响力效果。① 为此，我国也应该制定专门的社会影响力投资数字信息披露制度，特别在社会影响力评估方面，由自愿到强制性、从定性到定量的披露：一是要确立简明清晰、通俗易懂的披露原则，完善社会影响力投资评估信息披露基本要求，明确自愿披露的持续性和一致性原则。二是细化专项报告、临时报告以及特别申明的具体披露要求，细化自愿披露具体标准，完善社会影响力投资评估重大事件披露范围。三是完善评估信息披露事务管理制度，规范投资机构对外发布信息的行为规范，明确非经董事会书面授权不得对外发布社会影响力投资数字信息的情形，明确中介机构及其人员应当按照相关规定发表专业意见。四是提升评估信息披露监管执法效能，完善监督管理措施，加强对未履行数字信息公开披露的社会投资机构的处罚措施。

二、推进产业体系生态化

（一）制造类企业数字化转型

以智能制造为主攻方向，加快建设推广智能工厂、数字化车间、智能炼厂、智能钢厂等智能现场，推动装备、生产线和工厂的数字化、网络化、智能化改造，着力提高生产设备数字化率和联网率，提升关键工序数控化率，增强基于数字孪生的设计制造水平，加快形成动态感知、预测预警、自主决策和精准执行能力，全面提升企业研发、设计和生产的智能化水平，打造工业互联网平台，推动知识能力的模块化、软件化和平台化，加快产业链、供应链资源共享和业务协同，同时加强跨界合作创新，与内外部生态合作伙伴共同探索形成融合、共生、互补、互利的合作模式和商业模式，培育供应链金融、网络化协同、个性化定制、服务化延伸等新模式，打造互利共赢的价

① 参见刘丹、王元芳：《日本 ESG 投资的现状和问题——以日本养老金公积金为例》，载《当地经理人》，2020 年第 3 期。

值网络，加快构建跨界融合的数字化产业生态。

（二）能源类企业数字化转型

加快建设推广智慧电网、智慧管网、智能电站、智能油田、智能矿山等智能现场，着力提高集成调度、远程操作、智能运维水平，强化能源资产资源规划、建设和运营全周期运营管控能力，实现能源企业全业务链的协同创新、高效运营和价值提升。依托产业优势，加快能源领域产业链数字化生态协同平台建设，推动供应链、产业链上下游企业间数据贯通、资源共享和业务协同，提升产业链资源优化配置和动态协调水平。

（三）建筑类企业数字化转型

重点开展建筑信息模型、三维数字化协同设计、人工智能等技术的集成应用，提升施工项目数字化集成管理水平，推动数字化与建造全业务链的深度融合，助力智慧城市建设，着力提高 BIM 技术覆盖率，创新管理模式和手段，强化现场环境监测、智慧调度、物资监管、数字交付等能力，有效提高人均劳动效能。

（四）服务类企业数字化转型

着力推进智慧营销、智慧物流、智慧金融、智慧旅游、智慧供应链等建设，推动实体服务网点向虚拟智慧网点转变，打造智慧服务中心，发展基于互联网平台的用户服务，打造在线数字服务产品，积极创新服务模式和商业模式，提升客户体验，提高客户黏性，拓展数字服务能力，扩展数字业务规模。

（五）制定数字化转型规划

结合企业实际，制定社会影响力投资企业数字化转型专项规划，明确转型方向、目标和重点，勾画商业模式、经营模式和产业生态蓝图愿景，制订数字化转型方案，明确合作机构的具体工作要求。加快企业数字化治理模式、手段、方法升级，以企业架构为核心构建现代化 IT 治理体系，促进 IT 投资与业务变革发展持续适配，制定 SII 数字化转型规划。

（六）互联网企业参与社会影响力投资

1979 年，现代企业社会责任之父阿奇·B. 卡罗尔（Archie. B. Carroll）给出了一个综合性企业社会责任（Corporate - Social Responsibility，CSR）定义，在给定的时间内社会对组织所具有的经济、法律、伦理、慈善方面期望的总和。也就是说，经济责任是企业最纯粹的责任，但并不是企业唯一的责任。现阶段，"互联网＋投资"企业发展迅速，面对互联网科技、产业链和价值链的延伸，互联网企业投资能力越来越强，那些掌握了话语权的互联网企业应该承担更多的社会责任。因为社会给予了互联网企业很多红利，这些企业应该考虑给社会反哺，创造价值，履行社会责任，让互金平台、互联网企业、网络机构创新更有效的社会影响力投资方式，注重满足利益相关方的诉求，创造出与自身商业价值相对称的社会价值，以崭新的企业形象面向社会，回报投资者。

第一，坚决不开展不正当的互联网竞争活动，维护互联网市场公平竞争秩序，自我约束，杜绝一切形式的垄断，不给社会带来负面影响，扮演一个对社会发展、环境治理有贡献的角色。第二，坚持互联网生产经营活动依法合规，树立以消费者权益保护为核心的服务意识，接受监管机构对各类经营行为监管，努力在法律框架内实现"CSR"社会责任目标，提升互联网企业的社会责任体验感。

当前个别互联网企业热衷于点击量、广告量的商业行为，钟情于不诚信、不向上的商业活动，这样的做法无异于杀鸡取卵。今天，社会影响力投资是一种全新的投资理念，增加对环境因素、社会影响、公司治理因素的考量，可以帮助普惠金融发现投资过程中的潜在风险，发掘更好的发展机会，落实好其肩负的社会责任，为普惠金融带来相对稳健的投资绩效和社会效益双丰收。

三、支持数字化普惠金融

（一）构建智慧教育行业

为更好地适应新冠肺炎疫情防控要求，加快教育平台、云直播、网校、慕课（MOOC）和云课堂等在线教育模式发展，围绕智慧授课、智慧学习、智慧辅导智能化升级需求，提高教学知识图谱、注意力识别、交互式反馈等算法迭代能力，推行智慧教室、智慧校园，实现以数据为驱动、远程课程、个性化传播知识的教育新业态。

（二）推动互联网医疗建设

推动身份认证、5G、人工智能、区块链等技术与各类医疗资源对接，逐步建立线上疾病咨询、在线疾病风险评估、电子健康档案、电子处方、远程会诊和远程治疗服务，重新配置整合医疗资源，构建覆盖诊前、诊中、诊后的线上线下一体化医疗服务模式，提升互联网诊疗服务体验和诊疗效率。

>>> 【案例 4-9】

"迷你脑电睡眠仪及其应用平台"，基于多项生物传感技术的融合应用（Brain-Computer Interface，BCI），在人或动物大脑与外部设备间建立的直接连接通路，允许大脑与外部机械设备进行交互，提供医用级别、可穿戴睡眠监测设备及解决方案。脑机接口基本原理和过程：探测提取脑电信号，放大、去噪、滤波，在线分类算法进行解码（算法），实现了脑电波、光、声压、运动、温度等传感器与计算芯片等微系统高度集成，实现了产品高性能、小型化和轻量化，进而实现了可穿戴，帮助病人或睡眠障碍人群解决睡眠问题。

案例来源：2019 年社会影响力投资项目发布会。

（三）赋能智慧生活场景

推动物联网、5G、大数据、计算机视觉等前沿技术赋能日常生活，加强社区管理和民生保障，发展线上物业、小区智能监控、新冠环境监测等智慧生活应用场景，支持无人配送、线上体验等技术，提高餐饮、住宿、娱乐的线上渗透率；推动网络直播、短视频、云看展、云旅游等文旅线上服务，加强超高清视频、VR/AR/MR 等技术在日常生活、文化旅游运用，推广"游戏 + 虚拟旅游""电影 + 沉浸式体验""动漫 + 云上会展"等技术应用，构建数字"虚拟文化空间"，带动由虚拟体验形成的周边产品消费，为公众提供丰富的数字文旅产品，刺激消费回补和购买力释放，不断提升全社会智慧生活获得感和幸福感。

▶▶▶【案例 4－10】

目前，全国智力障碍人数官方数据为 500 万人，精神障碍为 600 万人。每年都有智障者、智障儿童、智障老人走丢的新闻。当前国内市场还没有一款专门针对智力障碍者的定位器。于是，智力障碍者定位器定位社会智障防护保障核心需求，聚焦防丢功能，室内外定位，寻找快速，定位频率可调，远程升级，佩戴便捷、隐蔽、牢固，防尘、生活防水，操作简单，续航时间长，并设有低电提醒、电子围栏、紧急联系人等功能。

案例来源：2019 年社会影响力投资项目发布会。

同时，社会影响力投资打造云端商业零售，发挥人工智能、区块链、VR等技术优势，聚焦供应链管理、精准营销获客、沉浸式销售体验和商品配送等环节，结合传统零售企业、老字号企业，合作开展新型零售技术应用示范项目，推广云端逛街、智能试装、VR逛店、无人物流、虚拟裁缝等云端服务，为传统零售企业提供升级解决方案，实现以消费者为中心的支付、库存、服务全面升级，不断满足居民日常生活个性需求。

（四）搭建智慧交通网络

围绕拥堵疏导、应急管控、路径优化等交通物流行业需求，推动交通信号优化、动态车道分流、自动行车驾驶等前沿技术落地，发展智能网联汽车产业，赋能传统汽车制造，配套建设城市机动车运行全时空、全方位的数据跟踪网络，强化城市交通数据响应、跟踪、汇集和实时分析能力，形成智慧交通网络结构，解决城市上班族出行难、开车堵和停车贵的问题。

>> 【案例 4 - 11】

"无障碍地图"专注无障碍出行产业，积极推动老龄、残障等出行不便群体，在就医、购物等社会生活中，实现便利性和无障碍化，能够实现全域、动态、系统性无障碍环境数据搜索。产品功能：用户可以搜索目的地，将显示目的地附近坡道、无障碍洗手间、直升梯等信息；让用户快速、清晰地知道目的地无障碍设施情况；人人可上传身边的无障碍设施信息，持续优化丰富数据的数量和质量。

案例来源：2019 年社会影响力投资项目发布会。

（五）夯实新型信息产业

加快国家新型互联网交换中心试点建设，推动 NB - IOT、5G 网络基础设施建设，提升 IPV6 用户普及率和网络接入覆盖率，构建信息技术应用创新产业体系，推动数据中心向智能化、规模化、集约化方向发展，实现跨区域、跨行业的产业信息共享，在金融、交通、电信、医疗领域、电子政务、教育培训形成一批可复制推广的解决方案。

▶▶▶【案例 4-12】

"闪光警示系统"，由深圳市志合众成电子科技有限公司副总曹天毅发布。产品具有七大核心功能：语音导航功能；智能避障功能，GPS 定位功能，报警/求助功能，紧急电话拨打功能，寻杖功能，语音控制功能，天气预报、时间播报等其他辅助功能。产品适应听力障碍人士、行动障碍人士和空巢老人。

案例来源：2019 年社会影响力投资项目发布会。

（六）打造高端数字科技平台

集聚数字经济产业创新需求，尤其在集成电路、芯片以及软件设计领域，成立一批重点工程实验室，突破国外高新技术"卡脖子"问题，打破国外高端数字科技垄断，推进我国区块链、人工智能在数字领域创新应用，将企业技术中心对接数字经济产业创新需求，突破分布式存储、共识机制、密码学、跨链技术等关键核心技术，加快数字经济科技成果转化，构建创新型数字经济企业全链条服务体系。

第五章
助农取款服务点数字化转型方向

偏远农村地区的特征决定了提供普惠金融服务的高成本与不确定性，需求方金融能力、供应方的积极性也都是制约农村地区金融服务发展的因素。经过十几年的努力，诸如通过手机短信或移动终端及地方代理提供基本账户服务，特别是助农取款服务点在农村乡镇覆盖面的扩大，越来越多的农民享受到小额取现、转账及缴费的便捷服务，有效解决了农村地区金融服务缺位问题，在为偏远农村地区提供金融服务方面获取了一定经验，对延伸农商银行金融服务触角、提升营销服务效率、增强客户综合黏性、顺应金融消费发展趋势和破题农村空心化困局等方面具有现实意义。但是，面对移动支付的发展、农村劳动人口转移、电子商务的快速普及所带来的冲击，如何摆脱助农取款服务面临的困境，实现可持续发展，是一项亟待解决的问题。

第一节　助农取款服务点业务分析

一、助农取款服务点发展历程

我国城乡二元经济结构决定了农村金融面临经营成本高、业务风险高，金融机构趋向城市集中，农村地区特别是贫困地区，金融基础设施薄弱。为了改变这种不健康发展态势，中国人民银行 2005 年组织开展了农民工银行卡特色服务试点，将银联网络连接到农村信用社和中国邮政储蓄银行网点，各类支农补贴、新型农村社会养老保险、新型农村合作医疗保险等惠农政策资金依托银行卡进行资金发放（见表 5 – 1）。

表 5 – 1　中国人民银行农村金融支付结算推进工作汇总

时间	推进工作
2004 年	《中国人民银行关于农村信用合作社接入支付系统的指导意见》（银发〔2004〕250 号）积极支持和指导农村信用社根据业务处理需要、投资成本与收益相匹配的原则，选择采取集中或者远程多点方式接入中国人民银行支付系统

续表

时间	推进工作
2005 年	中国人民银行组织开展了农民工银行卡特色服务试点，将中国银联网络连接到农村信用社和中国邮政储蓄银行网点
2006 年	《中国人民银行关于做好农村地区支付结算工作的指导意见》（银发〔2006〕272 号）加快推进农村地区支付服务基础设施建设，扩展和延伸支付清算网络在农村地区的辐射范围，大力推广非现金支付工具，提高支付服务效率
2009 年	《中国人民银行关于改善农村地区支付服务环境的指导意见》（银发〔2009〕224 号）进一步加大农村支付服务环境建设工作力度，明确了全面改善农村支付环境的总体目标、主要措施要求和保障机制
2010 年	中国人民银行在浙江、重庆、山东、湖南和陕西等地组织 4 个金融服务空白乡镇开展助农取款业务试点
2011 年	《中国人民银行关于推广银行卡助农取款服务的通知》（银发〔2011〕177 号）向全国推广开展助农取款业务，通过银行卡收单机构在农村乡（镇）、村的指定合作商户服务点布放受理终端，向借记卡持卡人提供小额取款和余额查询业务
2012 年	中国人民银行在 20 个省（市）组织开展农村地区手机支付试点工作，银行及部分依法获得移动电话支付业务许可的支付机构共同参与试点
2014 年	《中国人民银行关于全面推进深化农村支付服务环境建设的指导意见》（银发〔2014〕235 号）健全农村金融基础设施，完善农村资金流转网络，推动金融支付普惠，促进城乡经济金融一体化发展
2017 年	《关于金融支持深度贫困地区脱贫攻坚的意见》（银发〔2017〕286 号）审慎稳妥扩充助农取款服务点服务功能，进一步推进支付服务进村设点，鼓励深度贫困地区推广网络支付
2018 年	《中国人民银行发布关于〈农村普惠金融服务点支付服务点技术规范〉行业标准的通知》（银发〔2018〕237 号）进一步规范银行卡助农取款服务点和农村普惠金融服务点的发展

资料来源：历年中国人民银行政策文件。

然而，金融机构始终面临机构下沉受限的问题，关键是机构成本居高不下，无法在短时间内真正下沉到农村乡镇一级地区。为此，2010 年，中国人民银行在于浙江、重庆、山东、湖南和陕西分别组织了 4 个金融服务空白乡镇开展助农取款业务试点，在零售店、邮政所、村委会设立助农取款点，并与电商、政务、医疗卫生、百货商店等支付交易活跃场景进行绑定，方便当地群众办理简单的金融业务（见表5－2）。

　　2011—2014年，助农取款服务点建设主体由中国农业银行和中国邮政储蓄银行承担，作为金融服务"三农"的重要组成部分，各级财政对助农取款服务点给予补贴。2014年，中国人民银行对推广工作组织验收，助农取款服务点覆盖了80%的农村地区金融服务空白行政村，标志着推进政策预定目标基本实现。2015年，《推进普惠金融发展规划（2016—2020年）》（国发〔2015〕74号）发布，助农取款服务点被正式列为中国人民银行发布普惠金融指标的可得性指标，标志着农村金融基础设施的建设由前期"三农"设计纳入含义更为广泛的普惠金融设计。

表5－2　助农取款服务点功能演进进程

2011年			2014年		
业务准入范围	具体要求		业务准入范围	具体要求	
小额取款	最高金额	1000元	小额取款	最高金额	原则为2000元
	卡类型	借记卡		卡类型	借记卡
	费用	按相关规定收取		费用	每月首笔不收费
余额查询	费用	无	现金汇款	最高金额	原则为2000元
				卡类型	借记卡、存折
			转账汇款	最高金额	按业务风险等级设置交易限额
				卡类型	借记卡、存折
			代理缴费	业务类型	水电气费、通讯费、新农合、新农保等账单
			余额查询	费用	无

资料来源：由中国人民银行政策文件分析。

　　2014—2016年，中国人民银行开放存款业务，允许助农取款服务点吸收存款，建设主体扩展到银行业全局（见表5－3）。同时，助农取款服务点一般无独立实体，通常设立在零售店、卫生室、邮政所、村委会等地，进而与电商、政务、医疗卫生等支付交易活跃的场景进行绑定，与助农取款服务点相辅相成发展，取得了显著成果，在支付业务笔数和金额上于 2016 年达到顶峰。

表 5－3　部分中国人民银行分支机构助农普惠金融服务点及新举措

分支行机构	助农普惠金融服务内容与项目
中国人民银行南京分行	通过大数据平台监测和分析农村普惠金融服务点设立、变更、撤销。将服务点建设工作纳入金融机构执行中国人民银行政策综合评价范畴，适时开展工作督导
中国人民银行兰州中心支行	发布《关于以庄浪县为试点开展农村普惠金融支付服务点金融标准实施认证的通知》，建设支付服务点集发放贷款、转账汇划、代理缴费、信用信息采集、金融知识宣传等功能
中国人民银行福州中心支行	通过植入财政惠民惠农资金服务等一系列业务，实现资金发放"一键到底"、取款"一卡通取"。同时，财政将对相关投入较大、承担社会责任多的服务点和涉农金融机构给予奖励扶持
中国人民银行上饶市中心支行	通过分支机构主动过问、居中协调，要把标准化"农村普惠金融服务点"建设成中国人民银行和农户、中国人民银行和设点行、设点行和农户之间的金融服务基层枢纽
中国人民银行镇江市中心支行	制订《镇江市 2021 年农村普惠金融服务点全面提质增效实施方案》，与农资销售实名认证、农资废弃物回收管理、公交充值、信贷需求采集等业务相结合
中国人民银行淮安市中心支行	制订《淮安市农村普惠金融服务点提质增效（2020—2022）的实施方案》，开展移动支付场景建设，在服务点加载移动支付功能，发放纯线上放款。开展金融、财税、民政、医保、养老政策宣传知识普及
中国人民银行盐城市中心支行	打造"六位一体"的农村普惠金融综合服务点，打造"金融业务代办站""金融知识宣传站""客户经理驻村工作站""了解客户信息情报站""互联网金融体验站""金融 e 校培训站"

资料来源：《构建普惠金融生态系统：中国普惠金融发展报告（2021 年）》。

2016—2020 年，全国助农取款服务点出现下降趋势。这主要是由于农村人口下降和数字金融发展的客观因素，同时互联网金融科技发展迅速，助农取款金融网点越来越不占优势。

为了解决助农取款服务点发展面临的问题，中国人民银行试点助农取款服务点逐渐向农村普惠金融服务站转型，从提供单纯支付服务的工具向提供简单化的综合金融服务转变，并于 2018 年《中国人民银行发布关于〈农村普惠金融服务点支付服务点技术规范〉行业标准的通知》（银发〔2018〕237 号）。此后，中国人民银行福州中心支行率先宣布辖内助农取款服务点于 2020 年 7 月全部升级为农村普惠金融服务点。自 2021 年以来，全国多家银行跟进助农取款服务点的转型升级工作。2021 年 9 月 8 日，中国人民银行发布《中国普惠金融指标分析报告（2020）》显示：2020 年我国普惠金融发展较好地满足了广大群众和市场主体的金融需求，并不断开设助农取款服务点，焕发新的活力。2021 年 9 月，中国人民银行发布金融消费权益局《中国普惠金融指标分析报告（2020）》显示：截至 2020 年末，全国共设立银行卡助农取款服务点 89.33 万个（目前银行业机构一般称为"助农金融服务站"），同比增加 2.27%，行政村覆盖率达 99.31%。

二、助农取款服务点业务特征与功能

（一）探索政府与市场关系建设

通过与政府间协同部门合作，由政府负责机构经营场所，完成标准化设计，并且面向社会统一招聘站点工作人员，商业成本通过一定的行政资源得到了有效的降低，有利于提高运作能力，推动金融、财税、民政、医保、养老、农业等政务部门的联合办公，实现农民从金融服务不出村到综合服务不出镇的创新。

▶▶▶【案例 5-1】

　　陕西铜川市宜君农村普惠金融综合服务站，成为当地农村普惠金融综合示范区。截至 2021 年 12 月末，铜川市共建普惠金融综合服务站 16 处，助农取款点覆盖了 117 个行政村，每个月平均可以办理 1000 多笔业务，6 个乡镇实现了金融服务站的全覆盖。越来越多的农户办理简单金融业务不出村，办理综合金融业务不出乡镇，让农户参与现代金融，获得了及时、可得的普惠金融服务。

案例来源：中国普惠金融研究院网站。

（二）银行网点下沉

通过农村普惠金融服务点合作，促进商业银行分支机构网点下沉农村，尤其是偏远地区，运用货币信贷手段提升银行商业可持续性，实现银行功能向农村普惠金融服务点的延申，加快信用信息采集、贷款业务和人民币管理功能下沉，方便社会基层群体的金融服务。

（三）与乡村基层机构直接挂钩

从 2018 年开始，中国人民银行进一步提出农村普惠金融服务点发展规范后，农村普惠金融服务点探索不断涌现，鼓励在零售店、邮政所、村委会、卫生室设立了助农取款服务点，探索出适合农村实际需求、高效便捷的金融服务方式（见图 5 - 1）。

截至 2021 年末，全国共设立助农取款服务点 89.33 万个（也称为"助农金融综合服务站"），同比增加 2.27%，行政村覆盖率达 99.31%。[①]总体上看，2021 年我国农村地区金融服务点，不仅与电商、政务、医疗卫生等交易场景进行绑定，而且与乡村生产和生活场景整合也日趋紧密，在选址建设、运管提升、拓展乡村存款、功能升级、贷款服务、代办代销业务、支付业务均取得长足进步。

---

① 参见《2014—2020 年助农金融服务站点，相关业务数据简析》，载"中国人民银行网站"，2021 年 12 月 31 日。

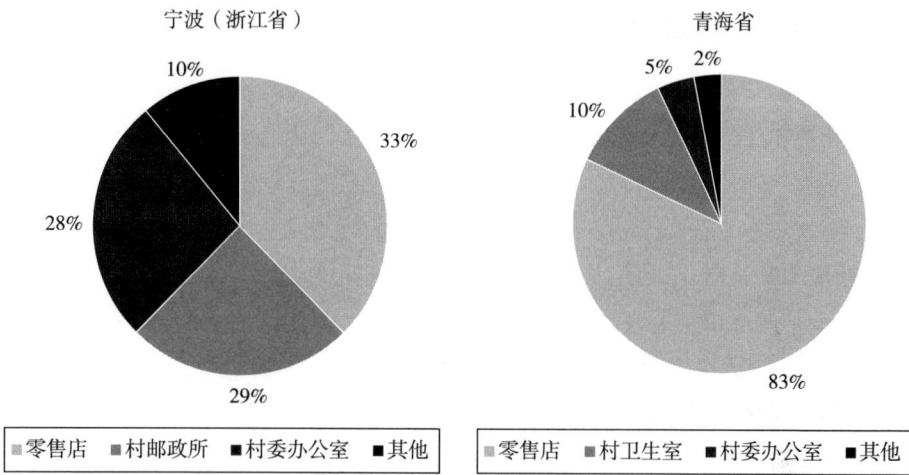

图 5 - 1　2021 年助农取款服务点设立范围抽样调查统计

（数据来源：中国人民银行官网）

（四）扩大助农网点功能

1. 金融服务站基本功能。主要包括金融产品的超市，如银行理财产品、保险类产品、期货加保险产品，另外，金融服务站也开展一些金融消费者权益保护宣传、救助等方面的工作。

2. 信息采集功能。主要是配合农村信用体系建设，面向当地农户进行定期信息采集，维护信用信息系统，缓解贷款难、融资难的问题，提供一些基础的增信业务。

3. 电商服务功能。以互联网加现代农业为依托，提供农产品线上交易服务，农产品上行助力农业产业转型。

4. 商超服务功能。助农网点与小型超市合作，开办连锁实体超市，销售日常生活用品，方便农村居民。

5. 物流服务功能。主要为农产品上行和工业品下行提供物流配送，有些入驻京东物流公司、农信社、邮储银行、长安银行，还有人寿保险、人保财险、人寿财险公司也都开展了物流服务。

三、助农取款服务点现状与模式

（一）村级行政区覆盖率提升

《关于金融支持深度贫困地区脱贫攻坚的意见》要求贫困地区助农取款服务点在深度贫困地区覆盖行政村，通过农村电商、农村商超、农村物流服务站、小卖店促进乡村生活发展，带动当地就业。

（二）金融科技提供综合服务

1. 当前，越来越多的助农取款服务网点开始对接支持智能 POS、助农终端接入，采用人工智能、OCR 识别、NFC、二维码等前沿技术实现社保卡激活、银行卡挂失、补换卡、身份证识别、信息维护、贷记卡申请、理财购买赎回、对账簿补登打印、生活缴费、乡村振兴卡的特色营销活动等，还联系客户经理进村、进社区用移动展业平台提供金融服务。

2. 依托人工智能、云计算和大数据服务，为站点提供人脸识别、OCR 自动识别、智能语音、二维码、身份认证等技术支持；大幅度减少人工烦琐操作，提高识别的准确性，降低合作商户的使用门槛，缩短业务办理时间，为后续产品推广营造了运行环境。

3. 完善"适老化"金融服务，推出百福卡对账簿补登打印、存折取款、社保卡激活等适合老年客户的金融服务。

4. 提供人社服务，发挥电子社保卡作为政府民生服务的重要载体作用，落实中国人民银行等七部委《关于组织开展金融科技赋能乡村振兴示范工程的通知》有关"推动电子社保卡普及应用，将就业、社保服务与农村普惠金融服务相融合"要求，在农村普惠金融服务点提供人社服务。例如，中国建设银行与金保信社保卡科技有限公司联合探索在"裕农通"智慧助农终端部署全国电子社保卡签发及应用，2022 年 3 月 11 日，该服务正式上线，把金融服务窗口搬到村口。截至 2022 年 6 月，中国建设银行共设立"裕农通"普惠金融服务点 51 万个，覆盖全国八成的乡镇及行政村，"裕农通"成为首家在农村普惠金融服务点提供人社服务的银行。农村居民可在布放了"裕农通"的智慧助农终端服务点，轻松办理电子社保卡领取、社保待遇资格认证、失业登记、失业保险待遇申领等服务，便捷享受"足不出村"的人社服务。[①]

表 5 - 4　中国银行卡助农取款服务点 2015—2020 年情况统计

统计项目	2015 年	2016 年	2017 年	2018 年	2019 年	2020 年
银行卡助农取款服务点（万个）	99.75	98.34	91.40	86.49	87.35	89.33
– 其中加载电商功能（万个）	—	—	13.98	20.61	22.63	—
覆盖村级行政区（万个）	53.49	53.17	51.56	52.20	52.33	52.38
办理支付业务合计（亿笔）	4.36	4.95	4.51	4.63	4.26	3.99
办理支付业务金额（亿元）	4008.48	4247.78	3651.92	3618.69	3549.36	3531.24
村级行政区覆盖率	96.31%	97.23%	97.34%	98.23%	99.21%	99.31%

资料来源：历年中国人民银行《中国农村金融服务报告》。

当前，全国大多数金融机构开展了助农取款点向农村普惠金融服务站转型工作，不断优化网点布局，加强农村支付体系建设，改善农村支付环境，取得了阶段性成果。

（三）助农网点模式

1. 资金补助，主要包括政府、财政每月给付站内工作人员的一些基本工资，经办的银行金融机构按比例给付一定的手续费，因为有经办金融业务，包括站点的水电、物业费用，由进驻的金融机构承担，是资金补助方面。

2. 业务集中，主要是在人口相对密集的乡镇，通过综合金融服务站整合区域内的金融服务站点，全部集中在站点内开展业务。这样它辐射的范围就

---

① 参见《建设银行首家在农村普惠金融服务点提供人社服务》，载"中国普惠金融研究院网站"，2022 年 4 月 1 日。

更大，服务人群更广，同时也依靠高业务量来实现一些盈利。

3. 自主经营，站点的人员可在站点内经营商超、电商和物流业务，自负盈亏，与实体经济结合。

4. 岗位培训，由当地政府和当地中国人民银行共同组织，对在编的人员开展金融业务培训，加强业务技能和提升工作能力。

第二节　助农取款站点的现实意义

一、推动乡村振兴和金融服务可得性

目前，由于没有金融服务固定网点，分散居住的农村居民为了支取涉农补贴，不得不频繁往返县城金融网点，时间长、成本高。而乡镇级助农取款服务点有利于降低农民取现成本，方便农民不出村办理金融业务或就近取到涉农政策补贴款，满足了农村地区对小额取现的需求，解决了农村地区基础金融服务的供求矛盾，尤其是将助农取款金融服务站点延伸到村一级，成为农信社、农商行、村镇银行在农村地区作为"毛细血管"，实现了农民办理简单金融业务不出村的愿望，农村居民享受与城市居民一样便捷的基础金融服务，进行支取涉农补贴、外地务工汇款，结束了农民长途跋涉办理金融业务的历史，促进城乡基本公共金融服务均等化，增强了农村金融服务的可得性，提高了农村基层金融建设的完整性。

⟩⟩【案例5-2】

陕西宜君县自开设助农取款点以来，老百姓办理金融业务的路程变短了，时间也缩短了。原来距离最近的农业银行储蓄所也要3公里，目前助农取款服务站建成后只需要0.5公里就可以办理一些简单的转账、支付、储蓄、支取涉农补贴款以及购买农业保险等金融业务，很大程度上解决了普惠金融"最后一公里"问题，基本实现方圆十公里农村金融无盲区。

案例来源：中国普惠金融研究院"大视界"栏目。

二、建立村民和金融机构沟通桥梁

助农取款服务点建立了村民和金融机构之间沟通的桥梁，承载着物流、"三农"服务、健康服务、农户教育等多方面功能，组织起金融机构、银联公司、支付机构多渠道开展营销活动，构建"金融＋商超＋消费者"商业模式，形成金融机构促消费合力，不仅通过农村商超、农村电商、农村物流服务站、乡村小卖店促进乡村经济发展，带动当地就业，助力经济复苏，还让农户有机会参与互联网金融活动，增强农民信用意识，有利于失信贫困户信用重建，提振农户致富的积极性。比如，助农取款网点推广"创业担保＋财政贴息""扶贫再贷款＋财政贴息"小额信用贷款，推出"匠人贷""人才积分贷"服务产业工人产品，在助农取款网点可以随时办理，手续简便、费用优惠、随借随还。

三、扩大农村地区数字商务价值链

助农取款服务站点，作为触达"最后一公里"群体少有的接触式金融渠道的延伸，以"旅游＋""交通＋""医疗＋"为切入点，加载了很多金融与非金融的功能，通过提供现金收付、刷卡、扫码支付等支付服务，构建"金融服务创新＋服务体验"的全新支付模式，助力乡村振兴。

▶▶【案例 5－3】

中国人民银行拉萨中心支行加快推进"掌银村"建设，积极推进掌上银行加载电商业务功能，助力脱贫攻坚工作。截至 2021 年 12 月末，西藏自治区共建设"掌银村"5311 个，实现通网行政村全覆盖，共 120 家商户入驻掌上银行兴农商城，上架近 270 种农产品，累计投入营销费用 65 万元，实现销售额 473.14 万元。

案例来源：中国人民银行拉萨分行官网。

同时，越来越多的助农取款服务网点与农信社、农商行、村镇银行、小额公司、金融科技公司等地方小银行和非银金融机构合作，促进了移动支付和网上银行在农村的应用，使得大多数支付业务在 24 小时内或更短时间内完成，推动农村普惠金融触达更多农户，奠定了我国农村电子商务发展的物理基础。

四、有助于建立农村信用体系

助农取款服务站点可以作发挥网格员优势，因为助农取款服务点的客户基本上都是周围的农户或手工业者，站点对这些农户及家庭成员的基本情况十分了解，对是否存在银行贷款、是否存在违约逾期、是否存在挪用信贷资金等情况也十分了解。助农取款服务点可以采集农户信用信息，配合"阳光信贷"工作，协助开展信用楼栋、信用家庭、信用农户等评选活动，打造信用社区、信用乡镇，及时对接农户需求，收集农户金融信息，能为将来建立农村信用体系打下坚实基础。

五、新冠肺炎疫情防控功效凸显

新冠肺炎疫情防控期间，作为金融服务功能的延伸，助农取款服务网点不仅极大地便利了人民群众生产生活，更能够避免银行营业大厅排队时人满为患的现象，客观上减少了客户感染新冠病毒的可能。据部分省联社统计：疫情期间，江西省站点发生业务笔数较疫情前月均增加 22 万笔，增幅约为 36%，成为农商银行固守农村的重要阵地。[1]

---

① 参见《江西省联社：普惠金融服务平台》，摘自《第五届农村中小金融机构科技创新优秀案例选编》，2022 年 2 月 7 日。

第三节　助农取款站点在国外的发展情况

一、产生的背景和逻辑

助农取款站点在国际上被称为代理商银行（Agent Banking）。其实，它属于"替代渠道"（Alternative Channel）银行大零售业务的"大渠道"体系中的一部分。

近年来，各国助农取款站点或者代理商银行不断发展。它最开始是解决现金社会中"最后一公里"的现金需求（Cash in Cash Out），相对于中国的小额存取、转账查询功能，这个渠道最初是为了方便政府的转移支付，比如很多"国际民工"，他们在各个国家打工，需要把钱寄回家里，就通过助农取款站点进行汇款。而且这个渠道经营成本极低，特别适合在各国发展和推广。例如，一个传统的银行网点成本为 25 万美元，而设在商店里面迷你网点成本约为 5 万美元，银行建一个 ATM 渠道的成本约为 1 万美元，开设 POS 机具的助农取款点成本约为 2000 美元，而更简化的代理商银行的成本约为 400 美元，当整个社会发展向无网点渠道、无现金交易发展时，它的渠道维护费用基本为零。

二、各国助农取款站点主要模式

在发展中国家和地区，代理商模式仍是银行网点非常重要的替代渠道。例如，非洲肯尼亚的 M – PESA，就是由电信运营商主导的模式。2007—2014 年，从推出到快速增长，交易总额就相当于肯尼亚国内生产总值 40% 的规模。肯尼亚 75% 的低收入人群都是通过使用 M – PESA 获得金融服务的。在南亚，印度的 FINO、孟加拉的 bKASH、巴基斯坦的 Easypaisa，不仅有电信运营商的模式，还有独立第三方运营的模式。这些第三方运营网点已经从传统的开户、小额取现汇款延伸到了更多的农资物流、健康服务、金融教育功能。在拉美地区，墨西哥的 OXA，巴西的联邦储备银行主要使用代理商模式，也有电信运营商主导模式、零售商运营模式，以及独立第三方运营的模式，运作形式比较多元化。

（一）银行主导模式

1. 印度 FINO 是帮助多家银行运营代理网点的专业机构。FINO 最初成立于 2006 年成立，是一家国内汇款和支付技术公司。2015 年，FINO 就是获得了印度储备银行（RBI）的支付业务授权，于 2017 年 3 月成为一家地方性银行。2020 年，FINO 又成功转型成立了新的支付银行（Fino Payments Bank），利用数字支付和银行清算系统，将大量网点（Fino Money Mart）转换为银行分支机构，最终成为一家有 410 家分支机构和超过 25000 个银行点的支付银行。目前，Fino Payments Bank 提供广泛的产品和服务，包括活期、储蓄账户、汇款、贷款、一般保险以及账单支付，并计划在不久的将来建立一个由 100000 个助农网点和 1000 多个分支机构组成的网络服务体系，为印度广袤的农村提供金融服务。

2. 巴基斯坦政府在政策上对电子支付大力扶持，不断促进数字支付发展，目前正在试图跳过银行卡支付阶段，直接从现金支付社会转向以数字支付为代表的无现金支付社会。在今天的巴基斯坦，电子支付方式被认为是未来最安全、最可靠的付款方式之一。巴基斯坦电子钱包支付有超过 4600 万用户，占巴基斯坦人口的 21% 之多。巴基斯坦电子钱包主要有 Easypaisa 和 JazzCash 两个子钱包，两者占据巴基斯坦电子钱包 87% 的市场份额。其中，Easypaisa 是 2009 年推出的首个移动支付平台，目前已稳坐巴基斯坦第一大电子钱包的位置。Easypaisa 在成立之初是为人们转账业务提供便利，是为缺乏银行服务的农村地区专门推出的，在巴基斯坦拥有超过 7 万个线下充值和提现网点，在一定程度上解决了无卡人士日常转账、付款、缴费等问题，深受巴基斯坦用户欢迎。

2018 年，巴基斯坦 Easypaisa 接受蚂蚁集团投资后发展进入快车道，逐渐向支付宝看齐，拓展了一系列支付和结算业务，诸如账单支付业务，支持支付电费、水费、燃气费和网费等账单费用，目前已经开始支持支付政府账单。手机充值、购买数据流量（支持运营商 Telenor，Jazz/Warid，Zong Ufone）以及转账业务，允许转账到任何 CNIC（巴基斯坦国家身份证号码）认证的银行账号或电子钱包账户。另外，巴基斯坦 Easypaisa 积极开展普惠金融业务，聚焦百姓日常生活，诸如线上订票，即时预订并付款即可购买电影和交通票，以及贷款业务。

另外，巴基斯坦 Easypaisa 市场占有率高、用户群体巨大，在巴基斯坦拥有 4600 万电子钱包用户，以 53% 的市场占有率牢牢占据市场份额第 1 位，用户体量巨大并且仍在高速增长，是巴基斯坦不可忽视的线上支付方式。巴基斯坦 Easypaisa 不仅提供个性化贷款，满足用户的各类小额资金需求，还提供人寿保险、财产保险、疾病保险等保险业务服务。截至 2022 年 3 月，巴基斯坦 Easypaisa 功能丰富，从线上电商支付，账单支付，票务订购到线下扫码支付，能覆盖巴基斯坦几乎所有的线上线下支付场景。随着智能手机的普及和受新冠肺炎疫情影响，数字支付开始快速增长。据数据调查网站（Research and Markets），巴基斯坦的移动支付行业预计将以 20.7% 的年复合增长率增长，到 2025 年将达到 539.176 亿美元。[①]

（二）电信运营商主导模式

1. 印度同样存在电信运营商模式。从配置和功能角度看，印度高阶代理商相当于一个小型的银行网点，第一级服务商可以进行远程开户、存取款、缴费，乃至贷款的申请和发放。第二级定位为小微企业金融服务的代理商网点，功能相应减少……到第五级便定位为满足"最后一公里"基本需求的代

---

① 参见《巴基斯坦电子钱包支付通道解析》，载"搜狐网"，2021 年 4 月 1 日。

理商，他们可能连网点都没有，只是穿着工作服、携带专业机具的工作人员，主要功能是小额取款、话费充值。

2. "农场在线"（http：//www. farms. com）是英国在 1966 年最早成立的 B2B 模式电子商务网站，也是欧洲比较著名的农业电子商务网站。"农场在线"是综合性站点，服务较全面，金融、农产品农机交易、资讯、天气等都有涉及，还提供拍卖、信息和服务等，是英国最大农产品电商平台。当然，英国还有其他类似的电商平台，诸如 http：//www. Foodtrader. com，http：//www. DirectAg. com，http：//www. Agribuys. com 等。这些电商平台本质上都是助农金融服务站点，为当地私人农庄、农业经济组织提供小额信贷、农业保险以及农户存贷业务。

3. Kgfarm 是韩国最知名的 B2C 农业电商之一。Kgfarm 在大型综合电商网上开设店面，农户可以通过这个网站获取农、水产品消息进行交易。Kgfarm 起初有 3 种运营模式：政府运营，政府委托公共机构运营，民营。经过十多年运作，第一种政府运营模式基本上失败，经营不善，面临倒闭。第二种政府委托公共机构运营模式效果也不好，主要原因是政府经验不足，管理层应变慢，无法面对瞬息万变的市场，经营几乎陷于勉强维持的局面。第三种民营模式，主要通过电信方式运作，目前经营状态良好，掌握着最深厚的农业、电商技术和运营经验。

（三）第三方运营模式

独立第三方代理商运营商有着不少成熟的例子，比如孟加拉国 bKash 就是一个比较典型的成功案例。bKash 来自"bikasa"，孟加拉语意思是繁荣、富裕。在 bKash 成立之前，孟加拉国依然是一个以现金为王的国家。绝大多数人仍然生活在农村，三大城市达卡、吉大港和胡尔纳加起来，也只占全国人口的 10% 左右。长期以来，孟加拉国人要完成现金、交易和储蓄的步骤都很难，更不用说投资理财了。直至 bKash 出现，通过数字工具把数字普惠金融带入孟加拉国，让有银行账户的人和没有银行账户的人合作起来。近年来，孟加拉国 bKash 在获得蚂蚁集团战略投资不到 2 年的时间里，bKash 的用户数从 3000 万户增长到将近 5000 万户，出现了越来越多的数字普惠金融，整个孟加拉国在数字普惠金融推动下也变得越来越有生机。孟加拉国金融学家萨列金·希梅尔（Salekin Himel）曾经说过，历史上孟加拉国 1/3 的人口不被金融体系接纳，然而这种情况正在迅速改变。由于使用互联网的人口不断增加，各种电子服务使用量也在大幅上升，人们的消费行为正在发生巨大变化。① bKash 让以前没接触过银行的人通过 bKash 网络系统获取传统的金融服务，包括小企业贷款、收款和保险；同时，bKash 也开通了让客户把钱从传统银行账户转入电子钱包的功能。2021 年，bKash 又努力开发与所有银行打通的网络系统，让用户注册流程变得更安全。可见，孟加拉国版"支付宝"bKash 所推动的数字普惠金融服务变革已惠及这个国家的更多普通人。

第四节　助农取款点面临的挑战

一、助农金融服务站指标数下挫

（一）数量逐渐减少

伴随着我国城镇化快速发展，乡村人口绝对数量和相对比例呈现双降下行，对金融服务的旺盛需求逐年减少，助农取款服务点办理支付业务笔数和金额在 2016 年达到峰值，之后助农取款网点就一直呈现下降趋势。根据中国人民银行发布的数据：2010—2015 年，助农取款点在我国从无到有快速发

---

① 参见《bKash：孟加拉版"支付宝"让孟加拉人用上属于自己的数字普惠金融》，载"搜狐网"，2020 年 4 月 13 日。

展，助农取款网点达到了将近 80 万个。2014 年 6 月末，农村地区助农取款服务点约近 90 万个。2015 年 12 月，网站点数量达到历史最大值 99.75 万个。2016—2020 年，金融服务站点数量一直呈现下行趋势，维持在 70 万个上下浮动，前往助农取款服务点办理业务的人员数量也越来越少。究其原因，主要是近年来智能手机普及、手机银行在农村推广普及，大多数金融业务都可以在手机上解决，直接导致助农服务网点支付业务交易笔数和交易金额均呈现下降趋势。

（二）交易笔数长期下行

从交易笔数看，2015 年，全国助农金融服务网点的交易笔数为 4.36 亿笔，2016 年，交易笔数达到历史最大值 4.95 亿笔。此后，交易笔数呈现波动下行走势。2020 年，业务交易量仅为 3.99 亿笔，同比下降 6.34%，2021 年，新冠肺炎疫情更是导致交易笔数呈持续下降态势。

（三）交易金额明显萎缩

从交易金额看，2015 年助农金融服务网点的交易金额为 4008.48 亿元，2016 年达到历史最大值 4247.78 亿元。此后 4 年，助农金融服务站点支付业务交易额呈现下行趋势。2020 年，助农服务网点的交易金额为 3531.24 亿元，同比下降 0.51%，我国助农金融服务网点交易金额呈现萎缩趋势，生存状况堪忧。

究其原因，有学者的一项研究报告曾揭示过其中的一个重要原因，就是农村人口流失大，留守人员消费低。根据对吉林省松原辖区调查发现，农村常住人口占总人口的 77%，其中 60 岁以上和 20 岁以下的人口占常住人口的 50%。受城乡二元化经济结构的影响，农村外出务工的青年人员数量很大，农村留守人员大多为老人、儿童，其生活需求少，消费能力不足。另外，留守老人文化教育程度偏低，接受新事物较难，而且他们对钱款一直秉持着银行存款的理念，一般不太习惯使用微信、支付宝进行消费，对代缴话费、电费、发红包、小额转账、生活缴费等业务更少使用，导致助农取款服务点的客户逐步下降，业务发展面临困境。[①]

（四）助农取款额度偏低

按照中国人民银行《全面推进深化农村支付服务环境建设的指导意见》（银发〔2014〕235号）文件规定，每张借记卡每日最高只能取现2000元。而从农村子女上学、修建房屋、备耕生产、购买农机具等实际需求看，目前的取现额度（2000元）确实过低，根本无法满足实际需要，而且取现仅限于银行卡，农村老人习惯使用存折，在一定程度上影响了助农取款的发展。

二、移动通信挑战传统取款网点

近年来，微信、支付宝等网络支付结算工具因其便利、快捷的特征在县乡农村普及率大大提高，大多数金融业务都可以在移动终端（主要表征为手机）上解决，包括新型支付工具功能覆盖下的公共事业缴费领域，大量用户可以直接在移动终端进行操作，借助网络降低交易成本，大大减少了用户的时间成本、交通成本和人力成本，使用户不必再亲自到助农金融服务网点了。

三、偏远地区业务落地艰难

从布局本身看，我国农村助农取款服务点大多集中在零售店、邮政网点、卫生院、农村物理站点等商业活跃场所，网点集中度较高，而偏远地区、商业欠发达地区覆盖面严重不足，造成了助农取款点分布不均衡。例如，山区等交通困难地区，较低的交通通达性对金融服务推广也会构成极大阻力，造成了助农取款点分布不均衡。很多助农取款网点只开通了代收代缴公用事业费，诸如代缴话费、电费等项目，不能满足农村居民日常需求，这更使得

---

① 李键聪：《浅析助农取款服务点的可持续发展》，摘自《当代金融家》2020年8月刊。

"助农取款＋电商"模式很难真正落地，严重影响贫困地区的助农金融服务站点的发展。

四、站点运营成本偏高

助农取款服务点设立、发展及运营成本较高，持续推广积极性不高也是当前主要问题之一。按照中国人民银行监管要求，维护这些物理网点还要应对日常监管和现场巡查的压力，传统助农取款服务点设立、运营成本居高不下，投入大量人力和物力，且维护费用逐年上升，导致农村落后地区持续推广积极性不高，交通欠发达地区对金融服务推广更是明显偏低，加之取款点在安全保障上存在风险隐患，大多服务设备并未安排专门的监控设施，安保主要依赖于商户自身是否布置监控设备，很大程度上影响着偏远、落后地区的使用效率和普及程度。

五、认识和重视程度不够

很多金融消费者文化程度不高，对新兴事物的接受能力差，尤其是金融知识基础薄弱，金融素养偏低，对金融政策、融资程序的不熟悉不了解，往往会听信传销、非法集资等骗子的蛊惑，对正规助农金融服务站点产生抵触，转而参加一些非正规机构的金融活动。

六、风险防范作用不足

早期的助农取款服务点主要由国有银行和财政政策推动建设，商业银行的主动意愿并不高涨。例如，2014 年中国人民银行《关于全面推进深化农村支付服务环境建设的指导意见》（银发〔2014〕235 号）出台，简化了助农取款服务点的行政审批，允许商业银行开展现金存款业务，部分试点正在开展投资赎回业务权限下放，助农取款服务点实际上已经成了一个微型银行。虽然这种机制改革促进了市场活力，但其本质是监管主体对风险和效益的权衡取舍，在完善了农村普惠金融服务点的金融功能，促进了助农取款服务点的市场化运作，提高风险容忍底线的同时，也导致助农金融服务网点存在较多风险。[1]

第五节　助农取款网点未来前景与建议

一、助农取款网点发展趋势

（一）向综合性普惠金融服务站转型

近年来，我国助农取款网点呈现向综合性普惠金融服务站转型的趋势，网点的业务不再局限于某一类业务，逐渐发展成综合性的农村普惠金融服务。浙江台州"银政联通工程"就是一个成功案例。早在 2020 年，台州人民政府就陆续把 173 个办理的事项转移到银行窗口办理，让当地银行来代替政府办一些与群众相关的事情。当地政府可以减少投入，当地银行也增加了获客渠道，方便了当地老百姓，为全国助农取款点改革积累了经验。

当然，仅仅依靠"银政联通工程"是不够的，在合作伙伴上，还要依托乡镇级政府建立农村普惠金融综合服务站，形成"政府搭平台、银行唱大戏"格局，争取当地政府提供政策支持，积极向农业农村局、人社局、妇联、团委等倾斜，拓展普惠金融服务渠道，还要鼓励社会资本、供销、邮政、电信系统和其他社会力量积极参与，多方协同、上下联动，推进综合服务站点基础设施、物流体系、网络架构等软硬件的共建共享，打造集政策宣传、信息集成、业务咨询、信贷融资、保险服务、担保增信为一体的普惠金融综合服务平台。

---

① 参见中国人民大学中国普惠金融研究院《构建普惠金融生态体系：中国普惠金融发展报告（2021）》。

（二）解决分布不均衡问题

在助农取款网点选址上，必须解决分布不均衡问题。随着金融和其他功能的不断扩充，农村助农取款网点布局应该依托零售店、邮政网点、卫生院、村委会，不仅满足安保监控要求，还要在村委会、商超网点、电商网点等人流、资金流相对密集的地点开展网点建设，重视交通欠发达地区的站点布局，利用数字技术提高偏远、落后地区的使用效率和普及程度，关注贫穷落后地区站点设置，实现农村金融无盲区、促进城乡基本公共金融服务均等化。

（三）代理商开展分层管理

对于代理商开展了分层管理，如同不同星级的酒店服务，客户感受服务体验也是不一样的。以印度为例，它们的高阶代理商，配置和功能相当于一个小型的银行网点，第一级服务商可以进行远程开户、存取款、缴费，乃至贷款的申请和发放；第二级定位成小微企业金融服务的代理商网点，功能相应减少……到第五级便定位为满足"最后一公里"基本需求的代理商，他们可能连网点都没有，只是穿着工作服、携带专业机具的工作人员，主要功能是小额取款、话费充值。

（四）协同效应逐渐显现

无论是欧洲实践，还是亚洲案例，诸如英国、孟加拉国、韩国以及我国哈尔滨、内蒙古、浙江、山东等，其实都验证了协同效应，就是在当地助农取款点可能就几个人，但都是乡村本地人员、电信代理商、邮政"三农"服务站共同组成的，比如，在网点执行阶段，各网点成员按照各项目实施计划进行开发、联调、测试工作，保证网点项目高效协同。在网点项目收尾阶段，项目领导小组有序组织各公司方进行项目结项安排，做好培训、上线运行、试点、运维保障等工作。网点虽小，但承载了助农取款点的功能，还承载了物流、"三农"服务、健康服务、农户教育等各方面的功能。这就需要叠加的协同效应，需要在助农取款服务范围、资金来源、风险控制等方面沟通。

（五）数字化转型不断加快

全国助农取款网点正朝着网络化、数字化和移动化方向发展，正在加快数字普惠金融服务站转型步伐，对助农取款服务点进行数字化改造，加强乡村助农金融服务站点数字化功能，不断拓宽数字普惠金融服务站的功能和业务范围，不断满足城乡居民日益增长金融服务需求。

助农取款服务网点的数字化进程，需要金融科技与农村实践相互结合，实行线上线下结合方式，实现供需双方信息的数据化，进而应用自动分析并应用数据模型指导网点经营。例如，兰州银行、中国人民大学中国普惠金融研究院与兰州大学生态学院、绿色金融研究院、草地农业科技学院联合研发了多款惠农智能应用软件，诸如"信用传承贷""政采贷""电商数据贷""账户流量贷""租金贷""结算快贷""仓储贷"等，以高速宽带网络建设为基础，建立了包括监测信息系统、预测系统、农产品信息系统等在内的农业综合信息服务平台，利用现代信息技术发展生态农业，当地农民可免费下载，实现了多部门间的高效共享。

从我国普惠金融实践看，如果助农取款服务点只发挥一种单纯的支付功能，将逐渐走向低效，并没有太大发展前景。但如果农村普惠金融服务点作为一种多元化信息的收集和应用渠道，会逐渐迸发出新的活力，方兴未艾。

（六）扩大服务站点经营辐射面

助农金融服务站点的多元信息应用，应该对接金融科技，推动数字赋能，丰富其自助终端和业务机具，线上办理远程开户、转账、信贷咨询、购买保险以及贷款申请发放业务，丰富民生功能，形成了数字化的闭环，聚焦家庭存取款、缴费、社保、车船票、网络通信、公交卡费代缴等生活服务，将单一功能的取款点演化为农村普惠金融共享平台，满足农村居民日常生活需要。

二、助农取款网点可持续发展建议

（一）加大财政金融政策扶持力度

加大财政支持力度，地方政府要全面统筹，将农村金融服务建设纳入"三农"领域，增加财政补贴，大力支持农村支付服务环境建设，同时，政府牵头建立协调机制，将电力、通信等部门发起联动，给予助农取款服务业务政策上的优惠，降低银行金融机构的运营成本。

（二）拓展助农取款服务业务附加值

首先，探索开发助农取款服务点的新业务、新功能，以助农、惠农为导向，逐步拓展代缴数字电视及医疗保险费等增值服务，为农户生活提供便捷，其次，结合农村实际情况，以原有助农取款服务点为基础，经过升级、改造使智能POS机能受理银联标识二维码，拓展"云闪付"用户和二维码小微商户，打造助农取款服务点线上延伸系统，并适当提升取现、转账额度，调整取款范围，不断丰富取款服务功能。最后，结合商业运作模式，金融机构对助农取款服务点建设中产生的装修、设施等费用给予一定补贴，提高支持农村支付服务环境建设的积极性。

（三）完善助农取款点横向功能

1. 探索更经济、有效的服务模式，利用互联网优势，延伸金融服务半径，与社会生活紧密相连，将数字化交易手段切入公共交通、旅游商户、乡村集市、餐饮食堂等消费场景；与生产经营密切结合，建立起生产、供销、信用"三位一体"综合服务链条，涵盖观光农业、休闲农业、乡村旅游等一系列农村新业态，用生活圈带动生意圈，捕捉为农户、低收入群体、偏远地区民众服务的商机，统筹兼顾社会效益和商业可持续发展。

2. 建立与金融机构对接的助农取款服务点服务系统，与助农取款数据对接共享，及时了解助农取款服务点业务量、交易信息等业务办理情况，并在系统内对助农取款服务点进行准确定位，建立助农取款服务点分布地图，对未覆盖区域及时跟进了解。

3. 丰富助农取款服务点的民生职能，深化与邮政、物流、电商等企业机构的合作，培育综合服务站，打造具有品牌的"助农取款＋电商平台"，在代缴电话费、公共事业费功能的基础上，扩大日常生活中的一些收支项目，如宽带费、公交费、燃气费、化粪池费、租用农机具费，满足农村居民日常生活需要，增加小额信用贷款、征信等职能，推广"云闪付"等金融领域前沿产品，丰富其自助终端和业务机具，打造示范点，提升农村地区商品流、资金流以及信息流的综合效益。

4. 利用城乡一体化建设获得"红利"，让部分外出打工人员回归家乡，增加农村的常住人口，为助农取款服务点提供更多的服务群体。

（四）完善助农取款点纵深功能

1. 在功能设置上，争取更多金融服务内容，增加小额信用贷款、个人征信查询等职能，深化与邮政、物流、电商机构的合作，打造"助农服务站点＋电商＋物流＋N"平台，提升农村地区商品流、资金流、信息流的综合效益和服务能力。

2. 在成本维护上，不需要花费太多固定费用在综合服务站外观设计和体量规模上，重点完善网点功能，打通多渠道金融环节，减少高消耗运行项目，延伸数字化多功能服务触角，确保综合服务站点在低成本轨道上可持续发展。

3. 在准入门槛上，将农村普惠金融服务点纳入商业银行管理有违政策初衷，因为助农取款网点本质上并不是银行，也不算金融机构，但由于其涉及数据和信息安全风险，对综合性的农村普惠金融服务点准入机制应当从严。我们建议，在适当时间制定出全国统一的《乡村助农金融服务网点业务流程管理办法》，规范助农金融服务站点各个业务流程，降低金融风险。

4. 在队伍建设上，农村普惠金融服务点管理人员选拔机制应当既尊重商业银行意愿，又考虑农村基层自治组织诉求，可以从商业银行抽调有经验的业务人员，也可以从农村基本组织中借调相关人员，在条件允许的地区设立专人或者由原村委会管理组织人员兼任。

（五）加强网点宣传和人员培训

进一步加强宣传教育工作，弥补金融消费者金融基础知识缺失短板，组建一支市县两级金融顾问大军，从原来单一融资功能逐渐转变扩展到投资者教育防护功能。通过视频、抖音、微信群等，组织开展"线上宣传""线上金融课堂""线上营销活动"等，激活客户群，加强对取款点商户和农村持卡人的宣传教育与金融能力培训，加大对助农取款服务点业务人员职业道德、业务能力以及法规制度了解等方面的培训。

我们在调研中发现，除了留守较弱势群体，也有着大量返乡人员，他们很需要可信的金融教育渠道。尤其是农民工返乡以后，由于缺乏便捷渠道，容易被社会上不良教育网站或机构诱惑，迷恋上所谓的微信"学习群"，其中不乏传销、虚假广告、套路理财。因此，最需要一个跟留守群体、返乡人员、老年人和农村居民进行面对面普及金融教育机会，普及农业知识、反假币、消费者权益保护等知识，提高老年人、低文化人群识别金融诈骗、电信诈骗、网络骗局的本领，把他们从网络骗局中拉出来，将综合服务站办成一个金融教育、金融素养培育基地，让广大农户、农村留守老人了解助农取款业务的安全性和可靠性，针对不同人群金融知识的薄弱环节和金融需求，通过微信、微博、互联网等多种新媒体平台或传统媒体开展金融知识普及活动，面向金融消费者，提供获取金融知识技能，将服务点打造成半径辐射范围内集取现、缴费、领取低保、了解金融知识为一体的综合性服务站，使村民足不出村就可以享受到便捷的金融服务，使金融价值、教育功能完美结合，有效化解金融消费者可能面对的金融风险，提高金融服务站的综合运行能力。

第六章
社区金融数字化创新

随着城乡经济的快速发展和城镇化建设步伐加快，传统的金融需求差距在逐步缩小，社会客群以居民和小微企业等为主，金融需求日趋多元化、个性化趋势。社区客户金融需求多以高效便捷的渠道、丰富的金融产品体系，流动性较高的金融产品和日常消费、生产经营为主；乡镇以农民、涉农企业、特色农业、家庭农场为主，金融需求则以定期储蓄为主，信贷需求多与涉农生产生活需求有关。金融机构正通过数字化、电子化等渠道，为社区居民提供高效、便捷、优质的金融服务，为人民群众提供更加普惠、安全、人性化的数字金融服务。

第一节　社区金融概念

一、社区金融概念与产生背景

社区金融源于西方国家，美国有 5000 多家社区银行，其中，富国银行是社区银行的典范。① "社区" 并不是一个严格的地理概念，可以是一个市或一个县，也可以指城市或乡村居民的聚居区域。凡是资产规模较小、主要为特定聚居区域内中小企业和居民家庭服务的地方性小型商业银行都可称为社区银行（Community Bank），并没有统一的概念。最初中国并没有社区金融的概念，金融资源全部是由国有大中型银行垄断经营的，不允许在国有银行之外存在社区金融的。

我国第一家社区银行是龙江银行 "小龙人" 社区银行，于 2006 年 6 月正

---

① 根据美国独立社区银行协会（ICBA）的定义，社区银行是一种独立经营、在特定区域内经营的小型金融机构，只是对资产总额小于 10 亿美元的小型商业银行的通称，主要服务于中小企业和私人客户，其资产规模在数千万美元至数十亿美元之间。美国的商业银行相当发达，社区银行数量大致占据美国银行总数的 40%（储蓄银行 7%，信用合作社 51%）和资产总额占 80%（储蓄银行 16%，信用合作社 5%）。

式开业，为社区居民提供特色化、差异化和简单的社区金融服务。2010 年 5 月，上海农商银行首家金融便利店在徐汇天平街道开业。自 2013 年 6 月，兴业银行获批在福建省开出第一家社区银行之后，民生银行也陆续在全国设立超过 1 万家金融便利店，光大银行推出 200 家社区银行网点。2013 年 12 月，中国银监会下发《关于中小商业银行设立社区支行、小微支行有关事项的通知》，支持零售业务与小微企业金融服务基础较好、监管评级良好的中小商业银行按照"定位社区、服务小微、规划先行、循序推进、均衡设置、持续经营"的思路推进社区支行、小微支行建设。

2016 年，中国在担任杭州 G20 峰会主席国期间，和与会的西方学者和金融机构共同讨论了社区金融，开始关注"数字普惠金融"对农村、城镇经济发展的影响。从此，我国社区银行发展加速，浦发银行、中信银行、平安银行、华夏银行、北京农商行、长沙银行、南京银行均已开设了社区银行网点。截至 2020 年 12 月末，我国社区银行数量达 8000 多家，其中，300 家管理客户资产过亿元。总之，社区金融和社区银行是我国金融体系的微循环，是中小银行零售转型和网点转型的重要发展方向。今天，面临普惠金融需求旺盛、人口老龄化程度加深、生产生活方式"社区化"新机遇，中小银行应紧抓社区经济和社区治理带来的新机遇，因地制宜创新社区金融产品和服务，探索社区银行发展的新路径。

二、国外社区银行和金融服务

社区银行（Community Bank）概念最初源自美国。社区银行已在美国发展了 100 多年，是美国社区金融（Community Finance）中最为活跃的主力。社区银行与小型银行在概念内涵上具有一致性，是指资产规模较小、主要为经营区域内的居民家庭及中小企业提供金融服务的地方性商业银行类金融机构。美国最早的社区银行可追溯到 1867 年成立的 Lykens Valley 银行。经过 100 多年的发展，社区银行成为美国银行业的重要组成部分，其资产规模约占全美银行资产总额的20%。

在日本，社区银行叫做地方银行，德国则称为区域性银行。总之，社区金融没有围墙之隔，范围十分广阔，与社区银行互为因果、相互依存。美国社区金融主要依托银行类金融机构实现，其落脚点就是社区银行，因此，被美国政府称为"美国经济脊梁"。美国独立社区银行家协会（ICBA）认为，社区银行是在一定地区的社区范围内，按照市场化原则自主设立、独立运营、主要服务于中小企业和家庭客户的中小银行。

美国社区银行一般规模虽然不大，但数量众多，遍布美国各州社区，其经营范围局限在一定的物理区域之内，分支机构数量有限，也就是不太跨州际经营，基本上服务于当地实体经济，与当地客户之间建立了良好的互信关系，而且业务范围大多立足于传统的银行业务模式，负债来源为当地居民存款，风险偏好较为保守，化解系统性风险能力较强。有学者总结，美国社区银行基本属于以"本地化＋关系化"为主要特征的中小型社区银行模式。[1]

以美国富国银行为例，富国银行把服务当地社区作为市场定位，专注于为有限区域内的家庭、农户和中小企业提供服务。富国银行的社区银行主要为个人及小企业提供包括投融资、保险、信托等全方位金融服务。富国银行把业务分为社区银行、财富管理两个部分。富国银行借助在散布在全美的9000多个金融商店、12000多台自主设备，其网点遍及美国大部分州县，主要为消费者和年销售额达到500万美元的小企业提供多样化的金融产品和服务，是富国银行区别于其他大型商业银行的经营特色。

近年来，富国银行社区银行业务收入占总收入的比例均在55%以上。财富管理主要是在全美离社区居民点设有超过8000个网点，并统称为金融商店，为全美超过三分之一的家庭提供服务，存款市场份额在美国17个州保持前列。富国银行金融商店分为两种，一种是零售金融商店，具有独立的经营

---

[1]　周艾琳：《富国银行的"社区金融"模式如何落地中国？》，摘自《第一财经》，2017年7月5日。

场所，可开展 80 多种金融业务，提供百余种金融产品，是名副其实的金融百货商店。另一种是超市网点，基本上设置在超市中，提供包括 ATM、开户、支票、转账等基础金融服务，通常有专业客户经理提供面对面的咨询服务。每家门店服务环境设计、服务产品、服务活动等都充分考虑社区的多样性需求，深受社区民众欢迎。① 值得注意的是，富国银行通过其社区网点吸引了大量小企业客户，为其带来低成本的资金来源和高收益的信贷资产，净利润贡献占比一直保持在 60% 以上。

富国银行的成功经验主要有四条：第一，低成本存款保障资金来源于富国银行的营业网点大部分分布于农村地区和小城市，存款主要来源于当地住户和小企业，存款人的金融市场信息和渠道有限，对金融工具及投资方式了解相对较少，负债成本较低。

第二，多渠道支撑高效运作。富国银行十分重视渠道建设，柜台、ATM、网络和电话等渠道十分完善。富国银行在店面设计上采用了许多零售和超市的概念，强调顾客和服务的重要性。金融超市经营包括房屋抵押贷款、财富管理、消费金融等在内的 80 多种金融业务，数百种产品，是名副其实的金融百货商店。② 零售店通常是超市里派驻的网点，包括 ATM 等自助金融服务设备，提供开户、转账等简单的金融服务，并且有一名专业客户经理提供面对面的咨询服务，大大降低了网点扩张的成本。而网点的成本也通过服务更多的客户和销售更多的产品得以摊销。

第三，营销能力突出。按照美国西北银行的预算，客户购买预算和他们的利润是成正比的。当顾客购买 2 个产品时，人均创利 21 美元，购买 10 个产品时，人均创利 390 美元。美国有研究表明，客户使用的产品类别越多，对银行的依赖程度就会越高，客户黏性更好。富国银行建立了 80 多个点，涵

---

① 周艾琳：《富国银行的"社区金融"模式如何落地中国？》，摘自《第一财经》，2017 年 7 月 5 日。

② 王爱俭：《发展我国社区银行的模式选择》，摘自《金融研究》2012 年第 11 期。

盖消费者一生当中各种业务，与大银行相比有着明显差异化优势。

第四，重视电子渠道的发展与整合。富国银行不仅拥有全美最发达的物理渠道，同样拥有全美最发达的电子银行系统。富国银行重视客户的体验，利用触摸屏代替电子显示屏，大大增强了客户的体验程度，富国银行的所有渠道都是结合个人需求与产品进行优化整合的。[①] ATM 机也经过多重优化，是收集了众多客户反馈后进行优选出客户最想要的选项，同样，手机和网络渠道也是定制的。显然，便捷、个性化的电子渠道大大提升了富国银行的客户满意度。

三、社区金融在中国实践

（一）社区金融兴起背景

社区银行致力于"小而美、小而精"，力求更贴近零售客户，将社区周边的居民、中小微企业作为目标群体，主要填补被传统银行所忽视的金融服务空白点，被称为"家门口的银行"。社区金融是适应开放型市场经济，满足居民多元化金融需求而兴起的特殊金融形态。因为社区银行大多服务于社区，其机构设置也相对单一，更加扁平化和灵活。初期投入大约只为大中型支行成本的十分之一左右，配备员工也只有一般为传统支行的五分之一左右，社区银行获取资金来自社区，又服务于社区，这决定了社区银行必须时刻关注社区经济发展与社区治理建设，紧密了解社区居民和企业各方面的金融需求。

2013 年 11 月，《中共中央关于全面深化改革若干重大问题的决定》正式提出"发展普惠金融，鼓励金融创新，丰富金融市场层次和产品"。2013 年12 月，中国银监会下发《关于中小商业银行设立社区支行、小微支行有关事

---

① 杨蔚东、杨宝臣、董越：《关于我国社区银行发展的战略思考》，摘自《经济界》2012 年第 1 期。

项的通知》，支持符合条件的中小商业银行在风险可控、成本可测的前提下设立社区银行、小微支行，定位特定区域和客户群体，提供便捷灵活服务。同时，为确保社区支行、小微支行的合法性、严谨性，此类支行设立应履行相关行政审批程序，实行持牌经营。

从2014年开始，华夏银行、兴业银行、上海浦发银行、中国民生银行和平安银行陆续进行了"社区银行"试点。从此，我国社区银行"持牌上岗"大幕正式开启。2014年发展到了高峰，社区银行数量达到8437家，2015年又跌到谷底4955家，2016年恢复到6362家，2017年社区银行数量再次降到6138家。

目前，我国社区银行大致存在3种形式：第一类是由农信社、城商行、村镇银行转型而来，主要是带现金业务的全功能社区银行模式。第二类是有人咨询的自助银行模式、非现金柜台业务的社区银行模式。第三类是股份制银行，包括民生银行的"小区便利店"、中信银行零售智能旗舰店、平安银行"口袋社区"等，但目前来说，尚无成熟的模式。

全国各地社区银行网点也大多选址在大型居住社区、高端写字楼、郊区城镇等社区密集、人流量大的地带，社区银行店面环境小巧温馨，配置有沙发、茶水、报架甚至儿童玩具，营业时间也比较灵活，实行错峰上下班制度。社区银行网点人员精简，配备2~5名工作人员，业务主要包括开户办卡、理财、缴费、个人经营贷款等。

≫【案例6-1】

平安集团的牌照优势为其在提供综合性服务方面提供了极大的便利，其社区金融模式或许算得上走在前面。近几年，平安集团已在上海等城市社区开设了社区金融门店，通过远程自助设备，实现客户身份确认、业务自助办理等。平安集团目前开设的社区"金融超市"主要以客户咨询及服务为主，核心是方便客户享受平安保险、银行、证券等综合金融业务的全流程咨询和服务。"金融超市"以小型门店为主，时尚科技感较强，配备智能展示屏、移动服务一体机、远程视频一体机、存取款一体机等智能自助设备。同时，门店与网站、电话中心、手机移动应用等实现线上服务信息互通、渠道互补，并配备了少量专业的客服人员。这些无疑都是平安集团社区金融服务的具体实践。

案例来源：《金融探索之社区金融：社区金融的发展历程及现状》。

中民普惠发布的《中国社区金融蓝皮书 2017》显示：我国社区银行总体上以"本地化＋关系化"为主要特征的中小型社区银行。长期以来，中小型社区银行以其经营机制灵活，通过对目标区域的长期"深耕"有效解决信贷过程中的信息不对称，满足社区居民金融需求，获得了较大的认可。

我国社区银行一般定位于服务社区居民的简易型银行网点，是一种持牌经营并限定经营范围的特殊类型支行，主要开展理财产品销售、财富管理、个人贷款、缴费结算、金融知识讲座等活动。社区银行一般不办理对公业务，但近年来有些社区银行也能办理安全等级要求较高的人工现金业务，如现金开户、大额取现等，很多支付业务则通过自助机具完成，如自助开卡、自助缴费、一定额度的转账汇款等。[①]

2020 年突如其来的新冠肺炎疫情，致使封闭在社区的人员越来越多，进一步催生了社区金融快速发展，与互联网科技的合作融合不断深化，生态化、场景化获客模式、构建"金融＋非金融"生态服务体系逐渐发展起来，便捷大量被封闭的防疫居民。

（二）社区金融现实作用

1. 我国社区最大的优势是拥有近 10 亿互联网用户，比美国和欧盟加起

---

① 雷曜、祝红梅：《社区银行发展现状及建议》，摘自《中国金融》2019 年第 7 期。

来还多。其中，2亿用户是伴随着电脑、智能手机和互联网长大的数字社区居民，他们对互联网技术及应用程序熟悉。2020年，我国成为世界上最大的电子商务市场，电子商务的爆发式增长和数字支付的迅速普及形成良性循环，在线交易额达到1.7万亿美元，每天有超过8亿名消费者使用移动支付，约为美国的8倍（见图6-1）。

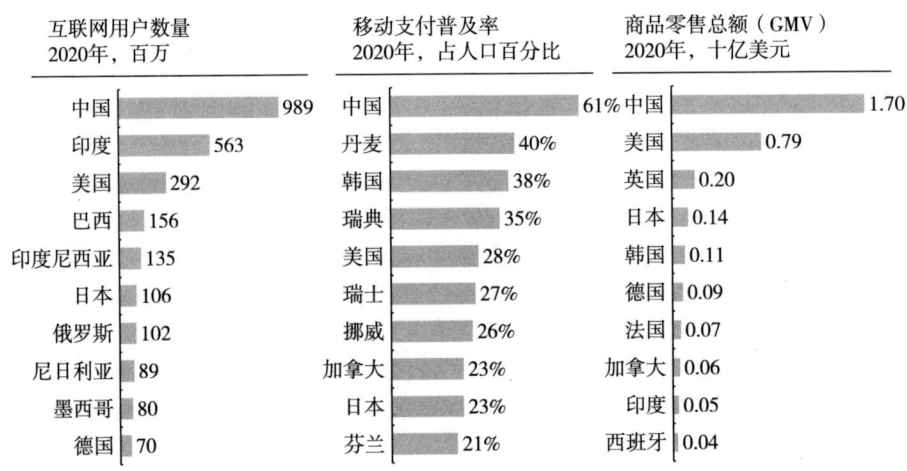

图6-1　互联网主要数字指标领先世界

［数据来源：艾瑞咨询集团（iResearch）、中国互联网络信息中心（CNNIC）、

中国商务部（MOFCOM）；互联网数字资讯网（eMarketer）］

这种巨大的用户需求推动社区经济可持续发展，打造社区场景金融，酝酿出巨大消费市场，社区消费客群稳定且增加势头强劲，社区商业呈现出专业化、细分化和定制化趋势，覆盖了家居生活、环境综合整治、医疗卫生健康、少年儿童教育等各类场景，为社区银行带来多元、细分的金融场景。①

2. 社区银行可以提升社区物业管理、新型智慧化设备、微型公益型基础

---

① 郭少泉：《创新社区金融产品和服务，探索社区银行发展的新模式》，摘自《搜狐财经》，2021年6月9日。

设施建设，不断迭代升级，推动传统社区门店升级，加快了智慧社区建设，促进共建共享社区金融微循环发展，为发展社区经济所带来的机遇和红利。

>>【案例 6 - 2】

招商银行武汉分行于 2017 年末上线"招管家"微信服务号，旨在从居民需求出发，聚焦社区生活全场景，不断完善社区服务生态。平台经过三期迭代，从最开始的亲子教育发展到物业服务、商户信息、餐饮便利、水果零食、生活娱乐、旅游服务、交通出行等多个场景，力图为社区居民提供"专业化 + 特色化"的社区服务体系，实现社区普惠金融从量的覆盖向质的飞跃的转变，推动了社区客户服务的高质量发展。

案例来源：招商银行武汉分行网站，2022 年 4 月 30 日。

---

3. 社区银行在社区治理中发挥着"清洁剂"作用。社区银行掌握了大量第一手信用数据，对社区所有用户家庭情况、个人经济状况、银行信贷现状、邻里关系、夫妻关系都十分清楚，更能精准评判识别客户，可以在依法清收不良贷款、打击恶意逃债方面发挥重要作用。

4. 社区银行扎根于社会基层，有利于联络发动社区楼长、单元长等居民群体代表，深入了解客户软信息及真实需求，缓解社区金融信息不对称问题，同时，借助社区平台资源整合汇聚功能，社区银行也可以与多方建立联系可降本增效，更好地推进业务模式的创新与开展。

第二节　社区金融特征

一、市场定位

社区金融将成为广大社区居民、小微企业的承载主体，以网点为主要手段，以社区为服务半径，提供小额信贷为主、以生活服务为辅的支持，成为社区银行未来战略发展的重点，也是社区金融创新服务的动力源泉。

从市场定位来看，为了让客户更加方便、快捷地获取金融服务，社区金融应该以网点为重点，拓宽服务半径，深耕细作区域经济。从服务定位上说，以满足社区居民和小微企业金融服务需求为目标，实现社区金融服务全覆盖，同时服务对象也从传统社区发展到经济社区、产业园区、网格社区等。从服务方式来看，以金融服务为切入点，广泛参与到社区建设中，充分利用农商行点多面广的比较优势和绝对条件，不断创新金融产品和服务，为客户提供满意的服务。比如，根据周边居民的喜好积极探索服务新模式，广州招商银行社区店本着"特色鲜明、便利周到"的经营理念，让客户体验到丰富有趣的便民服务，诸如夹娃娃、快递代收、充电宝租借、免费 WiFi、下午茶等在各家店上线使用，把金融服务送到社区居民身边。[①]总之，未来的社区金融定位需要在住户的信贷、保障及财富三大方面着眼，整合社区商户和机构的资源形成完整的金融生态平台，拓展未来的社区金融服务及生态平台建设。

二、服务定位

社区金融就定位在以社区居民、小微企业、个体工商户为服务对象，不仅提供存、贷、汇、理财等硬服务，还通过特色化经营、提供社交场地等软服务，形成非金融增值服务，全面提升导客、获客能力，广泛融入社区生活，实现精准授信、普惠授信，让基础金融服务覆盖社区每个客群。以满足社区居民和小微企业金融服务需求为目标，同时服务对象也从传统社区发展到经济社区、产业园区、网格社区等。从发展模式上看，我国社区银行目前主要有以下 3 种模式。

---

① 参见《您身边的金融便利店——招商银行金融服务新举措》，载"金羊网"，2017 年 12 月 29 日。

第一种是民生银行的广布局、内容引入模式。社区银行被定位为投资咨询和客户服务，主要满足客户的线下咨询需要，并提供相对应的产品销售和电子化操作指引。民生的模式是社区为体，内容为本，注重银行金融服务的丰富性。比如，辖商区、社区、园区，持续延伸普惠金融触角，细分客群，锁定儿童客群、老年客群、女性客群建设特色社区银行。其中，夕阳红主题银行围绕老年客群的个人养老需求和理财需求，搭建"金融＋非金融"融合的场景平台，专门为老年客户开辟"绿色通道"，提供专门的活动及场地，配套专属金融产品和服务，大大提高了市场竞争力和获客能力，资金组织等零售业务经营业绩大幅攀升。

第二种是兴业银行的微型网点模式。兴业银行开发的社区银行，在布局上和一般网点相似，不过突出了社区性，主要开在社区里面，服务和一般银行网点差异不大，从这一点看，兴业银行模式是依托于社区银行的布局和区位来满足客户的综合性金融需求。比如，在社区店的所有业务办理均通过先进的 VTM 设备实现。尤其是开立储蓄卡、申请信用卡的业务，无须像大型网点那样取号排队，只需要几步简单操作即可完成。每家店还配备了一名专业、贴心的店长，为客户提供理财业务、出国金融、个人贷款、代发工资、支付结算等各类业务的咨询服务。每家社区店将整合用卡优惠及周边一公里内的商户合作资源，力求为客户打造衣食住行全方位的用卡攻略，并定期通过短信、手机银行等方式将新鲜资讯及时送达。

第三种是平安银行的渠道、交叉营销模式。平安银行的社区银行定位是把社区银行发展成为多种金融产品的销售渠道和展示场所，提供线下方便、快捷的用户购买体验，比如，综合平安集团的银行产品、保险产品、信托产品等。[①]

---

① 李慧敏、马璐巍：《我国社区银行发展探究》，摘自《财经界》2014 年第 3 期。

>> **【案例 6-3】**

沥建莆田城区网点密度大、市场竞争激烈的实际,莆田农商银行细分客群,锁定老年客群、女性客群建设特色社区银行。其中,夕阳红主题银行围绕老年客群的个人养老需求和理财需求,搭建"金融＋非金融"场景平台,大大提高了市场竞争力和获客能力,资金组织等零售业务经营业绩大幅攀升。

邢台农商银行于 2019 年成立了邢襄信宝儿童主题银行,是河北省第一家综合型、场景化、体验式的新型儿童主题银行,率先践行场景化、数字化金融有益尝试,集合了儿童阅览、儿童教育、儿童小餐饮等多种业态,让孩子和家长在具体的场景中实现休闲、教育、消费、家庭生活与金融服务。截至 2021 年 8 月末,累计举办亲子特色活动 1300 余场,覆盖 15000 余人。

案例来源:《探索"社区金融"的特色之道》,载《中国经济时报》,2021 年 9 月 24 日。

同时,社区金融聚焦老人、残障人士、轻微智障人员、妇女和未成年人,提供有针对性的金融服务和金融产品,实现社区金融服务全覆盖,专门开辟"绿色通道",提供专门活动场地,常态化举办社区活动,与广大客户形成"平时常联系、有呼必有应、邻里一家亲"的亲民局面,配套专属金融产品和服务,拉近社区银行与客户关系,为老人、残障人士、轻微智障人员、妇女和儿童服务。

三、营销定位

针对社区特点,社区金融针对商圈型网点可以设置财富俱乐部、咖啡银行等特色模块。如果老年客户较多,可以设置广场舞等老年活动和养生保健交流等项目;如果学生和儿童较多,可以设置亲子俱乐部、生日 party 策划等模块；如果女性客户较多，则可以设置美容沙龙、儿童教育、花艺茶道等模块。例如，北京市从 2022 年 4 月开始，面向在京消费者发放绿色节能消费券，鼓励消费者购买使用绿色节能商品。据悉，消费券适用商品共计 20 类，包含电脑、洗碗机、电视机、空调、电冰箱、洗衣机、电饭锅等。又如，2022 年 4 月 1 日，广西壮族自治区启动为期 3 个月的"33 消费节"，计划开展超 600 场次各类促销活动，对消费者补贴让利超 10 亿元，预计带动第二季度社会消费品零售总额超 2000 亿元。在活动期间，当地社区居民可通过云闪付 App 领取消费券，还新增了商超百货购物返券、银联消费券、建行消费券、移动 5G 购机补贴等多类型消费券，涉及的商品种类和可使用范围更广。①

2020 年 3 月至 2021 年 11 月，全国多地实施了超 500 轮消费券计划，其中，多数取得了较为显著的短期局部效果。2021 年 11 月至 12 月，云南省、黑龙江省哈尔滨市和河南省郑州市，分别通过京东平台发放政府消费券。20 天内三地消费券核销金额突破 5000 万元，带动消费订单金额超过 4 亿元，政府资金撬动消费杠杆率接近 8 倍。广东省深圳市、山东省青岛市、辽宁省沈阳市等多地也纷纷发放各类数字消费券，助力消费市场复苏。

显然，数字消费券的发放推动了线上线下消费深度融合。一方面，各支付类 App 作为消费券发放的入口，吸引了大量用户，包括微信支付、银联云闪付、美团等多家支付机构，都参与到各地消费券的发放中，有利于特定线上支付渠道推广；另一方面，线下实体商家特别是中小微商家成为消费券受益者，广泛享受到数字消费券的优惠服务。调查数据显示，在消费券适用的商家中，九成是中小微商家。政府每发放 1 元消费券，就有 0.87 元流向年销售额 30 万元以下的小微商家。②

---

① 参见《线上线下融合：居民实惠到手，数字消费券助市场回暖》，摘自《人民日报（海外版）》，2022 年 4 月 18 日。

② 参见《线上线下融合：居民实惠到手，数字消费券助市场回暖》，摘自《人民日报（海外版）》，2022 年 4 月 18 日。

四、网点定位

从某种意义上看，社区金融在网点功能和业务范围比不上传统银行网点，在客户维护的边际成本上也比不上互联网金融，在和社区客群的接触了解方面比不上物业公司，但社区金融最大的优势就是顺应客户的金融需求和消费习惯，借助互联网优势探索出差异化的经营方式，让客户获取信息的途径简单化、获取金融需求的方式便捷化。例如，"80 后""90 后"的年轻客户大多与传统全功能型物理网点渐行渐远，喜欢网上进行金融活动。为此，社区银行就必须进行积极有益的尝试，进行智慧银行建设和柜面分流，契合新时代网点建设的轻型化、智能化、社区化趋势。

五、场景定位

有研究机构一项研究表明：弱社区属性因为场景定位和社区没有太多关联性，容易被其他金融产品所取代，如蚂蚁"支付宝"、淘宝"网上商城"和招行"掌上生活"等。而强社区属性的信贷服务限定在辖属社区，竞争对手少，场景可以覆盖用户群体日常生活，可以快速建立用户黏性。[1]

所以，未来社区金融最关键的市场定位应该是场景化应用，这也是未来互联网金融的发展趋势。目前，我国经济形态和互联网技术日臻完善，以社区作为场景入口的新金融模式已经初步形成，发展社区金融的市场空间很大。虽然 2021 年 P2P 平台的相继暴雷引发了国内金融业界的政策收紧，大量的理财和贷款的平台都出现了服务暂停和终止的情况，相信政府在出台针对第三方独立社区金融机构的监管政策后，这些情况会有所缓解，国家的普惠金融体系将引导社区金融稳步、快速、健康发展。

---

[1] 参见《未来社区金融的定位在哪里？》，摘自《AMT 企源》，2018 年 9 月 5 日。

第三节　社区金融数字化转型障碍

一、客户对数字化需求增高

数字化时代客户需求发生了较大改变，在金融场景化、智能化、便捷化等方面对社区银行提出了更高要求。尤其是"90后""00后"新一代年轻人，对数字化有自己独特的要求，对金融产品也有自己的需求，对社区金融服务更有自己的追求。一般而言，社区银行的电子设备并不先进，能否完全满足社区人群需求确实是一项挑战。例如，对社区客户安全隐私保障就有待提高。对于社区服务这样的生活场景，安全隐私是困扰用户的一大难题。社区银行不仅要保证社区居民信息的隐私性，更要保证线下的安全性。目前，多数社区银行的线下安保措施不足，不只是因为经费问题，更有社区银行安全意识不足问题。

目前，不少社区银行只是在服务上增加了服务人员、产品介绍和宣传手册，配备了一些便民的生活服务设施，美化了网点的布局和色彩的配置，并没有增加有效的能够激发社区关系链条的流程，离数字金融服务更是相距很远。也就是说，目前我国不少社区银行还是在以社区初级发展阶段的需求假设来进行服务的供给，也如有学者曾经指出的那样，部分社区银行在营销和手法上过于直白和简单化，单纯以类似于理财产品收益率和存款利率上浮的形式来吸引社区居民进入社区银行办理业务，而这种收益率和存款利率上浮的比较在一般的网点已经能够实现，配套的功能性服务更完善，并不能起到很好的效果。通过社区银行营销所增加的指标和业绩，只是在原有网点基础上进行的自然增长而已，也没能发挥出更好的几何级的关系链上的营销增长。[①] 因此，今后要真正加强社区银行客户信息保护功能，为社区客户提供

---

① 李慧敏、马璐巍：《我国社区银行发展探究》，摘自《财经界》2014年第3期。

全方位的隐私权保护服务，满足客户各类金融需求，实现银行和社区的双赢。

二、互联网技术冲击

随着数字化技术发展，互联网越来越普及，网上银行、手机银行、电子化支付手段日益渗透每个人的生活中，诸如缴纳水电费、购买理财产品等社区银行业务现已逐渐被线上平台所替代，在支付宝、财付通以及其他第三方支付系统中都可以轻松解决，更不用说科技公司研制出来大量便民 App 软件，社区银行生存空间被大大压缩。

曾经有记者调查后认为，不少养老机构和企业都在打造类似平台，但碎片化的数据分散在不同机构，成为一座座数据"孤岛"，没能让这些数据释放出最大价值。① 为此，智慧养老服务信息平台急需对碎片化的数据进行有效整合，通过数据和信息打破机构之间的边界，把各类社会组织、企业及养老机构整合形成新的组织，并通过网络实现社会组织、社会机能的协同，打破"数据桎梏"，将成为疏通城市治理体系和治理能力现代化的有力渠道。

三、特殊人群数量不断增多

随着城乡一体化推进，城镇社区里出现大量所谓的"新市民"，就是因本人创业就业、子女上学、投靠子女等原因来到城镇常住，未获得当地户籍或获得当地户籍不满三年的各类群体。如何满足新市民在创业、就业、住房、教育、医疗、养老等重点领域的金融需求，也是摆在社区银行面前的一道新难题。

新市民人口大规模流动引发社区金融新的刚性需求，尤其是从农村迁移城镇的低收入老年新市民依然有着很多鲜明的金融需求。以信贷为例，小额、短期的周转性需求极为普遍，相比额度和利率，他们更在意贷款的便捷性、

---

① 向家莹：《数字化模式全面赋能"智能＋养老"破题养老痛点》，摘自《经济参考报》，2021年5月26日。

灵活性等。因此，社区银行应该加强对新市民创业形态、收入特点、资金需求等因素的分析，运用信息技术，精准评估新市民信用状况，优化新市民创业信贷产品。因此，如何让被数字金融体系排斥的新市民纳入主流金融体系，如何在客户移动终端、App 等数字技术便捷性方面进行改革，如何帮助新市民正确认识数字金融、转变支付理念、规避操作风险成为社区银行需要深入研究的课题。

四、业务种类单一

社区银行业务较为单一，金融功能局限性大，以非现金业务为主，一般不办理对公业务和人工现金业务。由此产生业务信息传输通道较长、不顺畅问题，导致社区银行难以适应中小微企业融资"短、小、频、急"特点，也无法完成对老年人、妇女和儿童的特殊要求。

五、收益难以覆盖运营支出

由于房租成本不断提升，加之同业无序竞争相互抬价，削弱了社区银行盈利能力，同时，个别社区银行盈利模式没有成熟，无法形成规模效应，经常会陷入疲于经营费用紧张而无法维持正常经营的窘境。

六、社区银行缺乏金融人才

由于社区银行工作不仅包含了金融服务，还包含了非金融服务，需要工作人员具有较强的综合工作能力，但是，社区银行在数字化金融建设方面起步又较晚，往往缺少人员配置和系统性培训，更缺少金融科技的专业人才，一定程度上阻碍了社区金融和社区银行数字化发展。

七、社区金融的监督不到位

现行法律法规并没有为社区银行提供可以遵循的行为范式，导致我国部分地区社区银行乱象丛生，比如准入制度缺失，各银行普遍采用在自助银行网点安插营销人员的方式设立社区银行，从业人员参差不齐，服务质量堪忧，有绕开机构准入监管，变相扩张网点之嫌。又比如，社区银行业务开展不规范，有学者调查报告描绘，部分社区银行在网点里卖大米和食用油，或者代收快递订机票送牛奶，人事监管缺位，大量使用劳务派遣制员工，员工队伍业务素质较低。[①]

为此，2013 年 12 月，中国银监会办公厅下发了《关于中小商业银行设立社区支行、小微支行有关事项的通知》（银监办发〔2013〕277 号），对于社区银行的业务模式、设立条件、准入程序、风险管理、退出机制等首次提出明确要求，并设置了"禁区"。但问题是，《关于中小商业银行设立社区支行、小微支行有关事项的通知》虽是规制我国社区银行的第一部规范性文件，但其仅是银监会办公厅的发文，对全国社区银行的指导性不强，更谈不上强制性。

显然，社区银行领域的法律法规体系缺失，导致社区银行的许多实践金融活动无法充分开展，其发展也呈现出野蛮的洪荒之态，对社区银行监督工作不到位。社区银行迅速发展，主要是量大于质，许多商业银行并不熟悉社区银行的运作模式，既不能完全套用商业银行原有的监管工作流程，也不熟悉社区银行的新方式新程序，没有现成的社区银行工作流程和规范指南，因此，对于社区银行各项风险不能很有效地控制住，很多时候监督工作无法及时到位，导致社区银行的风险性指数不稳定、投资安全性不高等问题时有发生，个别地区的社区银行长期无法解决，严重阻碍社区银行的健康发展。

八、社区银行业务定位不精准

现阶段，我国商业银行所设立的社区银行都是调试阶段，与市场经济处于磨合期，与数字金融也在初始阶段，不同于国外已经处于成熟期的真正的社区银行，最多只能算是一个社区银行的雏形。当前的我国社区银行还无法

---

① 李慧敏、马璐巍：《我国社区银行发展探究》，摘自《财经界》2014 年第 3 期。

十分明确地给出自己在市场中的定位。究竟是有人咨询的自助银行模式，还是非现金柜台业务的社区银行模式，还是带现金业务的全功能社区银行模式，包括社区银行获客渠道、资金来源、经营范围，社区银行都面临很多不同的选择，给出的答案也不尽相同。由于是新兴的银行业态，无法像其他银行一样有成熟的规则制度，无法像其他银行一样有现成的客户资源，特别是股份制商业银行的社区银行支行，受到总部的影响很大，经常被总部经营决策影响，使得社区银行的经营方向发生改变，往往会受到商业银行利润大于天的经营思路影响，出现将资金投入获取更大利润的领域，离开普惠金融发展道路，社区银行的便民、低利率的特征大大降低，对社区经济和社区金融的参与性也大大的降低，不利于社区银行对当地社区经济的支持。

第四节　社区金融数字化改革方案

一、社区数字化医疗产业

据估计，社区银行已经资助了我国多达 1000 家所谓的"网络医院"，帮助这些网络医院利用数字渠道，将医院信息支持系统（Hospital Information Support Systems，HISS）联网，帮助社区医院大幅提高医疗服务覆盖范围，例如，在线门诊、电子药店、远程医疗服务，通过"医疗健康＋大数据＋人工智能＋N"链接，在手机上浏览过往医疗检测报告、每次诊疗情况和用药情况，拥有电子健康档案，还可供下载给外地专家做参考，瞄准医疗过程的疑难点再次会诊，达到更佳的治疗效果。

社区银行还帮助社区医院建设"网上医联体"平台，依托社区内部海量用户数据，打造数据"核聚变"，深耕 C 端健康行为管理市场，打造规模化运行的网上疾病管理系统，聚焦"医疗保险＋大数据＋人工智能"诊疗体系，解决"排队三个钟、就诊三分钟"的传统模式难题，利用客户管理软件帮助用户减少医疗花费，甚至利用人工智能应用和自动化系统协助医务人员的进程，包括清洁机器人、送餐机器人、测温系统和医学聊天机器人，协助医生并方便其与患者沟通的结果，在疾病预防、临床诊疗以及疾病预后监测方面产生了深远影响。

二、服务社区数字化养老产业

（一）关注数字化养老产业

全国第七次人口普查发布的数据显示，我国 60 岁及以上人口占比超 18.70%，其中，65 岁及以上人口比重达到 13.50%，人口老龄化程度进一步加深。"十四五"期间，我国老年人口规模将以每年超过 1000 万人的速度快速增长，到 2025 年，60 岁及以上人口或将突破 3 亿人，中国老年人口占比已经超过 12.6%，距离占比 14% 的深度老龄化门槛也越来越近。

"十四五"规划提出，要推动养老事业和养老产业协同发展，培育养老新业态，构建居家社区机构相协调、医养康养相结合的养老服务体系。互联网应用的适老化改造，成为国家推动居家养老服务提质扩容的重要抓手，促进智慧养老服务体系建设加速走到台前。自 2013 年养老元年以来，"居家为基础、社区为依托、机构为补充、医养相结合"多层次养老服务体系快速发展。显然，养老已经成为我国社会关注的"朝阳"产业，也为社区银行服务社区养老产业奠定了人员基础。伴随着社会观念改变，越来越多的老年人更愿意享受生活，很多原本面向年轻人的产业也同样适用于"活力老人"，诸如旅行、健美、体育、舞蹈、医美等领域。由此，社区金融和社区银行要积极拥抱新兴的数字化技术，秉承"数字驱动健康，智能帮助老人，金融赋能养老"理念，坚持养老数字化转型的方向。

由于养老行业是一个综合型的服务性行业，涵盖酒店、物业、餐饮、教育、医疗护理、家政服务等多元服务行业，因此，作为社区金融就必须针对行业特点提供金融服务，对养老行业进行数字化转型，有效融合贯通，需要社区金融与数字化技术融合与创新。从目前情况看，社区银行针对养老行业的数字化转型方法包括以下几方面：流程标准化（Standardized Process）、服务个性化（Service Personalized & Experience）、全互联全参与（All - Engaged）、智慧赋能（Intelligent Empowered）、有效决策（Effective Decision）、数据驱动（Data - Driven）和养老数字化平台（Digital platform），全覆盖数字化渠道与销售、业务流程标准化与智慧化运营、大数据决策、养老运营监管等业务，满足居家养老、社区养老、机构养老、旅居养老的资金需求，资助智慧城市养老数字化平台建设，为健康养老行业赋能。

针对老年人应用智能技术困难问题，2020 年，中国银保监会出台《关于银行保险机构切实解决老年人运用智能技术困难的通知》，围绕老年人出行、就医、消费、文娱、办事等高频事项和服务场景，推动老年人享受智能化服务，完善传统服务方式，提升享受智能化服务水平，线上线下服务更加高效协同，解决老年人面临的"数字鸿沟"问题的长效机制基本建立。比如，移动端 App 广泛应用，养老机构可以通过移动端 App 与老人家属进行沟通，家属可以远程查看老人在养老机构的健康状况、参与活动和用餐情况等信息。推动手机等智能终端产品适老化改造，使其具备大屏幕、大字体、大音量、大电池容量、操作简单等方便老年人使用的特点。上海市出租车平台的"一键叫车"功能，专门附加了"大字模式"，让视力不太方便的老年人一按键就可实现定位。又比如，简化网上办理就医服务流程，为老年人提供语音引导、人工咨询等服务，实现网上就医服务与医疗机构自助挂号、取号叫号、缴费、打印检验报告、取药等智能终端设备的信息联通，推动通过身份证、社保卡、医保电子凭证等多介质办理就医服务，加大线上数字化服务。

同时，利用数字化便利优势，设置"禁止行为清单"。养老社区应该设立"禁止行为清单"，要求银行保险机构不得强迫老年人使用银行卡，不得强制老年人通过自助式智能设备办理业务，尊重老年人习惯使用纸质银行存折习惯，不得违规代替老年人操作。可以告诉老年人怎么操作，但绝不能替老年人操作。否则，一旦发生投诉，银行保险机构将难逃责任。①

（二）搭建社区养老平台

随着我国各地开展智慧城市及未来社区建设，利用现代科技建设数字健康社区、拓展老年人养老服务渠道、增加养老服务供给，成为创新居家养老服务模式的重点。比如，智慧养老的主流方式是以社区为中心，通过线上线下连接起各服务机构的居家智慧养老模式，这种模式改变了社区以行政管理事务为主、居民服务欠缺的现状，打造了社区居民获得安全感的民心工程，开辟了社区行政管理、社会治理的渠道，为智慧城市管理增添新活力。

从重点群体来看，我国消费者金融素养年龄分布呈倒"U"形，特别是老年人在适应金融数字化方面明显不足，依赖传统渠道和方式无法满足金融需求。有学者研究表明：近年来，我国老年适用商品数量以年均39%的速度增长。其中，2019年的老年适用品数量比2017年增长78%。下一步，搭建好社区养老平台，优化老年人使用信息通信产品和服务的体验，发展"银发经济"，关注老年群体的特殊需求，不仅有经济效益，更展现了企业社会责任、社会担当。②

社区银行通过数字化平台提供养老支援，打造适老App，优化使用流程，抓住"长寿红利"与"银发经济"的机遇，挖掘老年客户真实的金融需求，按照适老化要求开发出更方便化、精准化、差异化普惠金融产品，量身定制与其风险承受意愿和能力相匹配的金融产品，提供更趋差异化普惠金融服务，缩小数字鸿沟，为老人构筑疫情中的安全屏障，让更多的老年人享受到数字普惠金融的服务。

---

① 参见《四部门吹风会：积极推进金融知识纳入国民教育体系 持续打击虚拟货币交易炒作活动》，载"中国人民银行网站"，2021年8月27日。

② 周向红：《如何助老跨越"数字鸿沟"》，摘自《解放日报》，2020年12月22日。

（三）改善社区养老服务设施

考虑老年人的需求，改善基础服务设施，包括长者服务专区、无障碍坡道、爱心座椅、老花镜等。在街道和乡镇设立老年人社区服务中心，扩大养老场地供应。改建、扩建社区养老服务设施，提升公办养老服务机构护理能力，强化对失能失智特困老年人的兜底保障。比如，健康方面，大数据分析模块可以通过老年人的体征数据以及日常生活起居、饮食、保健品服用等数据，分析推测身体会出现什么状况，产生哪些方面不适，做到预测或预判，并开出保健处方，让体质得到逐步改善；生活方面，帮助解决老年人的饮食、家政、出行、购物等日常起居问题，提供便捷安心的服务；娱乐方面，丰富老年人的文化生活，为他们提供感兴趣的新闻、影视、戏曲、养生保健知识；安全方面，社区内的交通综合管理系统、安防系统、定位系统、消防应急系统、能耗系统等智慧终端，进一步提高了街道和社区的治理效率，如一旦家中发生破门破窗事件，智慧安防系统将自动向设定人发送警报，一旦有火灾预警，将第一时间规划最佳撤离路线，保证老年人生命安全；环境方面，通过电脑、电视、手机可实时显示室内外环境数据，室内传感器可监测污染物数据、物业信息等。治疗方面，建立的"医＋养＋康＋护"四位一体的综合性服务模式和服务体系，可以通过床垫、马桶垫、手环等智能设备，实时监测老年人的呼吸、心率、体温、肺功能等信息，并对异常情况及时警告；可将移动终端收集到的老年人生理数据自动传入云端，进行数据分析与处理，再将结果发给主治医生，方便医生给出诊断或建议。对于一些高危人群，如患有高血压、糖尿病等疾病的老年人进行全天候的日常管理，为每个人定制个性化的健康管理方案；基于 BIM 模型，提取建筑内的空间信息，快速形成最短路径，协助急救人员快速准确地到达急救地点，全程都有数字化的身影。[1]

---

[1]　向家莹：《数字化模式全面赋能"智能＋养老"破题养老痛点》，摘自《经济参考报》，2021年5月26日。

同时，建设连锁化、标准化的社区居家养老服务网络，提供失能照护以及助餐助浴助洁助医助行等服务。在疫情期间，开展一日 3 次体温监测，三日一测核酸指标，凸显了养老数字化运营平台的作用，提升了对健康、对养老服务保障的关注，数字化科技和互联网应用场景更为广泛和深入人心，影响着整个养老行业未来走向。

三、加强社区金融数据管理

2018 年 5 月 21 日，在广泛征求意见修订内容后，中国银保监会正式发布了《银行业金融机构数据治理指引（银保监发〔2018〕22 号）》（以下简称《指引》）。《指引》旨在指导银行业金融机构加强数据治理，提高数据质量，发挥数据价值，将数据治理情况与公司治理评价和监管评级挂钩，提升经营管理水平。

加强社区金融数据治理，完善数字化风险治理体系。从战略、组织、流程、产品和交易等各个层面完善内控制度，通过金融科技提升风险预警能力。社区金融数据库提供便捷、安全、可靠的数据管理，依赖于分布式技术、压缩技术、列式存储技术的应用以及应用层协议的改进，不再成为一个数据库系统最先遇到的瓶颈。金融市场高频数据的时序特性，使得时序数据库成为最有前景的解决方案，不仅为金融市场高频数据带来了管理上的便利和性能上的突破，其内置的时间序列数据、面板数据处理能力更为金融的应用开发带来了极大的便利，比如采用数据库内分析技术，数据清洗和基本的数据分析功能选择在数据库内完成，缩短数据处理时间，大幅降低网络传输的数据量。[1]

总之，社区金融和社区银行建立统一的数据标准、可量化的数据质量管理、高时效的元数据服务，推动了社区银行数据管理水平的稳步提升，提高了社区人员需求分析、应用设计的工作效率，满足了银行内部全面风险管理能力及精细化管理要求。

---

① 参见《数字化时代下金融业数据治理迫在眉睫》，摘自《腾讯云》，2020 年 8 月 6 日。

四、促进社区金融消费

社区银行搭建社区金融生活化场景，例如，在虎牙（Huya）、斗鱼（DouYu）等游戏直播网站上，将聊天室带到现实生活中，组织瑜伽课或跑步俱乐部，并打造线上转账、支付、贷款等数字化应用场景，加快实施智能网点等线下场景建设，推动消费金融与社区金融的无缝衔接。

社区银行还用游戏、电子商务和社交等元素构建产品组合，创造一个"去中心化"、有竞争力、友好的生态系统，锻造与之适配的获客运营、场景分析、信用风控、科技创新等体系，利用大数据评估社区居民信用风险，提供涵盖企业画像、知识图谱、信贷风控、动态定价在内消金方案，提高消费金融服务的可获得性、便利性和普惠性，并对我们现实金融市场产生重大影响。

五、打造社区数字化特色产品

社区金融产品要为顾客群体量身定制，顾客的金融需求就是社区银行服务的方向，而顾客群体的金融需求就是社区银行产品设计的方向，只有把社区银行中客户群体层层细化由共性研究特性，了解客户资金使用心理，才能设计出客户既需要又实用的各种类型的金融产品，满足退休群体客户、工薪族客户、个体工商户等多种客户群体的需求。并且金融产品不断地推陈出新，在产品期限、规模、收益率等方面不断变化，让顾客感觉产品是在为他们量身定做，体验到金融服务的荣誉感，从而成为社区银行忠实的粉丝客户。[1]比如，针对老人、妇女和儿童建立特色金融服务和金融产品，提高老人、妇女和儿童在社区金融方面的触达率，利用数字化的解决方案可以帮助对妇女进行赋权。地方政府帮助老年人、女性购买政府债券或其他数字化金融产品，

---

[1]　苏嘉壮：《我国社区银行发展现状及市场优势研究》，摘自《现代经济信息》2016 年第 28 期。

提高老年人、妇女在社会经济生活中地位，顺应数字化转型变革大趋势。

2022 年 1 月 4 日，中国人民银行发布《金融科技发展规划（2022—2025）》，提出 8 个方面重点任务，其中强调加大社会金融科技创新，提升核心竞争力，深化金融服务智慧再造，搭建多元融通的服务渠道，打造无障碍服务体系，为老年客户、妇女客户和儿童客户提供更加普惠、人性化的数字化服务。例如，社区金融（社区银行）针对老年人、文化程度较低人群或轻微智障人员，利用大数据、互联网、客户移动终端、App 等技术在远程开户、线上支付、保障网络转账方面提供更加简单、更加实用的数字化服务，以人为本设计网络技术，开发出精准化、差异化的数字化金融产品，缩小数字鸿沟，提高普惠金融服务范围和普及效能，更好地服务社区客户。

六、探索社区金融数字化生态圈

一个完整的社区金融生态圈至少包括产品中心、宣传推广、营销互动、交易平台、销售平台等方面，还要嵌入政府公共服务领域以及当地商圈、社区生活，如在医院、学校、菜市场布设高频场景，提供无感、无界的场景金融服务，打造集金融产品、生活服务、电子商务等服务于一体的移动综合服务体系，实现"统一门户、统一用户、统一体验"的目标。

（一）社区金融交易平台

社区银行将主要提供一个服务平台，满足对客户的沟通、理财建议、辅导服务等多方面的业务，甚至为每个用户提供定制化的服务。主要提供复杂产品、个性化定制产品。客户日常金融需求，包括开销户、查询、转账、汇兑、缴费、个人信用贷款等业务，可以持续、深入保持银行和客户的交流，增加彼此了解和信任，通过客户交易行为数据积累，把社区授信真正推动起来。

（二）社区金融产品中心

新时代的社区金融生态圈，产品分布应契合网点形态的轻型化、智能化趋势，以线上渠道为主。无论是线下社区网点的客户到访还是 PC 端、手机端的流量，都要尽可能地引入线上完成金融服务流程，实现交易成本的控制和多渠道客户体验的统一。例如，为应对城市化进程，破局城区金融服务对接难题，赣州地区信丰农商银行引入社区银行服务理念，在赣州地区 18 个大型社区建立了 21 家社区普惠金融服务站，以书香、观影、品茗等为特色主题赋能金融服务站，不仅成为周边居民的休息驿站，更成为收集客户信息需求的"前哨站"。普惠金融服务站的设立，让该行的金融服务得到进一步延伸，同时也为当地居民提供了更多便利，让居民在"家门口"就能办理好金融业务，成为居民身边实实在在"家门口"的社区银行。[1]

（三）社区金融宣传推广渠道

产品宣传、营销活动发布等要顺应社区居民生活习性和社交习惯，通过微信公众号、通过网点工作人员加入社区居民朋友圈等多种方式融入客群社交圈，以线上渠道为主，通过更便利的活动参与方式，更新奇有趣的活动，拉近与客户的距离，提升客户活跃度；通过社区朋友圈达到宣传推广和吸粉、线下导流的目的，树立社区网点的品牌形象。[2]

（四）社区金融营销渠道疏通

社区金融销售渠道是社区金融生态圈的核心功能，也是诸多模块运营活动的终极目标。社区银行发展空间必须进一步拓展。从高端客户到普通客户，

---

[1]　参见《信丰农商银行延伸金融服务　打造"家门口"的便民驿站》，载"赣州市政府金融工作网站"，2021 年 11 月 1 日。

[2]　参见《数字化观察之四十二：打造社区金融新生态，摘自《银行家杂志》，2019 年 11 月 20 日。

都应有相对应的产品和服务。社区银行在现有阶段的业务仅仅局限在存取和理财等几个少数的业务上，社区金融更多体现在资金端多元化和成本低廉化，并没有完全实现社区银行的最初设想。

时至今日，融入数字生态、融入数字场景，开放、共享、链接已成为数字时代趋势，比拼的是精耕细作能力，避免诱导消费过度负债，确保长尾客群的金融供给，不能再只看重速度、不顾质量的盲目发展。今天，数字化精准营销已经成为社区金融新生态的标配之一，其实质就是利用客户对非金融产品的需求，通过网点常态化场景叠加和网点沙龙等形态，提供生活化服务产品，引导客户对金融产品的购买。营销活动（包括互动交流活动）从衣、食、住、行、娱、育、医入手，围绕重大节日开展，抓住与社区客户日常生活息息相关的主题和内容，在线上平台宣传推广的基础上，以一码通为主要支付手段，以线下社区网点和特惠商户体系为主要实施渠道开展。[1]

数字化社区金融的构想核心是"便民"，即在选址上更贴近社区、贴近广大市民；在发展模式上，参与社区共建、支持社区发展，以实现银行、客户、社区三者良好互动、和谐发展。以社区平民化服务赢得客户信赖，推动服务理念转型，功能更加多元，诸如整合物业、快递、家政、教育机构等数字资源，赋予社区银行快递收取、家政服务、文化教育娱乐等功能。在服务上，错时经营、特色经营，适当延长营业时间，提供社区免费图书角、亲子乐园、萌宠等待区、金融知识讲堂等非金融增值服务，践行亲民理念，通过举办亲子主题活动、中秋游园、少儿钢琴大赛等社区活动，拉近与社区居民的距离。通过大数据技术，不断深化数字化流程改革，优化社区消费金融渠道，提升服务效率，服务方式不断灵活变通，居民用户不断延伸扩大，增加社区金融产品多样性，提升消费金融覆盖面和可得性。

---

① 参见《数字化观察之四十二：打造社区金融新生态》，摘自《银行家杂志》，2019 年 11 月 20 日。

第七章
普惠金融试验区数字化创新

2016 年 12 月，中国人民银行、中国银监会和河南省政府共同公布了《河南省兰考县普惠金融改革试验点整体方案》，在兰考县设立了国内首个普惠金融改革试验区。2019 年 12 月，国务院批准福建省宁德市、龙岩市和浙江省宁波市创建普惠金融改革试验区；2020 年 9 月，经国务院同意，中国人民银行联合国家发展改革委等七部委，分别向江西省人民政府、山东省人民政府印发《江西省赣州市、吉安市普惠金融改革试验区总体方案》和《山东省临沂市普惠金融服务乡村振兴改革试验区总体方案》。至此，全国范围内经国务院批准的普惠金融改革试验区扩至五省七地，形成了错位发展、各具特色的格局，其中，山东省临沂市为普惠金融服务乡村振兴改革试验区，其余为普惠金融改革试验区。

第一节　河南兰考试验区数字化实践

河南省兰考县是传统农业县，是我国县域经济典型代表。农民贷款难、信息采集难、风险防控难、金融服务不足、数字金融水平低等问题，是金融服务中反映最强烈、需求最迫切的痛点，也是推动普惠金融服务面临的主要困境。兰考县作为传统农业县，也是"焦裕禄精神"发源地。为了破解传统金融服务不足、服务效率低、融资难、信用缺失等突出问题，2016 年 12 月，经国务院同意，中国人民银行、中国银监会等部门联合河南省人民政府印发《河南省兰考县普惠金融改革试验区总体方案》，兰考成为全国首个国家级普惠金融改革试验区。

经过几年的努力，在"普惠、扶贫、县域"三大主题指引下，兰考数字普惠金融小镇、数字支付示范街、兰考大数据中心、村级数字普惠金融服务站、村域无线 WiFi 普及都已经初具规模，初步形成普惠授信体系、信用信息体系、金融服务体系、风险防控体系为基本内容的"一平台四体系"模式，运用数字技术，建设了市场化运营的数字普惠金融综合服务平台——"普惠通"App，形成了以数字普惠金融综合服务平台为核心，力图解决传统金融开展普惠金融存在成本高、效率低、风控难问题，探索可持续、可复制、可推广的普惠金融道路，打通普惠金融在兰考的"最后一公里"，实现金融服务的"触手可及"，初步形成以数字普惠金融综合服务平台为核心的"兰考模式"，为稳定脱贫奔小康和乡村振兴实施提供了有效金融模式。

一、创建多功能普惠金融服务站

兰考试验区探索将普惠金融内嵌于县、乡、村三级便民服务体系，打造"就业扶贫＋普惠金融"三位一体服务平台，明确主办银行，建设"4＋X"功能的普惠金融服务站，提供了以下几项普惠金融服务：小额现金存取、支付缴费、惠农补贴查询、社保费缴纳、信用信息采集更新、贷款推荐和贷后协助管理、金融消费权益保护。① 目前，已建成服务站 454 个，其中，数字化的服务站 2 个，延伸金融服务半径，提升了农村地区基础金融服务。②

二、创新"普惠授信"小额信贷产品

兰考农村地区贷款难、贷款贵，表面上是缺钱，实质上是缺信息、缺信用、缺抵押。很多农户除储蓄业务外，从未与银行打过交道，信用记录空白，同时，在农村信用体系建设中，普遍存在农民信用意识淡薄，农户信息收集难、成本高，兰考当地大多数金融机构都不敢给农民贷款。

为此，兰考试验区改变思路，从打破银农关系僵化，采用逆向思维，将

---

① "X"是指各主办银行提供的特色金融服务，开办与居民生活息息相关的基础金融业务，涵盖社会保障卡办理、农民各类补贴代发、煤气水电费代收、学费代收等。通过互联网和开放银行技术，纳入了医疗、教育、生活服务等多个生活消费场景，为农户提供足不出户的全景云缴费业务等。
② 参见《兰考县普惠金融"一平台四体系"模式的探索实践》，载"河南省发改委网站"，2020 年 8 月 31 日。

信贷前置，变"信用＋信贷"为"信贷＋信用"，按照"宽授信、严启用、严用途、激励守信、严惩失信"原则，无条件、无差别地给予每户3万元的基础授信，3年有效、随借随还、周转使用，年利率不超过6.75%。截至2019年12月末，兰考试验区已完成15万余户的基础授信，银行与1.4万名农户签订普惠授信贷款合同，金额达6.04亿元，在一定程度上破解了兰考地区贷款难、贷款贵问题。

三、实施信用信贷互动活动

兰考试验区注重信用信贷互促相长，创新普惠授信，实施守信激励和失信联合惩戒制度，引导农户积累良好的信用记录，实现信用与信贷互促相长的良性循环，逐年进行农户信用信息的更新。截至2019年10月末，兰考已通过农村和中小企业信用信息系统录入16.03万条农户信息、5708条中小企业信息，92.3%的农户有了电子信用档案，优化了当地农村信用环境。①

四、建立"四位一体"分段风险防控

在县级财政实力弱、资金筹措能力差、风险补偿有限的情况下，当地商业银行顾虑大，积极性不高。为了鼓励银行支持弱势群体、弱势行业发展，兰考县政府以风险补偿金、担保基金等方式与银行共担风险，探索"银行、政府、保险公司、担保公司"四方分担机制，将贷款不良率划分为4段（2%以下、2%～5%、5%～10%、10%以上），2%以下的不良损失由银行全部承担，政府风险补偿基金随着不良率上升而递增，银行分担比例随不良率上升而递减，因此解除了当地商业银行后顾之忧。同时，兰考试验区创新建立信贷"隔离"机制，对恶意违约和逃废债进行联合惩戒，设定普惠授信不良贷款"隔离"的容忍点，实行对普惠授信不良率超过（含）5%的行政

---

① 参见《兰考县普惠金融"一平台四体系"模式的探索实践》，载"河南省发改委网站"，2020年8月31日。

村及超过（含）4%的乡镇暂停新增授信，以约束农户、劝勉乡镇讲信用，有效防控授信中不良资产的潜在风险。截至 2019 年 11 月末，兰考县金融机构不良贷款率为 2.19%，低于全省平均水平 1.15 个百分点。

第二节　江西赣州试验区数字化实践

2020 年 9 月 14 日，经国务院同意，中国人民银行联合国家发展改革委、工业和信息化部、财政部、农业农村部、中国银保监会等部门向江西省人民政府印发《江西省赣州市、吉安市普惠金融改革试验区总体方案》，要求在增强金融服务可得性，拓宽融资渠道，创新数字平台提高金融服务效率等方面加强数字化改造，重点在于发展优势数字产业，推动政府性融资担保体系与农业保险，一二三产业融合发展，培育更多合作社，并建立统一的信用信息平台。

为此，"赣州方案"制定适应数字生态的金融政策，鼓励当地中小银行提高"非接触式"服务中小微企业的质效，提出健全多层次、多元化普惠金融体系，加大金融科技对产业端的支持和渗透，强化对乡村振兴和小微企业的金融支持，加强风险管理和金融生态环境建设等 21 项任务措施，找准市场定位、聚焦主责主业、加快数字化转型，在试验区建成与高质量发展要求相匹配的普惠金融服务体系，为客户提供专业化、特色化的金融服务。

一、数据渠道直达偏远乡村

在赣州试验区，当地县市一级政府鼓励数字化与实体经济全面合作，鼓励与移动通信技术（5G）、人工智能和数字信息技术共同发展，广泛布设网点和多样化数字服务终端，充当乡村振兴"加速器"，采用物联网、大数据、人工智能、区块链等数字科技为农村贫困户建档立卡，将数字化精准扶贫作为解决乡村振兴主导性方向。例如，赣州试验区利用数字化渠道，将网点延伸偏远农村地区，放开乡镇支行小额授信业务经营权限，通过"一般授权＋产品授权"将绝大部分单户授信1000万元及以下的普惠型小微企业贷款审批权限授予分支机构。

服务机构的下沉与审批权的下放提高了赣州银行业务灵活性与效率，使赣州银行服务"触角"进一步延伸至县域乡村，推进基础金融"村村通"工程，用运营数据、数字信息促进数字化平台赋能农村实体产业，解决乡村落后地区市场信息缺失、农产品销售不畅、农业机械化产业升级滞后问题，充分挖掘了"三农"金融潜力，为赣州偏远地区人群提供及时、可负担的普惠金融服务，实现乡村金融服务"零距离"，最大限度地改变了赣州地区农村经济组织、农户、农庄以及小作坊因资金短缺导致贫穷的状况，有序推进赣州地区普惠金融改革实验区。

二、创新小微信贷产品

围绕区域内各地特色产业推出众多定制化产品，赣州试验区形成了"4＋N"的产品格局。既有针对小微企业、个体工商户推出的"虔好贷""虔诚贷"，也有针对农户推出的"金猪贷""金果贷""水稻贷"，全部采用数字化进行投放贷，方便了当地农户。截至2020年末，赣州试验区共推出各项数字化普惠金融信贷产品近30个，不仅满足了普惠金融客户的多样化融资需求，而且追赶上了数字化普惠金融的步伐。

2021年，赣州银行推出"小微之家"金融服务中心，为赣州市小微企业提供贷款申请、抵押登记、委托公证、财务咨询等"一站式"普惠金融服务，大力推广自助循环贷、无还本续贷等方式，实施减费让利，降低企业融资成本，减少人工服务，全程采取数字化服务。赣州银行借助数字化远程服务优势，持续增加对县域外的新能源、新材料、生物医药、电子信息等特色产业信贷投放，加强对制造业、绿色产业、科技创新、民生服务等重点领域的信贷投放，积极布局"区块链＋供应链"金融，高效服务产业链核心企业及其上下游供应链企业，共同打造产业供应链金融生态闭环。[①]

> **▶▶【案例7-1】**
>
> 赣州银行将网点铺向农村，下沉服务机构。目前，赣州银行开设的乡镇银行已达45家，占网点总数的28.3%。在审批授权方面，放开乡镇支行小额授信业务经营权限，通过"一般授权＋产品授权"将绝大部分单户授信1000万元及以下的普惠型小微企业贷款审批权限授予分支机构。
>
> 新冠肺炎疫情以来，赣州银行累计使用支小再贷款发放"复工贷"80亿元，发放普惠小微信用贷款15.5亿元，办理阶段性延期还本付息42.6亿元，帮助6000余户小微企业渡过难关。
>
> 赣州银行普惠小微贷款连续3年完成"两增两控"监管目标，连续两年以40%以上的增速高速增长。截至2020年末，该行各项贷款余额达1233.06亿元，其中，普惠型小微贷款248.59亿元，较年初新增78.12亿元，增速为45.83%，占各项贷款比重的20.41%，较年初提升1.75个百分点；普惠小微贷款客户25044户，较年初增加8016户；普惠小微贷款不良率较年初下降0.8个百分点。
>
> 案例来源：《深耕细分市场　争做普惠金融改革试验区建设"主力军"——专访赣州银行行长钟哲敏》。

三、开设数字便民服务活动

赣州试验区以"便民驿站"为抓手，发挥人缘、地缘优势，通过入户走访的方式，深入调查，择优选取人口集聚、辐射区域广泛的商户作为助农服

---

① 参见《赣州银行：主动对接融入　助力地方高质量发展》，载"中国青年网"，2021年7月27日。

务站合作商户，打造"小而美"普惠金融服务站，开展社区数字金融便民服务活动。目前，赣州试验区已在赣州市 144 个社区设立金融便民服务牌 163 块，便民服务站 51 个，为当地社区群众、特殊群体提高多元化金融服务，服务下沉目的就是为打通小微普惠金融服务"最后一公里"。

为提升金融服务的可得性，赣州试验区农商银行在当地行政村都设置了数字金融服务站，不仅提供了休息区域、陈列室、图书角等，为往来居民提供休憩驻足、代收快递等便民服务，而且布设了便捷式金融机具，能够提供小额存取款业务、代理缴费业务，还能够提供金融知识普及和信贷咨询等服务，让居民足不出户地享受"一站式"金融服务，不用离开社区，在家中就把金融业务都办好了。①

四、用数字化手段降低信贷利率

在赣州金融改革试验区内，为实现在保证自身合理利润基础上的"惠"，赣州当地银行以调低普惠贷款内部资金价格的手段，向基层机构让利，进而带动对客贷款利率下行。全年信贷资源主要向中小微业务进行倾斜，规划信贷资源不低于 80% 投向中小微业务领域，细分中小微企业市场，积极推动单户授信总额 500 万元及以下的中小微企业贷款业务的拓展。

根据中小微企业发展阶段、经营周期、资金需求特点，个性化地设置贷款期限和还款方式，量身定制还款计划。同时，加大制造业中小微企业贷款、中小微企业中长期贷款、信用贷款的支持力度。同时，充分利用货币政策工具，借助支小再贷款、普惠小微信用贷款支持计划和延期还本付息政策叠加效应，在保证合理利润空间基础上，做到普惠型小微贷款的"量增价降"。

2022 年，在贷款利率方面，赣州当地银行还将根据人民银行 2021 年末下发的《中国人民银行关于下调支农支小再贷款利率的通知（银发〔2021〕

---

① 参见《信丰农商银行延伸金融服务　打造"家门口"的便民驿站》，载"赣州市政府金融工作网"，2021 年 11 月 1 日。

304 号）》文件精神，结合赣州发展情况，将借用人民银行支小再贷款资金发放的贷款利率上限下调 0.25 个百分点，进一步降低中小微企业融资成本。

五、以科技赋能助力风险管控

在赣州方案中，贷前充分运用江西小微客户融资服务平台、企业收支流水大数据平台、"一站式"普惠金融服务平台、农村信用信息联网核查平台以及工商、司法、税务等数据资源，完善客户筛选和风险控制模型；贷后通过与第三方金融科技公司合作，借助互联网、大数据、云计算等新技术，整合数据信息和客户资源，积极建立风险定价模型和管控模型，提高对中小微企业风险识别和精准"画像"能力，强化对小微信贷业务的贷后监测和风险预警，提高风险管控的主动性、及时性、精准性。

第三节　浙江地区试验区数字化实践

自 2012 年以来，浙江陆续启动各项区域金融改革试点，很大程度上成为数字普惠金融发展样板。国务院批准的温州金融综合改革试验区、台州小微企业金融服务改革创新试验区、宁波国家保险创新综合试验区、湖州和衢州绿色金融改革创新试验区、义乌国际贸易金融专项改革试点以及丽水农村金融改革试点，分别在普惠金融不同领域开展了各有特色的探索，形成了一批可复制、易推广的有效经验，开启了浙江数字普惠金融新篇章。

浙江大学互联网金融研究院发布的《2017 金融科技中心指数》显示：杭州与北京、上海、深圳、广州一起构成了全国金融科技中心的第一梯队，其中，杭州金融科技体验居全球第 1 位，堪称全球领先的数字移动支付之城。中国人民银行中钞区块链研究院、国际电联数字货币（中国）实验室、全球金融科技博览大会（Money20/20）等一批重要平台也纷纷落户杭州，带来全球金融科技领域的高层交流和交易合作，地方培育的各类孵化器、各类科创平台也提供了强劲的动力与支撑，共同提升了杭州金融科技中心的地位。2019 年 5 月，浙江出台《杭州国际金融科技中心建设专项规划》，打造中国金融科技引领城市、全球金融科技应用与创新中心，具体的目标定位是"四地两区"，即金融科技研发与创新策源地、金融科技产业与应用集聚地、金融科技产业集聚首选地、金融科技政策低洼地和金融科技基础设施先行区、数字科技创新生态示范区。

多年来，浙江金融系统坚持把数字普惠金融作为实现金融高质量发展的重要主线，政府引导和市场主导相结合，持续改善"三农"、小微企业、低收入人群的金融服务，不断提高金融服务可得性、获得感和满意度，探索数字化普惠金融服务民营经济发展的有效路径，目标是全面建成与小康社会相适应的数字普惠金融发展的长效机制，为全国普惠金融改革积累了更多可复制、可推广的先进经验。

一、探索数字普惠金融新路径

（一）探索民间融资规范化阳光化

浙江民间融资历史悠久，温州表现尤其活跃。2013 年 11 月，浙江省出台《温州市民间融资管理条例》，建立了地方政府主导的民间借贷登记服务机构及备案制度，编制了反映民间融资市场利率的"温州指数"，推动民间融资规范化、阳光化、法治化实现重大突破，在缓解小微企业多融资难、民间资金多投资难的"两多两难"问题上发挥了重要作用。

（二）打造小微金融"台州模式"

在浙江省人民政府的大力支持下，台州设立全国首个小微企业信用保证基金、首个小微企业信用信息共享平台和首个商标权质押登记试点，台州中小银行发展了"三品三表""两有一无"等特色业务模式，具有"小企业、大市场、数字化"特点，集聚了台州银行、泰隆银行、民泰银行等一批中小法人银行机构，探索"线下软信息+线上数据化"，推动"模式模型化"，实现前台营销作业移动化、中台审批决策集中化和后台风险监控智能化，逐渐形成了"台州模式"，一定程度上破解了小微企业信用信息不足、抵质押物不足、担保增信不足等融资堵点难点痛点问题，也构建了良好的地方小微金融生态体系。①

以台州小微专业银行团队为班底的上海"磁金融"平台，充分整合小微信贷专家和金融科技专家优势，连续5年投资近亿元，提炼台州模式30年专家经验，开发具有自主知识产权的小微信贷风控引擎，形成了"超级客户经理+信贷工厂+大数据"的全新打法，体现了台州模式升级版的新探索。

"磁金融"平台的定位是全流程赋能数字小微金融能力建设，包括咨询诊断、方案策划、技术输出到联合运营等。其核心技术是将台州模式专家经验转化成一套具有自主知识产权的数字智能风控系统，这套风控系统有一个体现吴越文化底蕴和工匠精神的名字——"湛泸"智能风控系统。②"湛泸"风控系统整合了各类大数据，建立多个风控模型；在征信、流水、税务三大模块中结合资深专家经验，运用统计分析、机器学习等方法，开发应用模型，为客户筛选，快速审批以及贷后监控场景提供支持。

基于"湛泸"风控半自动化，体现了专家经验与模型增效的结合，其中，专家经验部分正在逐渐压缩，被规则模型逐渐替代，该系统已经能够实现部分客户和产品的全自动审批模式，尤其是单户30万元以下授信业务，丰

---

① 陈德翔：《人机结合：数字化转型下的"台州模式升级版"》，载"中国普惠金融研究院网站"，2022年2月25日。

② "湛泸"是传说中的历史名剑，多部典籍中有记载，系春秋战国时期越国铸剑名匠欧冶子所铸，以此剑命名，体现一种能力自信。

富了贷后手段，贷后管理更加精准有效。①"台州模式"从一个侧面体现了数字化转型下的台州模式创新思考，为"台州模式"走向数字化时代进行了可贵探索。据了解，"湛泸"智能风控系统经受了过去几年市场环境检验，资产质量优良稳定，目前已经推广到国内十多家银行业金融机构、多种行业和泛供应链场景。

（三）形成农村金融"丽水经验"

通过丽水农村金融改革，丽水构建线上标准化流程和智能化风控，依托手机银行、银行 App、企业手机银行等平台实现了标准化中小微贷款产品全渠道进件，通过"让数据多跑路，让客户少跑路"，助推数字普惠金融在当地发展。例如，根据当地企业在不同行业、不同金融场景的融资需求，借助互联网、大数据、云计算等新技术，研发了满足不同融资需求的个性化、标准化信贷产品，涵盖丽水地区酒店装修、建材贸易、航空票务预付款融资、居民燃气管网项目建设、大宗农产品贸易、商超类日常经营、汽车经销商日常经营等多种金融场景，创新搭建"数字金融＋科技产业"平台，推动丽水数字普惠金融。

丽水还在全国率先实现数字支付等基础金融服务行政村全覆盖，农村金融服务站模式获得世界银行充分肯定。2018 年，中国人民大学中国普惠金融研究院一份评估报告显示：丽水农户贷款满足率达 32.2%，高于全国平均水平 23.6 个百分点，率先建设农户信用信息系统并完成所有行政村农户信用等级评定，开展"整村批发、集中授信"等业务。

（四）尝试普惠保险"宁波样板"

作为全国保险改革创新"试验田"，宁波通过购买保险服务等政保合作

---

① 陈德翔：《人机结合：数字化转型下的"台州模式升级版"》，载"中国普惠金融研究院网"，2022 年 2 月 25 日。

方式，把保险机制嵌入公共安全、社会治理、民生保障、生态保护等普惠领域。在地方财政支持下，宁波率先建立全面覆盖职工和城乡居民的大病保险制度，创新推出并发展了小微企业财产综合保险、小额贷款保证保险、公共食品安全保险、医疗责任保险、司法援助保险、老年人和残疾人意外伤害险、全域旅游保险、巨灾保险、等保险产品，目前，共开展政策性农业保险品种85 个，其中省级品种 22 个、地方特色品种 63 个，保障保额已接近物化成本的 100%，远高于全国平均水平，其险种数量、保障额度和责任范围均位居全国前列。宁波属于东部沿海发达城市，也是在目前获批的所有改革实验区中经济发展最好的地区，其改革做法与经验对于东部地区乃至全国都有较大的参考价值。

（五）推动"绿色普惠"新模式

在"绿水青山就是金山银山"理念指引下，湖州和衢州以绿色金融改革创新试验区建设为契机，通过绿色金融专营机构、绿色金融标准、绿色金融产品和服务、绿色金融支持和激励机制等改革创新，推动了绿色普惠金融发展。比如，安吉县银行业金融机构创造了"美丽乡村贷"产品，为 40 多个传统村落、景区保护性再开发提供了资金支持；衢州市龙游县率先推出与无公害化处理联动的生猪保险，探索金融支持农村畜禽养殖废弃物处理和资源化利用的有益经验。

二、构建数字普惠金融覆盖网络

（一）建设农村地区基层网点

浙江农信系统、城市商业银行、民营银行、村镇银行坚持深耕本地经济，下沉服务机构。在县域层面，基本实现村镇银行全覆盖，加强县域金融服务网点建设，重点扶植数字普惠金融。在村级层面，通过便民服务点、移动网络、电子机具、流动服务车等形式，实现基础金融服务"村村通"，基本实现了"基础金融不出村、综合金融不出镇"。比如，浙江农信系统建成营业网点4103个，建成集金融、电商、物流等功能为一体的"丰收驿站"10960个，村级金融服务点2万多个，遍布全省每个乡镇和绝大多数行政村，涉农贷款余额比重超过60%。

（二）建设普惠金融专营机构

浙江银保监部门对商业银行新设网点实行"两个80%"原则，即80%以上为小微企业专营机构，80%以上设在县域及城郊结合部。目前，浙江银行业设立小微企业专营机构585家、社区银行650家。各大型国有银行浙江省分行均已设立普惠金融事业部，坚定数字金融发展方向，实现主营业务数字化，特别是补齐通过线上采信、授信、放款、监测、评估等实现贷款全流程数字化，用线上审核、放贷替代了实地考察的传统做法，受到了客户的好评。比如，农业银行浙江省分行成立9家管营结合型和57家直接经营型普惠金融专营机构，线上信贷业务覆盖所有县域和主要乡镇，其中，大多数网点设置了普惠金融数字专员，在线上为分散在各地的农户提供可得的普惠金融服务。

（三）发展数字普惠金融在线匹配模式

1. 创建"乡村在线"模式。持续推进数字普惠金融产品创新，成为一个助力乡村振兴的数字化助手，实现"管理在线""村民在线""服务在线"和"信贷在线"，为小微企业、"三农"、低收入人群、特殊群体等重点对象，提供成本可负担、适当有效的金融服务。

2. 发展小微企业在线贷款模式。在信贷产品方面，浙江金融机构推进商标权、专利权、排污权、特许经营权、应收账款、订单、机器设备等抵质押贷款创新，与税务等部门合作开展"税易贷""商易贷""信易贷"等信用贷款产品，用大数据分析业务增长、客户价值、员工价值、发展趋势和客户业务偏好，扩大覆盖面，盘活小微企业无形资产。在还款方式方面，浙江试验区率先推出年审制、无缝续贷、循环贷款、随借随还、分期偿还等创新产品，降低小微企业转贷续贷成本。在细分服务方面，浙江试验区还实行"4＋1"小微金融服务差异化细分方案，"4"即小微企业园、科创型、供应链型、吸纳就业型4类重点小微企业，"1"即银行保险机构与政策性融资担保公司深化合作，精准实施差异化、个人化和定制化服务。

3. 拓宽小微企业在线直接融资渠道。浙江持续推进"小微企业成长计划""个转企、小升规、规改股、股上市""雏鹰计划"，引导小微企业对接多层次资本市场。截至2019年上半年，浙江中小板上市企业142家，居全国第2位；创业板上市企业82家，居全国第4位；"新三板"和区域性股权市场挂牌企业约7000家，居全国前列。集聚发展私募基金，在中国基金业协会完成登记的私募基金管理人2892家，管理资产规模达1.12万亿元，居全国第4位，资金主要投向科创型、成长型中小微企业。

4. 以数字科技创新为驱动力，打造数字普惠金融发展高地。首先，一批原生态的数字科技企业破土而出，茁壮成长。蚂蚁集团的业务最初是基于阿里巴巴电子商务发展起来的网络支付和网络贷款，目前已经拓展到消费金融、供应链金融、区块链金融、大数据征信等诸多领域；恒生电子、同花顺、信雅达等一大批金融科技企业发展势头迅猛，在各细分领域形成了很强的竞争力与影响力；连连支付、趣链科技、邦盛科技等一批新秀企业，其模式、技术、市场日趋成熟，正成为移动支付、大数据风控、人工智能等领域的生力军。浙江金融科技企业多元迸发，推动数字信贷、数字支付、数字征信等数字普惠金融发展。例如，浙江网商银行运用为线上客户提供小微贷款"310"服务模式（3分钟申请、1秒钟放贷、0人工介入），截至2019年8月末，累计服务为1900万家小微企业和个人经营者，户均贷款约3万元。

其次，数字科技赋能传统金融机构方兴未艾。浙江传统金融机构广泛运用数字科技，重构普惠金融业务介质和业务平台。比如，浙商银行在信息科技"π+计划"建设基础上，推出了涌金票据池、应收款链平台、大数据风险管理等带有科技"气息"的小微金融业务，在业界起到了很好的推动和示范作用；浙江农信体系的 81 家信用社借助数字化技术，深耕服务"三农"金融之田，研发推出纯线上贷款"浙里贷"，将金融普惠触达面进一步向下延伸；泰隆银行开发了"PAD 数字移动服务平台"，推行"移动办贷 + 信贷工厂"等数字模式，网上办理新增贷款只需 30 分钟，续贷仅需 3 分钟，替代率已达 73%，彰显了数字普惠金融的魅力。

最后，浙江在商贸旅游、交通医疗、市政公用、政务服务等领域全面推进"数字移动支付"应用，力争实现数字移动支付全省城市全覆盖、县域基本覆盖，力求成为改变生活和改善贸易最深刻、最广泛的体验。同时，浙江还积极向长三角地区输出数字移动支付应用的经验和模式，促进长三角地区城市交通互联互通的移动支付体系。

5. 以数字化支撑信用平台，营造普惠金融发展新环境。首先，在普惠金融领域，浙江持续推进农村、小微企业等数字化信用平台建设，累计建立信用档案 1103 万户，开展信用户、信用村（社区）、信用乡（镇、街道）、信用县创建工作，全部使用数字化建立信用查询系统，线上普及金融知识，持续开展多形式的普惠金融宣传教育活动，为县、乡、村管理赋能，激发广大村民群众深度参与基层治理，提升基层社会治理的社会化、法治化、智能化、专业化水平，加强金融消费者权益保护。

6. 守住普惠金融的风险底线，运用监管科技手段，自主研发了地方金融风险"天罗地网"在线监测系统，坚持防范化解普惠金融风险，"三农"和小微企业不良贷款率处于全国较低水平。"天罗"是指大数据监测平台，通过互联网技术，接入中国人民银行、中国银保监会、公安部、市场监管局和工信部的管理数据，对非法金融活动风险实行在线监测；"地网"是指依托基层社会治理网格化管理体系，发挥网格化管理基层全覆盖的优势，加强对属地风险信息的实地排查，与线上监测平台相辅相成。

第四节　山东临沂试验区数字化实践

临沂市国家级普惠金融改革试验区于 2020 年 9 月正式批复，2020 年末成立"普惠金融服务乡村振兴中心"，全力推进国家普惠金融服务乡村振兴改革试验区建设，成立金改试验区工作专班，出台《临沂市普惠金融服务乡村振兴改革试验区三年行动方案》，初步形成了"构建三个体系、搭建两个平台、守住一条底线"的良好局面，普惠金融服务乡村振兴取得了明显成效。2021 年末，全市本外币涉农贷款余额为 3124 亿元，同比增长 15.8%，高于全省 6.4 个百分点；新增涉农贷款比重为 39.1%，高于全省 12.9 个百分点。[①] 虽然临沂试点时间较短，多项改革工作尚在推进过程中，但临沂改革基础较好，已经有多个有效的金融服务模式供其他地区借鉴。

一、"三个体系"成为乡村振兴"精准牌"

构建金融服务体系，推进涉农金融机构网点下沉。截至 2021 年 12 月 31 日，临沂市金融机构乡镇网点 583 个，乡镇金融机构覆盖率达到 100%，平均每个乡镇网点达 3.74 个。全市共设助农取款点 8278 个，助农取款点总数居全省前列，实现行政村全覆盖，拓宽了直接融资渠道。齐鲁股权交易中心新设乡村振兴板，挂牌企业近 300 家。加大债券发行力度，全国首单 2 亿元乡村振兴债权融资计划，全省第二单 5 亿元乡村振兴票据，临沂市首单 15 亿元绿色债券相继成功发行，提升了农业保险保障水平，推动保险机构构建"三农"保险服务站、"县区支公司 + '三农'服务站（点）+ 乡村协保员"服务体系。截至 2021 年末，全市建成 3416 个"三农"保险服务点，乡镇保

---

① 葛世艳：《国家级金改试验区　临沂市普惠金融服务乡村振兴成效明显》，载"大众网"，2022 年 3 月 23 日。

险服务覆盖率达到 100% 。全市农业保险保费收入 6.1 亿元，同比增长 40.8% ；赔付支出 4.6 亿元，同比增长 24.1% 。

构建金融创新体系，服务乡村振兴更加务实惠民。创新推出"鲁担强村贷""新型职业农民贷""金穗沂蒙兴农贷"等信贷产品，其中，"金穗沂蒙兴农贷"是农业银行总行为临沂金改试验区特设的首个信贷创新产品。

构建抵（质）押担保体系，服务乡村振兴增信渠道不断拓宽。实施不动产抵押登记"集成网办"模式，将不动产抵押登记服务场所延伸至银行网点，全年网办率提升近 80% 。农地经营权抵押贷款和农村集体经营性建设用地使用权抵押贷款业务增量扩面。2021 年，全市发放农地经营权抵押贷款 8.8 亿元，农村集体经营性建设用地使用权抵押贷款 11.1 亿元，农村集体资产股权质押贷款 1.22 亿元。出台《农村"宅急贷"管理指导意见》，在兰陵县稳妥审慎开展宅基地使用权抵押贷款试点。完善政府性融资担保体系建设。截至 2021 年 12 月 31 日，8 家政府性融资担保机构新增担保额 75 亿元，新增小微和"三农"融资担保户数 9564 户、金额为 60.3 亿元。[①]

二、"两个平台"搭建信息交流"加速器"

搭建普惠金融服务乡村振兴综合信息平台，以政府大数据为基础，以金融科技为手段，以政策担保为支撑，打造集"金融服务＋信用服务＋政务便民服务"功能于一体的综合服务平台，为中小微企业、新型农业经营体提供高效便捷融资服务。截至 2021 年 12 月 31 日，乡村振兴综合信息平台已有 49 家银行机构、3 家担保机构和 13 家保险机构上线 360 个金融产品，共 2.1 万家中小微企业和个体工商户注册，提供数据查询服务 6 万余次、信用报告 8534 余份，对接发放贷款 35771 笔、金额达 140 亿元。

---

① 葛世艳：《国家级金改试验区　临沂市普惠金融服务乡村振兴成效明显》，载"大众网"，2022 年 3 月 23 日。

搭建农村产权交易平台，设置交易咨询、申请受理、资格审查、交易鉴证、价值评估、抵押融资等业务，提供农村产权交易鉴证、定价评估、产权流转、抵押融资、不良资产处置等全链条服务，形成完善的市县镇村四级农村产权交易体系，还制定《临沂市农村产权流转交易管理办法（试行）》，进一步服务"三抵一股权"改革，力争年底平台交易金额累计突破1亿元，拓展平台服务功能，增加农村集体"三资"管理、阳光村务建设等功能模块，实现"平台＋""一站式"服务。[①]

三、"一条底线"筑牢金融风险"安全堤"

临沂市制订《健全银行业保险业公司治理三年行动方案（2020—2022）》，推动银行机构治理结构和风险内控体系建设，建立完善金融监管和风险处置机制，推动地方政府、监管部门、金融机构共同防范化解处置金融风险。截至2021年末，临沂市不良贷款率为1.17%，低于全省0.17个百分点，同时推动沂水县开展农村信用体系建设试点工作，探索符合沂蒙特色的农村信用体系建设路径。[②]

第五节　成都普惠金融试验区数字化实践

成都作为全国首个农村金融服务综合改革试点城市，改革重点方向是以数字化手段提升普惠金融群体特别是农村地区用户的金融服务可得性、推动信用信息平台建设、创新金融产品和服务方式以及健全配套政策措施。

---

　　① "三抵一股权"指的是农村承包土地经营权抵押贷款、集体经营性建设用地使用权抵押贷款、农村宅基地使用权抵押贷款、农村集体资产股权质押贷款。
　　② 葛世艳：《国家级金改试验区　临沂市普惠金融服务乡村振兴成效明显》，载"大众网"，2022年3月23日。

一、政府实践：农贷通数字平台

2017 年，成都市政府印发《建立"农贷通"平台促进现代农业与现代金融有机融合的试行意见》（成办函〔2017〕7 号），成都农贷通数字平台自 2017 年 7 月正式运行，由农业农村局牵头，由专门的平台运营管理公司——成都市政府主导的成都金控公司旗下的成都金控征信公司负责平台的维护和管理。

"农贷通"是成都市政府运用现代信息技术，整合农村产权、农业政策、农村金融等各类资源，搭建起了集农业政策咨询、产权流转服务、融资供需对接、金融风险分担、信用信息共享等多功能于一体、线上线下结合的农村"政保银企"综合性金融服务平台。其线上系统具备涉农政策发布、数据汇集、报表统计展示、融资对接入口、贷款在线审批等核心功能；线下系统按照农村金融、农村产权交易、农村电商"三站合一"模式，在全市乡镇科学规划 282 个乡镇金融综合服务中心和 2710 个村级金融综合服务站，是推动成都农村金融服务综合改革各项任务全面落实的重要基础性工程。

成都农贷通数字平台不断提升城乡支付一体化，强化移动支付受理环境建设，推动移动支付渗透到小额消费和民生领域，实现移动支付应用城乡基本覆盖，促进消费升级。成都农贷通数字平台还整合了金融产品与服务信息，搭建了涉农融资支持项目库，建成新型经营主体信用信息数据库，在试点期间很好地探索和解决了农村金融市场信息不对称问题。当前，成都农贷通数字平台用户达 61500 人，上线 706 个金融产品，64 个金融机构在此平台放贷款，其中，互助社农业贷款满足农村的多样化的金融需求。截至 2020 年 7 月末，成都农贷通数字平台累计注册用户 49207 户，银行金融机构数量 341 户，发放产品数量 819 个，入库新型经营主体近 3 万户；累计申请贷款 22509 笔、352.88 亿元，成功放款 15883 笔、235.8 亿元，放款成功率达 70.56%，贷款时间节约三分之一。总之，成都农贷通数字平台满足了越来越多的农户的资金需求，降低了融资成本，提高了融资的便利度，促进了农业生产经营及农村经济的发展。

二、银行实践：互联网银行

数字普惠金融获得了较多的发展机会，不仅加快了银行业的数字化转型，更是互联网银行快速发展的契机。据中国银行业协会统计，疫情期间银行机构线上业务的服务替代率平均水平高达96%。

新网银行秉持"用户导向、技术驱动"的理念，坚持"移动互联、普惠补位"的差异化定位，突出"数字普惠、开放连接"的特色化经营，为"二八定律"中那80%没有享受到完善金融服务的小微群体提供更安全、更便捷和更高效的金融服务，用技术的力量做好普惠金融的补位者和探索者。[①]

新网银行在现代信息技术的帮助下完成了业务流程的彻底再造，具体包括3个方面：

一是业务办理入口在线化。新网银行以信贷业务为核心主业，业务均通过手机办理，客户即便在偏远地区银行网点覆盖不到的地方，也可办理业务。

二是业务审批流程智能化。目前，新网银行99.6%的线上贷款申请均由机器审批，只有0.4%的大额信贷和可疑交易需要人工干预。此举大大提升了信贷审批效率，目前单笔信贷审批时间平均仅需42秒，日批核贷款峰值超过33万单，大大提升了客户体验。

三是业务运营全流程数字化。此举使新网银行营业成本较传统金融机构大幅度降低，单笔信贷边际营业成本从上千元降至20元左右，未来有望随着规模效应累加进一步降低。这意味着，为更广泛的小微群体提供普惠金融的

---

① 新网银行是全国3家互联网银行之一，2016年12月28日正式开业。新网银行注册资本为30亿元，由新希望集团、小米、红旗连锁等股东发起设立，是银监会批准成立的全国第七家民营银行，也是四川省首家民营银行。新网银行寓意新一代互联网银行，用新的技术、新的理念去服务社会新生力量，助力我们国家的新经济新金融。新网银行将是一家由数据驱动的银行（Data Driven Bank），依靠数据和技术来驱动业务运营，实现金融和科技的融合。在数字时代背景下，新网银行运用新的互联网技术，着力在服务模式、客户群体、风控制度等领域进行创新。

经济可行性与技术可行性大大提升。

截至 2019 年 5 月末，新网银行已经为全国超过 2180 万用户提供服务，累计放款超过 2100 亿元，人均借款金额 3300 元，笔均借款周期为 83 天。以"技术立行"为战略，新网银行目前已提交了 81 项专利申请，获得 35 项软件著作权。在全球具有影响力的知识产权媒体 IPRdaily 联合 incoPat 创新指数研究中心发布的"2018 年全球银行发明专利排行榜（TOP100）"中，新网银行排名第 15 位；截至 2020 年末，新网银行资产总额为 405. 61 亿元，全年营业收入为 23. 57 亿元，累计实现净利润 7. 06 亿元。拨备率为 3. 97%，拨备覆盖率为 334. 51%。

三、企业实践：数字化非接触服务

疫情发生以来，中小企业对于金融服务的需求发生了很大的改变。最为明显的是，由疫情带来的压力，中小微企业对综合融资成本更为敏感，对无还本续贷、随借随还等产品的需求增加。中小微企业对账户开立、交易结算、财富管理等金融服务的线上化、便捷化、智能化有了更多的需求。在日常经营中，中小微企业多频融资需求较为明显，特别是针对供应链上的轻量化、信用化、小额化融资需求在进一步增加。

于是，成都普惠金融试验区结合市场和客户的需求，优化丰富"非接触式服务"渠道，上线了企业手机银行、在线支付结算、在线融资、在线资金管理、线上延期还款申请等服务项目，有效地满足了中小微企业的金融需求。例如，创建于 2012 年四川润地农业有限公司，为了从根本上解决传统农业粗放生产、不挣钱等问题，秉承"深耕农业、服务农民"理念，自主研发耕地识别、作物识别、灾害预警、产量预测和市场预测五大智能模型，集成数字遥感技术、物联网、GIS 等技术开发了润地"吉时雨"数字农业服务平台，为农业数字化生产和经营提供全链条、"一站式"服务，以大田种植数字农业建设试点项目为契机，集成家庭农场主通过手机享受数字地块管理、秧苗管护、农肥供应、灾害处置、作业开展、资金提供、产品销售 7 个功能模块服务，聚焦粮食产业，通过基础设施建设、产业链条完善、产业融合发展、生产要素的集约化配置建成了大邑智慧农业产业园。

▶▶▶【案例 7 - 2】

2021 年 3 月末，中国人民大学中国普惠金融研究院（CAFI）组团到四川彭州市的 40 户农户进行访谈，发现当地不少农户仍存在未被满足的贷款需求，总体缺乏有效的数字金融知识方面的教育和培训，对于不同类型金融产品没有清晰认知。多位农户反映，存在贷款额度不高、贷款期限较短、低息贷款获取困难问题。

2021 年 4 月初，中国人民大学中国普惠金融研究院（CAFI）对大邑县的 40 余名村民就金融服务可得性、使用情况、金融教育以及普惠金融改革以来的变化进行交流。2019 年，大邑县"吉时雨"数字平台服务农作物面积 14.5 万亩，带动项目区农业产业节本增效 15% 以上、农户人均可支配收入增长 9.8%。6 月末，吉时雨数字农业服务平台服务农户近两千户，服务农田面积共计 20 余万亩，年营业额 3.5 亿元以上。"吉时雨"数字农业服务平台成为农民喜爱的、数字化种田的"金锄头"，大部分人有涉农贷款的经历，没有逾期还款的情况，且大多数都会提前还款。

案例来源：《构建普惠金融生态体系：中国普惠金融发展报告（2021年）》。

四川润地农业有限公司根据"平台＋中心＋小农户"服务模式，累计投资超过 1.07 亿元，建成润地数字农业中心、润地社会化服务联合中心、润地粮食分拣中心，承载平台运行、推广应用、终端对接的产业社会化服务等功能。其中，润地数字农业中心运营总面积为 11500 平方米，设有数据运行、新农人培训、产品检测、农创孵化、产品销售 6 个功能模块，已成为区域性的农业新技术、新模式、新农民、新农业、新农村创新发展的驱动中心。

第六节　福建宁德普惠金融试验区数字化实践

2019 年初，经国务院批准，中国人民银行、国家发展改革委、财政部、中国银保监会、中国证监会向福建省印发了《福建省宁德市、龙岩市普惠金融改革试验区总体方案》（以下简称《总体方案》），宁德获批创建国家级普惠金融改革试验区，开展普惠金融试验区改革试点，有助于推动形成错位发展、各具特色的区域金融改革发展格局，有利于更好地发挥金融服务实体经济的能力。

2020 年，福建银保监局紧密结合"六稳"工作、"六保"任务，立足宁德、龙岩两地区域特色、产业结构及金融服务情况，出台了《福建银保监局关于宁德龙岩普惠金融改革试验区建设的指导意见》，提出 33 条具体措施意见，打造一批有特色、可操作、易推广的普惠金融"福建模式"，在试验区形成广渠道、多层次、全覆盖、可持续的数字化服务体系，力图用远程网络聚焦社会热点和普惠金融薄弱环节，确保两地普惠金融工作出特色、有创新、见实效。宁德试验区共形成 12 项改革创新成果，对当地经济发展的贡献显著增强。

一、开放数字化普惠金融服务平台

宁德市开发"宁德市普惠金融服务平台"，通过应用互联网、大数据、云计算等新兴技术，归集了市场监管、人社、税务等 8 个部门、十三大类、近 200 个细项、320 余万条信用信息，实现对全市 20 多万家市场主体信用建档。通过客户授权等形式，免去提供证明材料和数据信息环节，金融机构可为小微企业精准"画像"。

为了助力普惠金融和乡村振兴，宁德农信系统创新推出"福海贷"系列产品，包含仓单贷、水域滩涂养殖贷、渔排托管贷等，贷款期限灵活、额度高、利率低，有效激活海洋要素，有效破解了沿海信用行社的海洋信贷产品

"各自为战"问题。截至 2020 年末，累计发放"福海贷"4.19 万户，余额为 43.9 亿元，累计创建"海上信用渔区"10 个。目前，宁德数字普惠金融服务平台线上已对接融资超 1 万笔，授信金额超 30 亿元，并与各家银行数据直连，比如建行"智慧快贷"上线当天，就有 109 户中小微企业在平台注册登记，其中，45 户企业获得授信超过 1000 万元。截至 2021 年 12 月末，宁德、龙岩普惠小微贷款同比分别增长 34.36%、26.07%，增幅分别居于全省第 1 名、第 2 名。涉农贷款余额同比分别增长 14.4%、16.71%，分别高于全省平均水平 2.79 个和 5.09 个百分点。[①]

二、建立数字化金融服务站点

宁德市将把现有功能单一的农村普惠金融服务点，通过植入财政惠民惠农资金服务等一系列业务，建成多功能综合性服务网点。农户可通过服务网点直接领取财政惠民惠农资金，实现资金发放"一键到底"、取款"一卡通取"，并通过扶贫（惠民）在线监管，确保惠民惠农资金精准高效送达到广大群众手中，逐步从公共事业费缴纳等延伸金融服务和电商、物流等便民服务，实现"金融服务不出村"到"综合服务不出村"。

为盘活农村生产要素资源，福鼎市成立农村生产要素服务中心，立足当地茶叶产业，创新推出基于白茶溯源平台的大数据资产融资平台，收集了包含 3 万户茶农、500 户茶商、200 多家茶企"三大信用信息库"的白茶溯源大数据，从茶叶入库、茶农个人信息、茶企信息全部采用数字管理，方便分析茶农的优势、产品的优势、销售的优势，用数字打通了茶叶变资源、资源变资金、资金变资本的通道。[②]

---

① 参见《福建：普惠金融的山海探索》，摘自《福建日报》，2021 年 11 月 1 日。
② 福鼎市农村生产要素服务中心创新推出的"白茶流水贷"等 16 项 41 个金融产品，累计实现融资授信 6426 笔，授信总金额为 15.5 亿元，发放茶业企业供贷款 28 户、余额 2806 万元，茶农信用贷款 9049 户、余额 6.46 亿元，为农村资产类要素、权证类要素、劳动者类要素等流转和融资提供服务。

三、开创担保数字化模式

小微企业和"三农"是金融支持的重点领域和薄弱环节，但又存在笔数多、金额小的融资痛点。2020年9月，宁德首创线上运行担保服务系统"担保云"，对接政府数据和市场数据，实现智能匹配个性化的融资解决方案，全流程线上审批和数据监测防控风险。目前，宁德全市政府性融资担保机构已办理业务1024笔，担保金额达7.58亿元。依托"担保云"，宁德还在全省率先实现"见贷即保"批量审批，取得了普惠金融改革试验显著成效，确保普惠金融"走得远""跑得快""行得稳""唱得响"。

四、成立数字化转型用工基地

宁德市构建劳动用工大数据平台，实现工资支付信息线上监控、企业欠薪风险线上预警、监察日常案件线上办理，实现欠薪治理从"救火"向"防火"的转变。目前，大数据平台已汇聚全市所有在建工程项目信息，在建工程项目工程款支付担保、实名制管理、工资专户、工资保证金等落实情况一目了然，覆盖房屋建筑、市政、水利、交通等领域，平台每日考勤超10万人次。

用工大数据平台汇聚宁德市人社系统、市场监管、法院、税务等部门相关数据，总数据近3000万条，平台自动提示欠薪隐患信息，分析预警，在做好工程建设领域欠薪治理的同时，实现了对非工程建设领域欠薪问题的早发现、早介入、早处置。

用工大数据平台还设有微信小程序，畅通劳动保障投诉渠道，当地劳动者通过"福建人社"微信小程序，不受时间、地域限制，可以随时提交欠薪线索。然后自动流转至有管辖权的劳动保障监察机构，由相应机构进行核实、处置，实现"一点举报投诉、全网联动处理"，有效提升欠薪线索的受理效率。自大数据平台上线运行以来，全市各级劳动保障监察机构共为近千多名劳动者追回工资等近1000万元。

第七节　北川数字普惠金融试验田

2018 年，北川摘掉了贫困县的帽子。2019 年，支持农业产业发展、开展贫困家庭对口帮扶、展开教育扶贫，送金融服务下乡。2020 年，北川"摘帽"，成为秦巴山区的致富农村。金融机构功不可没，众多商业银行创新推出"互联网获客 + 全线上信贷业务流程"业务新模式，集成了额度试算、预约开户、贷款申请、支用还款等功能，极大方便了当地的农户、老年人、妇女等的小额资金存取使用。

一、实现主营业务数字化

北川的数字普惠金融实践证明，数字技术是对传统金融理论的功能再造，补齐线上采信、授信、放款、监测、评估等实现贷款全流程数字化，大数据对主营业务进行全流程、监测、评估，大幅提升主营业务数字化比例，成为解决农村信用社发展瓶颈的最佳路径，成为达成普惠金融目标的最直接、最有效的手段之一。

北川地处偏远山区，金融机构网点主要集中于新县城永昌镇，据悉，较为偏远的桃龙、开坪、马槽等乡镇几乎没有银行网点。当地村民们取钱、汇款都依托柜台，路程遥远的村落很不方便。自手机银行推广以来，极大地方便了村民们日常金融活动。自 2018 年以来，以数字金融为切入点的手机银行签约户数占全县总户籍户数的 53.84%，通过手机贷款有余额户 18939 户，余额为 13.91 亿元；贷款自助办贷率达 85.68%。手机银行办理贷款 32.26 万笔，金额为 66.73 亿元，签约手机银行贷款客户 2.4 万余户。有学者称为北川人一个接一个地开始玩转"金融 +"，足不出户转账收钱，不用跑冤枉路了，也不担心存钱取钱在路上掉了。[1]

---

[1] 吴楚瞳、周志敏、向宇：《搭建数字普惠金融最佳实践区，北川在行动》，摘自《四川在线》，2017 年 11 月 22 日。

除大力推进手机银行外，北川还积极布放自助银行设备，拓展特约商户，设立助农取款点，打造良好的数字化交易环境。截至2019年3月末，全县各乡镇安装北川农信自助提款设备69台，布放POS机、EPOS终端463台，助农取款点实现各行政村全覆盖。在"惠支付"二维码扫码支付业务营销中，重点针对超市百货、餐饮娱乐、集贸市场、农村代销点等商户进行推广，倾力打造北川农信特色"非现金"交易环境。截至2019年3月末，"惠支付"共签约1330户，累计交易164129笔，交易金额达3649.27万元，居全省前列。①

二、搭建数字普惠金融实验基地

2018年1月，中国人民银行北川支行与西南财经大学中国金融研究中心共同建立"北川数字普惠金融实验基地"，并引进高等院校、金融机构、专家、大数据公司、媒体共同参与智库建设，搭建政府智库平台，让社会、专家学者指导北川数字普惠实践。有学者调查统计：2015年，北川金融办、中国人民银行北川支行联合各银行举办的"羌山大讲堂"，进社区进校园进村镇，宣讲金融知识。2017年，"羌山金融大讲堂"举办了以数字普惠金融政策、防范金融犯罪维护金融稳定主题宣讲。2017年9月26日，北川还成功举办了"金融普惠羌山之金融知识暨技能竞赛"。②

三、发布"县域数字普惠金融指数"

作为全国唯一的羌族自治县和"5·12"地震重灾区，北川在数字普惠金融之路上开始了积极探索。2017年7月，在中国人民银行绵阳中心支行推动下，北川县人民政府印发《北川羌族自治县数字普惠金融最佳实践区行动方案》，明确了建设北川县数字普惠金融实践区的主线和路径。从2018年开

---

① 参见《数字普惠金融的北川实践》，摘自《中国经济时报》，2019年4月23日。
② 吴楚瞳、周志敏、向宇：《搭建数字普惠金融最佳实践区，北川在行动》，摘自《四川在线》，2017年11月22日。

始，在人民银行绵阳中支、北川县政府等支持下，西南财经大学中国金融研究中心课题组编制了一套县域数字普惠金融指数。据悉，该指数是我国迄今建立的首套全口径、系统化、可复制、可推广的县域层面数字普惠金融评价体系。2019 年 3 月，北川羌族自治县在"普惠金融发展论坛"上发布"县域数字普惠金融指数"，核心理念是从数字普惠金融的内涵出发，兼顾金融"普惠"共性和"数字"特性，向农户揭示数字普惠金融发展六大要素，即思想基础、经济基础、技术支撑、社会职责、价值取向以及生命力，促进数字普惠金融的生命之树在广袤的北川大地生根开花。

第八节　宁波数字普惠金融改革试验区

2015 年 10 月，中国人民银行总行批准宁波开展普惠金融综合示范试验区建设，宁波成为全国首个普惠金融试点城市。经过 3 年探索和实践，宁波在金融服务覆盖率、可得性、满意度和社会公众的金融服务获得感等方面实现了提升，尤其在数字化转型方面，宁波再次走在全国普惠金融试验区的前列。2018 年 5 月，通过省政府向国务院申报建设"数字普惠金融创新示范区"。2019 年 11 月，中国人民银行等五部联合印发《浙江省宁波市普惠金融改革试验区总体方案》（银发〔2019〕281 号，以下简称《总体方案》），同意在宁波开展普惠金融改革试点，在普惠金融服务实体经济、民生领域方面示范探路，成为全国普惠金融改革创新的"试验田"。

一、数字普惠金融改革方案内容

（一）四大数字普惠目标

一是融资服务全覆盖。截至 2022 年末，民营企业贷款占全部企业贷款的比重达 60% 以上，普惠小微贷款年均增速达 20% 以上，实现对有融资需求、符合条件的民营小微企业、创业创新主体、农户、产业工人授信全覆盖；全市直接融资额年均达到1500亿元。二是数字支付全覆盖。民生领域移动支付笔数年均增长10%。到2022年末，实现数字支付在交通、医疗、教育、旅游、商务等领域全覆盖。三是数字化风控体系全覆盖。主要是增强金融机构普惠金融业务风险防控能力，实现风险防控对普惠金融相关机构和业务全覆盖。四是金融知识教育全覆盖。截至2022年末，金融知识教育对辖内学校覆盖率达90%以上，对所有社区和行政村实现全覆盖。

（二）五大专项普惠行动

按照抓重点、可量化、能落实、易考核的原则，合力推进五大专项行动。一是机构体系优化行动，包括设立普惠金融专营机构、普惠金融创新示范基地，推进服务下沉。二是融资渠道拓展行动。推动民营、科创企业通过上市、发债融通资金，拓宽企业融资渠道；推进宁波股权交易中心建设，实现累计挂牌企业达3000家，发挥区域性股权市场综合性服务功能。三是试点开展"首贷户拓展专项行动"，建立线上和线下首贷、续贷服务模式，常态融资对接需求实现"2个不低于"，即融资专场活动每年不低于100场，对接融资需求不低于1000亿元，并实现业务流程优化等。四是重点领域提效行动，主要是推动产业链、供应链、小微园区等金融服务和特色保险产品创新，实现新增信用贷款占比20%以上，年审制业务规模年均增长50%，小贷险贷款年投放额达50亿元，小微企业贷款综合融资成本明显下降。五是城乡支付一体化提升行动，强化移动支付受理环境建设，推进新技术在支付领域的应用，推动移动支付渗透到小额消费和民生领域，实现移动支付应用城乡基本覆盖，促进消费升级。①

（三）六大数字服务平台

实施数字普惠强基工程，通过打造六大平台，提高普惠金融服务能力。

---

① 参见《关于〈宁波市普惠金融改革试验区实施方案〉的政策解读》，载"宁波市人民政府网站"，2020年8月14日。

（1）打造宁波市普惠金融信息服务平台，运用5G、云计算、人工智能、数字孪生、北斗通信等新一代信息技术，构建"信用信息数据库＋征信＋金融服务"信用信息服务模式，构建适应试验区发展需求的"数据中台""业务中台"等新型IT架构模式，面向普惠主体提供增信、征信、融资撮合、审贷放贷全流程金融服务，建设敏捷高效可复用的新一代数字技术基础设施。（2）打造宁波金融综合服务平台，构建政金企联动的跨层级、跨地域、跨行业、跨部门、跨业务的宁波数字普惠金融生态圈和开放式金融创新应用体系，提升金融服务水平和地方社会治理能力，为业务数字化创新提供高效数据及一体化服务支撑。（3）打造普惠金融（移动）公共服务平台，丰富宁波普惠金融App，实现移动支付、交通、医疗、公共事业缴费等民生服务"一点式"应用。（4）打造数字化硬币自循环管理平台，开发现金服务App，推动智能便民的现金服务创新。（5）打造助农金融服务平台，加快标准化助农金融服务点建设，实现助农金融服务查询和使用的信息化、可视化。（6）打造金融知识教育平台，建设"金语满堂"App和微信公众号，推动金融知识宣传全覆盖。

（四）八项数字支柱

重点实施以下八大重要举措：（1）增强普惠金融供给能级；（2）提升重点领域普惠金融服务质效；（3）实施数字普惠金融强基工程；（4）打造数字普惠金融科技创新生态圈；（5）构建普惠金融风险防控体系；（6）加强普惠金融教育宣传；（7）建立支持普惠金融创新发展的政策配套；（8）运用数字化手段加强金融消费权益保护。[①] 这八项具体措施，着眼于政府有为的角度，按照相关部门的职能分工，作为推进普惠金融改革发展的抓手举措，为下一步的推进落实提供支撑。

---

① 参见《关于〈宁波市普惠金融改革试验区实施方案〉的政策解读》，载"宁波市人民政府网站"，2020年8月14日。

二、实施数字普惠金融强基工程

（一）加快建设普惠金融信用体系

1. 升级"宁波市普惠金融信用信息服务平台"。在服务渠道、服务范围、风险预警、线上融资、应用场景等方面实现新突破，全面构建"普惠金融信用信息数据库＋征信＋金融服务"的信用信息服务模式，实现对民营小微企业、创业创新主体、农户、产业工人等普惠群体的信用信息服务和融资服务全覆盖，打造宁波市普惠金融信用信息服务平台2.0版。

2020年12月，普惠金融信用信息服务平台正式上线运行，建立了一体化数据采集平台，打通了宁波市公共大数据资源和公共信用信息共享渠道，并与全省"保证贷款登记系统""企业信用信息平台"及国家发展改革委"信易贷"平台对接，实现信用信息互联互通。截至2021年第一季度末，该平台已采集入库信息13.5亿条，覆盖市场主体201.8万个，所有企业（含个体工商户）实现100％入库，信息涵盖政务、金融、公用事业缴费及商务四大类。通过线上融资对接功能累计支持超1万家企业获得融资1000亿元。

2. 完善信用信息共享机制。畅通市公共大数据资源和公共信用信息共享渠道，加大普惠金融服务对象政务信息、公共信用信息等信贷替代数据归集力度，推进用电（水、气）、税务、进出口、社保、公积金、公安处罚（交通违法）、车辆登记、法院被执行人等信息归集共享，参与长三角信用信息共享机制建设。

3. 加强普惠金融信用信息安全管理。制定宁波市普惠金融信用信息管理办法和类金融机构数据归集存储使用标准，规范普惠金融信用信息的归集和整理、查询和应用、异议和投诉等事项，完善网络安全保障、用户身份识别、用户权限划分等技术措施，确保普惠金融信用信息安全有效。

➤➤ **【案例 7 - 3】**

宁波市普惠金融信用信息服务平台（2.0 版）为银行和企业建立起了融资对接的桥梁，平台归集了企业的税收、社保、用水用电、工商登记等数据，供银行查询和评估企业状况，企业可在此平台上提出融资需求。通过平台可为具有融资需求的中小微企业、农户等群体提供平等化、精准化、普惠性的金融服务，以解决中小微企业融资难、融资贵和融资烦的问题。

案例来源：中国普惠金融研究院网站。

（二）完善智能便民金融基础设施

1. 丰富普惠金融（移动）公共服务平台，加快在"云闪付 App"上实现移动支付及交通、医疗、教育、公共事业缴费等金融民生服务应用"一点接入"，与各类移动金融产品功能共享。

2. 完善金融服务平台功能，实现助农金融服务查询和使用信息化、可视化。2018 年"宁波市普惠金融信用信息服务平台"正式上线，截至 2022 年第一季度末，平台已经采集入库信息近 10 亿条，金融机构日均查询上万次，通过平台对接的企业贷款余额近 900 亿元。①

3. 推动智能便民的现金服务创新，深化"硬币自循环"创新试点，加大硬币自助机具、现金智能柜等设备布放，优化硬币自循环管理，开发现金服务 App，实现硬币服务、智能现金机具状态实时监测。

4. 完善金融风险防控体系，推动"人脸识别、声纹识别、智能语音"等技术在手机银行、移动支付等场景的合理应用，引导商业银行完善网络安全保障体系，开展第三方检测认证，建立健全异常开户风险信息共享及"灰名

---

① 参见《张全兴谈宁波普惠金融改革试验区建设：实现四个"全覆盖"》，载"腾讯网"，2020年 8 月 14 日。

单"管控机制。

5. 成立宁波市金融消费纠纷人民调解委员会等多个第三方调解、仲裁机构，开通"12363"金融消费权益保护咨询投诉热线，探索通过网络或移动端开展金融消费纠纷化解。[①]

三、打造数字普惠金融科技创新生态圈

（一）拓展数字化金融服务场景

1. 推进移动支付受理环境和应用领域建设。推进"移动支付示范商圈（街区）""移动支付应用示范县（市、区）"创建，加大生物识别技术在支付领域的应用，加大农村偏远地区移动支付受理环境改造力度，推动移动支付渗透到小额消费领域，拓展社保卡移动支付的便民服务，实现移动支付应用城乡基本覆盖。

2. 推动生物识别技术在支付领域应用。推进人脸识别线下支付安全应用试点。加强声纹识别技术标准宣传和引导，推动声纹识别、智能语音等技术在手机银行、移动支付等场景合理应用。

3. 推进金融科技应用试点。在合规前提下，促进普惠金融与数字科技深度融合，提升金融服务质效，发挥大数据、人工智能的数字优势，加大移动支付受理环境改造力度，扩大民生领域电子支付交易量，推进移动支付示范商圈和街区建设，打通当地民生支付领域"最后一公里"。

▶▶**【案例 7 - 4】**

中国建设银行宁波市分行率先承建宁波市普惠金融信用信息服务平台，打造"普惠金融信用信息数据库＋征信＋金融服务"平台，首推"线下调

---

① 参见《张全兴谈宁波普惠金融改革试验区建设：实现四个"全覆盖"》，载"腾讯网"，2020年 8 月 14 日。

查 + 线上授信"操作模式。

此外，中国建设银行宁波市分行还构建"信贷工厂"模式的普惠金融（小企业）服务中心，以问题为导向，优化普惠金融业务流程，建立专业化分工、标准化操作的普惠金融信贷模式，"云电贷"直连国家电网营业厅，创新"入园贷""租赁贷""甬兴农贷"等产品，送服务进小微企业园。截至 2020 年 12 月末，普惠金融客户数 1.2 万多户，比年初增加 3400 多户，普惠金融贷款余额近 130 亿元，比年初增加 42 亿元。

案例来源：《普惠金融"甬"担当　改革创新再前行》，载《腾讯网》。

中国农业银行宁波市分行聚焦数字普惠，以"小微 e 贷"产品为抓手，全力扩大客户覆盖面。截至 2020 年 6 月末，普惠型小微企业贷款余额达到 147 亿元，比年初增长 41 亿元，两项指标均居全市同业首位。其中，"小微 e 贷"余额为 45.9 亿元，比年初增长 28.9 亿元，普惠贷款增量线上化率超过 70%。

▶▶【案例 7-5】

依托场景建设，扩大"小微 e 贷"覆盖面。农业银行宁波市分行根据各类数据应用场景，在全市先后上线"资产 e 贷""纳税 e 贷""抵押 e 贷""续捷 e 贷"等线上化产品，截至 2020 年 6 月末，上述线上产品累计贷款客户超过 5000 户，贷款余额超过 45 亿元。

打通产业链条，推广线上供应链融资。围绕供应链金融服务，农业银行宁波市分行先后落地 4 个"数据网贷"供应链重点合作商圈，合作额度达 6 亿元。针对"公司 + 家庭"规模化生猪养殖模式特点，为农业龙头骨干企业量身定制生猪养殖供应链金融服务，线上核贷放贷，目前业务范围已覆盖江苏、安徽、山东、湖北等地区。

引入数据决策，实现批量精准服务客户。农业银行宁波市分行近年来不断利用数据"画像"，精准获客、批量获客。农业银行宁波市分行以数据为驱动，通过企业纳税等级、人民银行普惠平台综合评分以及工商、水、电、海关等数据交叉验证，共筛选优质客户1.5万多户，鼓励企业线上申贷，截至2020年6月末，对接成功率超过70%，已发放小微企业贷款近20亿元。

案例来源：《普惠金融"甬"担当　改革创新再前行》，载"腾讯网"。

4. 发挥数字金融优势，针对小微企业短、频、急、小、广、散特点，实行"三三制""黄金四小时"等工作新机制，要求客户经理对客户"如数家珍"，确保关键时间段出门跑业务，并在规定时间内反馈。例如，泰隆银行入驻甬城12年来，累计服务小微及个体工商户逾20万户，90%以上为100万元以下的小微客户，破解小微企业"复工难"等难题，获得政府部门和社会各界的高度评价。

（二）强化数字技术安全保障

1. 强化自主可控技术应用。推动法人银行发行支持SM系列国产密码算法的金融IC卡，推动安全可靠产品和密码算法应用，引导法人银行逐步对核心系统实施国产密码改造，提升支付业务技术设施自主可控能力。

2. 加强数字普惠金融标准化建设。推动类金融风险监测预警监管应用、银税合作服务小微企业等省级试点项目建设。支持在金融基础设施建设、金融产品和服务创新、新技术应用、风险控制、金融知识教育等环节和领域开展金融标准化建设。[①]

3. 通过数字技术提升商业银行风控水平，强化普惠金融信息安全，推广

---

① 参见《关于〈宁波市普惠金融改革试验区实施方案〉的政策解读》，载"宁波市人民政府网站"2020年8月14日。

"天罗地网"监测防控系统应用，打造数字化金融教育平台，面向社会公众开展移动化、趣味化、常态化金融教育。

4. 对符合条件的贷款实行免征增值税、印花税，减征企业所得税，重点拓展人工智能、3D 传感器、人脸（指纹）识别技术、人工智能、机器学习、自然语言处理、交易风控、舆情分析等场景应用，培养一批普惠金融试点城市和实验项目，不断降低迭代和试错成本，逐步建立普惠金融监管认可的行业标准，进一步纾解小微企业融资难、融资贵困境。

（三）健全金融消费权益保护机制

1. 建立健全金融消费权益保护协调联动机制。在金融知识教育、金融纠纷化解、非现场监管与评估、金融广告治理等方面将金融监管部门、行业主管部门、社会组织的工作有效协同起来，提高金融消费者权益保护效率。

2. 建立产品分类与消费者分类的自律机制。探索金融产品分类与金融消费者分类的有效方式，将金融消费者权益和"适当性原则"贯彻到金融产品设计、推广、销售和服务等各环节中，引导金融机构建立相应的自律机制与自律文化。

3. 完善金融纠纷非诉解决机制。发挥宁波市金融消费纠纷人民调解委员会等非诉解决平台作用，发挥投诉调解对接、诉讼调解对接机制的作用，创新开展线上调解，强化金融纠纷多元化解机制，为金融消费者提供多元化纠纷化解渠道。

第八章
金融消费者保护与在线解决方案

我国金融消费者的金融素养状况令人堪忧。2018 年国际评级机构标普的调查报告显示：中国超过三分之二的成年人不具备金融常识，大约 80% 以上的青少年没有接受过金融知识方面的教育，90% 以上的在校学生没有接受金融培训。特别是，近年来我国在数字金融与第三方支付发展迅猛，跨市场交叉性金融产品大量涌现，金融交易结构的复杂程度不断加大，金融碎片化、个性化、微型化特征明显，直接导致了消费信息的真实性以及分析能力有所下降。从"714 超级贷"野蛮生长到互金平台出现的庞氏骗局，从"易租宝"悄然兴起到 2019 年的 P2P 集体爆雷，无一例外地证明了金融消费者对金融产品特性、服务、收益水平的判断出了问题。

为此，我国必须加强对金融消费者的教育，对小微企业、"三农"机构、个体工商户提供金融服务的同时，更需要提高他们对金融产品和服务的认知能力，特别对边远地区的小微企业、低收入群体、老弱病残群体普及金融教育，树立起"买者有责，卖者余责"理念，培养金融风险意识和自我保护能力。

但是，由于市场信息从初始状态就不是完全对称的，大部分金融消费者分散在市场各个角落，长期处于弱势地位，缺乏自我保护手段，无法及时作出理性投资判断或消费决定。因此，需要从信息披露、风险提示方面做到合法合规，保障金融消费者知情权、信息安全权、隐私权、同意使用权、追责求偿权、数据用益权，提高消费金融服务透明度，同时，充分运用互联网技术，在线争议解决机制上具备快速、便捷和低廉费用的优势，彰显金融消费者对争议解决机制的自由选择。

第一节　国内外对金融消费者保护

一、各国金融消费者保护概况

（一）美国

近十多年来，世界各国在享受数字经济便利的同时，金融消费者个人隐私权遭受到了频繁攻击。例如，2014 年，美国 Target 和 HomeDepot 两家大型零售商分别泄露了 7000 万张和 5600 万张用户信用卡的支付信息以及其中大部分顾客的电子邮件地址。皮尤调查中心 2014 年的一项调查表明：91% 的美国受访者认为自己的个人信息已不受控制。2015 年，欧洲一项调查表明：担忧个人信息被滥用和有信息安全担忧的受访者分别占 43% 和 42%。2016 年，英国一项调查表明：由于信息保存不当或因安全漏洞受到攻击，81% 的英国大型机构受到信息泄密困扰，经济损失居高不下，给金融市场发展带来一定困扰。

近年来，全球要求修改金融消费者信息保护规则的呼声一浪高过一浪。为此，2011 年 7 月 21 日，时任美国总统奥巴马正式签署《多德—弗兰克华尔街改革和消费者保护法》，责令美联储下设金融消费者保护署（Consumer Financial Protection Bureau，CFPB），在金融消费者面临不公平待遇和受到金融欺诈时给予必要保护，还把以前分散在美联储、证券交易委员会、联邦贸易委员会的消费者权益保护职权，统一集中到新成立的金融消费者保护署，确保美国金融消费者权益今后受到任何侵害时，可以依靠一个统一而强有力的保护机构。①

《多德—弗兰克华尔街改革和消费者保护法》要求在美国专门设立消费者金融保护局，开展金融消费者教育工作，除了负责监管按揭贷款、信用卡等个人金融产品外，还要确保消费者决策时了解金融产品，提高金融消费者防止金融虚假产品、掠夺性条款和欺诈行为的能力。②

---

① 美国金融消费者保护署（CFPB）规定了一般权力、特定权限、州法律保留、强制执行权力、职能移交、监管改进及相应法律修改等内容：（1）提高消费金融产品服务市场的透明、简单、公平和负责；（2）保证消费者拥有、懂得并能够利用他们需要的信息来对消费金品服务作出负责任的决策；（3）保证消费者免于滥用、不公平、欺骗和歧视；（4）保证消费金融产品服务市场公平而又有效的运行，并能有足够的空间进行可持续增长和创新；（5）确保传统的低阶层消费者和社区能够享受金融服务。最大限度地保护本国金融消费者的合法权益。

② 美国消费者金融保护署主要监管职能：包括（1）组织开展金融消费者教育；（2）收集消费者投诉，进行调查和回应；（3）收集、研究、监测和发布与消费者金融产品和服务市场运作相关的信息，甄别与消费者有关的或可能影响到市场正常运行的风险事件；（4）对监管对象的经营活动是否合规进行监督，并有权依法采取监管措施以纠正违法行为；（5）发布与联邦消费者金融法律有关的各项实施细则、命令和指引；（6）开展对于促进消费者金融保护局其他职能的行使确属必要或有益的支持活动。

根据《多德—弗兰克法案》，消费者金融保护署内设金融教育办公室，开通免费的消费者投诉和咨询电话，建立收集、监测并及时反馈这些投诉信息的机制，同时还设立了"老年美国人金融保护办公室"，职责包括促进针对年满62周岁的个人开展的包括发放宣传单在内的金融扫盲活动，使得老年人在当前和未来作出金融选择时，免受不公平、欺骗及滥用行为侵害。

2011年6月，美国发布了《全国金融教育战略—促进金融繁荣》，改进美国社会金融知识教育框架，强化公众对有效金融知识教育的认知度，提升消费者金融素质。2015年4月，美国消费者金融保护署还发布了《关于促进中小学金融教育的政策指南》，建立了一套从幼儿园到12年级的个人金融知识框架，包括收入、购买商品和服务、信用、储蓄等内容。[①]

（二）瑞典

1973年，瑞典颁布了《数据法》，1978年，法国颁布了《数据处理、档案及自由法》，1980年9月23日，经济合作与发展组织（OECD）还专门颁布了《关于保护隐私与个人数据跨国界流动的准则：理事会建议》（*Recommendation of the Council concerning Guidelines Governing the Protection of Privacy and Transborder Flows of Personal Data*），决定颁布保护隐私和私人数据跨国界流动国际政策的准则，规定了国家应用的基本原则，包括数据质量原则、收集限制原则、说明目的原则、利用限制原则、安全保护原则、个人参与原则。[②]

（三）英国

1984年，英国制定了《数据保护法》等，1990年9月，欧盟委员会

---

① 参见《2020年金融消费者保护白皮书》。

② 徐敬宏：《欧盟网络隐私权的法律法规保护及其启示》，摘自"电子政务网"，2012年4月14日。

（The European Commission）制定并颁布了《关于个人数据保护指令》。英国经历了 2008 年国际金融危机后，"双峰理论"理念逐渐成为金融监管的主流监管理论。① 2009 年由英格兰银行负责全英金融系统稳定工作，将金融服务局（FSA）的金融监管职能划归英格兰银行，新设"审慎监管局"全面掌管监管事宜。2012 年又成立了金融市场行为监管局（FCA），全面负责金融市场消费者权益保护事务，推进双方监管的落实。

2010 年 12 月，英国颁布实施《数字经济 2010 年法案》，加强政府对数字经济的监管和管理，将互联网纳入日常事务管理，重点保护文化创意产业的知识产权，加强对文创产品的知识产权、著作权的保护力度，打击网络盗版，为数字经济发展创造良好环境，促进以音乐、游戏、媒体为主的文创数字经济健康、有序、高效发展，打击潜在网络违规犯罪，对英国数字化信息起到了很好保护作用。

（四）日本

日本在金融消费者数字化权益保护方面做了很大改进，尤其 1996 年日本"金融大爆炸"以后，日本政府认识到，金融分业管理模式过分强调对行业以及企业的纵向垂直监管，这使得金融市场所有金融活动、法律关系被人为割裂开来，对金融危机起到了推波助澜的作用。② 于是，2006 年日本制定了《金融商品交易法》，取消了金融分业监管模式，一改过去几十年由各自行业协会承担金融消费者保护的格局，过渡到由日本金融厅为主导，其他监管机构包括中央银行、消费者厅和财务省为辅助的统一监督体制，收到了不错的

---

① 金融"双峰理论"起源于英国，由 1995 年经济学家迈克尔·泰勒（Michael Taylor）最早提出。该理论认为，监管的目标是双重的，一是审慎监管目标，起到金融市场稳定作用；二是保护金融消费者的权益目标，起到市场规范作用。金融市场最终目的是保护金融市场参与主体的合法权益不受任何非法侵害。目前，西方主要金融大国都在采用双峰监管模式，强调金融市场消费者权益的保护，其中包括数字化信息保护的内容。

② 杨东：《我国金融消费者保护的统合立法体系的构建——以日本立法经验借鉴为视角》，摘自《社会科学》，2013 年第 81 期。

效果。① 2014 年，日本还实施《数字安全基本法案》，并于 2015 年设立隶属于内阁的数字安全战略小组以撰写国家数字安全战略。2014 年 11 月 6 日，日本国会众议院全体会议表决通过了《网络安全基本法》，日本政府将新设以内阁官房长官为首的"网络安全战略本部"，统一协调各部门的网络安全对策，要求电力、金融等重要社会基础设施运营商、网络相关企业、地方自治体等有义务配合网络安全相关举措或提供相关情报，旨在加强日本政府与民间在网络安全领域的协调和运作，更好地应对网络攻击。2018 年 12 月，为应对网络威胁的不断加剧与筹备保障 2020 年东京奥运会与残奥会，日本又对《网络安全基本法》作出修正，成立网络安全委员会，针对共享网络安全和个人信息保密等事项进行讨论。

除《网络安全基本法》外，日本还出台了多部专项法律。例如，2003 年 5 月发布《个人信息保护法》，对个人与政府在个人信息领域的权责进行了明确，重点保障公民信息安全。该法于 2015 年 9 月完成修订，并于 2017 年 5 月正式生效。再如，日本还通过出台《防止不正当竞争法》《电信事业法》《禁止未经授权的计算机访问法》，通过第三方机构对可能成为网络攻击源的受感染设备进行保护，并对网络犯罪进行明确处罚，突出网络安全的重要性，充分体现出日本政府以《网络安全基本法》为主轴，以其他专项法律为支撑，构建了网络空间相关的法律框架。②

近年来，其他发展中国家也日益关注金融消费权益保护问题，不少国家纷纷成立独立的金融消费者保护机构，诸如马来西亚的金融调解局（FMB）、墨西哥的国家保护金融服务者委员会（CONDUSEF）、秘鲁的金融督察专员局（FOS）等。

---

① 何颖：《日本の金融消费者保护制度改革について》，摘自《日本学刊》2011 年第 1 期。
② 荀子奕、韩春阳：《日本网络安全实践研究》，摘自《中国信息安全》2021 年第 5 期。

表 8 – 1　世界十国个人数据信息保护法律/法规一览表

序号	国家	法律法规名称	主要内容	时间
1	中国	《互联网信息服务管理办法》	电信网络和个人信息的安全受法律保护。任何组织或者个人不得利用电信网络从事危害国家安全、社会公共利益的活动	2000 年 9 月 25 日
		《个人信用信息基础数据库管理暂行办法》	商业银行要建立个人信用信息基础数据库，并负责设立征信服务中心，承担个人信用数据库的日常运行和管理	2005 年 6 月 16 日
		《关于加强网络信息保护的决定》	明确提出保护能够识别个人身份和涉及隐私的电子信息	2012 年 12 月 28 日
		《消费者权益保护法（修正案）》	个人信息依法得到保护，确立了工商行政机关可以对侵犯个人信息进行行政处罚的职能，确认了公民可以向法院起诉	2014 年 3 月 15 日
		《网络安全法》	规定了公民个人信息保护的基本法律制度，主要有四大亮点：一是网络运营者收集、使用个人信息必须符合合法、正当、必要原则；二是规定网络运营商收集、使用公民个人信息的目的明确原则和知情同意原则；三是明确公民个人信息的删除权和更正权制度；四是网络安全监督管理机构及其工作人员对公民个人信息、隐私和商业秘密的保密制度等	2016 年 11 月 7 日
2	美国	《电子通讯隐私法》	涵盖了声音通讯、文本和数字化形象的传输等所有形式的数字化通讯，不仅禁止政府部门未经授权的窃听，而且禁止所有个人和企业对通讯内容的窃听，同时还禁止未经授权地拦截或访问传输或存贮于电脑系统中的通讯信息	1986 年
		《互联网保护个人隐私的政策》	对个人数据资料的立法保护，逐步延及对网络隐私的立法保护	1999 年
		《消费者隐私权利法案》	体现了美国政府应对大数据时代隐私保护问题的做法。法案基础仍然是公平信息实践法则，包括告知与同意框架的强化，数据保存与处理的安全责任，事后问责制这几个方面	2012 年 2 月 23 日

序号	国家	法律法规名称	主要内容	时间
3	英国	《数据保护法案》	对个人数据资料的保护作出了相对全面、完整的成文规定。法典第一次提出并明确了有关个人数据的定义，"个人数据是有关一个或者多个人的信息组成的数据，对于这个人，可以通过信息识别出来，该信息包括对有关该个人的评价，也包括个人数据处理者或者其他人对该个人表示的意图"	1984 年
		《数据保护法案》修正版	对 1984 年颁布的进行修改，对个人数据处理者的操作规范要求更为具体，并结合电子商务运作问题，更好地满足个人数据权利保护新需要	1998 年
4	德国	《联邦个人资料保护法》	保护人们隐私，关注个人资料处理带来的社会问题，法令将联邦层面的个人信息保护问题进行了统一规范、统一保护	1976 年
		《德国联邦数据保护法》修订版	全球范围内专门针对个人数据保护较早的立法之一，制定本法的目的是保护个人隐私权，防止个人数据在使用过程中被侵害。法律体系完整，在个人权利保护与个人数据合理开发利用方面做了明确的规定，对保护个人数据提供法律支持	2002 年
		《德国联邦数据保护法》进行了修订	个人数据保护范围持续扩大，赋予数据官更多权利，以保证数据官更多地行使职权，保护个人数据	2006 年 11 月 15 日
5	丹麦	《个人数据处理法》	允许个人查阅公共机构与私营机构所掌控的本人个人数据，这也是丹麦首部关于数据保护和隐私的立法	2000 年 7 月 1 日
6	挪威	《个人数据法》	保护数据处理过程中自然人的隐私，以使其隐私不被侵害	2000 年 4 月 14 日
7	法国	《法国自由、档案、信息法》	这是一部专门规定信息安全的法律	1978 年
		《在个人性质数据自动处理方面保护个人的公约》	规定了法国对于个人信息进行保护的具体措施以及专门负责信息安全的行政机构的法律地位及其职能，为个人信息安全织就了一张细密的法律之网	1983 年 3 月 24 日

续表

序号	国家	法律法规名称	主要内容	时间
8	日本	《有关行政机关电子计算机自动化处理个人信息保护法》	对个人信息进行了首次界定，对后续日本个人信息保护启动产生了深远影响	1998 年 12 月
		《个人信息保护法》	日本保护个人信息安全的根本法律。立法以个人信息的有效利用与个人信息保护为宗旨，确立了个人信息保护的基本原则及方针。与个人有关的声音和图像数据获取、传播、复制、记录、保存和交换的数据处理也可以随科技的发展成为信息保护的对象	2005 年 4 月
9	瑞典	《瑞典数据法》	这是世界上首部全国性的个人数据保护法。1978 年进行了修订。涉及政务法律体系中信息自由、数据保护和隐私、电子商务、电子通信、电子签名、电子采购、公共部门信息的再利用等方面	1973 年
		《个人数据法》	保护个人数据的完整性以免受侵害	1998 年 12 月 24 日
10	加拿大	《隐私保护法》	对约 150 个联邦政府部门和机构赋加了在收集、使用和披露个人信息时进行限制以尊重公民隐私权的义务，同时该法案也赋予公民获得联邦政府机构持有的有关他们的个人信息并予以更正的权利	1983 年 7 月
		《个人信息保护和电子文件法》	对私人部门组织在商业活动中如何收集、使用或披露个人信息规定了明确的原则	2000 年

注：周波青制表。

（五）欧盟

1981 年 1 月 28 日，欧洲理事会（the Council of Europe）各成员国签署《欧洲系列条约第 108 号条约：有关个人数据自动化处理之个人保护公约（斯特拉斯堡，1981.1.28）》（*European Treaty Series – No.* 108. *Convention For the Protection of Individuals with Regard to Automatic Processing of Personal Data,*

Strasbourg，28.1.1981）。该《公约》明确规定对于个人数据进行自动化处理时，应当遵循下列原则：（1）公正、合法地获取和处理；（2）以明确、合法的目的进行存储，并不得以不符合这些目的的方法使用；（3）依据存储数据的目的，处理必须适当、相互关联并且不超越此目的范围；（4）数据必须准确，必要时随时更新；（5）数据以特定形式存储，可允许对数据主体进行与数据保存目的相应的必要的识别。对于特殊类别数据（敏感数据），公约也做了规定：泄露种族血缘、政治见解、宗教或者其他信仰的个人数据，关于健康或者性生活的个人数据，原则上不得进行自动化处理，除非国内规定了适当的保护措施。该《公约》于 1985 年 10 月 1 日生效。[①]

　　1992 年，欧洲议会（The European Parliament）通过了该草案。1995 年 10 月 24 日，欧洲议会和欧盟制定通过《关于涉及个人数据处理的个人保护以及此类数据自由流动的指令》（Directive 95/46/EC of the European Parliament and of the Council of 24 October 1995 on the protection of individuals with regard to the processing of personal data and on the free movement of such data）。该指令是欧盟数据保护规章的核心，制定了一系列需要所有成员国实施的原则和规则。它确保欧盟内数据的自由流动并为个人数据保护设定了共同的标准，所建立的原则适用于私人或商业生活一切领域，对欧洲各国产生了巨大影响。[②]，2011 年 9 月，金融包容联盟成立了统一的消费者扶持与市场准则工作组，形成了一套金融消费者信息保护的核心原则和工作流程。2011 年 10 月，金融稳定委员会发布的《重点涉及信贷的消费者金融保护》《消费者金融报告》，2012 年 6 月，世界银行出台的《金融消费者保护的良好经验》都涉及金融消费者信息保护内容。2018 年 5 月，欧盟颁布《通用数据保护条例》（General Data Protection Regulation，GDPR），不仅扩大了个人数据的含义，还

---

　　① 明俊、宋志红、高燕竹等译：《个人数据保护：欧盟指令及成员国法律、经合组织指导方针》，法律出版社 2006 年版。

　　② 明俊、宋志红、高燕竹等译：《个人数据保护：欧盟指令及成员国法律、经合组织指导方针》，法律出版社 2006 年版。

就数据许可（Consent）、默认隐私保护（Privacy by Design，Privacy byDe-fault）、彻底遗忘权（Rght to Beforgotten）等权利内容作出了新的规定。

近年来，二十国集团（G20）、世界银行（World Bank）、经合组织（OECD）、金融稳定委员会（Financial Stability Board，FSB）、金融包容联盟（Alliance for Financial Inclusion，AFI）都将金融消费者信息保护列为一项核心工作，最明显的一个趋势就是金融消费者保护机构归于统合状态，形成高度统一的金融消费者权益保护机构，为金融市场参与者提供高效、专业和权威的制度保障和司法救济。目前，国际上正在研究成立统一的金融消费者保护机构——金融消费者保护网络，以更好地促进国家间金融消费者信息保护经验交流以及保护规则形成。这是当今国际金融市场消费者保护的一种趋势，应该成为我国金融消费者保护的关注一个重点。

二、我国金融消费者保护

（一）金融消费者保护机构

长期以来，我国金融监管部门高度重视金融消费者数字化信息保护。中国人民银行、中国银保监会、中国证监会均设立了相应的金融消费者保护部门。2011 年 12 月，中国证监会成立"投资者保护局"，负责证券期货市场投资者保护工作的统筹规划、组织指导、监督检查、考核评估。2012 年 3 月，中国人民银行设立金融消费权益保护局，主要职责就是研究我国金融消费者保护问题，拟定金融消费者保护政策法规草案，协调金融机构消费者信息保护工作。2012 年 4 月，中国银监会获批设立银行业消费者权益保护局，主要职责之一就是为拟定金融消费者权益保护的政策法规，开展金融消费者信息保护体系建设，督促银行和从业人员加强信息披露、消费者风险提示，调查处理银行业消费者投诉以及开展银行业消费者公众教育。

多年来，"一行三会＋四家消保机构"（现为"一行两会＋三家消保机构")模式积极推动金融消费者保护工作,共同构成了我国"分业监管模式"下的中央层面金融消费者信息保护机制。同时,我国各地工商行政管理部门、消费者协会、金融行业协会承担着地方层面金融消费者信息保护职责,减轻金融风险传递危害,提高我国金融体系稳定性和可持续性。

(二)金融消费者保护法律框架

近年来,随着我国普惠金融市场改革不断深化,金融产品与服务日趋丰富,因此,及时编制保护性法律法规,不仅是防范和化解金融风险的重要内容,对提升金融消费者信心、维护金融安全与稳定、促进社会公平正义和社会和谐具有积极意义。全国人大常委会《关于加强网络信息保护的决定》、工信部《电信与互联网用户个人信息保护规定》以及工商总局《网络交易管理办法》都对个人信息保护做了一定规范,加之《刑法》《侵权责任法》《网络安全法》以及"两高"(最高人民法院、最高人民检察院)司法解释、指导意见等20多个规范性文件,出台的3个非强制性国家行业标准,初步建立了我国金融消费者保护规则体系。

2020年,全国金融工作会议明确提出"把金融消费者权益保护放在更加突出位置,加强金融消费者教育"。2020年2月,中国人民银行发布了《个人金融信息保护技术规范》,为金融机构加强个人信息保护和监管机构执法工作提供技术标准参考,2020年11月,中国人民银行颁布《金融消费者权益保护实施办法》,规定金融机构在使用、转移和存储个人信息时必须履行本地化保护的要求。目前,中国人民银行正在制定《个人金融信息保护暂行办法》,加大对金融市场个人信息保护的监管强度,强化金融机构合规意识。

(三)金融消费者保护五大策略

第一策略:普惠金融消费者隐私权保护最为优先。

当前,金融消费者个人信息及隐私权保护就面临着前所未有的严峻挑战。

不少互金平台打着"普惠"名义把风险等级较高的资产售卖给公众，许多P2P平台的"多对多"集合标理财计划过度采集客户数据，甚至从事个人信息数据倒卖、"一次授权、重复使用"等违法违规活动，容易造成平台对个人信息的商业利用与消费者对其个人信息有效控制之间的冲突，对金融消费者公平知情权、隐私权也是一种严重侵害。2020年11月2日，中国人民银行、中国银保监会、中国证监会、国家外汇管理局对蚂蚁集团进行了监管约谈，上交所和港交所随后相继宣布暂缓蚂蚁集团上市的决定，反映出金融监管对金融消费者权益保护的坚定意志。

发展数字普惠金融必须重视数据安全和隐私保护，提升数据治理、安全管理能力。虽然我国《网络安全法》已出台，国务院颁布的《关于加强金融消费者权益保护工作的指导意见》、中国银保监会的《网络借贷信息中介机构业务活动管理暂行办法》对保障个人信息安全也进行规制。但是，在界定互金平台权利边界、规制数字平台对消费者个人信息收集、利用、共享等方面仍然处于初级阶段，有关金融消费者权利保护的上位法律缺乏基本框架和处理规则。在这种情况下，有学者呼吁，现阶段我国可以先采取技术性措施改善当前互联网金融快速发展与监管方式相对滞后之间的不协调，最大限度地保护客户的隐私权，待时机成熟时再进行必要的立法规制。例如，降低数据的敏感性，帮助普惠金融有效解决数据脱敏问题，用临时生成的信息来完成支付，以保证金融消费者交易秘密，并使得商务端传输数据变得对侵权者毫无价值。又如，通过数据的挖掘和分析，开发识别和欺诈交易的解决方案，消除金融产品和服务的提供者与消费者之间存在信息不对称，限制信息优势一方欺凌盘剥消费者的渠道和机会，帮助金融机构更好地抑制侵权行为发生。①

第二策略：重塑金融教育理念，提倡能力建设

在推进普惠金融过程中，不仅要满足普罗大众获取金融产品和服务的需

---

① 何颖：《如何保护金融消费者信息安全和隐私》，摘自《证券时报》，2017年6月10日。

求，还要提高金融消费者能力。因为普惠金融不是仅限于融通资金，并非一劳永逸的活动，需要消费者掌握必要的金融技能，接受更好的金融知识和职业培训。

普惠金融能力建设问题主要是指弱势群体缺乏金融教育、知识培训。2018 年 7 月，中国人民大学中国普惠金融研究院科研团队走访的宁夏银川涉农贷款试点县，其涉农贷款授信达到了全覆盖，但使用率仅为 17%，其中，50% 的弱势群体是因为对金融的"恐惧"而拒绝贷款，害怕有巨额负债。因此，加强对弱势群体的金融教育，帮助他们正确认识金融信贷，作出理性的金融消费或理财投资决策显得尤为重要。这既是改善普惠金融服务手段，也是实现普惠金融终极目标的重要途径。

中小微企业同样存在能力建设问题。我国中小微企业数量众多。据统计，中小企业有 120 多万家，微型企业有上千万家，但其平均寿命只有 2.5 年，普遍存在生存能力不足问题。古人曰：命由自立。显然，这里的"自立"指的就是自我生存能力。因此，提高中小微企业的生存能力关乎整个中小微企业和普惠金融市场的发展问题。

政府和监管机构更有必要提高自身的能力，包括但不限于征信、信用评级、支付清算体系、金融服务的法律体系等，还肩负着包括金融教育、金融扫盲和预防金融欺诈等责任。金融监管机构应该建立专门的金融教育网站，官方网站、公众号等数字工具及载体，利用数字技术能够以低成本或者零成本方式传递金融知识，免费向社会公众提供完备的金融教育教程，及时传递政策信息，发布风险提示，提高客户自我保护的实效。

第三策略：建立高效、多元的投诉解决机制

由于我国金融消费者人数众多，市场纠纷种类复杂，导致了金融消费者纠纷案件数量极其巨大，仅仅依靠法院诉讼手段是远远不够的。我们必须尝试建立非诉讼的金融纠纷解决机制，引入"替代性纠纷解决机制"（Alternative Dispute Resolution，ADR），利用其程序简便、灵活、费用低廉和非公开性优点，及时解决金融消费非诉案件数量巨大的问题，构建我国多元化金融纠纷解决体系。

所谓替代性纠纷解决机制（ADR），是指除诉讼外的纠纷解决方式集合的统称，包括自行和解、外部调解、仲裁和诉讼在内的金融消费纠纷多元化解决机制。替代性纠纷解决机制是一个开放性的非诉解决平台，为金融消费纠纷非诉讼提供一揽子解决方案，诸如金融消费者遭受"欺诈服务"、交易信息不透明维权等小标的非诉案件，确保普惠金融消费者能够对个人权益进行有意识的选择性保护。一般情况下，替代性纠纷解决机制都是非公开进行的，裁决结果对双方当事人都是具有效力的，应该遵守执行。当然，金融消费者如果不满意替代性纠纷解决机制处理结果，还可以通过司法诉讼途径解决纠纷。这样既可以给保险消费者提供通过非诉讼途径快速有效解决保险纠纷的便捷途径，又保持了消费者通过诉讼途径解决纠纷的权利，最大限度地给予消费者选择权。

第四策略：建立适当性原则，减少金融消费者受骗上当风险

在法律上，确立金融消费者适当性原则，就是金融机构对金融产品风险及专业复杂程度进行评估并实施分级动态管理，在金融消费者风险偏好、风险认知和风险承受能力测评基础上，将合适的金融产品和服务提供给适当的金融消费者，以金融消费者可以理解的方式对所销售的金融产品和提供的金融服务加以说明。

简单来说，适当性原则大体包括三方面内容：一是金融从业人员首先要了解金融消费者，并判断应对其推销何种金融产品，目的在于确认金融消费者对所提供的金融服务的认可程度。二是在向金融消费者推出金融产品与服务时，金融从业人员以适合其理解的方式对所推销的金融产品加以说明，目的在于使金融消费者理解金融产品与风险，能够承担相应法律责任。三是针对老龄人口、村镇及边远地区居民、进城务工人员、低收入人群等不同群体的特点和需求，深入开展差异化的金融宣传，帮助其提高对金融产品和服务

的认识，减少受骗上当风险。

第五策略：完善普惠金融消费者损失的社会保险补偿机制

今天，跨界服务和跨行交易已成为互联网金融市场十分普遍的现象，这种横跨行业、产品交叉、信息重叠的金融创新活动带来了系统安全性隐患、代理商欺诈以及个人隐私泄露的风险。为此，我们要有更妥善的社会补偿机制才能应对互联网金融错综复杂的局面。通过引入第三方保险公司为第三方支付的"账户安全险"，为用户账户安全进行承保，确保用户在账户被盗后得到快速理赔，提振用户对支付安全信心，公平对待缺乏金融服务的弱势群体，做到消费者的损失最小化。

三、金融消费者保护核心要素

（一）基础性信息权益

1. 知情权。知情权是指金融消费者有权知悉其购买的金融产品或服务的全部、真实、准确信息。金融消费者依法享有对金融产品或服务的价格、类型、服务态度等涉及自身权益的相关情况知晓权利，对金融机构不恰当的信息保护行为有权提出批评。这符合国际惯例，与欧盟《通用数据保护条例》（General Data Protection Regulation，GDPR）。也就是说，金融机构有义务披露所提供金融产品或服务的真实情况，收集、流通、使用、删除等过程都需要履行"告知—同意"义务，帮助金融消费者信息知情与处理可控，最大限度地保护个人信息安全。

2. 隐私权。隐私权指金融消费者的个人信息、账户信息、交易信息等依法受到保护的权利。金融机构不得不当储存、过度收集、私自披露金融消费者的个人信息，更不能借此谋取不当利益。

欧盟采用以法律规制为主导的网络隐私权保护模式，从法律上确立网络隐私权保护的各项原则与法律规定，并采取相应的司法或者行政救济措施。

欧洲委员会 1981 年通过了世界上第一部个人信息保护的国际公约《个人数据自动化处理中的个人保护公约》，其第一条就明确规定其目的在于保护个人权利和信息安全。1997 年 9 月 15 日，欧盟委员会通过了《电信部门个人数据处理和隐私保护指令》（*Directive 97/66/EC of the European Parliament and of the council of 15 December 1997 concerning the processing of personal data and the protection of privacy in the telecommunications sector*），除了对 1995 年的个人数据保护指令进行了补充外，还特别强调了电子通信部门的有关安全、保密等相关原则。1999 年，欧盟通过了《关于在信息高速公路上收集和传递个人数据的保护指令》，寻求个人权利的保护、网上信息交换的保密性和资料自由流动之间的平衡，尤其强调了网络服务商的责任和对用户个人自我保护意识的培养。[1]

2002 年 7 月 12 日，欧洲议会和理事会又通过《关于电子通信领域个人数据处理和隐私保护的指令》［*Directive 2002/58/EC of the European Parliament and of the Council of 12 July 2002 concerning the processing of personal data and the protection of privacy in the electronic communications sector（Directive on privacy and electronic communications*）］，用于取代 1997 年的《电信部门个人数据处理和隐私保护指令》。2016 年，欧盟《统一数据保护条例》将保护自然人基本权利和信息安全作为其立法基本宗旨。

金融科技还会涉及金融消费者保护的问题。目前，很多金融大数据是从互联网平台上产生的，而有些金融科技公司和互联网公司往往是一个集团，数据在通过互联网平台向金融领域传递的过程中有可能损害消费者对于大数据的知情权、隐私权、选择权。比如，从电商交易平台、社交网络获得的数据转移到金融领域之后，有可能用于分析个人信用状况，影响到个人借贷的行为，但是消费者当时在电商交易平台、社交网络时，并没有授权这些平台

---

① 张秀兰：《网络隐私权保护研究》，北京图书馆，2006 年版。

对其个人信用状况进行分析，事实上这中间可能涉及侵犯消费者的隐私问题。[①] 显然，在西方法律法系中，个人信息保护是受到专门法律保护的，一切有关权益保护均属于"隐私"（Privacy）范畴，尤其体现在使用个人数据不泄露或公开个人数据的规范上，个人数据和隐私权保护已成为欧洲各国个人信息保护最重要内容之一。

（二）延展性信息权益

1. 信息安全权。信息安全权是金融消费者信息保护的首要延展性权利，即金融机构应当依法保障金融消费者在购买金融产品和接受金融服务中的信息安全。在西方国家，个人数据信息被认为是人权的一种延伸权利。《欧盟基本人权宪章》第八条将"个人数据保护权"作为一项独立的基本权利加以规定："每个人有权保护涉及自身的个人数据"。欧盟《数据保护指令》坚持将个人数据处理的安全性原则作为个人数据处理的法律依据，处理个人数据信息的前提应当尊重个人自主意思表示。[②]

这就意味着，金融机构不得利用科技技术优势在格式合同中让金融消费者对数据信息产生认知偏差，不得加剧导致金融消费者无法知晓金融数据信息的可能性。例如，采取清晰易懂的语言向个人告知数据信息的确切含义，当变更处理方式时，还需重新告知，以期达到金融消费者的知情与可控，保护金融消费者数据信息安全。

2. 同意使用权。同意使用权是指知情同意成为个人信息的接受方（信息收集者）保有或使用该个人数据信息的依据，数据信息收集者必须要求信息主体作出同意表示。否则，任何在没有信息主体同意情况下的数据信息使用、

---

① 许婷：《孙国峰：构建中国金融科技监管"双支柱"》，摘自《金融时报》，2017 年 9 月 12 日。

② 欧盟《数据保护指令》1995 年通过生效，采用统一立法模式，规定建立独立的数据保护机构，在数据主体的权利保护方面取得了令人瞩目的成就，影响了许多国家和地区的数据保护立法，但在一定程度上有损数据流通的效率，导致成员国与第三国之间的跨境数据流通受阻。

收集或转让都不具备法律正当性。

对金融消费者而言，遵循"同意使用权"是强调个人口头或者书面同意的明示权力。对金融机构而言，遵循"同意使用权"则是强调金融机构在处理数据之前的"通知"义务，意味着金融信息使用机构必须基于信息主体同意表述后才能使用。因此，"同意使用权"成为数字时代金融消费者信息保护的一项重要原则。当然，同意使用权也不是绝对的。基于公共利益或国家利益的个人数据信息收集、利用和流通无须经过信息主体的同意，但必须具有明确的法律规定。例如基于《统计法》的专项数据统计，必须具有公共利益性质的信息，否则就不能直接采集相关数据。

3. 追责求偿权。金融消费者在购买金融产品和接受金融服务过程后，发现其数据信息安全受到侵犯和遭受损失，有权追究法律责任，要求有关机构进行赔偿。欧盟《通用数据保护条例》（General Data Protection Regulation，GDPR）不仅扩大了个人数据的含义，还规定了严厉的违规处罚，罚款范围是 1000 万~2000 万欧元，或企业全球年营业额的 2%~4%。在美国，监管机构试图用严厉的事后罚款来倒逼企业实现对个人数据信息的全面保护，如"剑桥分析案"中，美国联邦贸易委员会（Federal Trade Commission，FTC）对脸书（Face book）的处罚高达 50 亿美元。

四、金融消费者数字化保护三大问题

（一）国内数据发展与国外数据保护同速关系

2018 年，我国数据隐私和数据安全问题频发。年初支付宝年度账单默认勾选《芝麻服务协议》被质疑侵犯隐私权，百度涉嫌侵害消费者个人信息安全被江苏省消保委提起公益诉讼。下半年的大规模数据泄露事件引发了全民的安全担忧，包括华住酒店集团旗下连锁酒店近 5 亿条用户信息被泄露，12306 网站 470 余万条用户数据在网络上被贩卖。2018 年 8 月中国消费者协会发布的《App 个人信息泄露情况调查报告》显示：遇到过个人信息泄露情况的人数占比为85.2%，没有遇到过的仅占 14.8%。

　　甚至与个人信息相关的犯罪也屡见不鲜，上市公司"数据堂"涉嫌侵犯公民个人信息罪被查，简历大数据公司"巧达科技"非法交易个人信息达数亿条，引起社会广泛关注，也被有关部门查封。

　　与此同时，欧盟和美国却在加快数据保护的步伐，各国在数据管辖权方面开启了"殊死争夺"。欧盟《通用数据保护条例》（GDPR）试图建立以个人数据权利保护为基础的法规高地，主张宽泛的规则域外效力和严格的数据跨境移转制度。① 美国则在通过"避风港规则"和"隐私盾协议"推动数据全球化规则，通过《澄清境外数据的合法使用法案》（CLOUD）强调美国企业存储和披露全球数据的法律义务。如果说欧盟建构的是以"基本权利"为基础的数据治理模式，美国建构的就是"自由式市场＋强监管"的数据治理模式。

　　面对这种国际形势，我国如何在数据规则方面迅速融入世界，甚至主导国际标准的制定，不被美国、欧盟、日本排除在数据标准话语权之外，成为一个不可回避的紧急任务。因为数字经济已经成为我国经济增长的新引擎，加速数据的流动而实现数据产业的发展成为大趋势。根据《中国互联网发展报告（2019）》，2018 年中国数字经济规模达 31.3 万亿元，占国内生产总值的比重高达 34.8%，这更促使我们必须尽快制定强有力的数据保护性制度。因此，我国数据立法面临的并不是一个"可有可无"问题，不仅是一个消费者数据权利（益）保护与数字经济发展之间如何"平衡"的问题，更是一个我国数字经济与世界数字经济协调发展问题。从长远看，我国数据立法显然

---

　　① 欧盟 GDPR 制定目的正是个人数据权利（益）保护与数据流动的平衡问题。GDPR 第一条第一款开宗明义地指出，"本条例旨在确立个人数据处理中的自然人保护和数据自由流通的规范"；GD-PR 第一条第二款强调"本条例旨在保护自然人的基本权利和自由，尤其是保护个人的数据权利"；但 GDPR 第一条第三款则明确强调了平衡的重要性，即"个人数据在欧盟境内的自由流通不得因为在个人数据处理过程中保护自然人而被限制或禁止"。

不能闭起门来搞一个与世隔绝的"数据乌托邦",而要实现与 GDPR 和 CCPA 等欧美主流数据法律模式的对接和融合,为我国深度参与直至主导国际数据规则和标准的制定提供坚实的法律基础,建构一个"安全风险防范为主,兼顾数字经济发展"的保护模式。

(二)个人信息与金融机构法律关系

金融机构向外部机构共享数据的问题。在这种模式下,银行通过开放 API 或 SDK 的方式为第三方合作伙伴、客户及服务商提供接入金融服务平台的接口,建立机构与机构、人与人、数据与数据的连接,特别是开放式银行打破了信息垄断,金融数据可以在银行之间以及银行和第三方非金融机构之间共享,金融数据共享则是开放式银行经营和金融创新的主动脉。例如,2019 年 12 月 27 日中国人民银行发布的《中国人民银行金融消费者权益保护实施办法(征求意见稿)》第三十六条对可携带权作出了前瞻性规定,"鼓励金融机构在技术可行的前提下,基于金融消费者的请求,将其金融信息转移至金融消费者指定的其他金融机构。"

2020 年 2 月 13 日中国人民银行发布的《个人金融信息保护技术规范》则对金融数据共享提出了严格的操作标准:"除法律法规与行业主管部门另有规定或开展金融业务所必需的数据共享与转让(如转接清算等)外,金融业机构原则上不应共享、转让其收集的个人金融信息,确需共享、转让的,应充分重视信息安全风险",也就是说,金融机构应向个人金融信息主体告知共享、转让个人金融信息的目的、数据接收方的类型,并事先征得个人金融信息主体明示同意,共享、转让经去标识化处理(不应仅使用加密技术)的个人金融信息,且确保数据接收方无法重新识别个人金融信息主体的除外。

显然,这些规定就必须妥善处理好金融机构与金融消费者之间信息处置的法律关系。中国人民银行《个人金融信息保护技术规范》就明确规定,保护消费者金融信息安全的义务不因其与外包服务供应商合作而转移、减免,未经书面授权，受委托者不应将其处理的个人金融信息再次委托给其他机构进行处理。

（三）信贷信息与替代数据互补关系

虽然中国人民银行多次强调可以利用替代数据为金融机构提供信用管理服务，但《征信业务管理办法》并没有对替代数据进行规定。于是，替代数据纳入金融市场征信监管范围就缺乏法律依据，无法对"白户"信用进行认定，导致个人征信领域很多新问题、新纠纷无法依法得到解决。

办法只有一条，就是将中国人民银行未能覆盖到的个人和企业客户信用数据悉数纳入，构建一个平民数据库，与中国人民银行征信中心的国家金融信用信息基础数据库相互补充，在日常网络购物消费数据中挖掘个人信用价值，利用交通、通信、债务、支付、消费等海量的替代数据架起数字普惠金融与征信业务之间互利共生的桥梁。

五、金融消费者信息保护监管建议

（一）遵循数字信息"最小够用"原则

"最小够用"就是所有信息采集和使用必须都是最小范围内进行。欧盟《一般数据保护条例》及美国《消费者隐私权法案》无不采纳这一原则，不收集与所提供服务无关的个人信息。数字经济时代，越来越多的应用程序（Application，App）在用户不提供个人信息或者因用户不同意收集非必要个人信息时就无法使用，这些都是违反了"最小够用"原则，实际上构成了对用户信息的"勒索"。

为此，2017 年 6 月生效的《网络安全法》规定：网络运营者收集、使用个人信息，应当遵循合法、正当、必要的原则。这就是对"最小够用"原则最好的诠释。以金融消费场景为例，采集、转让时，仅向客户申请业务流程必要的信息授权，保障金融消费者的选择权。使用时，仅向用户收集金融消费必须使用的信息，保障金融消费者知情权。结束时，仅留存后期金融监管所必需的用户信息，保存期限届满后及时删除，保障金融消费者的处置权。"最小够用"原则不仅可以确保消费者即时便捷地享受到消费金融服务，还可以避免金融消费者个人信息的过度采集。我国对金融消费者信息采集虽然也使用"最小够用"原则，但实际效果并不理想。如何妥善使用"最小够用"原则将成为数字经济时代金融消费者权益保护一个长期重要任务。

（二）建立金融信息保护专门监管机构

1. 我国金融消费者保护机构的由来和现状。我国政府高度重视金融消费者权益保护工作。几乎每年的《政府工作报告》和全国金融工作会议都明确加强对金融消费者保护，提出"把金融消费者权益保护放在更加突出位置"战略目标，提升金融消费者信心和安全感，促进社会公平正义，让消费者权益保护成为金融市场永恒的话题。

过去，原"一行三会"陆续设立了金融消费权益保护内部机构，各自承担金融消费者权益保护职能，分别为中国人民银行金融消费权益保护局、中国银监会银行业消费者权益保护局、中国证监会投资者保护局和中国保监会保险消费者权益保护局，共同构成了我国"分业监管模式"下的中央层面金融消费权益保护框架。[①] 与此同时，我国各地的工商行政管理部门、消费者协会、金融行业协会承担着地方层面的金融消费权益保护职责。

多年来，"一行三会＋四家消保机构"模式虽然积极推动金融消费者保护工作，并在中央与地方两个层面上建立了金融消费者投诉受理机制，取得了长足发展，但由于没有全国统一金融消费者权益保护机构，金融消费者投

---

① 2018年3月，虽然中国保监会与中国银监会重组合并，但原先中国保监会所属保险消费者权益保护局依然保留在中国银保监会，目前照常运行，是否撤销或与银行业消费者保护局合并一直不明朗。

诉受理机制也无法形成统一金融消费者保护标准，特别在互联网金融业态众多的今天，P2P 融资、众筹、网络贷款和信用担保使得金融服务样态发生了巨大变化，消费者与互联网金融机构之间纠纷日益增多，信访、仲裁乃至诉讼不一而足，经常发生消保机构各自为政、反应迟缓问题，现有"分业监管机构"消费者保护体系已不能完全保护金融消费者。如果继续沿用原有"一行三会＋四家消保机构"既定模式，必定捉襟见肘、力不从心，难以遏制违法侵权行为，无法保护每一位金融消费者，更难以应对互联网金融市场全覆盖、高强度和大跨度的强监管要求。

2. 建立全国统一金融消保机构的现实紧迫性。

（1）金融消费者权益保护法律法规较为分散，且立法层级较低，缺乏有效的金融消费者保护机制。例如，现行《消费者权益保护法》虽然规定消费者在购买、使用商品和接受服务时享有个人信息依法得到保护的权利，但《消费者权益保护法》只对一般商品和服务的消费者提供保护，没有将金融消费者纳入"消费者"的行列，更没有将数字化信息保护纳入规范。

中国人民银行制定的《关于银行业金融机构做好个人金融信息保护工作的通知》《关于金融机构进一步做好客户个人金融信息保护工作的通知》因缺乏足够法律效力，执行效力相对较弱，惩戒面较小，民事赔偿不足。从保护金融消费者权益角度看尚不充分，难以起到统合作用。另外，《金融消费者权益保护实施办法》《中国人民银行法》《商业银行法》《证券法》《保险法》《征信业管理条例》《个人信用信息基础数据库管理暂行办法》等法律、法规和规章制度虽然也有对市场禁止性规定以及金融机构的规范性规定，但覆盖面窄、操作性不强，真正针对金融消费者保护性条款并不多见，更不用说对金融消费者信息数字化保护的条款。

（2）金融消费者信息保护机构较多，多头管理现状明显，部分监管职责不清晰，容易造成多头监管局面，真可谓"九龙治水，水亦无奈"。例如，银保银证合作以后，银行销售保险、证券或基金产品在出现法律纠纷以后，责任归属不好认定，即便分清了法律责任，由于"分业监管机构"并不具有协调与统合功能，消费者权益最后依然无法得到切实保护，引起金融消费者担忧和不安。

（3）由于缺乏全国统一金融消费者保护操作规范，各地处理投诉流程、投诉标准和投诉时限无法一致，缺乏统一的评判标准和价值取向，很容易形成地方保护主义。例如，地方信访部门并非金融消费者组织，带有浓厚的行政色彩，依靠其有限的金融知识和羸弱的处罚手段，消保作用极其有限，金融消费者权益只能再一次被忽略。

（4）在分业监管体制下，多头监管容易导致对相同性质、相同类型的金融服务（产品）产生不同的执法标准，在相同的金融行业内适用宽严不一的监管尺度容易引发监管套利，为侵害金融消费者合法权益打下伏笔，也为金融腐败埋下风险隐患。

（5）多头消保机制容易引发金融消费者对金融消费环境的不信任感。世界银行经济学家史蒂夫·耐克（Steve Knack）早就提出，与自然资源的禀赋相比，信任因素在决定富国和穷国的差别中显得更为重要。毫无疑问，信任是任何经济引擎运转所必需的动力。有研究报告调查表明：将近一半的金融消费者对我国金融消费环境持不完全信任态度，其中，保险行业金融消费者认为存在问题最多，问题指数高达 61%。证券业问题指数达 34.40%，银行业问题指数达 17.20%，而其他金融服务机构总比数据相对较低，只有 7.30%。[①]

究其原因，这与长期缺乏全国统一、权威的金融消费者保护机构有着直接关系。因为金融机构与金融消费者之间信息不对称、地位不对等原因，使得金融消费者的权益被侵害成为普遍现象，而金融消费者权益意识却在不断提高，特别是随着互联网技术发展，越来越多的弱势群体会通过数字化形式、

---

① 顾美玲：《我国金融消费者权益保护体系的构建——从社会调查的视角思考》，摘自《财经界》，2013 年第 8 期。

线上形式获得大量信息，导致了金融消费者对金融机构信任度一直在下降。

3. 构建全国统一金融消保机构现实意义。目前，长期沿用的"分业经营、分业监管"模式开始松动，监管模式正在向综合性、功能性、行为性方向靠拢。因此，我国可以借鉴美国消费者金融保护局（CFPB）、英国金融行为监管局（FCA）设立的经验，对现有四家金融消费者权益保护机构进行整合，组建全国独立的、统一的"金融消费者保护局"，为金融消费权益保护提供高效、完善的组织保障和功能保障，应该成为我国金融监管改革中最有效、最实在的任务之一。

首先，顺应数字经济时代的金融市场格局和维权潮流。今天，互联网金融市场的跨界服务已经成为一种十分普遍的互联网现象，这种横跨行业、产品交叉、信息重叠的创新活动也带来了系统安全性不足、代理商欺诈以及个人隐私方面的风险，给金融消费者带来巨大的灾难性后果。

金融消费者保护局隶属中国人民银行，是国家金融行业消费者权益保护规划、立法、管理工作，主要负责研究金融行业消费者保护发展规划，推行金融消费者保护计划，监督金融行业消费者保护实施，指导和推动一行两会的金融消费者保护工作的国家行政管理机构。因此，一个更强大、更高层级的消费者保护机构才能适应互联网金融时代错综复杂的局面，更有效地宏观引导和微观监督，达到从严监管的政策目标。2016 年，曾经担任美国商品期货交易委员会（CFTC）主席的盖瑞·詹斯勒（Gary Gensler）表示，国际金融危机后各国金融监管改革的一个主要趋势，就是设立独立的金融消费者保护机构，对市场投资者利益进行了一个相当完善的保护性制度设计，以应对日益复杂的金融产品和金融创新带来的侵害金融市场消费者权益的不利局面。[①]

全国独立的、统一的金融消费者保护局应隶属于中国人民银行，其主要职责之一就是金融消费者信息保护，金融消费者保护局主要职责包括：

---

① 王力为：《金融监管改革应设立消费者保护机构》，载"财新网"，2016 年 4 月 22 日。

（1）拟定金融消费者权益保护政策法规草案和规章制度，包括制定数字化信息保护条款；（2）开展对银行业、保险业和证券业消费者权益保护工作的指导和协调，彻底改变金融消费者保护的多头局面和混乱状态，节约监管成本和司法成本；（3）开展监督检查并查处有关侵犯金融消费者权益的违法违规行为；（4）组织开展金融消费者教育和咨询服务，包括开展数字化信息的知识培训和教育；（5）加强与工商行政管理部门、消费者协会、各金融行业协会等部门协调，对金融市场和金融机构的统一监管，共同开展数字化信息和隐私权保护工作；（6）开展对外交流，参与制定国际金融消费权益保护规则和标准，加强金融消费者保护的国际合作。

设立金融消费者保护局在当今中国金融市场具有极高的现实意义：首先有利于促进金融消费者保护法的制定和出台，构建全国统一的金融消费者法律体系。如前所述，现有的金融法律都是在我国分业经营分业监管模式下制定的，并不反映金融消费者权益保护统一性立法思想，也不体现金融消费者权益保护法律的系统性原则。例如，目前我国金融消费权益保护法律主要由三部分构成，一是零星分布于《中国人民银行法》《商业银行法》《银行业监督管理法》《证券法》《保险法》等部门法律中；二是散见于《储蓄管理条例》《外汇管理条例》《征信业管理条例》《存款保险条例》等行政法规中，三是由原"一行三会"出台的《中国人民银行金融消费权益保护工作管理办法（试行）》等规范性文件。这些金融法律、法规和规范性文件都侧重于金融机构的安全与效益，更多地体现国家监管理念和政策导向，往往忽视个体消费者权益保护。以《商业银行法》为例，主要保护大型商业银行的安全和利益，其出发点显然不是为保护普通个人消费者的，对客户的各种权利的保护性规定自然少之又少，取而代之的是规定对消费者个人的法律责任。而唯一的消费者保护性法律是《消费者权益保护法》，针对的是非金融市场消费者权益保护，对金融消费者权益保护性并不强。

更为关键的是，上述不同层级法律、法规、章程背后的不同机构之间很难形成一个有机协调的关系，分裂的立法格局很容易让各自金融服务规则重复和冲突，对金融消费者权益保护形成制度性障碍。因此，只有设立一个高于现有不同分业监管机构的金融消费者保护局，才能有效解决现有法律冲突问题，协调矛盾，切实维护金融消费者权益。

其次，有利于统一金融消费者权益的处置标准，整合金融消费者投诉与纠纷解决机制。

如前所述，中国人民银行、中国银保监会、中国证监会以及中国消费者保护协会均自行探索不同的投诉受理和纠纷解决方式，没有统筹考虑建立统一的金融消费者救济渠道。设立"金融消费者保护局"可以构建全国统一的金融消费纠纷解决机制，可以统一从中央到地方的消保投诉、审理程序和收费标准，强化金融监管部门的执行能力，化解金融监管机构与金融消费者之间的矛盾，为优化金融市场投资者权利保护的规范框架提供可靠制度保障。[1]

再次，有助于金融消费权益保护协调机制的建立和完善。现阶段，如何加强中国人民银行、中国银保监会、中国证监会和中国消费者保护协会之间的协调，处理跨市场、跨行业问题已成为金融市场面临的一个重大问题。为此，2022年3月25日，中共中央、国务院发布《关于加快建设全国统一大市场的意见》，其中就有加强"全国市场监管公平统一"的文件精神，尤其是其中"（二十）强化统一市场监管执法。推进维护统一市场综合执法能力建设……建立综合监管部门和行业监管部门联动的工作机制，统筹执法资源，减少执法层级，统一执法标准和程序，规范执法行为"的规定。[2] 毫无疑问，金融消费者保护局将有效解决"一行两会"、金融行业协会、消费者协会在消费者保护问题上的协调问题，减少地方监管机构的自由裁量权，促进公平公正执法，提高综合执法效能，有利于全国形成统一监管政策法规及标准规

---

① 李婷：《美国金融监管和金融消费者权益保护新发展及对中国启示》，摘自《法制与经济》2014年第1期。

② 参见《中共中央、国务院关于加快建设全国统一大市场的意见》，摘自"人民网"，2022年4月11日。

范，对全国各地金融机构、监管部门和司法机关起到统筹调配作用，最大限度地保护金融消费者权益。

最后，有助于加强金融消费者权益保护的国际合作。在金融全球化的今天，金融消费者与金融机构之间的信息不对称性提高了消费者维权成本。金融消费者保护已不是一个国家、一个行业、一个机构可以解决的问题，它必须依靠国际间监管机构的高度合作。这在客观上要求我国对金融市场全球化作出统一回应，不应该再有不同机构发出不同声音，应该由金融消费权益保护机构统一指导金融消费者保护工作，实现对国内金融机构和跨国金融机构的协调和统筹。

综观当今世界金融发达国家，诸如加拿大、英国都有主要的机构履行金融消费者保护职责，美国设立了消费者金融保护局（Consumer Financial Protection Bureau，CFPB），统一履行散布于不同联邦机构的金融消费者保护职能。为此，我国应建立专门的金融消费者权益保护机构，加强中国人民银行、中国银保监会、中国证监会之间协调和合作，处理跨市场、跨行业金融产品与服务所涉及的金融消费者保护问题，对现有 3 家金融消费者权益保护机构进行整合，组建全国独立的、统一的金融消费者保护局，充分尊重并保障金融消费者知情权、隐私权、信息安全权、同意使用权、追责求偿权、数据用益权，从产品设计、信息披露、费用标准、风险提示等多方面做到合法合规，提高消费金融产品和服务透明度，增强数字化监管能力，利用监管科技加强金融消费者个人隐私保护，确保信息采集、提供、存储和交易的合法性，为金融消费者信息保护提供高效、完善的组织保障和功能保障，建立一套覆盖存款、贷款、银行卡、征信、银行理财等主要金融消费领域的信息保护制度，形成金融消费者信息保护合力。

当然，金融消费者保护没有一个放之四海而皆准的方法，不可能有简单抄袭他国模式就轻易成功的通用版本，必须探索出一条让全体金融消费者满意的路径。今天，我们希望能在金融消费者保护方面率先改革，重塑我国金融消费者保护机构，着力解决金融市场中数字化信息保护的时代课题，时不我待，刻不容缓。

（三）以数字化信息保护为核心

现阶段，很多数字平台参与到个人信息采集、汇总、分析和共享等多个环节中，为利用数字经济实现"弯道超车"，出现了金融服务平台利用信息优势欺诈消费者并威胁金融安全情况，不可避免地对个人信息隐私权造成侵害，出现诸如数据泄露、丢失、造假、滥用等不良情况。

因此，我们必须充分重视数据的合法利用问题，通过大数据、云计算、人工智能（AI）、区块链等技术手段对金融消费者信息进行保护，强化建立信息披露机制、风险提示、冷静期设置，充分利用好官方网站、公众号及时传递政策信息，要求金融机构用金融消费者可以理解的语言，详尽、公开、全面披露金融产品或服务细节，特别是对消费者权利义务产生重大影响的核心内容，以"共票"（共，凝聚共识，共筹共智，是能够真正共享的股票；票，流通、支付、权益、分配的票证）推动实现数据共享，以不同机构提供的数据质量和数量为标准回馈"共票"，及时获取信息防患于未然。在"共票"理论指导下，将区块链作为底层技术，形成可记录、可追溯、可确权、隐私保护等技术约束，不仅为政策制定者、市场监管者、行业实践者提供信息获取渠道，更要为金融消费者提供信息保护渠道，运用信息安全防火墙、入侵检测设备、系统漏洞扫描、第三方认证等新技术加强金融消费者信息防护力度，有效防范非法侵入信息系统、网银信息被盗、信息篡改流失风险，提升金融消费者信息安全防范能力。

（四）匹配现行数字化法律法规

当今我们既需要借鉴国际经验，更需要立足中国国情。虽然世界各国个人信息保护立法大多是以欧盟《通用数据保护条例》（GDPR）为范本。但是，欧盟《通用数据保护条例》（GDPR）与西方法律文化、社会习惯以及市场经济发展水平与我国存在较大差别，我们不能全盘照搬，必须考虑我国不同于西方发达国家的经济发展水平和社会文化背景。《个人信息保护法》《民法典》《个人金融信息保护暂行办法》以及《网络安全法》才是个人信息安全的核心法律法规，更适合处理本土的个人信息权利保护、数据流动、数据利用以及侵权赔偿问题。因此，从功能主义角度看，我们必须平衡好金融消费者信息保护与数字经济发展的关系，维护现行法律政策的权威性，整合现有的立法、司法、执法体制资源，共同构建行之有效的数据保护法律框架。

（五）运用数字技术推广金融教育

数字技术不仅能以低成本或者零成本方式传递金融知识，还具备传播速度快、辐射范围广的优势，已经成为政策制定者、监管者、行业实践者、研究者的共识和努力方向。因此，考虑在农村地区建立金融教育网站，城镇地区则通过个人手机终端，免费向社会公众提供系统的金融知识及完备的教育教程。同时，充分利用好官方网站、公众号等数字工具及载体，及时传递政策信息，发布风险提示，推动数字金融知识的普及，为金融消费者提供便捷的受教渠道。我们相信，只要把客户、消费者或投资者教育培训到位了，就能实现无为而治的有效监管，金融市场就不会形成太大的危机。[①]

≫≫【案例 8 - 1】

近年来，老年群体因信息闭塞、自我防范意识薄弱，已成为金融经济犯罪受害的高危群体，针对老年群体的金融诈骗事件更是频繁发生。为此，招商银行青岛分行结合老年人特点，构建了线上线下多元化、多层次的宣传教育阵地，开展了一系列成效显著的金融知识宣传教育活动。

[①] 赵锡军、顾雷：《普惠金融健康发展寓于金融消费者教育》，摘自《CPCP 普惠金融客户保护与赋能系列成果之二》，2019 年 6 月 25 日。

利用网络新媒体和传统媒体资源，利用线上宣传优势，开展短平快、成本低、覆盖广的宣传教育。招商银行在一网通官方网站设立了独立的、公益性的金融知识宣传教育专区；在招商银行 App 内开展金融知识答题活动，在分行微信公众号开展以案说险教育活动。通过自制主题漫画、沙画视频、微电影等，将金融宣教知识以通俗易懂的形式传播给老年客户群，在线上解答老年人现场咨询，为其解疑释惑，提醒他们建立量入为出的理性消费观，引导其理性、合法投资理财，引导他们提高风险防范意识、远离金融诈骗。

案例来源：《招商银行青岛分行：强化老年人金融权益保护　推动解决"数字鸿沟"》，摘自《青岛新闻网》，2022 年 3 月 18 日。

（六）启用数字用益权

在数字经济时代，既存在金融消费者数据权利与互金平台冲突的情况，也存在数据竞争、数据壁垒、数据劫持、数据爬取等问题。在解决金融消费者个人数据保护的问题上，可以引入用益权解决数据权属问题，不仅能够实现用户和企业之间的权限分配，还能调和不同数据企业之间的利益冲突，进行数据的共享、开放和交易。

为此，我们提倡金融消费者金融数字用益权，数据权益带来的利益必须及时返回金融消费者，保障金融消费者财富收益。这不仅是对金融消费者数据所有权的尊重，也是对数据采集、使用、加工和获益的互联网机构（平台）的尊重。只有承认数据用益权，才可以合法有效地对数据进行研发、处理、控制。只有尊重金融消费者数据价值，才能认可互金平台对金融消费者数据支配权。如果监管机构只谈论金融消费者权益保护原则或伟大意义，最后金融消费者并没有得到实惠，恐怕并不是真正意义上的金融消费者权益保护，保护好金融消费者权益就成为一句空话。

第二节　网络消费纠纷数字化在线解决

一、国外网络纠纷解决概况

作为一种以互联网技术为手段的解决争议新型机制，在线争议解决机制（Online Dispute Resolution，ODR）在解决网络交易而产生的争议具有突出优势。ODR 是一个线上开放性机制，包含调解、和解、谈判、仲裁等，成为专门独立统一的金融消费纠纷处理机构，为解决金融消费纠纷非诉讼提供一揽子方案，特别是对于金融消费者遭受的"欺诈服务"、信息不透明的金融服务进行维权，从公益角度出发为弱势群体受理小规模索赔金额案件，进一步确保普惠金融消费者能够对个人权益进行有意识的选择性保护。

解决消费纠纷是消费者享有的一项最基本权利。但由于网络交易快速发展，不仅打破了传统贸易对时间、空间以及地域的依赖，社会各个角落的人们随时可以在网络上方便快捷地进行交易，带来了复杂而庞大的金融消费网络交易纠纷。加之网络交易的虚拟性，对消费纠纷的解决可能是片面的、缺失的，最终导致网络消费者合法权益难以保证。因此，有必要构建"投诉＋调解＋仲裁"程序衔接、运转高效的非诉解决机制，进一步提高非诉机制的专业性、时效性和法律效力，解决传统纠纷解决机制衔接不连贯问题，这不仅有利于金融消费者保护，更应成为我国互联网金融市场纠纷解决的应有之道。

从 20 世纪 90 年代开始，在线上争议解决机制（ODR）经过二十多年发展，逐渐形成了美国、欧盟、亚洲三足鼎立之势。其中，在线争议解决机制（ODR）发展最快的是美国。2010 年 2 月，美国向美洲国家组织提交了一揽子解决方案，旨在为跨境电子商务 ODR 提供国际统一规则，核心文件是《跨境电子商务消费者纠纷的电子解决草案（示范法/合作框架）》。美国联邦贸易委员会和美国商业部还经常邀请来自全世界的独立研究机构、商家、消费者组织、政府部门以及个体消费者代表，就在线争议解决机制（ODR）的在线解决方案一起参与讨论。美国政府认为，建立一个全球性的、与现有司法体系并行的在线争议解决机制（ODR），可以有效解决现代型纠纷。①

欧盟也是在线争议解决机制（ODR）的积极倡导和推动者。2000 年 12 月，欧盟发表了《关于建立电子商务环境下消费者的信心和 ADR 地位的声明》，主张商家、政府、消费者组织以及学术机构应共同合作推动在线争议解决机制（ODR）的发展。2013 年 5 月欧盟又通过了《欧盟消费者 ODR 条例》，鼓励欧盟各国通过 ODR 平台在线解决商家和消费者之间因跨境消费、跨境销售合同以及跨境金融服务合同引发的争议。

作为全球消费者的代表，国际消费者联合会（CI）早在 2000 年就开始呼吁各国政府及国际组织关注远程消费者的救济问题，提出了"费用低廉、方便易行、快捷有效"作为解决非诉讼纠纷原则，鼓励消费者通过在线 ADR 途径解决纠纷，特别是跨国界纠纷，不被高昂的诉讼费用和冗长程序所拖累。②

再看亚洲，亚太经合组织（APEC）电子商务指导小组于 2000 年 7 月在曼谷成立，通过有效的消费者保护立法和自律规范，指导亚太经合组织各国相互合作，建立了不同模式的 ODR 平台。比如，墨西哥的 CONCILIANET 为企业和消费者之间的经济纠纷提供 ODR 平台，并要求国内商家必须参加；韩国的电子商务纠纷解决委员会对消费者与商家之间的电子交易纠纷进行调解等。

总之，在线争议解决机制（ODR）正成为在网络环境下保护消费者利益、建立"电子信任"（E - confidence）机制，各国政府以及许多国际组织

---

① 龙飞：《人工智能在纠纷解决领域的应用与发展》，摘自《法律科学》2019 年第 1 期。
② 于颖：《欧洲消费者纠纷的非诉解决机制》，摘自《人民法院报》，2015 年 8 月 21 日。

通力合作，努力使它成为全球电子商务环境下解决 B2C 电子商务纠纷，促进电子商务发展的重要机制。

二、我国 ODR 在线纠纷解决机制

（一）政府及司法机关 ODR

1. "矛盾纠纷多元化解平台"。我国在线争议解决机制（ODR）发展轨迹和世界 ODR 发展轨迹大致相反。国外选择自下而上由商业机构、行业协会等推动发展，我国是自上而下由具有政府背景的机构倡导的发展模式。政府及民间机构也开始推动在线争议解决机制（ODR）的发展。

金融监管机构多次强调，要完善非诉纠纷解决机制，中国银监会消保局和各地银保监局共同努力，2020 年在全国建立银行业保险业纠纷调解组织 686 个，2021 年成功化解纠纷 11.47 万件，这是非常可观的数量。上线了银行业保险业纠纷在线调解系统，金融消费者可以在"掌上"解决一部分问题。[①]

2004 年 6 月，中国电子商务法律网和北京德法智诚咨询公司发起成立中国在线争议解决中心，以申请方在线登记注册，并提出申请调解，网站接受申请后向对方当事人发送要求其参与调解的函件，邀请双方当事人参与在线调解。2016 年，中央综治委赋予浙江省"矛盾纠纷多元化解一体化网络平台"创新项目试点，于是，全国首个 ODR 平台应运而生。该 ODR 平台运用 AI 技术和大数据为主的在线诉讼纠纷解决平台，汇集了辖区内各类矛盾纠纷的数据，提供在线咨询（人工咨询、智能咨询）、在线评估、在线调解、在线仲裁、在线诉讼五大专业服务，引入司法调解、人民调解、行业调解等多元化解纷资源，为消费者纠纷处理决策提供帮助，形成漏斗式的矛盾纠纷解

---

① 参见《银保监会：2022 年重点开展个人信息保护专项整治》，载《金融科技研究》2022 年 3 月 16 日。

决模式，以"无创"或"微创"的方式化解矛盾纠纷，推动实现解决纠纷领域"最多跑一次、最好不用跑"的目标。全国12315平台推进在线争议解决机制（ODR）建设，积极将重点领域、重点企业引入在线争议解决机制（ODR）。2021年，全国12315平台共发展ODR企业2.55万家，主动与消费者在线协商纠纷19.22万件，ODR企业发展数量同比增长4.68倍，直接与消费者协商解决纠纷同比增长2.15倍，与传统调解方式相比，ODR和解成功率提高6.21%，平均办理时长缩短7.76天，按时办结率和群众满意率也都较上线前有了明显提升。[①]

2. "人民法院在线调解平台"，2018年2月28日正式上线，由最高人民法院搭建，在全国法院试运行。当事人可以在该平台上提出调解申请，法院将类案推送给适合调解案件的当事人，引导当事人选择调解方式解决纠纷，打通线下线上多种渠道，实现在线制作调解协议和在线司法确认，对于调解不成功的案件，法官将引导当事人在线申请立案。

最高人民法院于2015年启动了首个审理互联网相关案件的网上法庭。辩护人通过法院提供的视频链接和网上发布的案件判决参加了案件听证会。[②]

3. "全国12315互联网平台"由工商总局搭建，于2017年3月14日正式启动，全国工商和市场监管部门共同使用。全国12315互联网平台一期是消费者通过电脑、手机App、微信公众号、微信小程序等多渠道、24小时进行投诉的平台。2018年3月15日全国12315互联网平台二期正式上线，引入了在线纠纷解决机制（ODR），为消费者提供在线纠纷解决方式。

4. 互联网仲裁：互联网金融因其涉及人员多、分布广、法律关系复杂等特殊性，成为死账坏账高风险区，仅用传统的线下诉讼模式难以及时解决纠纷。于是，为了追回这些款项，互联网仲裁应运而生。互联网仲裁就是利用

---

① 参见《"ODR"代表啥？市场监管总局：解决在线消费纠纷》，载"新华网"，2021年3月22日。

② 杨颖：《我国电子商务中的在线纠纷解决机制（ODR）研究》，摘自《知识力量》，2019年第32期。

互联网等网络技术资源提供仲裁服务的网上争议解决方法，主要程序包括立案、受理、审理到裁决、送达等都在网上进行。相比传统仲裁，互联网仲裁与互联网金融纠纷天然匹配。比如，互联网仲裁机构高效、批量处理机构仲裁等特点，符合互联网金融业务发展的需要。同时，互联网仲裁也是一裁终决，效率很高，过程不公开审理，可以及时处置纠纷，而且互联网金融平台涉及的合同均为电子合同，只要通过第三方电子合同平台签署，便具备了电子合同的安全合规性，严格保密，符合互联网金融平台的要求。

2016年5月，全国首家互联网仲裁院——青岛仲裁委员会互联网仲裁院成立，其后广州、南京、杭州等多地区的仲裁委员会纷纷推出网络仲裁平台或互联网仲裁院，不仅可以层层过滤和分流大量简易适宜调解的案件，优化社会纠纷解决流程，合理配置社会纠纷解决资源，大大节省消费者处理纠纷的时间、精力和人力成本。《零壹财经》发布的《互联网仲裁行业蓝皮书2021》数据显示：截至2020年末，在全国253家仲裁委员会中，有31家仲裁委员会采取网上仲裁方式处理案件，共处理案件205544件，占全国案件总数的42.21%，占31家仲裁委员会案件总数的73%。

2020年10月1日，《深圳国际仲裁院条例》正式实施，这是我国首部以仲裁机构为特定对象的地方人大立法，为仲裁院开展信息化探索、加大互联网技术应用力度提供制度保障，有利于利用互联网、大数据、人工智能开展智慧仲裁，提供解决金融消费纠纷的速度，对提升深圳仲裁国际公信力和竞争力具有重大意义。

各地仲裁机构与电子存证机构合作打造互联网仲裁平台，还催生了司法与科技创新结合互仲链服务平台，发展成为"互仲链"，即互联网＋仲裁委＋证据链三套系统，案件申请、受理、送达、调解、举证、质证、结案流程均在线上完成，建立网络交易信息共享机制，节约了经济成本与司法成本。① 例如，

---

① 互仲链基于区块链技术去中心化、防篡改、数据零丢失等特性为核心基础建立网络仲裁平台，让电子存证及仲裁服务变得更为可信、高效、安全，能够有效地应对复杂多变的网络环境。

约束性网络仲裁平台与非约束性网络仲裁平台开展广泛合作，一大批非约束性网络仲裁平台纷纷成立，如"易保全""法大大"等网络平台，为今后我国数字化信息纠纷仲裁处置打下了坚实的基础。

（二）民间组织 ODR

1. 多边纠纷解决机制：2015 年 10 月，北京德恒律师事务所牵头创立了"一带一路"服务机制（The Belt and Road Service Connections）。该服务机制聚集全球优质专业服务机构和各国地方资源，包括五大洲 60 多个国家的商会协会、律师、会计师、金融保险、风险防控、争议解决等机构、专家与地方政府服务平台。"一带一路"服务机制成员为"一带一路"沿线国家的企业提供"一站式、全流程"的金融、保险、法律、财务、咨询以及纠纷调解等综合服务。例如，该调解中心已选任数百名具备资质的各国调解员，通过在线与线下等方式提供调解服务，与"一带一路"相关国家政府、司法机关以及调解、仲裁组织合作推动国际商事调解事业的发展及其与司法程序的衔接，包括诉调对接、调解协议的司法确认以及执行等。

2. 独立第三方 ODR 模式：独立第三方在线纠纷解决机制正悄然兴起，比较有代表性的有众信网与北明 ODR 平台。众信网是深圳市众信电子商务交易保障促进中心于 2012 年 3 月推出上线的确保电子商务环境的诚信建设的第三方公共服务网站，其将自身性质定位成"第三方的第三方"，提供在线法律咨询、在线投诉维权、在线纠纷调解、消费预警等服务，目的是能够使消费者无须通过诉讼这一传统渠道即可顺利解决在线纠纷。北明 ODR 平台是基于大数据、云计算等技术，通过系统化设计，满足在线法律咨询、在线预判评估、在线协商、在线调解、在线仲裁等业务，逐层分解，分步解纷，形成全社会组建的"社会化漏斗形解纷模型"，使诉讼纠纷通过在线漏斗不断被过滤和分流，降低社会纠纷处置成本。

虽然我国在尝试使用以上不同处置方式，但目前仍处于探索阶段，未形成统一操作规范。如果要更有效地保护消费者权益，真正做到节省消费者处理网络交易纠纷的时间成本、人力成本和经济成本，我国仍需建立并推广统一的在线争议解决机制（ODR）体系。

（三）商业机构 ODR

电商平台自我净化纠错机制：为解决日益增多的平台自身体系内电子商务纠纷，电商平台立足自身的有利条件，为消费者提供在线纠纷解决的服务，如淘宝、京东、苏宁易购、国美在线、当当、亚马逊等电商纷纷建立体系内的纠纷投诉处理规范，通过电子邮件、在线反馈、400 电话等客服投诉途径解决纠纷，并将这一服务视为整个电子商务交易链条中不可或缺的环节。

（四）行业协会 ODR

中国金融行业协会设立的调解组织，如中国证券业协会设立了调解中心。金融消费权益保护协会等社会团体（行业协会）内部设立调解机构，如黑龙江和广东都开启了线上纠纷解决程序，方便投诉人或投诉机构在不同地域解决金融消费方面纠纷。

三、我国在线解决机制问题和缺陷

（一）审理网络纠纷机构太少

中国互联网络信息中心（CNNIC）《中国互联网络发展状况统计报告》显示：截至 2021 年 6 月末，我国网民规模达 10.11 亿户，较 2020 年 12 月增长 2175 万，互联网普及率达 71.6%。可见，十亿用户接入互联网，形成了全球最为庞大、生机勃勃的数字社会。在消费者网络交易过程中，网络消费延迟履行、瑕疵履行以及物流配送延迟非常普遍，经营者向消费者承诺的交货日期也往往难以兑现，售后服务更是经常得不到保证，加之互联网金融消费的虚拟性、跨地域和在线化更导致交易纠纷不断增加。而传统诉讼解决方法，不仅因为我国涉及互联网纠纷案件的审理机构数量太少，无法应对与日俱增的网络消费纠纷案件，更是由于传统非诉讼机构处理网络消费纠纷案件效率十分缓慢，大量消费纠纷案件得不到及时处理，对于解决海量的网络交易纠纷显得力不从心。

（二）非诉管辖权确认困难重重

对网络购物纠纷案件来讲，确认非诉管辖不是一件易事：一是被告住所地确认难。在购物网站上，网络经销商一般不向公众告知其住所地，调查清楚需要经过不少周折。虽然国家工商行政管理总局公布了《网络商品交易及有关服务行为管理暂行办法》，建立了网络交易实名制，但并不能保证卖家提供的身份信息是真实的，一旦发生纠纷，买家不仅不能起诉网站，甚至还找不到应起诉的卖家。二是合同履行地确认难。对网络买卖合同来说，由于合同签署行地、发货地、提货地、侵权行为发生地都有所不同，体现在确认纠纷主体上的不确定性。

（三）取证程序难以快速有效认定

在纠纷调查与判定上，鉴于消费者处于弱势群体地位，获取消费纠纷的关键证据十分困难。一是对方当事人、销售机构基本情况难以查明。二是因买卖双方无具结书面契约，对标的、数量、质量、价款及报酬、履行期限、履行地点、履行方式、违约责任、解决争议的方法及售后服务只有口头约定，出示书面证据成为难题。三是消费者调取的商品广告信息、汇款凭证和购物联络记录多为网络上传数据凭证，是否可以作为法庭证据存在疑问。由此导致效力普遍较弱。在线争议解决机制下形成的多数协议都不具备强制执行力，这与法院判决的既判力和执行力是相差较远的。

因此，如何公平、快速、低成本地解决争端，促进电子商务的健康发展成了当今政府、企业和消费者共同关心的话题。如果依然固守传统诉讼方式解决新型网络交易纠纷，不仅无法适应金融消费者解决纠纷的需求，而且会阻碍电子商务健康发展。因此，争议的解决不能再拘泥于传统模式，必须紧密贴合电子商务特点，必须在线解决。

（四）网络纠纷解决技术方案不足

在线争议解决机制（ODR）是建立在高度技术化的基础上的纠纷解决机制，但是，现阶段我国加密技术、数字签名、认证技术尚处于开放阶段，各种网络互动技术、网络视频会议技术并不成熟，导致了化解普通金融纠纷效率不高，对在线纠纷解决方案提出新挑战。

（五）调解与仲裁对接尚需加强

管理机制问题。为保证网络交易的市场秩序，维护消费者合法权益，管理机制是由政府和司法机关主导制定规则整体推动，还是由行业协会、商业联盟等民间自主方式推动，仍缺乏系统的评估与论证。比如，如果由政府或司法机关主导制定规则，其公信力和执行力可以有保障，但在时效性和覆盖面明显不足；如果由行业协会、商业联盟等民间自主方式推动，时效性和覆盖面将大大提高，可以更高效地与国际在线争议解决机制（ODR）体系进行接轨，但其公信力和执行力存在较大不确定性。

两者目标定位不同导致了双方合作效果并不理想，对接仍显欠缺和不充分。调解主要面向"大批量、小金额"的相对弱势金融消费者群体的消费纠纷，而仲裁往往倾向于大案值的金融消费纠纷，而受理此类案件获得的收入无法覆盖办案成本，客观上决定对案值较小的网络交易纠纷积极性不高。由此可见，现有仲裁力量也难以满足不断增长的一般金融消费纠纷需求。[①]

---

① 周小燕，《借鉴国际经验加快在上海健全金融消费纠纷非诉解决机制的有关思考》，摘自《上海金融》2016 年第 8 期。

（六）选择在线解决纠纷意愿不强

事实上，对于所有金融类纠纷，诉讼和仲裁都是当事人自由选择解决渠道，虽然仲裁方式更加专业、高效，但长期形成的"信官不信民"的观念促使我国大多数金融消费者遇到纠纷更倾向于传统诉讼方式。

一是社会公众的认知度不高。我国现阶段仍为发展中国家，正处于经济社会大转型阶段，效益优先的观念深入人心，法治理念尚未成为社会运作的基础，以公权力化解矛盾、解决纠纷的机制在全社会认知中占绝对主流，我国现有的在线争议解决机制（ODR）体系尚未与国际上的 ODR 机制进行接轨，可能无法覆盖跨国界、跨地区的互联网交易。因此，以民间商业机构为主要力量推动在线争议解决机制在我国发展，现阶段仍然困难重重。

二是现阶段我国对 ODR 缺乏有效的宣传与普及，广大消费者对在线争议解决机制（ODR）的便捷性、公平公正性不甚了解，我国缺乏在线争议解决机制的宣传，很多消费者和商家对在线争议解决机制并不了解，不了解其与司法救济的关系，更不懂得如何有效利用 ODR 保护自身消费权益。这些不利因素都成为我国推广在线争议解决机制的主要障碍之一。

三是解决跨国界纠纷中的语言障碍、文化差异、信息渠道差别问题，以及不同社会体制的东西方国家之间的纠纷调解、仲裁人员的认同和信任问题。

（七）在线解决纠纷立法有限

一是国内法律对在线争议解决机制（ODR）的立法十分有限，无法满足网络消费者对纠纷解决的法律需求。二是在跨国界、跨地区的法律体系不尽相同的情形下，如何建立在线争议解决机制解决跨国界纠纷时适用的实体规则确实需要各国进行有效协调。

（八）平台解纷规则缺乏一定标准

除了由法院建立的在线调解平台往往会配套相应规范行为文件和由中国

国际经济贸易仲裁委员会网上争议解决中心针对域名争议制定了《国家顶级域名争议解决办法》外，大多数的在线争议解决平台还是依靠自身力量发展，而这些平台各自的纠纷解决规则则缺乏最低标准的要求。

同时，在线解决纠纷也有可能导致有时信息安全性、保密性会遭受当事人质疑。因为在线纠纷解决机制大多是自动记录和收集在线争议的信息，而在线争议解决机制状况下，各方当事人彼此不了解对方的交易习惯和资信状况，第三方也缺乏跟当事人当面的沟通，难以使用线下的调解技巧获得当事人的信任。

四、ODR 在线解决优势和必要性

（一）快速解决消费纠纷

互联网金融在给传统金融模式带来革命性变革的同时，也使得金融交易纠纷及其解决方式更为复杂，一旦出现纠纷，金融消费者如何在任何时间、任何地点方便快捷地解决纠纷，需要对现有的法律诉讼方式和程序进行改革，更需要一个符合互联网金融市场特征的金融消费纠纷解决方式。

传统争议解决方式大多受到时间、地域和人力限制，纠纷解决的渠道和效率难以得到有效保障。在线争议解决机制解决纠纷是不受时间限制的，一天 24 小时都可以进行。不管当事人身处哪个地区、哪个国家，都可以利用 ODR 解决纠纷。在线纠纷解决机制可以双方即使相隔万里，甚至不在同一国度，都可以通过在线争议解决程序进行协商、沟通和裁决，双方当事人可以及时、快捷地解决金融消费纠纷。当事人利用一整套互联网模式的司法规则和诉讼流程，随时进入在线争议解决程序，无障碍沟通或者实时提出意见。这就省去了当事人旅途的费用，也使得他们免受奔波之苦。当事人只要一台电脑就可以解决纠纷。纠纷解决可以通过调解、仲裁，也可以通过先调解后仲裁，解决起来非常灵活，具有经济性、便捷性和灵活性的特点。毫无疑问，相对于传统争议解决机制，在线争议解决机制无疑是一种高效、公平的争议解决模式。

（二）降低纠纷解决成本

网络交易纠纷普遍涉及的标的金额都不大，且纠纷发生地分散。如果继续沿用传统非诉讼争议解决方式，肯定会费时费力。而依托在线纠纷解决机制是解决这种大量、重复、分散小额纠纷最合适的方式，作为一种经济、便捷的争议解决机制，建立涉网纠纷"一站式"解决机制，集中整合仲裁、调解、行政机关的法律服务资源，使金融消费者不再担心跨地域带来的高昂成本制约，大大降低了金融消费纠纷的非诉讼成本。

（三）有利于信息安全和隐私保护

互联网是个开放性极强的空间，信息极其容易被复制，对于个人信息保护非常困难。目前，在线纠纷解决机制可以采取两方面措施增加机密性：一是在争端未解决之前，不公布各方当事人解决争端，确保当事人的隐私得到尊重，同时删除程序中不必要的自动备份信息。二是采用"非对称秘密系统"，又称公共密钥加密技术，该系统采用公钥和私钥两种不同的密钥分别用于数据加密和解密。这些是目前保证信息加密性的最佳方法。[①] 当事人自愿选择参加在线争议解决机制比较容易得到双方当事人遵守，有助于金融消费者的信息安全和隐私保护。

（四）推广 ODR 现实紧迫性

1. 上网人数的增加。根据中国互联网络信息中心（CNNIC）发布的第 49 次《中国互联网络发展状况统计报告》：截至 2021 年 12 月末，我国网民规模达 10.32 亿人，较 2020 年 12 月增长 4296 万人，互联网普及率达 73.0%。我

---

① 祝磊：《在线争端解决机制初探》，摘自《求索》，2013 年第 1 期。

国农村网民规模已达2.84亿，农村地区互联网普及率为57.6%，较2020年12月提升1.7个百分点，城乡地区互联网普及率差异较2020年12月减少0.2个百分点。二是老年群体加速融入网络社会。得益于互联网应用适老化改造行动持续推进，老年群体连网、上网、用网的需求活力进一步激发。截至2021年12月末，我国60岁及以上老年网民规模达1.19亿，互联网普及率达43.2%。老年群体与其他年龄群体共享信息化发展成果，能独立完成出示健康码/行程卡、购买生活用品和查找信息等网络活动的老年网民比例已分别达69.7%、52.1%和46.2%（见图8-1）。

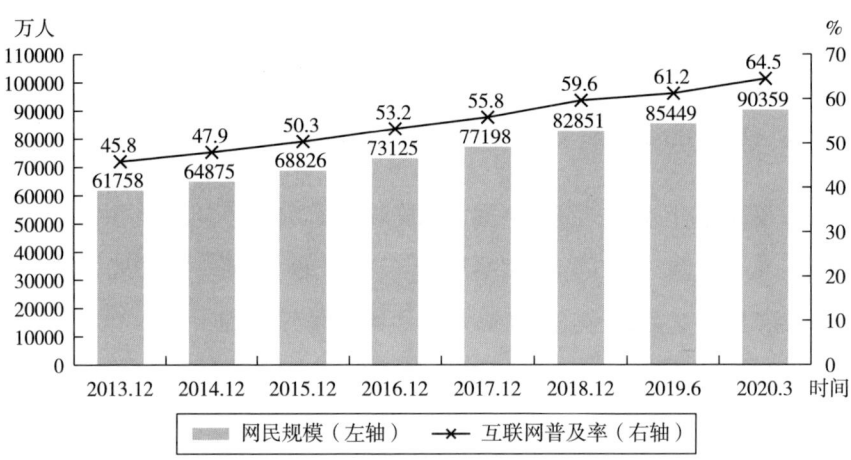

图8-1 2013—2020年我国网民规模和互联网普及率

（数据来源：CNNIC中国互联网络发展状况统计调查）

但是，我国目前网络纠纷多是传统的司法途径救济，流程长、效果差，而多元化、灵活并充分利用科技与互联网技术的纠纷处理方式普及较慢，跟不上互联网时代快速、便捷的需要。

2. 国内电子商务网站急速增加，网络交易迅猛发展，规模越来越大。截至2018年12月末，我国网络购物用户规模达6.10亿人，较2017年底增长14.4%，占网民整体比例达73.6%。手机网络购物用户规模5.92亿人，较2017年底增长17.1%，使用比例达72.5%（见图8-2）。

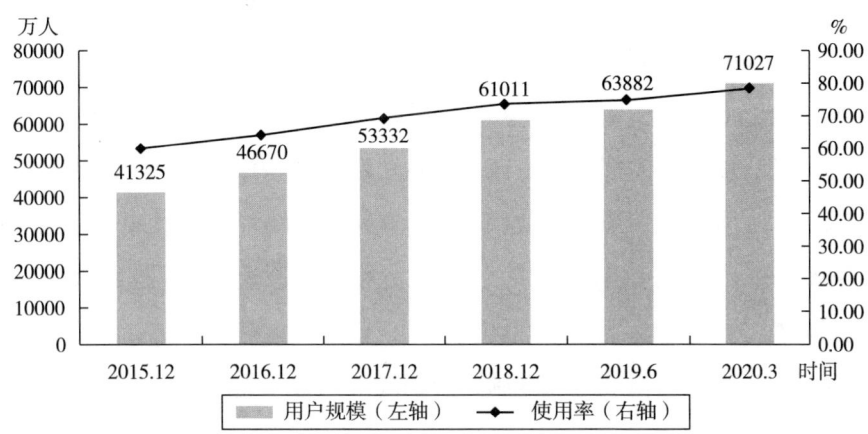

图 8 – 2　2015—2020 年我国网络购物用户规模及使用率走势

（数据来源：CNNIC 中国互联网络发展状况统计调查）

在 B2C 电子商务模式下的网络交易，普遍存在客户数量众多、交易金额小、价格敏感度高、法律关系简明清晰等特点，其纠纷解决机制理应做到快速响应、快速处理，全国网上零售额连年居高不下。因此，ODR 的高效性、便捷性及其价格优势相较于传统的纠纷解决机制，是十分必要的（见图 8 – 3）。

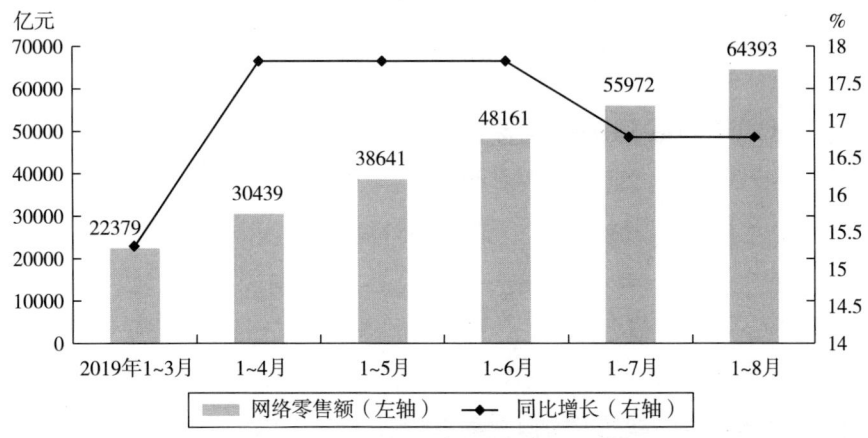

图 8 – 3　2019 年各月全国网上零售额情况

（数据来源：CNNIC 中国互联网络发展状况统计调查）

3. 我国发展电子商务的环境依然不够全面。2019年1月1日实施的《电子商务法》，在很大程度上对我国电商环境进行了规范，虽然《电子商务法》鼓励电子商务平台经营者建立有利于电子商务发展和消费者权益保护的商品、服务质量担保机制，并规定电子商务平台可以建立争议在线解决机制，根据自愿原则，公平、公正地解决当事人的争议。然而，但在《电子商务法》《网络安全法》以及《消费者权益保护法》框架下，尚缺乏网络纠纷解决机制的具体规范，对于在线纠纷解决机制如何建立，尤其是跨国界、跨地区的网络纠纷解决机制如何规范和实施，我国尚未出台相关规定，在一定程度上仍将影响我国电子商务的进一步发展。《中国互联网络发展状况统计报告2018/6》显示，分别有56.09%的人担心交易的安全可靠性，21.47%的人怀疑网上提供的信息是否可靠。

4. 无法应对纠纷投诉案件数量激增局面。全国金融消费投诉纠纷案件的数量太多。以银行系统纠纷案件为例，2021年，中国银保监会全系统共接听消费者来电249万通，处理消费者投诉51万件。中国银保监会按季度发布的投诉数据都在上升，2020年消费者投诉是36万件，2021年是51万件，增长了约50%，指导各地纠纷调解机构成功化解纠纷11.47万件。[①] 仅银行系统的这些消费纠纷案件就不可能全部由诉讼方式解决。

五、ODR 在线解决机制原则

（一）双方自愿平等原则

金融消费纠纷非诉讼第三方解决机制的合作是双方当事人在平等、自愿的前提下，相互沟通、共享信息、协商一致地处理金融消费纠纷的一种模式，因此，最基本的原则就是双方自愿平等原则。

---

① 参见《银保监会：2022年重点开展个人信息保护专项整治》，载《金融科技研究》2022年3月16日。

（二）倾斜保护原则

金融纠纷非诉解决机制的国际经验借鉴从国际情况看，对于一定金额以上的金融消费者的消费纠纷，一般认为是平等主体间的民商事纠纷，主要是通过仲裁方式进行解决。而对于一定金额以下的普通金融消费者，由于其处于相对弱势地位，往往在纠纷处理的制度设计上采取"适度倾斜"的原则。例如，加拿大在对争议处理结果的异议性上，对金融机构有单方面约束力，如果消费者同意该处理结果，金融机构必须无条件接受。如果消费者拒绝接受处理建议，则将处理建议公诸于众，有权选择司法程序，以增强裁决透明度和倾斜保护力度。也就是说，在解决金融消费纠纷的过程中，在不违背公平正义和公序良俗的情况下，在诸如举证责任、专业注意义务等方面对消费者权益加强保护。若消费者不服裁决，仍有权选择诉至法院。

（三）快速处置原则

在解决金融消费纠纷的过程中，尽力促使双方当事人就纠纷处理尽快达成一致意见，使各个机构能够协同合作，共同解决纠纷问题。

六、ODR 主要种类和运作模式

（一）ODR 主要种类

在线争议解决机制（ODR）是一种双方均认可的，畅通投诉受理和处理渠道，建立金融消费纠纷第三方调解、仲裁机制，形成包括自行和解、外部调解、仲裁和诉讼在内的金融消费纠纷多元化解决机制，及时有效地解决金融消费争议。这样能更加有效地约束保险服务机构的经营行为，保护保险消费者的合法权益，并能有效激励保险服务机构减少纠纷发生。当然，金融消费者如果不满意在线争议解决机制处理结果，可以通过司法诉讼途径解决纠纷。这样既可以给保险消费者提供通过非诉讼途径快速有效解决保险纠纷的便捷途径，又保持了消费者通过诉讼途径解决纠纷的权利，最大限度地给予消费者选择权。

1. 在线交涉（Online Conciliation/Negotiation），争议双方可以通过某种计算机程序全自动的推进纠纷解决程序，传递信息，交换当事人观点和非诉请求。这种方法简便、迅速，很多问题通过在线沟通很快得到解决。

2. 在线调解（Online Mediation），当一项争议发生后，争议双方通过在线形式，由中立的非诉讼纠纷调解员按照规定的程序以及调解原则，明确双方利益，帮助当事人之间达成自己的解决方案。这种在线调解方式也是目前在线争议解决机制中使用最多、最重要的一种方式。①

"投诉＋调解＋N"成为运转高效的非诉解决机制，不仅提高了非诉机制的专业性、时效性和法律效力，还成为我国互联网金融市场纠纷解决的应有之道。比如，金融机构内部的在线调解机制。由金融机构与消费者直接协商和解，无须第三方介入。诸如直接向金融机构投诉，由内部投诉处理部门达成和解。又如，国家监管部门试点建立第三方在线非诉调解机制。中国人民银行在上海、广东、陕西等地开展第三方在线调解组织建设试点。中国银保监会在北京、上海、重庆、深圳等地进行银行业投诉在线纠纷调解试点，在深圳市成立了银行业消费者权益保护促进会。中国保监会从 2005 年开始试点保险合同纠纷非诉快速处理机制，现已要求各保监局均要建立调处机制并在31 个辖区试点建立诉调对接机制。

3. 在线仲裁（Online Arbitration），在调解无法解决争议情况下，使用在线仲裁是解决双方非诉纠纷一种常见方式。由于在线仲裁只是针对双方当事人有一定的约束力，并没有司法强制执行力，所以，在解决在线争议中使用较少。当然，一起非诉纠纷可以只采用上述一种方法，也可以综合采取几种方法，尤其在互联网技术的帮助下，一起纠纷案件出现多种多样的在线解决方式已经成

---

① 在线调解过程中，调解员并不评价争议双方的对错，而是由调解员在征得双方当事人同意的情况下进行协议调解。

为一种常态。例如，2007 年上海仲裁委成立了金融仲裁院，随后，武汉、广州、成都、珠海等地也相继成立了专门的金融仲裁机构，制定金融仲裁规则，对于解决金额较大、金融机构之间的案件更加便捷且保密性更好。

> **»» 【案例 8 - 2】**
>
> 　　1. 上海金融仲裁院是全国首家专业金融仲裁机构，由上海仲裁委 2007 年 12 月依法设立，主要为金融机构之间或金融机构、企事业法人、自然人之间的金融交易、服务活动发生的纠纷提供公证高效的仲裁法律服务。据统计，2008—2018 年，该院共受理各类金融案件 3520 件，累计争议金额为 215.62 亿元。
>
> 　　2. 上海国际经济贸易仲裁委员会。据统计，2013—2018 年，该委员会共计受理金融纠纷案件 193 件，争议金额合计为 25.52 亿元，平均个案争议金额 1322.21 万元。争议类型包括借贷、股票、债券、保险、融资租赁、委托理财、信用卡结算等，其中融资租赁合同纠纷居多。
>
> 　　3. 上海市金融消费纠纷调解中心是我国第一家金融消费纠纷专业调解组织，从 2015 年 5 月开始开展调解事务，主要聚焦 10 万元以下的小额金融纠纷案件。目前，该中心与上海市高级人民法院协商建立了覆盖全市三级法院的诉调对接工作机制，专门派法官进驻调解中心，对有关调解协议进行司法确认。
>
> 　　4. 2019 年 5 月 14 日，中国人民银行上海总部会同南京分行、杭州中心支行、合肥中心支行及宁波市中心支行签署了《长三角地区金融消费纠纷非诉解决机制（ADR）合作备忘录》，目标是在长三角地区各人民银行分支机构积极推进辖区金融消费纠纷调解组织建设。
>
> 　　　　案例来源：根据上海金融仲裁、上海国际经贸仲裁委网站。

　　《中国国际商事仲裁年度报告 2020—2021》显示：2020 年全国仲裁委员会处理各类案件的数量依次为：金融类案件 225673 件，占全国案件总数的

56.32%；房地产类案件 38075 件，占全国案件总数的 9.5%；买卖类案件 18978 件，占全国案件总数的 4.74%。从各类案件标的额来看，金融类案件标的额 2048 亿元，占全国案件标的总额的 28.5%；股权转让类案件标的额 1058 亿元，占全国案件标的总额的 14.72%；建设工程类案件标的额 1019 亿元，占全国案件标的总额的 14.18%；房地产类案件标的额 422 亿元，占全国案件标的总额的 5.88%。总之，受疫情的负面影响，无论是案件数量还是标的额，金融类案件都呈现上升态势。尤其是银行、保险、信托、证券和基金公司，这几类金融业务均大量涉及数字化金融交易，业务量大，争议案件的数量也相对较多。

如上所述，从经济学角度分析，在金融交易中，金融消费者由于信息不对称、专业知识贫乏、财力有限等因素，长期处于弱势地位。虽然市场也对消费者提供解决方案，但由于市场失灵、法律缺失和司法成本高昂等外部原因，无法给金融消费者提供有效保护。因此，除了政府主导的消费纠纷解决机制外，还需要给金融消费者提供更多公正、独立的第三方非诉解决机制。从金融市场实践分析，我国已经在金融消费纠纷的非诉讼解决途径上进行了一些尝试，取得了一定的成绩，但是，近年来我国金融产品不断创新，随着金融消费的增多，金融纠纷也不断增加，现行《消费者权益保护法》规定的争议纠纷解决机制已不能适应金融市场发展趋势的要求，特别是互联网金融市场的要求，仍存在很多问题和缺陷，不能与互联网金融纠纷的解决有效匹配。

（二）ODR 主要运作模式

1. 不公开报价和请求的处理模式（Blind Demand / Offer Claim Settlement），是通过计算机程序自动处理交易双方纠纷的模式。由于纠纷解决是在电脑程序中进行的，双方的报价和请求对另一方都是不公开的。

>> 【案例 8 – 3】

Clicknsettle 是一家采取"Negotiation Model"自动化模式处理纠纷系统的网站。当一项争议发生后，投诉方、被诉方通过 Clicknsettle 的"Negotiation"系统进行交涉。首先由投诉方进入系统，输入自己的请求数额和被告相关信息。系统则自动发出一封电子邮件给被诉方。被诉方收到邮件后，认为自己有给付或赔偿责任，也进入相同系统，提出自己愿意偿付的数额，双方交涉程序开始。整个交涉的过程被限制在 60 天内，而双方交涉的次数没有限制，但是每次增加和减少报价的限度不能超过 5%。如果被诉的报价高于投诉方，则以投诉方的请求为准；如果原告的请求虽然高于被诉方，但只要其在被诉方报价的 30% 以内，则仍以两者的中间值解决纠纷。

案例来源：徐继强《在线纠纷解决机制（ODR）研究》，载于 2002 年《北大法宝》。

当然，不公开报价处理模式是有时间限制的。如果在 60 天内，纠纷在专门的计算机程序监控下依然不能解决，系统允许用户可以决定是否将纠纷移送到离线仲裁调解机构去解决。

2. 计算机支持交涉模式（Decision/Negotiation Support Systems），就是先将发生纠纷的双方当事人的争议分解成可量化的元素，然后通过一种专业的计算机程序，对各方争议主张进行分析，快速提供自动化争议解决方案，如 SmartSettle 网站，长期使用计算机程序来解决纠纷主体多、争议长和交易复杂的纠纷，收效显著。

（三）ODR 特征

1. 处理程序的综合性。投诉、调解和裁决相结合的处理机制。要求向金融机构进行投诉，并由金融机构先进行内部处理，注重发挥调解作用，目的是希望消费者和金融机构能够和谐的解决争议，而非对抗式的解决争议。消费者在争议解决后依然可以选择该金融机构的服务，更好地保护金融机构的声誉。

在纠纷处理程序上，将监管机构组织下的调解和具有法律效力的裁决程序组成一个新型的解决机制，实现诉调对接。在纠纷范围上，包括所有的金融纠纷，涵盖银行、保险和证券等各个金融行业，以体现处理纠纷的统一性和权威性。在最终裁决效力上，最大限度地便利消费者的考量，赋予消费者对于裁决效力的选择权，对于专门机构最终作出的裁决，仅对金融机构具有单方面的约束，如果消费者不满意，还可以寻求其他途径，如仲裁或诉讼。

2. 处理机构的独立性。争议处理机构主要以服务公众为宗旨，既独立于消费者和金融机构，也与监管当局保持相对独立。

3. 纠纷解决的非盈利性。争议处理机构为非盈利性组织，经费基本由金融机构承担，除香港外，都不向金融消费者收费，确保非诉讼解决机构的客观和公正。

七、我国推广 ODR 优势

（一）政府层面支持和参与

我国在线争议解决机制（ODR）发展模式得到了政府的支持，最典型的就是被国际上誉为"东方经验"的人民调解制度，运用各种互联网先进技术，解决社会经济生活中各种利益主体间的线上线下纠纷。2012 年，中国人民银行成都市分行已经在德阳市、绵阳市启动了金融消费纠纷在线非诉讼解决机制试点工作，建立了以金融机构为会员单位的金融消费纠纷行业协会，通过调解和评议的方式处理金融消费纠纷的机制。

另外，我国各地法院陆续推出网上诉讼服务平台，各地仲裁机构也陆续推出网上仲裁流程，对于法律关系简单、各方当事人均同意在线审理的案件，鼓励线上审判/仲裁。最高人民法院 2009 年在《关于建立健全诉讼与非诉讼相衔接的矛盾纠纷解决机制的若干意见》中规定，双方达成的调解协议，其中涉及民事权利义务内容的，金融机构必须接受，调解协议即可生效。当然，双方也可以通过以下途径维护自身权益：申请公证机关公证并赋予调解协议和评议决定强制执行力，向法院申请支付令，确认调解协议和评议决定的效力。2015 年 7 月，最高人民法院首次提出"智慧法院"概念，2016 年 7 月和12 月，智慧法院分别列入《国家信息化发展战略纲要》及《"十三五"国家信息化规划》，各地法院纷纷推进建设，比如，北京法院"睿法官"、重庆市高级人民法院数据"云中心"、上海市第二中级人民法院"C2J（Court to Judge）法官智能辅助办案系统"，着力于运用 AI 技术及大数据推进法律适用和裁判尺度的统一，也是 ODR 平台与司法体系衔接的有益尝试，为社会矛盾纠纷跨时空、跨地域解决提供全新模式，也是当下我国化解各类社会矛盾纠纷、构建和谐社会的破题之举。

2017 年 8 月 18 日，全国第一家互联网法院——杭州互联网法院正式成立，不久以后，上海、北京也相继成立互联网法院，沈阳、西安和广州等市级法院设置了互联网法庭，按照"网上案件网上审理"基本思路，通过全流程一体化在线服务平台，实现案件起诉、调解、立案、送达、庭审、宣判、执行、上诉等诉讼环节的在线进行，集中管辖辖区内各类网络购物、网络服务合同、线上金融借款、侵害在线发表或者传播作品的著作权等纠纷。

（二）利用行业影响推动自律运行

目前，在线争议解决机制（ODR）正在不断地通过业界的自律和私人的机制，跨越国家司法权在全球电子商务环境下解决纠纷的重重障碍，提供另一条有利于网络纠纷快速、便宜、公正地解决的可选择途径。曾经有学者统计过，广东省江门、惠州、茂名三地积极探索建立金融行业组织的消费纠纷处理机制，覆盖了当地整个金融行业，收到了较好的消费纠纷解决效果。①

---

① 边志良：《金融消费纠纷非诉讼第三方解决机制研究》，摘自《金融时报》2013 年 9 月 2 日。

（三）借助网络优势普及在线解决机制

近年来，所有在线争议解决机制（ODR）网站都是建立在互联网上，大量的企业通过网站徽章（Web Seals），将自己与消费者之间的争议交给在线争议解决机制（ODR）服务者处理，当事人不管身在何处，只要能有连接互联网的终端设备（计算机、手机、笔记本电脑），都可以把自己的纠纷提交给国内的在线争议解决机制进行处理。目前，在线争议解决机制的主要科技手段：包括计算编程技术的运用，接受、存储、处理更多的非诉讼纠纷案件；先进的网络通信技术，如电话会议、电子邮件、ICO、网络通话、网络视频会议等；保障信息安全的技术，如防火墙、数字签名、加密技术、不可复制的徽章等；智能化的 AI 技术。因此，利用机器学习模式（Machine Learning）整理交易形式单一、法律关系简明清晰、处理方式类似的案例，不仅可以克服文化和语言的障碍，还可以更快捷地达成纠纷解决方案，体现我国互联网在线纠纷解决机制的开放性、技术性和便捷性。

八、完善 ODR 在线解决的建议与思考

（一）建立投诉、调解、仲裁协调机构

中共中央《关于全面推进依法治国若干重大问题的决定》提出"健全社会矛盾纠纷预防化解机制，完善调解、仲裁、行政裁决、行政复议、诉讼等有机衔接、相互协调的多元化纠纷解决机制。加强行业性、专业性人民调解组织建设"，最高人民法院《关于建立健全诉讼与非诉讼相衔接的矛盾纠纷解决机制的若干意见》《关于进一步贯彻"调解优先、调判结合"工作原则的若干意见》都为我们建立与完善金融消费纠纷非诉讼第三方解决机制提供了政策依据。

目前，国际上现有的消费纠纷非诉解决机制基本上都采用"投诉＋调

解＋仲裁"的"一站式"便捷服务模式，全球大约 120 个国家成立了单独处理金融消费纠纷的机构，如英国金融申诉专员服务公司（FOS）、加拿大银行服务与投资督察员（OBSI）。

我国可以借鉴国际先进经验，进一步研究论证建立"投诉＋调解＋仲裁""一站式"的消费纠纷第三方解决机构，设立一个权威的"互联网交易纠纷投诉中心"，接受来自全国网络消费非诉讼投诉，可以由中国工商总局和中国消费者权益保护协会联合设立，在现有投诉、调解的基础上增加"仲裁"功能，建立具有本土特色的在线争议解决机制（ODR），聚焦小案值、短周期、少人数的金融纠纷进行"一口受理"，与仲裁、诉讼形成功能互补、程序衔接、业务覆盖的金融纠纷解决机制，全面负责全国银行、证券、保险领域的金融消费纠纷化解工作，加强全国互联网金融消费纠纷非诉解决业务领域的沟通与协作，建立多层次、多领域的金融消费纠纷调解合作机制，发挥传统非诉讼纠纷解决方式的互联网优势，快速、低成本地解决处理金融消费网络交易中产生的海量纠纷，从容应对，有效保护普惠金融消费者权益。

（二）制定在线争议解决保护法规

由于网络普通商品交易纠纷与互联网金融交易纠纷是不完全等同的纠纷类型，在纠纷认定、证据采集、受理程序上有自己特点，不能完全适用普通商品消费争议的法规，为此，我们有必要制定《互联网金融交易纠纷及相关服务行为管理暂行办法》，专门适用网络金融交易纠纷案件，明确纠纷处理程序、纠纷解决范围、最终裁决效力等内容，允许其通过互联网技术手段增强解决金融消费纠纷的能力，保障金融产品网络交易纠纷的及时处置，为化解互联网交易纠纷和维护网络安全提供了司法保障，实现对金融行业纠纷处理行为有效规范以及对金融消费者合法权益的有效维护。

（三）探索纠纷处置会诊制度

建立专家共享、调解联动、交流预警和中立评估的联合会诊制度，邀请全国各地法律专家、调解员、中立评估专家人才联合会诊，针对金融消费纠纷核心问题共同开展讨论，探索金融纠纷调解方式，共同形成最佳处置建议，为区域内同类案件的处理形成指引，推动跨区域金融纠纷解决机制建设。

（四）尝试建立小额诉讼制度

在网络交易中，大多数是小额交易，在合同履行出现问题后，面对诉讼成本、程序困难等问题，消费者往往选择放弃司法救济。

虽然存在简易程序，在一定程度上方便当事人起诉和缩短诉讼周期，但简易程序并不是简易化程序，依然需要双方对立辩论、对席审判为原则，基础性的审判程序和步骤一个都不少，同样需要双方当事人到庭审理。于是，一种为网民提供一种救济小额权利的司法形式应运而生。

显然，小额诉讼制度与我国目前的简易程序相比，无论在诉讼程序还是诉讼理念上都有较大的区别。[1] 因此，早有学者建议，小额诉讼程序可以借鉴我国台湾地区的小额诉讼程序的特别规定，为实现简速的审理目的，原则上实行一审终审，限制当事人上诉，实行一次言辞辩论终结诉讼。[2] 确实如此。因为小额诉讼程序可以缩短诉讼周期、简化诉讼程序，对于有瑕疵商品、有缺陷产品的举证还可以实行举证责任倒置原则，保护金融消费者弱势群体，严格限制诉之变更、追加与提起反诉，使用表格化判决，可提高对简单消费纠纷的处置效率，符合互联网纠纷处置的快速原则。

---

[1] 简易程序虽在一定程度上方便群众、简化诉讼、快速解决纠纷，但只是普通程序在某些环节上的简化，未充分考虑小额、轻微事件在处理上的特殊性，没有对我国的简易程序产生根本性的转变，因此，在处理小额、轻微事件时，同样不可避免地存在同普通程序相同的制度缺陷。小额诉讼程序就不一样了，不仅是为了分流民事案件，减轻法院的负担，更主要的还在于实现司法的大众化，鼓励当事人诉讼，限制律师参与以降低诉讼成本，赋予法官更大的自由裁量权，可根据案件事实直接提出和解方案，也不需要当事人到庭辩论和对质，一切都是为了简便、快速、低成本解决纠纷，更加合适互联网金融消费纠纷的解决方式。

[2] 罗秀兰：《网络交易的纠纷解决机制探析——基于民间法与国家法互补的视角》，摘自《河北法学》，2010年第8期。

（五）深化消费者金融教育

鉴于我国城乡区域发展不平衡、文化程度不高以及农村地区教育水平较差等基本国情，金融教育应充分考虑到受教育对象的年龄、户籍、文化程度、经济状况等影响因素，有必要开展消费者金融普及教育，提高消费者对风险认知和风险承受能力，减少金融风险和受骗上当，重塑金融教育理念，提高客户能力建设，将合适的 ODR 服务提供给适当的消费者。

2020 年 6 月中旬，中国人民大学中国普惠金融研究院科研人员走访了上海金融纠纷调解中心，了解到在上海地区 50% 的消费者因为对线上流程的"恐惧"而拒绝通过在线争议解决机制解决纠纷，仅有 17% 消费者历史上接触过 ODR，33% 的消费者最终通过 ODR 解决了自己的消费纠纷。因此，对消费群体进行在线争议解决机制教育不仅是解决消费纠纷的一种方式，更是针对消费人群的能力建设。

我国金融市场实践表明，消费者能力建设不仅包含在线争议解决机制基础设施建设，诸如纠纷处置体系、法律体系，还必须提高全社会金融素养，核心要素就是提高金融技能，学会运用数字技术，让更多的普惠金融消费者接受到更广泛的金融知识和素养训练，作出理性金融消费决策。这既是改善普惠金融服务的重要手段，也是实现普惠金融终极目标的重要途径。例如，政府监管机构应该建立专门的在线争议解决机制纠纷处置教育网站、公众号等数字工具及载体，利用数字技术能够以低成本或者零成本方式传递在线争议解决机制知识，免费向广大消费者提供完备的金融教育教程，及时传递政策信息，发布风险提示，提高客户自我保护的实效，有责任为消费者提供在线纠纷的相关知识，包括解决流程、非诉周期、在线模式与收费等相关消息，让弱势群体和金融消费者都感受到好的金融体验。

（六）完善消费者损失赔付补偿机制

引入第三方保险公司为第三方支付的"账户安全险"，通过为用户账户安全进行承保，只有确保用户在账户被盗后得到快速理赔，才能应对互联网金融错综复杂的局面，提振用户对支付安全的信心，有效化解金融科技创新的各种风险，公平对待缺乏金融服务的弱势群体，以保障消费者的损失最小化。例如，进一步细化《金融消费者权益保护实施办法》法律责任条款，增加中国人民银行金融消费者保护机构没收的非法经营个人业务企业的违法所得应当退还受害者，全面保障受害者的合法权益。

（七）ODR 在线解决的局限性

有学者从不同角度提出了在线争议解决机制（ODR）依然存在一些局限性，比如，电子商务本身就是在线进行的，它适用在线的方式来解决纠纷是符合它自身特点的。电子商务领域的在线争议解决实际上是多元化纠纷解决机制的一种表现，而电子商务的在线争议解决模式能不能适用到其他领域，这是需要我国认真思考的一个问题，其推广性究竟有多宽，需要时间和实际案例加以证明。另外，现有很多跨境在线争议解决机制的理论都是在 ADR 理论基础上提出的，强调的都是在没有国家司法权介入、不依赖权威机构裁判的情况下，通过当事人自主协商的方式解决纠纷。因此，与传统诉讼相比，在线争议解决机制在理论上最突出的特征就是强调互联网技术的力量。但是，技术在在线争议解决机制中的地位和作用在很大程度上取决于法律的认可度。也就是说，电子签名、区块链等技术应用于在线争议解决机制争议解决过程中必须得到法律认可，否则，单纯的互联网技术并不能带来对人的价值评判。目前，很多学者和第三方机构之所以把技术这个"第四方"的地位提得特别高，确实存在法理上和伦理上的漏洞，需要我们在未来的互联网发展和法律系统的不断融合中，开展如何看待在线争议解决机制理论中对技术价值的讨论，不断加以完善和提高。

第九章

普惠金融数字化监管

《中国互联网发展报告2021》指出，2020年中国数字经济规模达到39.2万亿元，占当年CDP比重达38.6%，保持9.7%的高速增长态势，成为稳定我国经济增长的关键动力，也成为保就业、促民生、稳市场的重要渠道。[①]与此同时，我国数字经济发展过程中也出现了诸如行业垄断、数据滥用、算法歧视等导致数字经济失序发展的风险，急需加快构建面向普惠金融制度规则体系，解决好普惠金融转型过程面临的新问题，推动经济社会实现高质量发展，构建监管机构、金融机构、金融服务获得方、公共服务机构以及技术供应方协同发展的普惠金融数字化监管体系。

第一节　数字监管需要解决的问题

一、数字科技立法不足

当前，我国数字科技立法不足，很多环节缺少必要的法律规定。比如，网络数据与司法证据之间没有有效衔接。一方面，网络数据规模呈几何式膨胀，流转路径复杂，流经范围广泛；另一方面，网络数据在很大程度上并没有得到司法机构的认可，所得出的结论是否可以真正成为司法证据也不明朗，很多情况下需要司法解释单独进行诠释，这种情况属于数据壁垒，加大了数字取证难度。有学者曾经指出，单一数据难以确认交易价值，加之我国数据所有权、交易权等相关权利迟迟未能立法，数据的法律价值自然也难以确认。[②]

二、数字触达性不够

科技创新导致传统金融风险和技术风险相互叠加交织，使风险发生了量

---

① 黄国平：《推进数字经济监管体系和监管能力现代化》，摘自《中国证券报》，2021年11月8日。
② 余继超：《加快金融科技安全立法，推动金融机构数字化、智能化升级》，摘自《国际金融报》，2022年4月17日。

变乃至质变，加大了监管者和被监管者之间的信息不对称。面对科技驱动的金融创新，传统的金融监管和立法越显落后，科技创新往往游离至监管体系之外，形成监管空白，引发监管套利，导致金融监管的巨大短板。例如，人工智能、区块链的智能合约，现有法律对其缺乏约束能力，是否应当将其视为法律意义上的合同尚不明确，合约执行时如何归责也不明确。

究其原因，主要源于监管者无法与数字科技同步发展，缺乏数字技术进行数据触达。换言之，尽管科技创新提高了金融业交易效率，降低了金融业信息不对称和交易成本，但既有的金融监管因为缺乏必要技术支撑而无法进行有效监管。

三、数字金融监管法律滞后性

一般来讲，金融创新与监管法律之间存在"时间差"。金融创新肯定会超前于现行法规，否则可能就不会被视为金融创新。金融监管法律很有可能滞后于市场实践，尤其在创新速度加快的互联网时代，制定法律节奏大概率无法跟上创新步伐。最典型的例子就是 P2P 事件。2013 年，P2P 平台开始了野蛮生长。P2P 网贷被一些不法分子利用，以此来做非法集资和变法流通高利贷的手段，使很多家庭和个人尤其是年轻人背负不合理债务和不合理财产损失，对社会造成了较大的负面影响。2017 年，互联网金融风险专项整治工作领导小组办公室发布《关于立即暂停批设网络小额贷款公司的通知》，开始清理整顿 P2P 网贷机构。2020 年，P2P 网络借贷平台全部清零，市场日趋成熟。① 2020 年，最高人民法院也颁布《关于修改〈关于审理民间借贷案件适用法律若干问题的规定〉的决定》（〔2020〕6 号），以 4 倍 LPR 利率大幅

---

① 2016 年 10 月，中国银监会等 15 部委联合发布了《P2P 网络借贷风险专项整治工作实施方案》，标志着监管部门开启了对野蛮生长的 P2P 网贷行业的全面整治。2018 年 8 月，P2P 网络借贷风险专项整治工作领导小组办公室发布《关于开展 P2P 网络借贷机构合规检查工作的通知》，细化了检查内容，扩大了覆盖范围。截至 2020 年 12 月末，P2P 网贷机构从最多时的约 5000 家到全部归零，成为 2020 年防范化解互联网金融风险攻坚战的重要成果。至此，我国金融市场上 P2P 机构已经不复存在，其业务也在以后两年中逐渐化解和转型处置了。

调低民间借贷司法保护上限，从利率上对民间借贷、P2P 网贷机构进行了整治。经过 2 年的治理，截至 2019 年 12 月末，全国 P2P 平台累计 6606 家，其中，累计问题平台 2923 家，累计停业转型平台 3339 家，剩余 344 家正常运营。在监管的要求下，行业整体正向网络贷款公司转型。2020 年，我国基本上消灭了 P2P 机构。

显然，第三方支付技术建立起的非银行支付清算市场，有时会超越传统监管外的边界，而作为"颠覆式"创新的金融科技行业使得原有普惠金融生态系统的轮廓不再明晰。问题是，现行监管法律法规对第三方支付清算市场缺乏明确规范，《中国人民银行法》《反洗钱法》《商业银行法》《保险法》缺乏对普惠金融领域交叉产品、跨界服务的规范条款，也没有对金融创新产品、创新模式的限制性条款，导致缺乏明确的监管依据，普遍存在处罚范围过窄、处罚金额较低的问题，难以对新型互联网违法违规行为起到应有的惩戒，这就给传统金融监管带来严峻挑战，迫切需要加快立法进程。

其实很多年前，有学者就指出，我国的立法程序比较繁复，这也是必要的，但不适合"互联网＋"的新业态。[①] 相对于经济社会的发展变化速度，尤其是在互联网背景下，我国数字金融立法效率确实不够高，立法机构、监管机构主导立法的模式在新的数字经济条件下，越来越表现出不适应。例如，作为数字区块链技术的应用——虚拟数字货币，对现行的金融法律关系带来冲击的风险，也带来了数字货币监管的问题。在我国现行的法律监管体系中，就没有区块链数字虚拟监管的法律规定对于金融风险泛化首先表现在社会出现的"泛金融化"现象，依靠现有的监管规定已经无法解决数字科技带给金融市场的问题和纠纷。

---

① 吴志攀：《"互联网＋"的兴起与法律的滞后性》，摘自《国家行政学院学报》，2015 年 7 月 6 日。

四、数字监管理论有缺陷

审慎监管原则将"风险为本"作为核心理念，着眼于金融机构的资本充足率、资产质量、流动性水平和盈利水平等指标。虽然审慎监管指标可以降低其承担高风险投机的概率，但同时约束降低了金融机构的资金使用效率，运营成本也相应提升，降低了金融机构的运行效率。因此，低效率、高成本成为审慎监管备受诟病的重要原因之一。

由此可见，传统的审慎监管原则、机构监管理论在应对金融科技风险方面显得有些过时或失灵。寻求新型而有效的监管维度体系成为新时代金融监管的必然选择，数字经济时代需要新思维、新维度、新理论，研究出适合互联网时代的监管理论和原则不仅是传统监管模式的修修补补，更是破解源于科技本身对监管的限制，可有效缓解监管缺陷。

第二节　数字化监管必要性

一、顺应互联网时代需要

从 20 世纪 90 年代中期中国互联网行业发轫到 2010 年互联网时代到来，中国互联网经济发展经历了十余年的蓬勃发展期。互联网经济过去"野蛮生长"的时代已经一去不复返了，需要迎接一个崭新的发展阶段。一方面，在新发展阶段，平台经济的发展前景还是可期的，因为平台经济是数字经济时代的产物，代表了先进生产力发展方向，对经济发展、产业升级及政府治理等都具有无可替代的价值；另一方面，随着国内外形势的深刻复杂变化，中国平台经济过去的传统发展模式难以为继，无论是企业的经营方式还是与政府社会的互动，都需要新思维、新方法。

2018 年 9 月，中国银保监会在《中国普惠金融发展情况报告》中明确数字普惠金融是我国金融可持续发展的"重要出路"。但是，在金融科技迅猛发展背景下，数字普惠金融服务方式呈现出虚拟化趋势，跨行业、跨市场的跨界金融服务日益丰富，业务边界日益模糊化，不同业务之间相互关联渗透，金融风险错综复杂，风险传染性更强，导致金融风险更加复杂。同时，金融科技利用信息技术将很多普惠业务转变为信息流、数字流，普惠金融产品交叉性和关联性不断增强，打破了风险传导的时空限制，使得风险传播速度更快，隐蔽性更大。而传统金融监管专业知识储备、人员编制和监管理念都存在不足，传统监管手段很难奏效。为此，有学者指出，普惠金融行业每天都在生成和处理海量数据资源，但数量巨大、来源分散、格式多样的金融数据超出了传统监管手段的处理能力，监管科技则有助于风险管理理念的转变和风险态势感知能力的提升。①

在此背景下，通过监管科技手段构建现代金融监管框架就显得尤为必要。金融监管机构采取系统嵌入、应用对接方式建立数字化监管协议，运用大数据技术及时、有效地挖掘出隐藏在金融海量数据中的经营规律与风险变化趋势，增强金融监管信息的可追溯性和不可抵赖性，及时有效地识别和化解金融风险，整治金融乱象，实现对各类金融风险早识别、早防范、早处理。

数字技术本身属性决定了其有很强的风险特征。从目前的风险来看，一是来自数字科技自身的风险。二是数字科技存在造成金融风险加快传播的可能。一方面，数字科技使得金融风险更加具有隐蔽性、传播速度更快、影响范围更广，增加了金融系统性风险。从技术层面看，数字技术风险更加突出，大数据运用是金融科技重要组成部分，在一些大数据的授信、征信等方面都可以提高金融业服务效率，对金融定价发挥非常好的作用，但是大数据在采集、转移、使用过程中有可能产生风险，一旦技术本身出现问题，会影响整个金融体系，引发金融风险，甚至可能影响整个金融体系。比如，很多年前

---

① 李伟：《监管科技应用的四大必要性和五大策略》，摘自《清华金融评论》2018 年 3 月刊。

发生的南京"e 租宝"事件。① 过去金融风险很多都是局限在某一地域，现在数字科技、互联网技术容易使得风险可能影响的个体范围非常广、传染速度更快。另一方面，数字科技使金融业"脱媒"风险加大。因为现在有很多资金流动通过金融科技公司，这其中一些资金的流动受监管的程度相对比较弱，可能会带来风险。②

二、降低合规成本需要

自 2008 年国际金融危机爆发以来，各国纷纷以宏观审慎政策为核心的金融监管体制改革，监管要求日益趋严，监管新政策推出的速度明显加快，金融机构需要投入更多的人力、物力、财力等资源去理解和执行监管新规，增加了合规管理成本。为此，金融机构迫切希望借助数字化、自动化手段增强合规能力，有效利用征信、支付清算等国家级信息化基础设施，减少合规工作的资源支出，不仅可以为人工智能、大数据、区块链等广泛应用奠定数据

---

① e 租宝全称为"金易融（北京）网络科技有限公司"，是安徽钰诚集团全资子公司，注册资本金 1 亿元。平台主打 A2P 的模式，6 款产品都是融资租赁债权转让，预期年化收益率为 9.0% ~ 14.2%，期限分为 3 个月、6 个月和 12 个月，赎回方式分 T + 2 和 T + 10 两种。自 2014 年 7 月上线，e 租宝交易规模快速挤入行业前列。根据零壹研究院数据中心统计，截至 2015 年 11 月末，e 租宝累计成交金额已 703 亿元，排名行业第 4 位。网贷之家的数据也显示，截至 12 月 8 日，e 租宝总成交量 745.68 亿元，总投资人数 90.95 万人，待收总额 703.97 亿元。2015 年 12 月 16 日，e 租宝涉嫌犯罪，被立案侦查。2016 年 1 月，警方公布 e 租宝非法集资 500 多亿元。2018 年 2 月 7 日，北京市第一中级人民法院已对被告单位安徽钰诚控股集团、钰诚国际控股集团有限公司、被告人丁宁、丁甸、张敏等 26 人犯集资诈骗罪、非法吸收公众存款罪、走私贵重金属罪、偷越国境罪、非法持有枪支罪一案立案执行。2019 年 7 月 2 日至 8 月 30 日对 e 租宝平台集资的全国受损集资参与人进行信息核实登记。2020 年 1 月 8 日，北京市第一中级人民法院发布"e 租宝"案首次资金清退公告。北京市第一中级人民法院认为，被告丁宁、丁甸、张敏等 10 人以非法占有为目的，使用诈骗方法进行非法集资，行为已构成集资诈骗罪。被告人王之焕等 16 人违反国家金融管理法律规定，变相吸收公众存款，行为已构成非法吸收公众存款罪。二被告单位以及丁宁、丁甸、张敏等 26 名被告人的非法集资行为，犯罪数额特别巨大，造成全国多地集资参与人巨额财产损失，严重扰乱国家金融管理制度，犯罪情节、后果特别严重，依法应当予以严惩。法院根据二被告单位、各被告人的犯罪事实、性质、情节和社会危害程度，依法作出上述判决。截至 2016 年末，全国公安机关共冻结涉案资金逾百亿元，查封、扣押涉案现金折合人民币约 3 亿元、黄金制品约 18.7 万克以及房产、珠宝、股权、车辆、直升机、办公用品等一批涉案财物。以及公安机关追缴的涉案资产，这些将作为清算资金返还给受害者。

② 许婷：《孙国峰：构建中国金融科技监管"双支柱"》，摘自《金融时报》，2017 年 9 月 12 日。

要素基础，提高自身的合规效率和市场竞争力，更能为降低经营成本提供必要条件。

三、数字监管改革需要

近年来，金融科技的创新已经对传统金融业务形成冲击。例如，有学者提出，在时效性方面，传统监管模式大多采用统计报表、现场检查等方式，依赖金融机构报送监管数据和合规报告，这种监管模式存在明显的时滞性。在统一性方面，金融机构合规人员在业务经营范围、数据报送口径、信息披露内容与准则、金融消费者权益保护等方面存在理解偏差，造成监管标准难以做到一致。① 因此，必须借助技术手段对金融机构进行主动监管，通过对监管政策、合规性要求等的数字化表达，采用实时采集风险信息、抓取业务特征数据等方式，推动监管模式由事后监管向事中监管转变，消除信息壁垒，缓解监管时滞性，如何在使用新科技诸如量子、机器人流程自动化（RPA）的同时避免新型金融风险，已经成为数字化监管一个巨大挑战。另外，由于数字科技行业很多业务处在相对模糊的地带，界限不明确，可能存在监管套利问题，具体表现为不同监管机构之间的监管套利和跨国的监管套利。

在这种情况下，监管科技无疑是提高检测、识别和防范风险能力的有效手段，将普惠金融创新业务"收敛"到合理空间，构建数字化监管沙盒试错保护机制就成为至关重要的一环。比如，数字化监管沙盒试错保护机制进一步规范了人工智能开发与使用者的责任、过错与可责性，从本源上避免商业活动中的大数据杀熟和算法歧视等问题，将数字化创新试错的损失限制在可控范围。

另外，要推动大数据的标准化，这是进行大数据分析、人工智能运用的基础。中国人民银行相关部门在金融业综合统计、金融标准化方面正在积极

---

① 李伟：《监管科技应用的四大必要性和五大策略》，摘自《清华金融评论》2018 年 3 月刊。

推进相关工作，一些行业协会、自律组织也在推进相关的数据标准，制定相关行业规则和标准，有效规范市场进入和退出，为金融科技行业提供有序的公平竞争环境，对数据分析加强相关研究，与国际组织、各国中央银行进行合作，共同推进。所以，推动数字化金融科技创新监管试点，通过收集和梳理经济活动所产生的数据，有效遏制新型数字化违规，成为金融监管改革一项任务。

四、反垄断、反不正当竞争需要

当前，互联网平台企业利用算法操纵、算法合谋、大数据分析、技术性拒绝等高技术手段实施垄断和不正当竞争，更为隐蔽复杂，难以发现。单纯依靠传统监管手段，很难对互联网平台企业各种违规、违法行为进行识别和评估。为此，有学者提出，需要积极采用现代监管科技手段，辅之以相应的税收和财政政策，提高数字经济行业和平台企业经营的社会效益与经济收益正相关性，适当"限制平台企业通过资本运作、投资并购所获得资本性收益，抑制资本在行业无序扩张"。[①]

金融科技行业风险传染性强，数字科技更有可能造成流动性风险。一些与第三方支付相关的金融科技公司收取客户备付金，一旦发生风险，对银行流动性也有可能产生较大的影响。因此，有学者很多年前就提出，要对第三方支付机构的客户备付金设立一个风险准备金管理制度，把具有系统重要性的金融科技公司纳入宏观审慎管理框架。[②] 这是很有远见的观点，因为金融科技巨头凭借丰富的产品线，汇集大量数据，客观上形成了数据垄断、数据寡头，造成信息孤岛，不利于行业健康有序发展。以新成立的网联为例，它实际就是解决数据垄断的问题。以前一些与第三方支付相关的金融科技公司

---

① 黄国平：《推进数字经济监管体系和监管能力现代化》，摘自《中国证券报》，2021年11月8日。

② 许婷：《孙国峰：构建中国金融科技监管"双支柱"》，摘自《金融时报》，2017年9月12日。

在银行办理相关清算业务，从银行端不能看到金融科技公司的资金流动具体情况。

确实需要反垄断、反不正当竞争，尤其在互联网领域。数字化的最终目标是保护金融消费者，并不是为了金融机构、互金平台能够更快捷赚钱。随着社会各界对互联网行业认识的不断深入，有学者已经发现很多问题并不全都是反垄断的问题，比如，消费者权益保护、数据安全、个人信息、隐私保护、广告违法、不正当竞争等问题，都有其他专门的法律和部门予以规范、监管和执法。如果总结的话，就是我国拥有"多法共治、多部门共管"的体制特点，非常重要的一点是厘清不同规则之间的边界，以及监管和执法如何去相互协调。

《反垄断法》本身也不是万能的，需要进行完善和修改，从反垄断的视角来看，平台经济领域的商业行为是否构成垄断行为，要判断相关的行为是否具有排除、限制竞争的效果。这需要法律、经济、行业的综合分析和判断，特别是在复杂的案件当中，经过缜密的测算才能得出更科学的结论。①

虽然我国已出台和修订完善相关法律、法规，诸如以《反垄断法》《反不正当竞争法》《网络安全法》等为主体的法律体系，但仍然根据数字经济未来发展态势，持续完善制定分领域分行业的法律执行指南和实施细则，为监管提供法律依据，加强数字经济行业和平台监管设计，构建动态、适时和平衡包容监管与规则治理的监管治理框架，运用先进监管科技手段，提升互联网平台监管水平和效率，构建和完善数字和互联网治理与监管法律体系，严格依法监管。以法律规定作为监管治理的红线，尊重行业和企业的正当利益诉求，引导平台自觉自愿依法合规经营，维护监管与治理公平性和一致性。

---

① 黄勇：《互联网反垄断：规范与发展并重》，摘自《新京报》，2021 年 12 月 22 日。

第三节　金融监管国际模式比较分析

一、机构监管

机构监管（Institutional Approach）是分业经营市场中较为常见的监管方法，是以金融机构为监管重点，按金融机构法律实体的注册性质（如银行、证券、保险等）将其划分给不同的监管机构管理。简言之，即监管机构对一家金融机构从生到死的全程监管，对多类监管机构进行整合，形成一元监管体系。机构监管机构既负责金融体系和机构的宏微观审慎监管，也负责所有各类金融机构的日常监管。在分业经营模式下，机构监管可以起到较好的监管效果。但是，随着混业经营的不断发展，出现跨业、跨市场的交叉金融业务，机构监管模式面对金融风险的交叉传染也显得有些无能为力。2008 年国际金融危机之后，欧美国家纷纷对本国金融监管体系发起改革，机构监管也逐渐被功能监管和行为监管所替代。

二、功能监管

功能监管（Functional Approach）是由哈佛商学院罗伯特·默顿最先提出的，一般指基于金融体系基本功能而设计的更具连续性和一致性，并能实施跨产品、跨机构、跨市场协调的监管。美国《金融服务现代化法案》创造了"功能性"监管概念，对抗以前的"机构性监管"。简单来说，所谓功能监管，就是一个多元化金融集团（包含银行、证券、保险、基金等牌照）内不同的业务条线将接受不同功能监管机构的管理，不同监管机构的监管协调以及系统重要性金融机构的统筹监管将由中央银行或特定的委员会负责。20 世纪 80 年代以后，通过金融创新的实践，它们已经改变了由银行主导金融体系资源配置的格局，建立了由金融市场主导金融发展的新机制，与此对应，建立了以功能监管为主的金融监管框架。英国、美国近年来强调功能监管、协调监管，积极鼓励金融科技创新，已基本实现从宏观到微观监管的全覆盖。

早在 20 世纪 80 年代，美国华尔街开始将 Financial 和 Technology 组合成 FinTech 一词。在美国，按照金融产品和服务性质决定适用的法律以及监管机构，即根据金融功能实施功能监管。如具有货币功能的第三方支付由货币监理署（OCC）负责监管，具有资产证券化功能的 P2P 业务则属于证券交易委员会（SEC）监管范畴。

英国在 2008 年建立了以金融行为监管局（FCA）为主导的统一监管框架，并在监管方面率先提出了卓有成效的"监管沙盒"，并逐渐被多国效仿。对于众多金融科技企业而言，金融行为监管局颁布了众多涉及项目创新的制度以缩短金融科技产品上市时间，降低运营成本，并逐渐减少监管的不确定性。不仅如此，随着监管沙盒模式趋向成熟，金融行为监管局还鼓励行业自发建立"虚拟沙盒""伞形沙盒"，以行业自律形式加强对金融市场功能性监管。例如，2018 年 3 月，英国财政部发布《金融科技发展战略》，宣布了一系列全面举措，旨在解决金融科技领域所面临的挑战。2021 年 7 月 20 日，英国政府开始对该国的金融科技发展展开专项审查，以明确金融科技发展现状与潜在机遇，为行业机构、政策制定者和监管机构提供帮助。

欧盟有统一的监管指导框架，各个成员国又根据自身状况制定不同的监管制度。2018 年 3 月，欧盟根据《金融科技专门行动计划》（*Fintech Action Plan*）成立了专家组，建立欧盟金融科技实验室及监管沙箱实验室，审查法律框架对金融科技的适用性，提倡功能监管原则，消除监管分散性缺陷，应对因创新引发的新风险，确保欧盟范围内金融科技企业之间公平的竞争环境。不久后，德国、荷兰和瑞士出台了多项涉及金融科技的功能性监管政策。

功能监管难点在于需要将所有新出现的金融业务进行识别和定义，以归入不同功能监管部门的管辖领域，确保功能监管部门之间不存在重叠和盲点。

因为金融科技不仅体现在科技对传统金融核心业务的深度渗透，也在逐渐改变整个金融体系的生态。金融市场实践证明，功能监管优势在于监管的协调性高，监管中发现的问题能够得到及时处理和解决，金融机构风险容易判断，可以避免重复和交叉监管现象的出现，为金融机构创造公平竞争的市场环境。

在混业经营环境中，功能监管模式重点关注的是金融机构所从事的业务活动，而不是金融机构本身。功能监管可以通过合并报表、表外回表内等技术，通过道德伦理和反垄断等方面的检测机制，创新监管方式，对不同类型金融机构开展的相同或类似业务进行标准统一或相对统一的监管，强化功能性监管。例如，就小额信贷类业务而言，无论这些业务是由传统商业银行、投资银行、小贷公司还是村镇银行、农信社提供的，银行业监管部门都对所有的这类小额信贷业务实施统一监管。不仅可以保证每个参与主体权责利对等，尽可能地将外部性内化，将这种监管精神分解到每个环节，保证在每个节点和行为都遵循监管理念，还可以减少监管套利（Regulation Arbitrage）行为，即人为将某一业务放在某一特定机构中经营，以避开监管。这无疑会更有利于维护金融行业的安全。

很早以前就有学者提出，我国普惠金融市场监管要注重微观功能监管和宏观审慎管理相结合。在宏观监管上，采取审慎监管，把金融科技纳入宏观审慎管理框架当中，完善支付机构客户备付金集中制度。这是因为普惠金融行业风险传染性强，金融科技可能造成流动性风险。一些与第三方支付相关的金融科技公司收取客户备付金，一旦发生风险，对于银行流动性可能产生较大的影响。在微观监管上，根据金融科技的金融特征，按照相关业务的类别由相关监管当局进行监管，采取功能监管，实现监管全覆盖，避免监管空白。

三、双峰监管

双峰监管（Twin Peaks Approach）最早在澳大利亚实践运行，2008 年国际金融危机之后，英国也转向这种监管模式。这种机制根据监管目标将监管机构分为两个：一个监管机构负责金融体系和机构的宏微观审慎监管，以确保金融体系的安全与稳固；另一个监管机构负责金融机构展业过程中的行为监管。例如，英格兰银行内设金融政策委员会（FPC）和审慎监管局（PRA）负责宏微观审慎监管，金融行为监管局（FCA）则负责金融机构的行为监管和消费者权益保护。

总之，以上 3 种监管模式具有一定的优缺点，适合于不同类别的经济实体和金融体系。从历史上看，绝大多数经济体现代金融体系的监管模式都由机构监管起步。随着数字技术发展、金融模式沿革，机构监管模式逐渐无法适应于金融业务创新迭代的节奏，难以适配混业经营之下机构业务"出圈"业态，逐步向功能监管、双峰监管转型。

第四节　数字化监管特点

一、强化对金融技术综合运用

金融科技本身的金融属性决定了其有很强的风险特征。从目前的风险来看，主要是来自金融科技自身的风险，就是大数据运用风险。大数据运用是金融科技的重要组成部分，在一些大数据的授信、征信等方面都可以提高金融业服务效率，对金融定价发挥非常好的作用，但是大数据在采集、转移、使用过程中有可能产生风险，一旦技术本身出现问题，必然影响整个金融体系，引发金融风险，另外，金融科技巨头凭借丰富的产品线，汇集大量数据，客观上形成了数据垄断、数据寡头，造成信息孤岛，不利于普惠金融行业健康发展。因此，数字化监管更重视对各类技术进行综合应用。比如，在解决中小企业融资难融资贵的业务实践过程中，利用物联网技术可以核查企业动产抵押真实性，利用 RPA 技术可以使商业银行直接接入企业业务系统并进行授权内的数据访问，利用区块链技术可以激励各相关机构引入相关外部验证数据，辅以隐私增强计算技术则可以有效保障外部数据的按次按用途使用，而人工智能技术训练风控引擎则可以使商业银行提升信贷投放的精准度。

二、可认定、可分级、可审计特征

可认定是指应用系统对数据真实性、系统安全性以及隐私保护的等级进行自动认定。可分级是指应用系统可以根据不同用户的责权利对系统和数据设定不同的访问权、使用权和处置权。有学者认为，可分级是建立分级的监管体系，可以"提高算法透明度，企业数据决策系统可追溯与可复盘"。[1] 可审计则是指整个系统处理和数据流向均需留痕，在客观性原则下，无论是采用抽查法、顺查法、逆查法，所有的资料数据都必须经得起任何范围采取任何程序、任何方法和任何机构的审查。任何财会凭证、报表、账册、图像、名单等经济资料必须留存，不可毁坏和篡改。

三、促进参与主体数字协调

普惠金融监管催生了不同的监管目标，这些监管目标来自不同的监管部门、委员会、行业组织、工作小组或者标准制定机构。由于监管主体不同，监管重叠或监管真空在所难免。因此，有学者曾经建议，数字化监管部门可以利用监管科技手段增强国家战略、行业管理以及业务发展 3 个层面的协同性，提升我国普惠金融监管水平。例如，监管机构需要通过监管科技掌握从业机构运行的真实情况，相关数据不仅通过从业机构直接获取，也在保护隐私和商业秘密的前提下，合理使用公共服务机构、金融服务获得方的验证数据，推动市场各参与主体的协同发展。[2]

---

① 陈道富：《数字金融监管的基本思路、原则和重点思考》，摘自《北方金融》2021 年第 6 期。
② 杜宁、赵骏：《数字经济时代的监管科技》，载《中国金融》2022 年第 3 期。

2022 年 3 月 25 日，中共中央、国务院在《关于加快建设全国统一大市场的意见》中也明确提出，"建立健全跨行政区域网络监管协作机制，鼓励行业协会商会、新闻媒体、消费者和公众共同开展监督评议"。今后需要加强各类监管的衔接配合，充分利用大数据等技术手段，推进智慧监管，提升金融市场监管政务服务、网络交易监管、消费者权益保护等方面跨省通办、共享协作的信息化水平。

四、构筑普惠金融监管生态

数字化监管应用范畴从过去主要为传统垂直监管、风控调控扩大到为各项国家战略的贯彻实施提供服务，如促进碳达峰碳中和、乡村振兴、中小企业发展、自贸区建设等。在监管科技框架与体系下设计的产品与服务，预先将政策要求与落实反馈机制植入业务实现和技术方案，将更有利于各项国家战略的统筹实施，也能够及时准确地掌握政策落地的实际情况。

第五节　数字化监管原则

一、规范与发展并重原则

包容性监管在法律体系不健全、监管标准不统一的情况下，可能会丧失弹性而陷入进退失据的境地。数字普惠金融与平台经济所具有的跨界融合性、跨地域性特点，使得传统监管架构和模式不能适应数字普惠金融发展要求。当务之急就是加强数字金融和数字监管的顶层设计，强调平衡包容监管与规则治理共融，构建动态、包容的监管治理框架，注重规范与发展并重原则，在促发展、惠民生方面作出积极贡献，推动我国数字普惠金融和互联网经济健康发展。

二、有限监管原则

从监管角度看，所有的监督资源配置和管理权力调度应该从属于市场经济规律，是一种尊重普惠金融市场主体生存权利基础上有限的公共管理方式。在今天，我们既不能回到过去依靠国家行政力量全面介入经济生活的模式，也不能是烦琐的、机械的或教条的管理，应该是在可持续原则下的一种有限性选择，凸显有限但有效的管理模式。有限监管包含两项相互关联、互为条件的监管原则，提倡"法无禁止即可为"调整互联网时代普惠金融市场与政府法制监管关系，为普惠金融创新活动提供更宽的生存空间，有助于对中小微企业合理限定监管边界。也就是说，在普惠金融领域，"让市场法无禁止即可为"，明确底线思维，形成"负面清单"禁区，监管部门对中小微企业的市场准入、业务范围核准、产品研发、销售渠道、违规处理等环节的有限监管。比如，2020年中国银保监会出台的《商业银行互联网贷款管理暂行办法》对经营贷和消费贷进行了差异化管理，虽然消费贷额度上限规定为20万元，但对互联网经营贷并未作额度限制，体现出对实体经济更大的政策包容性和有限性。

有限监管重视监管效率，不宜过度介入金融市场和机构的日常运营。如果付出极高成本来维护金融稳定既不利于金融发展，也不利于金融市场竞争力。所以，不宜给普惠金融市场带来过大成本，应秉持最小干预原则，避免对市场的过度扭曲。例如，在新冠肺炎疫情期间，如果对中小微企业依然管得过多、过严和过深，压抑了中小微企业的创新空间和主观能动，导致金融监管机制的配置错位，产生企业破产和市场危机，这是监管层不愿意看到的结果。为此，应坚持有限监管原则，体现普惠金融自治优先、生存优先的监管思路，有效破解新冠肺炎疫情期间中小微企业"贷款难、贷款贵"的抵押物瓶颈困局，实现创新激励和风险防范的协同发展。

监管者必须强调金融环境的差异性、参与主体的多元性，经营方式的多样性，充分考虑互联网金融市场信息和资源的各种差异，在监管目标、准入条件、监管措施、人员构成以及风险处置手段上采取差异化管理，具体对象具体对待，对不同种类互联网金融创新采取不同方式监管，不能"一刀切"地进行监管。也就是说，但凡普惠金融组织和机构能够自主决定、市场机制可以合理调节、行业规定可以解决的业务活动，监管部门一般不需要干涉太多，监管必须遵守有限、必要和无可替代的规则。

三、适度监管原则

数字时代，监管高层要想达成普惠金融市场利益和风险控制之间的平衡，必须实施防御性监管控，适度监管，不可大包大揽，防止监管过度而限制中小微企业的生存空间。

从国外金融市场发展来看，大多数西方互联网发达国家金融监管都采取适度监管原则。以美国为例，美国互联网金融的监管主体多元化，包括国会、美联储、联邦存款保险公司、财政部货币监理署等机构对互联网金融业一直采取适度宽松多元化监管策略，以业务监管为主，结合互联网特点，采取双重监管机制即联邦和州双重立法，重点是维护消费者权利、打击反洗钱犯罪。如《保密法》《反洗钱法》等，并没有重点限制互联网金融机构的业务活动。

今天，我们确立适度监管原则，不是要不要监管，而是怎样监管。由于普惠金融业务往往具有混业经营特征，本身是交织的，一般涉及或嵌套多项金融业务，形态多样易变，不容易准确辨识业务实质。有些业务分段看可能不符合监管要求，总体看就不能过严监管，否则就会使大量互联网金融新业务"腹死胎中"。例如，金融科技监管不可避免地存在着金融效率和监管安全之间的对冲可能，监管者不能简单地采取"一竿子到底"的监管方式，需要针对金融科技发展内在规律和属性，给予互金企业一定的创新空间，实现创新激励和风险防范的协同发展。

从 2018 年开始，穿透式监管逐渐成为监管热词。中国银保监会、中国证监会更是频繁在一些规范性文件中反复提及"穿透"一词。穿透式监管也扩展到了很多层面，其包括互联网金融行业和普惠金融领域。最早的穿透式监管是起源于资本证券市场。穿透式监管能够促进市场健康有序地发展，这一经验也得到了国际货币基金组织（IMF）和国际证监会组织的认可和好评，不断建议中国资本市场必须学习西方国家的"先进"监管理念，其中就包括在互联网金融市场也必须采取穿透式监管。

所谓穿透式监管，就是无论传统金融还是互联网金融，只要是做相同的金融业务，监管的政策取向、业务规则和管理标准就应该相互一致，也就是采用"一套标准"，不存在区别对待的情况。穿透式监管最大特点是可以打破金融行业"分业监管"障碍，对不同互联网金融业务采取一层不变的监管方式，无异于"以不变应万变"，以静制动，对互联网金融领域混业经营进行"一站式"监管，可以避免市场主体的监管标准宽严不一的现象。

但是，资本市场并不能完全等同于互联网金融市场，更不同于普惠金融市场。在我国不能完全照搬国际资本市场经验，盲目崇洋媚外。我国普惠金融发展阶段、文化背景与西方资本市场有很大不同。"穿透式"监管方式并不适宜不断创新的中国互联网金融行业，并不合适经营模式千差万别的普惠金融运行模式，其监管方式的简单和粗暴违反了具体情况具体分析的客观规律。

虽然这种"一竿子到底"的监管方式在某些时期可以起到整肃互联网金融市场乱象作用，但由此带来的对互联网金融市场的过度伤害也是显而易见的。今天，普惠金融领域正方兴未艾，金融科技突飞猛进。如果我们依然抱着一成不变的监管观念，盲目采取穿透式监管并不利于互联网金融市场发育和成长，不仅容易"误伤"那些没有必要监管或者没有必要严厉监管的普惠金融业务，而且也不利于混业经营为特征的普惠金融事业发展，使得智能投顾、区块链、网络小贷、人工智能以及开放银行等细分领域也难以找到发展定位，难免出现监管重叠或者误伤等情况。

因此，根据不同风险种类，监管政策必须与各类金融风险之间形成有效匹配，切忌"一刀切"的生硬监管方式，激发普惠金融相关市场主体的积极性、主动性、创造性，构建竞争有序的普惠金融供给格局，在市场机制前提下实行差异化监管。例如，对大中型国有商业银行的监管，压实各方责任，健全金融风险问责机制，对重大金融风险严肃追责问责，有效防范道德风险。对于股份制商业银行、中小银行应该按照审慎监管要求整改违规信贷、保险、理财等金融活动，及时调整监管框架，落实信息报送等审慎监管要求，优化业务审批流程，提高业务审批效率，及时进行风险提示，解决好跨界交易、交叉产品的风险防范问题，激发市场主体活力和社会创造力。又如，对于互金平台、金融科技企业、小贷公司、融担公司、农信社以及农村小型金融机构保险公司的监管，坚持金融业务必须持牌经营原则，逐步统一技术标准、风险指标，特别在机器学习、知识图谱技术在交易风控、场景分析方面不能违反现行监管政策，形成系统、架构、接口、数据领域行业标准，将普惠金融业务纳入 KPI 考核指标，回归信贷本源，提升交易透明度，牢牢守住不发生系统性金融风险的底线。

总之，一个持续健康的普惠金融市场，需要在创新和监管之间找到一个平衡点，既要有效监控潜在风险，又要为互金企业发展提供足够空间，而不是简单"一禁了之"的严厉措施，或者"一竿子到底"的僵化思维。在有效控制风险前提下，扬长避短，适度扩张提供普惠金融的生存与发展空间，针对性地解决普惠金融发展中的短板问题，最大限度地减少因新冠肺炎疫情导致实体经济组织的经济损失，对互联网金融的监督和管理要留有余地和空间，而不是一味地从严管束。当然，如何找到这个平衡点，实践中确实很难，监管机构需要深入探讨，这是关乎互联网金融市场能否健康、稳定发展的重要问题。

四、功能监管原则

功能性金融监管体制更适应我国目前开展的混业经营。因为在今天的混业经营条件下，跨专业、跨行业和跨领域的金融创新产品将会层出不穷，越来越多的金融机构和非金融机构都介入普惠金融业务活动中，诸如商业银行、小贷公司、科技企业以及互金平台，仅仅局限于金融机构的监管就等于没有做到全覆盖监管，带来的金融风险是巨大而现实的。2019 年以后，金融市场经常发生 P2P"跑路倒闭"事件、众筹"欺诈"事件以及小贷公司挤兑事件，造成了社会投资者（机构）的巨大经济损失。几乎所有发生重大金融风险的经营性机构，大多数不属于金融机构，或者至少目前并没有纳入金融机构范围内，诸如小贷公司、P2P 机构、互金平台、投资公司、股权投资基金（包括产业投资基金）以及科技企业等。但问题是，产生的金融风险却是具有传播性的，可以借助市场和投资者（机构）很快传播到整个金融市场中，最后殃及所有的投资者（机构），给金融市场和全社会造成巨大经济损失。

正因为一项普惠金融业务活动可能涉及若干方面的金融功能，所以，我们应该在不同角度进行监管，不应将金融监管的覆盖面局限在金融机构范畴内，必须覆盖到非银金融机构、类金融机构以及非金融机构。因此，我们提倡对普惠金融采取功能监管方式，各金融监管部门的职能按照金融功能划分，实行各司其职、各负其责。在这种功能监管框架下，每家金融监管部门都不再直接监管金融机构，更加有利于各金融监管部门之间的监管协调和监管公正。而功能性金融监管恰恰可以有效地解决混业经营条件下金融创新产品的监管归属问题，避免监管"真空"和多重监管现象的出现。

功能监管也有利于促进我国普惠金融领域金融创新。金融创新的不断涌现是目前我国普惠金融领域发展的主要特征之一。混业经营对金融行业一大贡献就是能更好地促进创新产品的涌现。实行功能监管以后，监管层不必再通过限制金融创新产品的发展来维护金融业的安全，可将精力放在如何完善功能监管体制以实现对金融创新产品的有效监管上，更好地把握各种金融创新产品监管尺度，为我国普惠金融创新产品的发展开辟一个宽松环境。

功能监管还能够更有效地防范金融风险。如前所述，在金融业转向混业经营以后，跨行业、跨领域金融创新产品日益增多，我国涉及数字经济和互联网平台经济的监管部门包括多个部门单位，难免出现监管重叠和监管空白并存，引发的金融风险不再局限于个别行业，很有可能会危及整个金融行业。功能监管强调要实施跨产品、跨机构、跨市场监管，主张通过建立跨产品、跨市场、跨机构的金融监管体制，协调不同金融行业、部门的监管，可以使监管机构的注意力不局限于各行业内部的金融风险，从而提高金融监管效率。因此，从机构监管转向功能和行为监管，提高监管协调性，消除和减缓监管重叠和监管盲区并存现象，不再是传统的以单一机构为核心、全面承担金融链条上的全部风险。

第六节　普惠金融数字化监管重点

一、建立监管科技标准体系

普惠金融数字化监管涉及大量数据、系统和业务规则，标准作为"通用语言"是监管科技规范应用的前提和基础，是不可或缺的规则。曾经有学者提出，应借鉴国际监管科技成果经验，遵循业界通常做法，在系统设计、场景应用、接口统一等方面做好安全与便利之间的有效平衡，确保监管科技应用规范的先进性与可操作性。[1] 同时，进一步落实 2022 年 3 月 25 日中共中央、国务院《关于加快建设全国统一大市场的意见》中有关"（六）推进市场监管公平统一"的原则精神，加强监管科技标准化顶层设计，"加强市场监管行政立法工作……加强市场监管标准化规范化建设，依法公开监管标准和规则，增强市场监管制度和政策的稳定性、可预期性，健全统一市场监管

---

[1]　李伟：《监管科技应用的四大必要性和五大策略》，摘自《清华金融评论》2018 年 3 月刊。

规则"，①从基础标准、技术标准、应用标准、管理标准等方面健全普惠金融数字化监管体系，统一监管科技数据源，制定贯穿监管数据采集、交互、存储、自动化处理等各个环节的标准规范。

我国必须要推动大数据的标准化，这是进行大数据分析、人工智能运用的基础。目前中国人民银行相关部门在金融业综合统计、金融标准化方面正在积极推进相关工作，一些行业协会、自律组织也在推进相关的数据标准，制定相关行业规则和标准，有效规范市场进入和退出，为金融科技行业提供有序的公平竞争环境。对数据分析加强相关研究，与国际组织、各国中央银行进行合作，共同推进，主要有两个方面：一是由金融监管当局独立研究与开发金融科技系统，必须和中国金融市场的实际情况相匹配，不能盲目照搬照抄国外的经验和条款。二是大数据标准化程序、模型、指标可以由金融科技公司进行研发，但必须由监管当局、第三方进行评估，以确保开发的监管系统可以在使用之后再进行推广，形成适应整个行业的数据监管系统。而无论哪种发展路径，都需要成本投入，如果完全由监管当局承担这个成本，最后实际还是纳税人支付，这也不公平。因此，金融科技整个行业有必要分担一部分监管当局发展监管科技的成本。至于成本分担的方式，可以积极探索创新，如通过超级数据平台、依托股权为纽带，或者通过行业自律组织以及模式的创新等，为监管科技系统建设贡献自己的力量

二、强调平等的数据共享监管

传统的"自上而下"机构监管将监管者与被监管者对立起来，强制信息披露义务通常会引发被监管主体提供假数据或者不主动提供的问题，往往出现"一管就死，一放就乱"的局面。在科技驱动型监管模式下，监管模式将由监管方单一治理转为相关利益相关方共同治理，监管扁平化结构将取代过

---

① 参见《中共中央、国务院关于加快建设全国统一大市场的意见》，摘自"人民网"，2022年4月11日。

去层级制的监管。信息披露主体不仅包括金融机构、信用平台，还包括行业协会和政府部门。

在这个方面，英国定期监管报送制度可以适当借鉴。在英国，定期监管报送是企业的法定义务，而报送所得的数据对监管机构进行更为有效的监管来说至关重要。但由于没有统一的监管报送系统，各家被监管企业在向监管机构具体报送过程中，长期存在对 FCA/PRA 手册中相关规定的解释不统一进而导致各自报送的数据格式、要素、接口等不一致的问题，对后续数据的整理和使用造成障碍。并且由于解释相关报送规则和提交所需数据的成本太高，大多数被监管企业依赖于外部专业服务机构，成本最终会转嫁到消费者身上。因此，英国金融服务监管局（FCA）和英格兰银行（BoE）想寻求新的突破途径，即 FCA 联合 BoE 探索利用监管科技（RegTech）有效连接法律、政策、标准与公司交易软件程序、公司数据库进行自动化监管与合规的新方式——运行数字化监管报送制度，意在通过机器可阅读且可执行的监管报告，将企业合规义务与企业数据直接匹配，实现对"监管数据报送"的自动、实时处理，提高报送数据的准确性以及对新监管响应执行的及时性，提升效率、降低成本，提高数据的准确性和政策的灵活性，以期能够更广泛地造福消费者。[①] 具体包括：（1）利用数据建模，消除监管法规解释歧义；（2）探索法典化规制（法条）向自动化监管实践的转化机制；（3）探明推行"数字化监管报送"在政策、法律和治理三方面的挑战。2018 年 2 月，英国金融服务监管局还专门面向社会发布"征求意见书，要求使用科技手段实现智能化监管报送（Call for Input, Using technology to achieve smarter regulatory reporting），并相应抛出一系列征询问题。

监管者与被监管者构建平等的信息共享机制，形成一个有机的数据交互共享系统。监管机构、金融机构、互金平台和金融消费者都是平等参与主体，可以进行开放式交流，从各自视角了解监管目标、进程和需求，实现平等的监管数据共享和互利。

---

① FCA, Digital Regulatory Reporting Pilot Termsof Reference, June 2018, p. 1.

三、统合金融数据权保护

金融科技在很大程度上加剧了金融科技企业与消费者数据权益之间的冲突，消费者数据权保护问题迫在眉睫。全球很多国家都开始加强金融数据权的保护工作。2018 年，英国发布《支持金融科技公司与金融机构合作指南》，提出金融机构和金融科技公司在实施欧盟数据保护条例的同时，承担更多的用户信息的保护责任，并制定了比较完善的个人信息保护措施，比如，推出了金融服务补偿计划（FSCS），在英国金融行为监管局（FCA）注册登记的金融机构破产时，给予储户每人最高 8.5 万英镑的补偿，并将 P2P 网络借贷纳入赔偿范围。另外，美国《金融科技白皮书》曾指出，金融科技公司必须将消费者数据权保护置于第一位，必须保证消费者对自身数据的合法拥有和处理。美国单独设立金融消费者保护局（CFPB），先后颁布《2009 年金融消费者保护局法》《多德—弗兰克华尔街改革和消费者保护法案》。欧盟同样非常重视消费者数据的保护与金融科技所提供的机会和风险相协调，2018 年 5 月，欧盟通过了《通用数据保护条例》，适用于所有涉及在线或线下存储个人资料信息的行为，为金融科技的发展提供了有益的政策支持与监管框架构建。

在数据权问题上，我国金融数据保护工作进展得比较缓慢。一些互联网科技公司利用市场优势，通过已有的大数据来实现客户的精准画像，过度采集、使用企业和个人数据，甚至倒卖数据。这些行为没有得到用户充分授权，出现数据泄露和滥用等问题，严重侵犯个人隐私。虽然 2021 年实施的《民法典》已经明确了个人信息权、个人数据用益权受法律保护，《个人信息保护法》也制定金融数据安全保护条款，但基本上停留在原则规定上。互联网市场中横跨行业、产品交叉、信息重叠的创新活动带来了数据使用安全性不足、代理商欺诈以及个人隐私方面的巨大风险，很难继续沿用分割独立的保护模式保护，更难以适应互联网金融市场全覆盖、高强度和大跨度的严监管要求。

为此，我们在第八章"金融消费者数字化保护与在线解决方案"中专门建议组建隶属于央行的、全国统一的"金融消费者保护局"，对现有 3 家金融消费者权益保护机构进行整合，其中嵌入数字化监管原则、职能、方式和处罚制度，尤其对金融消费者、投资者数据保护作出专门规定，尽快明确各方数据权益，推动完善数据流转和价格形成机制，公平合理地利用数据价值，依法保护各交易主体利益，实现数据全生命周期的数据安全体系全监管，包括数据发现与分类分级，数据使用安全、数据流动安全、外部入侵安全，数据存储安全、态势感知等安全能力输出，构建全方位的数据安全保护体系，有效及时处理跨市场、跨行业的金融消费纠纷，为全国金融消费权益保护提供高效、完善的组织保障和功能保障，最大限度地保护金融消费者权益。

四、启动智能化动态监管

金融监管日益变得复杂且相互冲突，采取金融科技和监管科技是难以避免的。科技创新让监管更加透明，自动化的监管流程将有利于更有效的风险识别和监管合规，比如，人工智能和深度学习可以提供自动化的消费者保护、市场监测和审慎监管，利用代码来进行自动化监管（Regulate – Through – Code）区块链技术更使得诸如代码、硬件和其他约束行为方式的"结构"作用的快速扩张，区块链技术去中心化技术可用于科技驱动型金融监管。① 在这种模式下，监管者扮演着双重角色：制定法律法规；与技术专家合作，将法律法规内嵌于去中心化技术中并获得全网认可，使法律法规的执行通过代码实现。

数字化带来的主要好处是无须离线的人工干预，减少自由裁量带来的问题。监管者可以对现行监管规则的修改采用数据形式加以记录存储，以建立

---

① 通过代码来实现自动化的监管建立在数据和协议基础上的解决方案，数据主要包括风险数据（Risk Data）、交易数据（Transaction Data）和流程数据（Process Data）；协议简单来说就是监管规定、监管政策和合规要求的数字化。

统一的执行标准，反过来根据它可以自动修改其内部设置、自动更新规章制度和报告机制，同时也可以在金融机构与监管机构两端都采取自动化的程序进行处理，降低成本、提高效率和减少道德风险，数字化监管就会变得简单、直接。

五、监管创新和监管公平动态平衡

互联网平台企业利用算法操纵、算法合谋、大数据分析、技术性拒绝等高技术手段实施垄断和不正当竞争，更为隐蔽复杂，难以发现。单纯依靠传统监管手段，很难对互联网平台企业各种违规、违法行为进行识别和评估。于是，2018 年 3 月，欧盟就建立了金融科技促进者的"监管沙盒"，使初创公司更好地了解规则和监管期望，更快地进入市场。2017 年，美国国家经济委员会发布《金融科技白皮书》列出十条指导性原则，其中就有扶持金融服务的积极创新和创业，开创"监管沙盒实验田"，金融科技公司和金融机构可以将其产品和服务的技术标准进行可行性实验。2018 年 7 月，美国财政部发布《创造经济机会的金融体系：非银金融、金融科技和创新》报告，其中也有涉及金融监管体系改革、金融科技业态监管、监管沙盒等内容。

在普惠金融监管过程中，我们要善于利用监管沙盒监管模式，将数字化发展过程中出现的一些新业态放入沙盒中，给予其自由成长的空间。尤其是在新业态发展初期，可以适度放宽对其的监管标准，提高新兴科技企业进行创新的积极性，辅之以相应的税收和财政政策，提高数字经济行业和平台企业经营的社会效益与经济收益正相关性，实现效率提升和监管的动态均衡，适应数字时代技术发展要求，提升普惠金融监管水平。

同时，监管也必须考虑到用户。加快建设高效规范、公平竞争、充分开放的全国统一大市场，要在提高市场竞争的公平性上下工夫，不断推进市场监管公平统一。比如，健全统一市场监管规则。加强市场监管行政立法工作，完善市场监管程序，强化市场监管标准化规范化建设，依法公开监管标准和规则，增强市场监管制度和政策的稳定性、可预期性。

2019 年 4 月 17 日，欧洲议会批准了《关于提高在线平台交易的公平性和透明度规则》，旨在为企业和交易者在使用在线平台时建立一个公平、可信和创新驱动的环境。

当今世界，在线平台允许所有人快速有效地访问国际消费者市场，已经成为众多企业扩展业务的首选之地，同时也为非法的交易提供了空间，从而破坏了平台的创新潜力。欧盟认为，防止不公平的商业交易行为是在线平台规制的重中之重。2016 年 5 月，欧盟委员会针对在线平台的监管进行了内部沟通，确定需要作出更多努力以确保构建可信、合法、创新驱动的欧盟在线生态系统。2017 年，欧委会主席容克在 2017 国情咨文演讲中承诺欧盟要保障在线商业环境的公平、可预测、可持续和可信。为履行这一承诺，欧委会于 2018 年 4 月提出了《关于提高在线平台交易的公平性和透明度规则》，将其作为数字单一市场成就的一部分，并建立了一个关于在线平台经济的观察站。①

《关于提高在线平台交易的公平性和透明度规则》成为世界上第一个在线平台经济中建立公平、可信和创新驱动生态系统的监管尝试，并为更具创新性和竞争力的欧盟数字单一市场作出贡献，构建了良好的在线商业环境，有效推动了欧盟数字经济发展。

《关于提高在线平台交易的公平性和透明度规则》主要内容包括但不限于：规制对象为在线平台中介和一般在线搜索引擎。在线平台中介包括第三方电子商务市场（如亚马逊市场、eBay、Fnac 市场等），应用商店（如 Google Play、Apple App Store、Microsoft Store 等），商业社交媒体（如 Facebook 页面、制造商/艺术家使用的 Instagram 等）和价格比较工具（如

---

① 刘耀华：《欧盟通过提高在线平台公平性和透明度的新法规》，载 "CAIC 互联网法律研究中心网站"，2019 年 4 月 19 日。

Skyscanner、Google Shopping 等）。①

《关于提高在线平台交易的公平性和透明度规则》采取共同监管方式，要求在线平台中介机构和在线搜索引擎遵守法律义务，并鼓励其采取自愿的补充措施。首先，在线平台需要使其标准条款和条件更加透明，易于获取并提前公布变更。其次，在线平台不应该阻止用户公开其身份的做法。再次，如果在线平台决定限制、暂停或终止某个用户账户，包括将个别商品或服务除名或将其从搜索结果中删除，则需要向有关用户提供理由陈述，确保不侵犯用户的合法权益。从次，为解决企业与在线平台之间的纠纷，平台必须提供有效而快捷的方式，并得到用户的认可，否则平台单方面确定是无效的，用户可以不予遵守。最后，代表商业用户利益的组织和协会可以通过国家主管法院制止或禁止在线平台的违法行为，确保用户的合法权益。②

显然，这种监管方式不仅推动欧盟在线经济的增长和就业率的提高，该法规还为平台经济提供了可预测的监管环境，根据该法规，企业必须与在线平台建立更加可预测的关系，并预设和采取更加有效的方式来解决潜在的问题，使得在线经济的开展更加公平、透明。同时，该法规通过提高在线商业环境的可信度、可预测性，在线平台的使用更趋活跃，增加在线商业竞争，更多的商家参与进来，扩大了消费者选择范围，为消费者带来质量更优、价格更低的商品和服务，很大程度上保障了消费者的合法权益，一定程度上确保了监管创新和监管公平之间的动态平衡，值得我们学习和参考。

---

① 《关于提高在线平台交易的公平性和透明度规则》确定的商家不包括在线广告，也不包括在线零售商，如杂货店（超市）和品牌零售商（如 Nike. com），因为，此类在线零售商仅直接销售自己的产品，而不依赖第三方卖家。一般在线搜索引擎是指基于对主题的查询促进网络搜索，并提供与搜索请求相对应的各种格式的结果的在线搜索引擎（例如 Google Search，Seznam. cz，Yahoo!，Duck-DuckGo，Bing 等）。

② 刘耀华：《欧盟通过提高在线平台公平性和透明度的新法规》，载"CAIC 互联网法律研究中心网站"，2019 年 4 月 19 日。

六、重视数字化监管科技衔接与应用

在保持政策连续性基础上，金融监管机构需要加强监管科技与现有金融监管体系的有效衔接。在法律层面，坚持立法与监管科技应用相适应，通过立法明确数字化监管科技应用基本原则，完善监管数据安全管理要求，做好数据自动化采集、风险智能化分析等工作提供法律保障。在制度层面，围绕科技与监管深度融合的新特点，优化金融统计指标体系，分业态、分市场细化监管数据粒度、采集范围等，进一步完善金融监管框架。[①]

在应用层面，遵循以金融管理部门为中心、以金融机构为节点、以数据为驱动、具有星型拓扑结构的监管科技应用框架。事前将监管政策与合规性要求"翻译"成数字化监管协议，并搭建监管平台提供相关服务；事中向金融机构自动化采集监管数据，进而实现风险态势的动态感知与智能分析；事后利用合规分析结果进行风险处置干预、合规情况可视化展示、风险信息共享、监管模型优化等。

在科技层面，强化科技赋能，打造基于大数据风控模式的智能化风险管理体系，提升风险防控的前瞻性、精准性、有效性，借助数字技术大力发展普惠金融，激活数据资产监管机能，打造基于统一数据基座、一体化的数据治理体系，形成"以数连接、由数驱动、用数重塑"的数字化价值观，让数据持续释放生产力和创造力，打造基于客户体验和价值创造的数字化监管体系。

---

① 李伟：《监管科技应用的四大必要性和五大策略》，摘自《清华金融评论》2018 年 3 月刊。

第十章
普惠金融数字化展望与反思

数字时代的到来，个人以更加自主自愿的方式分享数字普惠金融带来的分工合作和市场红利，数据和信息正以前所未有的主动性融入普惠金融市场的创新、交易、分配和消费环节，达成高效的协同与协作。数字化金融更是成为重要的变革力量，其创新与应用为金融行业带来全价值链优化，也给普惠金融功能实现形式、市场组织模式、服务供给方式等带来潜移默化的影响，创造性地提高普惠金融市场的生产力，催生出许多互联网产业，越来越多的机构和个人成为与互联网平台连接的合作者，为在城市生活带来许多新的工作机会，提高收入水平，让这些新生力量逐渐融入所居住的城市，成为实现社会全面而自由发展的保障。

第一节　普惠金融数字化宏观任务

一、完善数字普惠金融顶层设计

首先，《推进普惠金融发展规划（2016—2020 年）》已经收官，未来在制定"十四五"时期第二个《推进普惠金融发展规划》，应该与时俱进，适当前瞻，设定"十四五"时期服务乡村振兴和鼓励引导数字普惠金融发展的板块内容，明确农村数字普惠金融的战略定位和发展路径，尽早出台配套方案细则。

其次，以"全国一盘棋"视角，结合 2025 年、2035 年和 2050 年等国家战略目标，中国银保监会和中国人民银行牵头，农业农村部、工信部、教育部和地方金融监管局等部门协同推进数字普惠金融战略发展目标，统一规划乡村数字基础设施建设、金融生态改善，促进农村数字普惠金融的均衡发展；加强对数字福利与数字公平的理论研究，夯实数字普惠金融理论体系；加快构建农村数字普惠金融的风险防控体系和数字安全体系，完善数字普惠金融组织体系，加强合作共享，建立更加全面的数字普惠金融指标监测体系。

二、数字化科学推进全共同富裕

共同富裕是中国式现代化的重要特征。个体工商户、"三农"群体、社会低收入群体和中小微企业，不仅是社会主要构成部分，更是市场经济的主体部分。每年中央"一号文件"更是将不发生规模型返贫作为两条底线任务之一，强调要重点发展农产品加工、乡村休闲旅游、农村电商等产业，凸显中央政府对"三农"经济的关注，推进共同富裕，让普惠金融触达农村群体已成为金融行业的重中之重。

全体人民共同富裕取得更为明显的实质性进展是 2035 年远景目标之一。2021 年 8 月，中央财经委员会第十次会议指出，要正确处理效率和公平的关系，构建初次分配、再分配、三次分配协调配套的基础性制度安排。"促进共同富裕"和社会财富"三次分配"意味着将有更多的社保民生支出和财政转移，以缩减收入差距。当然，促进共同富裕并不意味着"平均主义"，2021 年中央经济工作会议也再次强调，促进共同富裕首先要把"蛋糕"做大做好，然后通过合理制度安排把"蛋糕"分好切好，着力稳定企业家和经济市场。

相比于传统金融，数字普惠金融依托于 5G、人工智能、云计算、AIOT、区块链和大数据等金融科技，组织普惠金融服务活动，以数字化的方式帮助小微企业、个体工商户和农户获得可得的信贷资源。在效率层面，数字金融有效匹配大中小型企业与个人跨时间和空间的金融需求，优化各个企业和个人的资源配置，一定程度上降低整体金融创新活动的交易成本、物流成本、技术成本。金融稳定理事会（FSB）报告显示：金融科技通过改善信用风险，能令成本降低 15% ~ 20%，银行收入提升 5% ~ 10%。

另外，数字普惠金融通过利率优惠和定向信贷等方式发挥出技术创新溢出效应，优化要素资源配置，直接促进产业结构升级。腾讯研究院发布的

《数字中国指数报告（2020 年）》指出：2020 年，中国数字经济核心产业增加值占 GDP 比重达 7.8%，数据成为国民经济的重要战略资源，共享数字经济成果，推动公共资源优化配置已经成为现阶段国内经济稳定发展至关重要的因素。

今天，以数字原生为代表的数字技术正在加快产业数字化转型的步伐，数字化已经成为推动共同富裕的关键抓手，有助于解决普惠金融面临的难题。比如，数字化转型有助于降低金融行业的准入门槛，加快形成共同富裕政策框架，并以数字赋能推动政策集成化、全程化和精准化，倒逼放松金融管制，使民营企业、农村经济组织获得更多金融市场准入和公平竞争机会，发挥技术、资源和经验优势，带动更多企业和个人共同致富。

三、扩大乡村振兴帮扶力度和普惠程度

（一）建设"双优"数字乡村

2021 年 12 月 26 日，中央农村工作会议强调，随着我国消灭绝对贫困战略目标的实现，未来普惠金融将围绕巩固脱贫攻坚成果展开，战略重点是从聚焦消灭绝对贫困逐渐过渡到满足人民群众更高生活需求的乡村振兴，进一步做好脱贫攻坚成果与乡村振兴衔接，把有致富需求的农民纳入现代化产业链条之中，构建面向农业农村的数字化综合服务体系，提高农民、涉农小微企业、农村贫困人口金融可得性和满意度，让摆脱绝对贫困的农村转变为金融环境、生态环境的"双优"美丽乡村。

解放和发展乡村数字化生产力，激发乡村内生动力为主攻方向，以促进农业农村经济社会数字化转型为重点，积极探索数字乡村发展新模式，在促进农业产业升级、农村社会进步、农民提升发展方面取得了良好成效，推动产业数字化加快了农业产业的转型升级，推动便民服务数字化增强了乡村群众的获得感。

随着乡村新基建的不断完善、数字化改革的不断推进，数字乡村建设将成为乡村振兴的新引擎、成为共同富裕的新平台、成为现代化和美乡村的新名片，发挥高速互联网、5G、大数据等云网融合的优势，建设数字乡村云平台，提供智慧村区服务平台接入，提供远程教育、接入远诊医疗、推建创业平台、定制化生活服务等场景建设，支持未来乡村试点建设。

（二）乡村振兴落地推手

数字技术改变了农村居民的消费方式、休闲方式和社交方式，提升场景化、智能化、线上化运营能力，让每一个乡村社员都可以享受到数字化服务，农民可以在不破坏自然环境的情况下从外部获取农业生产技术，通过电商平台、社交网络、在线旅游和外卖平台等渠道，将本地的特色商品、自然风光、文化旅游资源及时发布出去、销售出去，带动乡村旅游、餐饮及民宿产业的发展，带动现代农业、创意设计等相关产业的崛起，真正落实绿色发展理念。

（三）提供数字化服务手段

地方法人银行、农商行、小贷公司、融担公司、保险公司依托大数据服务当地农户、涉农小微企业和私人农场，改进农村地区获客渠道、营销方式，推动购物消费、体育健身、旅游休闲、交通出行等场景供给和数据共享，打造跨条线、跨层级、跨部门的金融创新产品，拓宽涉农领域直接融资渠道，提高农民、涉农小微企业、农村低收入人口金融可得性和满意度，推动农村普惠金融常态化发展。

（四）建立数字化返贫致贫援助机制

探索建立防范化解因病返贫致贫的数字化援助机制，诸如特困人员、低保对象、低保边缘户以及当地返贫致贫人口、脱贫不稳定户、因病因灾因意外事故等特定人口，发现一户监测一户帮扶一户，给予必要资金帮助，及时做到"早发现、早干预、早帮扶",让社会低收入群体、返贫人群都能分享到更多的改革红利,合理平滑消费,为第三次分配提供金融支持。为此,有学者建议加强普惠金融返贫治理机制设计,完善返贫预警识别机制,提高普惠金融返贫治理的效能,建立风险分担和补偿机制。[①]

➤➤【案例 10 – 1】

　　自 2020 年 12 月以来,张家口等地发生暴雪灾害,河北省乡村振兴局指导张家口市针对暴雪灾害开展防止返贫排查,共排查张家口市受灾影响的 9 个县区 46 个乡镇 90 个行政村,排查出受灾影响农户 975 户,共计 2749 人;农作物受灾面积 65.61 公顷,大棚损坏 5105 座,积极落实帮扶措施,未出现因灾返贫致贫人口。

　　案例来源:《河北对受灾农户早发现早干预早帮扶》,摘自《长城网》,2021 年 12 月 19 日。

四、数字科技与普惠金融协同共进

(一)促进数字化普惠金融进程

　　根据国家统计局和最新人口普查数据:在 1.5 亿家纳税企业中,90% 是中小微企业;而在 14 亿人口中,有 6 亿人是农民。如何透过数据来解读中小企业的数据资产,构建农业生产经营主体画像,确实成为金融科技企业与普惠金融共同面临的一大任务。

　　一方面,越来越多的商业银行、互金平台、小贷公司以大数据、人工智能、云计算、物联网等数字化技术与普惠金融业务结合,实现"线上化 + 移

---

　　① 宋彦峰:《普惠金融防止返贫的响应机理及长效机制——基于贫困脆弱性视角》,摘自《南方金融》2021 年第 1 期。

动化＋智能化＋敏捷化"创新实践，发挥大数据作用，全面推进业务智能化改造，形成申请、审批、签约、用款、贷后全线上操作，让数据系统"多跑路"、民营企业"少跑腿"，提高融资效率，实现金融科技的"真创新"，提升数字化服务能力。例如，针对普惠金融客户主体数量多、规模小、抵质押品少特点，金融机构依托数字技术，推进传统银行网点的智能化升级，拓展对电商、信贷和保险等需求信息采集功能，更好地支持城镇、县域和农村地区的小微企业发展。

另一方面，借助数字技术，对农业农村和中小微企业数据进行大量解读，将实体经济数据转化为金融资产。例如，天津产权交易中心成功推出农保直连模式，帮助一批新型农业经营者解决保证金不足的问题，实现投标土地的快速流转、种植规模的扩大。中国农业银行天津分行通过银农直连模式，与当地农业农村局和村集体合作，打通三资管理平台，通过数据流转，一村一策，实现整村授信，帮助当地涉农产业解决发展的资金问题。①

（二）谋划城镇乡村电商布局

由地方政府部门统筹安排，鼓励电商在城镇、乡村铺设服务中心，联合企业、农户、超市和金融机构，提升对周边企业和农户的覆盖面积和服务质量，实现农业生产、加工、销售、物流等环节与电商平台的有机整合，拓展数字普惠金融应用场景，全面提升医疗、出行、生活缴费、教育等的数字化水平，打通不同机构之间的信息孤岛，提升农村金融服务的整体数字化水平。

（三）加强数据管理和使用

明确数据治理归口管理部门，加强数据标准化、元数据和主数据管理工作，加强生产现场、服务过程等数据动态采集，建立覆盖普惠金融全业务链条的数据采集、传输和汇聚体系，创新数据融合分析与共享交换机制，强化

①　马洪杰：《数字技术助力普惠金融的机遇与挑战》，摘自《人民代表报》，2022年3月10日。

业务场景数据建模，深入挖掘数据价值，提升数据洞察能力。

2021 年 11 月，工信部印发了《"十四五"大数据产业发展规划》，聚焦推动产业高质量发展、重构数据价值体系、夯实产业基础、促进产业链稳链强链、营造良好生态 5 个方面目标，提出了 6 个方面主要任务和 6 个专项行动。2021 年，北京国际大数据交易所、上海数据交易所、深圳数据交易所先后成立，加强数据在使用、交易过程的管理，在数据流通中共享技术支持，包括数据资产管理、数据集成、数据存储、数据交换、数据安全等。金融科技公司可以考虑推出数据要素交易的技术解决方案，帮助金融机构在满足监管和合规要求的情况下对外提供数据相关的技术及金融服务。[①]

在促进数字经济发展与数据安全保护之间把握好动态平衡，构建新型数据管理和使用体系，探索数据驱动的弹性监管和柔性治理模式。从区别性监管转向公平性监管，转从专业性碎片化监管转向中央整体监管和大部制协同监管，从强制性惩戒性监管向自主性激励性监管，在监管工具上，要积极利用信用监管和智慧监管。

五、落实普惠金融数字化制度保障

（一）分类选择数字化业务架构

从我国多地农村调研结果看，当前许多机构仍然只是在形式上进行了数字化尝试，或者只是将填表过程进行了电子化。由于显著的禀赋差异，不同机构在数字化转型过程中面临着不一样的挑战。

对于大机构而言，仅仅在原有业务架构的基础上增加 IT 投入并不足以真正实现数字化，同样重要的是对业务流程、组织架构进行重塑，建立扁平、接近客户的业务架构，将数字化融入企业运营的血脉中，提升应对数字竞争的决策效率。

---

① 参见德勤《中国银行业 2021 年发展回顾与 2022 年展望》。

对于中小机构而言，选择能够扬长避短的数字化战略。农商行、农信社、村镇银行即使能够搭建独立的数字平台，也难以和大平台持续竞争。然而，这些机构利用其本地化运营网络，往往具有服务县域以下市场的运营优势，通过建设统一的农信平台，抱团数字化降低成本，将省内各地小法人机构"店铺化"，既汇集了足够资源来进行平台建设，又实现了众多中小机构数字化发展的目标。[①] 比如，提供面向非金融企业的金融解决方案。以司库建设为例，2022 年 1 月国资委发布 1 号红头文件《关于印发〈关于推动中央企业加快司库体系建设进一步加强资金管理的意见〉的通知》，再次强调数字化司库体系建设的重要性。

随着数字信息技术快速演进、金融支付手段迭代更新，企业创新发展步伐加快，以及对金融资源统一调度和管理的需要，企业传统的资金管理模式走向司库体系建设是一条必经之路。以此为契机，金融科技公司积极开拓母行客户资源，通过自研、合作、外购等相关操作，快速构建司库管理解决方案，满足国资委推动中央企业加快司库体系建设，帮助中央企业加强资金管理。

（二）兼顾适当性与平衡性

当前，在普惠金融开展过程中，数字化创新业务需要处理好适当性和平衡性的关系。适当性是指业务体系设置、机构能力与经营目标相适应，与社会经济环境和监管制度相适应，构建起能够灵活适应的业务管理体系。平衡性是指处理好战略规划、组织架构、运作模式、资源调配关系，保持好各利益相关方的诉求，兼顾好财务目标和社会目标的关系，把控好风险和收益的关系，处理好合规与创新的关系。

---

① 参见中国人民大学中国普惠金融研究院《构建普惠金融生态体系——中国普惠金融发展报告（2021）》。

（三）建立个人数据保护细则

目前，我国以《国家安全法》《网络安全法》《数据安全法》《个人信息保护法》《关键信息基础设施安全保护条例》《网络安全审查办法》以及 2022 年 4 月 6 日公开征求意见的《金融稳定法》等法律法规构成了个人数据保护的基础性制度，这将进一步规范数字化转型过程中的数据合规管理，保护用户权益。

应该讲，金融行业拥有海量客户数据，同时也面临着比其他行业更大的合规压力。金融科技公司走在金融服务创新最前沿，应该不断在数据合规领域取得专业认证，提供数据合规方面的解决方案，例如，多方安全计算、联邦学习、同态加密等隐私计算工具等，为企业的数字化转型提供数据合规的技术保障。

数字化转型的加速推动，金融与科技融合趋势下的新生态将出现更多新模式和新场景。尤其是近期出现的元宇宙现象，沉浸式的金融客户陪伴、金融产品的实时创造都有可能成为金融服务热点。建议尽快推出《金融消费者隐私权保护条例》，强调身份识别系统的保密性、安全性，对个人隐私信息收集、披露和告知、使用、管理、存储与保密、删除与更正、跨境传输、外包服务管理等进行全链条优化，强化知情权和选择权，确保城镇低收入人群、农民、老年人等金融知识欠缺和金融保护意识较弱群体的合法权益不受侵犯，对于顶着"数字普惠金融"帽子、行网络金融诈骗、非法集资之实的不法行为施以重拳，制定可操作的处罚细则，解决数字金融带来的对消费者侵犯的相关问题。

六、数字化教育改革与人才培养

（一）更新金融教育理念

数字经济发展需要全新的数字化人才，需要高等教育来支撑。事实上，当前的高等教育作为人才的供给方，确实正在以支撑引领国家现代化为目标，以适应新一轮科技革命的迫切要求为出发点，以更高的站位和更宽广的视野，推进自身的变革，实现内涵发展，全面提升人才培养与社会需求的契合度，促进教育和产业、创新的有效链接。

（二）优化金融学科专业结构

全面推进新金融学科建设，引导高校全面优化金融专业课程结构，发展新兴前沿金融学科专业，提高金融服务社会、服务百姓的能力。目前来看，我国金融教育还面临着很多问题，比如金融教育理科化、金融工程模型化、金融服务概念化，真正的普惠金融人才综合实践能力十分缺乏，所学金融知识技能与金融市场发展和金融产业需求不完全契合。这对我国未来金融科技、金融产业和金融市场的发展形成了巨大阻碍。

为此，新金融教育系统更强调学科的实用性、交叉性与综合性，在人才培养上，针对互联网金融市场的新兴专业有人工智能、数据科学与大数据技术、机器人工程、网络空间安全等，也包括传统金融理论和货币银行理论，注重以金融产业和数字技术发展的最新成果推动金融教育改革，设计符合市场发展的课程安排，希望实现从学科导向转向以产业需求为导向，从专业分割转向跨界交叉融合，从适应服务转向支撑引领，打造工程教育开放融合新生态，培养卓越复合型工程师。

（三）塑造教学新形态

传统的以"教"为中心的课堂教学反映出标准化、模板化的生产方式特征，但很大程度上忽略了学习者的个性化需求。当前为适应金融产业发展需求，高等院校金融教育需要采取一系列措施加快推进"教为中心"向"用为主导"转移，比如推动教学方式改革，打造金融市场实践课，以人工智能技术推动智慧教学。尤其在教与学的双边活动中，注重彰显学生的主体地位，让学生真正在金融学习过程中彰显独立性、自主性和选择性，让金融市场中的"实践价值"大于金融课堂上的"知识价值"。

（四）加强金融伦理教育

加强金融科技伦理教育培训和知识，将金融科技伦理作为高等院校金融科技专业的重要教学内容，强调金融市场必须"以人为本"，遵循公平公正公开原则，普及伦理先行、风险必控、及时改正的理念教育。

第二节　普惠金融数字化中观任务

一、持续完善数字化金融"新基建"

2022 年 1 月 4 日，中国人民银行在《金融科技发展规划（2022—2025）》中提出 8 个方面重点任务，其中 6 项任务是与数字金融或者数字金融基建存在关联。[①] 随着金融服务不断数字化，数字化金融需要从硬件、软件和数字环境 3 个方面解决"新基建"的包容性问题。[②]

---

① 《金融科技发展规划（2022—2025 年）》规定：第一项是强化金融科技治理，全面塑造数字化能力，健全多方参与、协同共治的金融科技伦理规范体系，构建互促共进的数字生态。第二项是全面加强数据能力建设，在保障安全和隐私前提下推动数据有序共享与综合应用，充分激活数据要素潜能，有力提升金融服务质效。第三项是建设绿色高可用数据中心，架设安全泛在的金融网络，布局先进高效的算力体系，进一步夯实金融创新发展的"数字底座"。第四项是深化数字技术金融应用，健全安全与效率并重的科技成果应用体制机制，营造合作共赢的产业生态，打通科技成果转化"最后一公里"。第五项是健全安全高效的金融科技创新体系，搭建业务、技术、数据融合联动的一体化运营中台，建立智能化风控机制，全面激活数字化经营新动能。第六项是加快监管科技的全方位应用，强化数字化监管能力建设，对金融科技创新实施穿透式监管，筑牢金融与科技的风险防火墙。
② 数字包容（Digital Inclusion）专门用于解决政策层面的机会、获取、知识和技能的问题，相对于数字素养（digital literacy）和数字鸿沟（Digital Divide），数字包容是一个更广泛的概念。数字包容具体包含 3 个方面，访问、采用和应用。参考 https：//digitalinclusion. umd. edu/content/what - digital - inclusion。

（一）完善"硬件"基建

数字"新基建"的实现需要从产业上游重新建立支持更高级数字服务的基础设施，包括支持高速互联网接入的 5G 基站、支持云计算运行的大数据中心、支持数据搜集和分析的各类数据捕捉设备和支持金融包容的应用的服务终端等，诸如人工智能设备、智能触控设备等。

根据国家发展改革委 2022 年 2 月的安排，8 个国家算力枢纽节点和 10 个国家数据中心集群完成批复，全国一体化大数据中心体系完成总体布局设计，"东数西算"工程正式全面启动。监管金融科技发展规划中也提到打造新型数字基础设施任务，金融科技公司可依托在 IT 基础设施、数据中心、云计算、网络安全等的经验和技术积累，以数据中心工程建设与运营运维服务为抓手，积极投身"东数西算"工程建设。①

其中一个比较重要的是数据平台。数据作为新型生产要素，只有流动、分享、加工处理才能创造价值。未来的经济活动都将建立在数字化和数据支撑的基础上，可以说"无数据不经济"。

下一步，建议立足信息公开、服务输出、数据开放要求，统一数据开放标准和数据质量，设立国家类"数据银行"，由国家成立专门机构统一管控，负责关键数据的采集、传输、存储和确权等，最大限度地保障关键数据安全和国家安全，推进公共数据开放和基础数据资源跨部门、跨区域共享，鼓励合规分析利用，提高数据应用效率和使用价值。② 例如，人脸、指纹、DNA 等个人生物特征数据都是关键数据，具有唯一性和不可再生性特征，一旦被窃取将无法追回，将对个人隐私保护带来不可逆的风险，需要对相关企业和平台的信息采集进行严格管理，只允许针对企业产品的特性进行必要的数据采集，不得过度、无序、随意地采集，充分运用区块链、超级计算技术等，

---

① 参见德勤《中国银行业 2021 年发展回顾与 2022 年展望》。
② 黄波涛：《加强平台监管促进数据安全管理》，摘自《经济参考报》，2021 年 8 月 10 日。

引导企业从"数据银行"提取脱敏后的分级分类数据，展开分析应用，同时不拥有关键数据的所有权，可保障数据使用的安全，有助于妥善处理重要数据及核心数据等，加强数据安全的管理。

（二）健全"软件"基建

数字"新基建"基础软件包括操作系统、数据库系统、中间件、语言处理系统、办公软件等。2019年，我国新基建基础软件市场规模已达到442.5亿元，预计到2023年全球中间件市场规模将达到434亿美元，到2026年全球数据库市场规模将达到1150.5亿美元。①

全面打造面向科技企业的数据治理技术方案。良好的数据治理是企业数字化转型的基础，金融科技发展规划和数字化转型指导意见都重点要求金融机构持续加强数据治理。数据治理体系框架一般包括数据治理顶层设计、数据管理、数据应用与服务的从上至下指导和从下而上推进的多层次、多维度、多视角框架。大中型商业银行在数据治理领域都有自己的良好实践，但是，中小型银行在能力上与大型金融机构有较大差距，金融科技公司借助母行的经验完全有能力在这一领域帮助中小型银行，提供如数据标准的落地、数据资产目录的梳理、数据管控工具的建设、数据安全实践、数据架构设计等众多技术方案。②

（三）净化网络空间和数字环境

在发展新型网络安全防护技术的同时，还必须持续加强网络安全保障体系建设，开展网络安全的规章制度建设。《数据安全法》《个人信息保护法》《关键信息基础设施安全保护条例》《网络安全审查办法》等多项网络安全领域法律法规已陆续出台，进一步保障了网络安全。但是，还需要不断净化网

---

① 参见《鲲鹏计算产业发展白皮书》，载"华为云"网站，2022年8月15日。
② 参见德勤《中国银行业2021年发展回顾与2022年展望》。

络空间和数字环境，开展高级威胁防护、态势感知、监测预警等关键技术研究，建立安全可控的网络安全软硬件防护体系，打破行业壁垒，提升攻关效率，实施国家基础网络安全保障能力提升工程，增强网络安全平台支撑能力，推动全面加强网络安全保障体系和能力建设。

二、分类构建数字化治理机制

（一）加强互联网平台治理

伴随平台经济的快速发展，应不断加强相关法律法规建设、压实平台主体合规责任。在鼓励平台企业创新技术应用、提升产品服务质量的同时，加大平台反垄断监管力度，促进行业健康有序发展。中央财经委员会多次强调，把握平台经济发展规律，建立健全平台经济治理体系，目的就是优化平台运行规则和平台营商环境，促进行业健康发展。因此，重点在于强化互金平台的治理体系，包括完善违法内容举报与处理披露机制，引导平台企业及时主动公开违法违规内容自查处置情况，及时预警排查重大风险隐患，鼓励平台企业将更多资源用于创新技术应用，提高产品服务大众水平，推动我国数字经济发展、推动更好地造福劳动人民。

（二）强化技术规则治理

我国已陆续出台《常见类型移动互联网应用程序必要个人信息范围规定》《互联网信息服务算法推荐管理规定》等规章制度。针对当前人工智能运用中存在的算法同质化、算法黑箱、模型缺陷等潜在风险问题，中国人民银行2021年3月26日专门发布了《人工智能算法金融应用评价规范》，建立了人工智能金融应用算法评价框架，提升了人工智能技术在金融领域应用与管理水平。但依然不够，需要不断完善数字技术应用审查机制和监管法律体系，开展技术算法规制、标准制定、安全评估审查，发挥国家科技伦理委员会统筹规范和指导协调作用，加快构建科技伦理治理体系，加大社会公众数字技术安全风险教育宣传，提升社会各界技术风险防范和责任意识，为科技创新发展保驾护航，实现科技向善，全面提升技术治网能力和水平，规范数据资源，使创新科技为人类所用，防范大数据等新技术带来的风险。

（三）加强网络空间治理

网络不是法外之地。天朗气清、生态良好的网络空间符合人民利益；相反，乌烟瘴气、生态恶化的网络空间并不符合人民利益。网络内容建设是净化网络空间环境的关键，是数字化发展治理体系建设的发力点。我国已陆续出台《互联网宗教信息服务管理办法》《网络直播营销管理办法（试行）》等规章制度，促进网络空间内容治理，未来还需进一步健全数字化发展治理的法律法规体系，需要持续强化网络内容治理，不断加强网络空间行为规范建设，确保发布信息符合法律、符合道德和积极向上，培育符合社会主义核心价值观的网络伦理和行为规范。

三、数字化手段分散金融风险

（一）贯彻网络数字化法治原则

数字技术的广泛应用，在改变人们生活和交往方式的同时，也深刻影响人们的行为和思考方式以及价值观念和道德观念，带来了潜在风险。例如，个人信息和数据泄露带来个人隐私保护风险、算法推荐加剧"信息茧房"、人工智能技术带来伦理安全风险等。为应对数字技术带来的风险挑战，互联网服务管理模式应提出新的更高要求。为此，针对群众反映强烈的网络生态乱象，要不断压实网站平台信息内容主体责任，不断完善网络实名法律制度，推进社会公众数字身份管理体系建设，加大数字身份管理体系标准化整合衔接，推动网上网下同心圆中的主体更加统一，网络空间与物理空间深度融合，鼓励社会主体依法参与网络内容共治共管，畅通社会监督、受理、处置、反馈、激励闭环流程，激活社会共治积极性，深入推进"清朗""净网"系列专项行动，加强相关领域保护措施落实情况的监督检查，促进网上主流思想舆论不断壮大，用法治手段持续净化网络空间。

（二）建立全流程风险防控流程

立足互联网技术和数字化管理思维，打造线下线上业务风控体系，核心体现在"六位一体"风险防控体系：一是持续推动模型迭代升级，不断完善模型数据积累，提升客户评价有效性，把好风险防控"第一道关口"。二是引入贷款核销、不良客户名单、信用卡伪冒或盗用、司法被执行人、严重违法失信企业等信息，切实阻断欺诈风险。三是针对虚假套贷、资金挪用、客户信用恶化、客户资质变化等加强风险实时监测。四是通过小企业中心或普惠业务支持团队，提高集约化业务处理和专业风控能力。五是线上公证环节内置于业务流程中，客户在线签署公证协议。六是将关键动作及管理要求纳入系统自动控制，减少人为干预，规避操作和道德风险。

（三）健全新技术监管手段

数字化新技术不断迭代升级，对数字化治理提出了更高要求，需要不断完善以技术管技术、以技术治技术的监管治理体系。一方面，针对技术发展出现的问题，加快制定标准体系，适时出台行业技术发展标准，促进整个行业产业链加速形成；另一方面，建立数字技术应用审查机制，开展发布前安全评估审查，有效避免可能出现的各种风险。针对人工智能、无人驾驶等新技术，开展技术伦理基础研究，加快构建科学有序的技术伦理治理体系。

（四）探索多元分担风险机制

探索商业银行、政府风险补偿基金、保险公司、担保公司四方分担机制，完善普惠金融数字化风控体系建设。比如，在农村，建立"模型＋客户"双重管理的线上贷后管理新模式，丰富农村普惠金融风险预警指标，优化农村经济组织风险识别系统，推动融资担保和再担保功能，解除银行后顾之忧。在城镇，鼓励商业银行、城商行新抵押担保方式和融资工具，发展知识产权、股权、仓单、订单、应收账款等质押贷款业务，扩大小微企业、个体工商户物权抵押范围，逐步提升发放信用贷款比重，推进动产和权利担保登记平台建设。

第三节　我国普惠金融数字化微观任务

一、"专精特新"数字化服务中小微企业

（一）数字赋能促进升级改造

2013 年，在工信部发布的《关于促进中小企业"专精特新"发展的指导意见》中，将"专精特新"概括为专业化、精细化、特色化、新颖化，并提出具体内涵（见表 10 - 1）。①

表 10 - 1　专精特新主要分类和内容

分类	具体内涵
专业化	专注核心业务，提高专业化生产、服务和经营能力，为大企业、大项目和产业链提供零部件、元器件、配套产品和配套服务
精细化	精细化生存、精细化管理、精细化服务

---

① "专精特新"概念最早于 2011 年 7 月由时任工信部总工程师朱宏任在《中国产业发展和产业政策报告（2011）》新闻发布会上提出，报告指出要大力推动中小企业向"专精特新"方向发展，即专业、精细管理、特色和创新。2018 年 11 月工信部发布《关于开展专精特新"小巨人"企业培育工作的通知》以后，就逐渐将"专精特新"设置为中小微企业的培育目标。

续表

分类	具体内涵
特色化	利用特殊资源，发挥传统技艺，采用独特工艺、技术、配方或原材料，生产具有地方或企业特色的产品
新颖化	开展技术创新，生产或经营模式创新，形成新的优势

资料来源：中国政府网、国海证券研究所。

由于数字化转型投资周期长、成本高，中小企业在技术、资金、人才等方面相对匮乏，试错成本和转型风险较高，导致数字化改造升级内生动力不足，常面临"一转就死、不转等死"的难题。因此，善于利用数字赋能，强化升级改造"老旧小破"中小企业，把握数字技术发展趋势，通过数字赋能推动传统中小企业转型升级，成长为"专精特新"中小企业。

自2018年以来，不少省市也出台了相关政策，落实培育国家、省、市、区（县）级专精特新企业。各省市纷纷出台奖补政策，以财政补贴、提供融资服务及人才引进等方式对区、市、省级"专精特新"企业及制造业单项冠军进行补贴，推动中小企业集中、集聚发展，鼓励智能化、数字化、绿色化发展，通过在北京股权交易中心"专精特新板"为企业进行投融资培训及支持企业在新三板挂牌等方式，加大融资支持、上市培育力度（见表10-2）。

表10-2 我国"专精特新"中小微企业发展政策一览表

时间	文件名称	主要内容
2012年4月26日	国务院《关于进一步支持小型微信企业健康发展的意见》	鼓励小型微型企业发展现代服务业，走"专精特新"道路，积极与大企业协作配套发展
2013年7月16日	工信部《关于促进中小企业"专精特新"发展的指导意见》	加强对"专精特新"中小企业的培育和支持，促进中小企业邹专业化、精细化、特色化和新颖化发展之路，不断提高"专精特新"中小企业的数量和比重，增加金融信贷支持力度
2018年11月26日	工信部《关于开展"专精特新""小巨人"企业培育工作的通知》	决定在各省级中小企业主管部门认定的"专精特新"中小企业基础上，培育一大批"小巨人"企业
2019年4月17日	中办、国办《关于促进中小企业健康发展的指导意见》	以"专精特新"中小企业为基础，培育一大批主营业务突出、竞争力强、成长性好的"专精特新""小巨人"企业，加大银行信贷的支持力度

续表

时间	文件名称	主要内容
2021年1月23日	财政部、工信部《关于支持"专精特新"中小企业高质量发展的通知》	2021—2025年，中央财政累计安排100亿元以上奖励资金，引导地方完善扶持政策，分三批重点支持1000家国家级专精特新"小巨人"企业高质量发展
2021年3月11日	十三届全国人大四次会议	提出推动中小企业提升专业化优势，培养"专精特新""小巨人"企业和制造业单项冠军企业

注：周波青制表。

截至2022年1月31日，我国共有"专精特新""小巨人"企业4922家，其中A股上市公司总计351家。工信部分别于2019年5月、2020年11月和2021年7月公布了三批"专精特新""小巨人"企业名单，其中，2019年公布的第一批"专精特新""小巨人"企业共248家，上市公司41家；2020年公布第二批"专精特新""小巨人"企业共1744家，上市公司170家；2021年公布第三批"专精特新""小巨人"企业共2930家，上市公司140家。上市公司中共有188家制造业单项冠军，其中24家为国家级"专精特新"企业。[①] 今天，"专精特新""小巨人"企业都是中国经济高质量和可持续发展的重要力量，成为产业链现代化的重要组成部分。

（二）加大高科技项目信贷投入

商业银行、互金平台、农商银行、小贷公司和农信社开展"专精特新"小额信贷服务，加大对小微企业、科技创新、绿色发展的支持，打通生产、流通、销售、消费环节，启动一批产业基础再造工程项目，拓展人工智能、3D传感器、人脸（指纹）识别技术、机器学习、自然语言处理、交易风控、舆情分析等场景应用，不断降低迭代和试错成本，为小微企业提供低成本、

---

① 参见《"专精特新"深度研究报告》，转载"中关村金融科技产业发展联盟网站"，2022年4月7日。

中长期的普惠型小额贷款，在提升产业链供应链稳定性、构建双循环新发展格局中发挥作用。从长远看，"专精特新"中小企业有能力在细分市场上成长为全球头部企业，有助于弥补我国在关键领域的短板，有效解决"卡脖子"难题。

2021年1月，财政部、工信部联合出台《关于支持"专精特新"中小企业高质量发展的通知》，提出"十四五"期间，针对中小企业发展预计给予累计100亿元以上的资金补贴。中国人民银行数据显示：近年来，我国商业银行加大对"专精特新"中小企业信贷支持。截至2021年12月末，我国"专精特新""小巨人"企业整体获贷率超过七成，户均贷款余额为7526万元，小微企业融资继续保持量增、面扩、价降的良好态势。[①]

(三) 破解小微融资难题

商业银行自2018年起着手打造数字普惠，在金融科技战略的保驾护航下，充分发挥企业级数据管理和应用优势，逐步探索出"五化三一"普惠金融新模式和新体验，聚焦小微企业融资需求痛点，从交易、结算、纳税、采购等场景切入，形成了"云""快""善"数字化普惠金融产品谱系，实现新产品的按需、快速定制。[②] 截至2021年12月末，中国建设银行上海市分行线上普惠金融贷款占普惠贷款总额的78%。中国建设银行持续迭代升级数字普惠产品，2021年，创新上线了"善新贷""商户云贷"，优化了"云税贷""抵押快贷""沪惠贷"等多款线上产品，力求实现普惠金融的扩面提质。此外，建行"惠懂你"App以客户体验为中心，打造小微企业"互联网获客+全线上信贷业务流程""一站式"服务平台，截至2021年12月末，上海全

---

① 孙璐璐：《新趋势！大量民企转向"专精特新"，银行信贷如何跟进?》，载《澎湃》，2021年11月26日。

② 所谓"五化三一"指的是批量化获客、精准化画像、自动化审批、智能化风控、综合化服务，"一分钟"融资、"一站式"服务和"一价式"收费。

市已有超过 3 万家小微企业和个体工商户通过该 App 获得了授信额度。①

（四）重塑全生命周期风险防控模式

建立覆盖全生命周期的中小微企业数字化风险管理体系，降低不良率、坏账率以及运营成本，提高小微信贷收益，解决银行"怕贷"难题，建立健全公司管理制度，完备风险防控体系，使之系统化、标准化、流程化、可实操化，便于遵守和执行。

二、提供"数字鸿沟"解决方案

（一）数字鸿沟由来

在过去十几年中，数字技术在普惠金融领域得到了广泛应用，可以说普惠金融领域数字红利造福了千家万户。但是，数字技术也确实给老年人、文化程度不高人群、残疾人等特殊群体带来了一些"数字鸿沟"问题。最早关于"数字鸿沟"来源于美国国家通讯与信息管理局（NTLA）在 1995 年发布的一份报告：《在网络中落伍：一项有关美国城乡信息贫困者的调查报告》（*Falling through thenet：A survey of the "Have Nots" in rural and urban America*）。②

目前，多数学者认同"数字鸿沟"是在当代社会信息化、数字化、网络化发展过程中，不同基础条件信息主体之间在信息技术拥有与使用方面的差距，是由不同性别、年龄、收入、阶层的人在接近、使用新信息技术机会与能力上的差异造成不平等进一步扩大的状况。信息通信基础设施、现代信息技术掌握程度、信息通信服务需求、互联网络应用运用及使用程度，这些都

---

① 参见《建行上海分行普惠金融贷款突破 700 亿元》，载《学习强国》，2022 年 1 月 21 日。

② Washington，and DC："Falling through the Net：A Survey of the 'Have Nots' inRural and Urban America."The digital divideMITPress，（1995）p. 42.

是"数字鸿沟"加剧的重要变量。通俗地说,"数字鸿沟"就是"信息富有者和信息贫困者之间的鸿沟",基本上包括3个层面意思:一是信息基础设施(电脑、手机、网络等)状况、经济实力上的差距,也就是信息有产者和无产者在电脑和网络可及性及性能上的差距。二是在网络使用上的差距,主要取决于技术界面的友好性和使用者的数字技能方面的差距,导致不同使用者在信息获得、使用和选择上的差距。三是使用者在运用数字技术改变现实生活能力的差距。社会经济地位不同的受众从中获取知识的速度、效率是不同的,使得最终获得的知识量也有所不同,产生了信息差异。[①]

当然,除了信息贫困外,能力贫困也是产生数字鸿沟的重要原因。尤其在"信息社会"乃至"网络社会"中,能力贫困成为网络时代数字鸿沟的前提条件,大多来源于数字能力贫困,诸如信息社会时代数字信息技术能力薄弱的老年人群、残疾人群或特殊人群,他们要么由于教育缺乏导致无法进行数字信息技术的学习,要么由于身体状态无法完全胜任数字信息获取和应用。中国人民大学中国普惠金融研究院一份调研报告显示:目前我国老年人消费付款仍以现金为主,70岁以上老年人更偏爱现金支付,只有不到18%的老年人使用微信、支付宝或银行App;在办理银行业务时,85%以上老年人仍以银行柜台办理为主,自主使用自动柜员机/ATM的不到10%。老人拒绝使用数字金融的原因大多是搞不懂、学不会,显示出驾驭数字信息的能力不足,且对数字化金融资产的安全性顾虑重重,仅不到三成的老年人认为数字金融是安全的。60岁以上人群中使用电子支付的比例仅为28%,尤其是在数字化程度较高的一线大城市中,老年人面临的"数字鸿沟"问题更加凸显。[②]

[①] 诺贝尔奖获得者阿马蒂亚·森的能力贫困理论能更为贴切地用于"数字鸿沟"概念。根据阿马蒂亚·森的解释,数字鸿沟可以理解为对人类获得知识权力的剥夺,也就是那些被剥夺了获得知识与信息能力和机会的人们,不能参与创造和分享以知识为基础的社会文明成果的状态,实际上就是与现代化隔离、与对外开放无缘、与经济全球化无关,沦落为知识社会与信息社会的"落伍者"或"边缘化"人群或地区,表现为数字时代的信息贫困现象。

[②] 参见中国人民大学中国普惠金融研究院《构建普惠金融生态体系:中国普惠金融发展报告(2021年)》。

1998 年，克林顿政府提出了"Closing Digital Divide"的发展目标，试图通过大众媒介普及因特网知识，改善美国低收入人群、老年人群受教育条件，达到消除"数字鸿沟"。但是，克林顿政府用了 8 年时间并没有解决这个"数字鸿沟"问题，美国老年人依然很难享受到数字金融服务和产品，他们更愿意相信手中的钞票和老式信用卡。世界各国信息化建设水平仍然存在较大差异，网络的终端普及率和居民的数字能力差异很明显。世界银行发布的《2019 世界发展报告数据》显示：全球有近 19 亿人没有手机，近 62% 的人没有互联网连接，而且，各国国内的"数字鸿沟"可能与各国之间的差距是一样大的，"数字鸿沟"的存在将导致不同国家、不同群体从金融科技发展中获益的能力有所分化。其中受到的风险影响冲击则不容忽视。显然，"数字鸿沟"问题不仅仅是数字科技带来的技术问题，已经涉及全世界特殊群体获得机会公平的社会问题。

为此，我国政府高度重视"数字鸿沟"问题。2020 年 12 月，国务院办公厅印发《关于切实解决老年人运用智能技术困难的实施方案》，鼓励传统服务方式与智能化服务创新并行，为老年人提供更周全、更贴心、更直接的服务作出部署，具体聚焦老年人日常生活涉及的出行、就医、消费、文娱、办事等服务场景，提出了 20 条具体举措要求，要求日常生活场景必须保留老年人熟悉的传统服务方式，以及扩大适老化智能终端产品供给、推进互联网应用适老化改造、为老年人提供更优质的电信服务，加强应用培训和开展老年人智能技术教育等。

2022 年 1 月 27 日，中国银保监会印发了《关于银行业保险业数字化转型的指导意见》，要求银行保险机构积极发展产业数字金融，推进个人金融服务数字化转型，推动解决"数字鸿沟"问题。因此，如何提高移动终端、App 使用效率，如何让被数字金融体系排斥的人群重新纳入普惠金融体系应该成为未来普惠金融可持续发展的一项重要任务。

（二）"数字鸿沟"危害

1. "数字鸿沟"造成特殊群体弱势地位。"数字鸿沟"不仅影响信息弱势群体的生存状况，还会加剧一个地区乃至国家的贫富差距。在与传统贫困比较中，我们可以发现"数字鸿沟"不仅表现为社会排斥、失业、生存困难等社会问题，还可以通过"马太效应"在"数字鸿沟"群体中加剧贫富分化。例如，"数字鸿沟"、数字贫困不仅影响到信息弱势群体的经济状况，也会加剧某地区乃至国家的贫富差距。位于鸿沟的一方，其在数字信息获取能力、数字信息应用能力上分别或均处于缺乏的状态，即可认为处于数字贫困状态，就意味着更少的机会参与以信息为基础的新经济，意味着较少获得参与教育、培训、娱乐、购物和交流等在线机会，无形中减少或剥夺了信息弱势群体参与诸如电子商务、网络教育、线上沟通等各项具有互联网特点的活动，逐渐丧失为自己参与社会、参与交流、参与利益分配的机会。

2. 老年群体逐渐被数字时代遗忘和边缘化。信息化给人们带来了很多便利，以看病为例，网络预约挂号看病、移动支付缴费已成为常态，但现有很多信息通信技术设计上并未充分考虑老年群体特征，老年人普遍对智能手机的使用感到有障碍，特别在功能操作、手机系统设置和维护以及 App 下载等方面，老年人通常会遇到不少操作性问题，进一步导致老年人的移动生活需求不能得到满足。对于许多不会使用智能手机的老年人来说，去医院挂号、缴费、看病、检查以及领取化验报告就像在走迷宫，"看病难"成为老年人的主要困扰。第九届中国支付清算论坛披露：2020 年初，中国人民银行支付结算司在 7 个省份开展了支付领域"数字鸿沟"问题抽样调查，获得有效问卷两万余份，其中，未使用电子支付工具的受访者比例为 17.6%，主要集中在老年人群和文化程度不高人员。这次疫情更是凸显了老年人遭遇的支付窘境，如"居家隔离"期间不会网购，也点不了外卖，给正常生活造成了不便。

中国人民大学中国普惠金融研究院一项调查报告也证实了老年人被数字化边缘化：在 60～70 岁的老年人群体中，65% 以上不会使用手机预约医院挂号、移动支付等操作，在 70～80 岁的老年人当中，80% 以上还是以现金支付仍然占据最重要的位置，老年人对现金支付具有很强的依赖性和很高的信任度，对移动支付则知之甚少。①

3. 恐惧心理导致拒绝数字化。部分老年人害怕移动支付、甚至抵触数字化金融工具。从开始使用银行卡时候，有些老人就遭遇过银行卡诈骗，对银行卡心存芥蒂。进入数字支付时代，老人更会对新事物产生排斥和恐惧心理。比如，手机银行和支付 App 界面复杂、字小看不清、表述看不懂、绑卡和密码验证流程太复杂，也是导致老年人对数字金融工具"敬而远之"的重要原因。另外，老年人理解力、记忆力衰退，在智能手机、互联网使用上存在"搞不懂""吃不透"现象，进一步强化了畏难心理，更加导致他们不愿触网、不敢触网，从而产生逆反心理，更加喜欢看得见、摸得着的纸币硬币，对数字金融工更加排斥。

2020 年 10 月，宁波金融消费权益保护协会一份题为《宁波老年人数字化金融工具使用情况研究》的报告认为，当地老年人在使用数字化金融工具时，66.7% 的老年用户反映手机银行页面上展示功能过多，部分功能查找比较麻烦，不清楚电子渠道拥有些功能；93% 的老年用户反馈，手机银行页面的字体过小，没有照顾到老年人视力因素，常用功能没有清晰的展示出来，相关的提示文字也比较小，部分提示性问题难以理解，整体表达不够通俗化，特别是关于免责条款，表达过于法条化，晦涩难懂。②

---

① 参见中国人民大学中国普惠金融研究院《构建普惠金融生态体系——中国普惠金融发展报告（2021）》。

② 于江、张莫、庞昕熠：《数字鸿沟下的老人们：恐惧心理导致对数字支付敬而远之》，摘自《经济参考报》，2020 年 10 月 20 日。

（三）"数字鸿沟"弥补方案

1. 加快农村数字基础设施建设，夯实县域产业的数字化基础，推动"三农"数字化顶层设计的具体实施，避免新型"数字鸿沟"。（1）在顶层设计方面，建议中国在实施乡村振兴战略过程中，应同步对"三农"数字化提出规划的具体实施，补上"三农"数字化相对落后的短板。要推出具体措施提升县域政府的数据治理能力，对不同来源的数据进行合理分类与有效使用，使数据变资产，使资产创造价值。（2）推进县域产业的数字化基础，避免新型"数字鸿沟"的扩大。在城乡融合发展背景下，中央财政、地方财政和基础电信企业，应加大对农村地区的数字基础设施建设投入，统筹推动城乡信息化融合发展，推动县域尤其是乡镇一级的高速互联网、移动互联网的基础设施建设；鼓励县域产业主体运用现代数字农业技术，如物联网、3S技术，提升农产品质量、标准化、可溯源、农业数据的信息化，缩小城乡之间的数字基础设施差距。（3）推动"三农"数据的有效归集和适度共享，提升其利用水平。对一些基础性数据，如土地确权、流转信息、农业补贴、合作医疗、户籍、农业保险等，可通过数据安全技术提供给合规的金融机构规范和合理地使用。（4）加快"三农"数据平台的建设与可持续运营，以及平台数据的定期更新。在保证数据规范使用的前提下实现政府与其他机构合作对数据平台的可持续运营。[①]

2. 针对文化程度较低人群或轻微智障人员，提供更便捷的普惠金融服务，化解不会、不能使用智能手机的窘境，比如利用大数据、客户移动终端、App等技术在远程开户、线上支付提供更简单的服务项目，提升特殊群体数字化体验感，解决老年人、残疾人或轻微智障人员使用不足、效率不高和安全不够问题。

针对老年人的特殊性，保留老年人熟悉的传统服务方式等，打造"能

---

① 参见中国普惠金融研究院《凿穿农村金融数字鸿沟》，载《财经》，2020年8月3日。

兼容"软硬件，实现传统服务方式与智能化服务创新并行，提供更多智能化适老产品和服务。例如，上海博物馆针对"忘了预约参观""出门忘带身份证""老年人没有智能手机""不会申请随申码"等诸多问题，在博物馆旁边设立现场预约服务点，提供周到服务。在江苏无锡，当地火车站因专门开设为老年人等群体服务的无障碍通道，获得当地网友点赞。对于不会操作智能手机的旅客，还会进行操作教学或代为操作，有效提供了健康码的解决方案。[①]

3. 金融监管机构、商业银行、互金平台需要进一步发挥主导作用，加强对老年人数字金融知识的普及与宣传，聚焦大字版、语音版、民族语言版、简洁版等应用软件更新换代，提供更周全、更贴心、更直接的便利化服务，聚焦日常生活涉及的服务场景，让老年人、文化程度不高人群分享普惠金融新技术、新产品，惠及更广泛社会群体，让被数字金融体系排斥的人群重新纳入金融体系，缩小数字鸿沟，提高普惠金融服务范围和普及效能。

4. 提升农村地区的金融教育水平，填补"教育鸿沟"。加大农村师资力量投入，加强文化程度不高人群的能力建设，提高老年人"会用、敢用、想用"数字化工具和产品的能力，解决老年人、残疾人或轻微智障人员的使用不足、效率不高问题。同时，尽快将金融常识纳入义务教育体系，提升全民特别是农村居民的金融素养和风险防范意识，鼓励监管部门、金融机构和教育部门加强合作，针对农村留守人群认知特征，合理利用传统纸媒和电子媒体渠道，发展"互联网＋"数字金融专题教育，切实缩小城乡"教育鸿沟"，走好普惠金融未来发展之路。[②]

---

① 周向红：《如何助老跨越"数字鸿沟"》，摘自《解放日报》，2020 年 12 月 22 日。
② 星焱：《农村普惠金融的"红利"与"鸿沟"》，摘自"中国普惠金融研究院网站"，2021 年 3 月 12 日。

三、适度扩容数字消费金融

（一）丰富消费场景渠道

针对小额分散、场景结合的消费信贷特征，消费金融公司可以锻造与之适配的信用风控、场景分析、获客运营、科技创新等能力体系，深度切入消费产业链与个人消费场景中，提供包括企业画像、知识图谱、信贷风控、动态定价在内的消费金融方案，提高消费金融服务便利性和普惠性。

（二）提升消费金融能力

通过大数据、云计算、人工智能等技术，消费金融机构不断深化数字化流程改革，提升服务效率，优化消费金融渠道，消费金融产品单笔授信额度不断趋小，服务方式不断灵活变通，用户群体不断扩大，降低消费金融产品的风险定价，增加产品多样性，提升消费金融的可得性和覆盖面。

四、探索数字化普惠型保险

（一）扩大数字化保险范围

2019 年，保险科技已经正式由"互联网保险"阶段进入"科技赋能"阶段，云计算、大数据、LOT 等技术正在改变保险行业核心价值链，保险行业数字化程度将显著提升，保险数字生态时代已经到来。在数字经济驱动下，原本就以客户数据为最宝贵资产的保险业很快融入了数字经济基因，以数字化核心模块为基石，数字化支撑模块为引擎，数字化营销模块为利器，迅速向数字化转型，给保险市场提供更快、更便捷和更低成本服务的新兴模式，发展成为数字保险生态链接。

（二）数字保险走上前台

数字技术的应用，提升了保险企业的风险识别、定价、管理等能力，通过强大的中后台分析支持能力，使前台的营销能力极为强劲，高频接触、海量获客，使原来不可保的风险变为可保风险，使传统的事后经济补偿的保障形式变为强化事前预防风险及防灾减损方式，扩大了保险覆盖风险的范围，增强了保险管理风险的功能作用。另外，数字技术助力险企降低运营成本，提升了诸多险种潜在效益，吸引了更多的顾客，并利用通过新技术节省下来的钱，投资于更多的数字创新，收获更多经济效益。

五、探索数字化亲民模式

（一）促进数字化公共服务

打造普惠金融公共服务平台，有效推进教育、医疗、抚幼、文体、助残等民生领域普及应用，实现移动支付、交通、医疗、公共事业缴费等金融民生服务应用"一点接入"，提升家政服务、医疗应急服务、点餐配送、乡村治安等数字支撑程度，推进在线课堂、互联网医院、智慧图书馆、影剧院等公共服务机构资源数字化，共享公共服务空间，让更多的普通民众参与到"互联网＋公共服务"领域。不断扩展优质公共服务资源辐射覆盖范围，用数字将文教、体育、医养、旅游、购物、娱乐融合起来，让数字基础设施更广泛融入老百姓日常生活，完善智慧化社区便民服务体系，推动社区公共服务的所有成员机会均等，提升最大多数人民群众的获得感、幸福感。①

（二）联通百姓征信平台

构建我国"信用信息数据库＋征信＋金融服务"模式，整合老百姓日常生

---

① 参见国家乡村振兴局《响鼓重锤抓紧抓好巩固拓展脱贫攻坚成果》，摘自《新华网》，2021年12月27日。

活中各类信息资源，提供增信、征信、融资撮合、审贷放贷全流程金融服务，形成以个人信用信息基础、征信信息分析筛选、风险预警等增值产品为支撑的多层次征信服务体系。例如，苏州在 2020 年把 108 家金融机构接入地方征信平台，涵盖银行、保险、担保、小贷、财务公司、金融租赁、理财产品等多种类型，征信平台累计查询量超 143 万次，30 多家银行将地方征信平台嵌入信贷业务流程，不仅利用互联网优势研发"征信＋金融"小微企业专属融资产品，减少信贷审核的人工干预，还优化居民个人在征信方面的融资体验，切实发挥征信产品在促进普惠金融的基础性作用，支撑当地小微金融服务创新业务。①

（三）编织数字化乡村服务网

数字技术有助于快速提升乡村基层、欠发达地区场景化、智能化、线上化运营能力，开发"数字助农取款金融服务点"，提升农村偏远地区农户、涉农小微企业和私人农场数字网络覆盖水平，可以为农村居民提供数字普惠金融服务，诸如数字乡村将为农产品市场提供一个不受时间和地域限制的"24 小时市场"，电商＋移动支付＋物流网成为各地农户破解生鲜农产品"卖难"的重要方式，构建面向农业农村数字化综合服务体系，提高农民、涉农小微企业、农村贫困人口金融可得性，让摆脱绝对贫困的农村转变为金融环境、生态环境的"双优"美丽乡村。

（四）提升金融素养

打造金融知识教育平台，建设 App 和微信公众号，推动金融知识宣传广覆盖，联动金融、法律、财税、宣传、社会服务、心理咨询的专业志愿者队伍形成后援中心，为各类社区居民提供多层次、多梯队、形式丰富的金融素养提升及风险教育服务，帮助老百姓快速掌握金融知识和提升金融风险辨别能力。

---

① 王海龙：《促进征信大数据等前沿金融科技在金融业务的运用》，载《移动支付网》，2020 年 11 月 30 日。

第四节　我国普惠金融数字化十大反思

一、普惠金融数字化核心理念反思

现在的情况是，一旦数字科技有一项技术面世以后，商业银行要适应这个数字技术，还要为了这个数字技术进行全面转型，进而抛弃所有银行固有的规律。现在可能是数字化，将来有了更新的技术以后，又要来一轮"化"，最终可能把银行不知道"化"到哪儿去了。这种数字化转型可能也是没有尽头的，银行转型也是没有尽头的，是否最后银行都变成了数字科技公司？有学者已经提出，"如果是'化'成了一家科技公司，那恐怕就不是金融机构了。"[①]

我们赞成这样的说法："数字化不能改变的，往往是影响一家银行经营发展的核心问题、根本问题。只有在这些方面进行本质性调整，数字化转型才能获得好的成效。"[②] 由此，要明晰银行核心的业务是什么？金融核心的服务是什么？支持这些核心业务和核心服务后边的逻辑是什么？背后的经济学原理和规律又是什么？这是最根本的行业生存立足点。我们应该从一个更长的时间跨度去理解这项工作的逻辑，把握好在各个不同的技术发展阶段我们要做的工作是什么，千万记住我们做的本源工作是金融，是要让更多的客户得到更加低息的贷款，而不是借助科技不断翻新自己赚钱的手法；是要让更多的储户得到更加可负担的金融服务，而不是得到层层加码的变相提价的金融产品。从历史上看，科技公司从事金融业务有成功的先例，而金融机构转

---

① 赵锡军：《金融与数字技术融合：需要思考的技术与伦理问题》，载"中国普惠金融研究院网站"，2021 年 12 月 24 日。

② 参见《中小银行数字化转型如何才能见效？》，摘自《九卦金融圈》，2022 年 3 月 29 日。

做科技的好像还没有成功的先例。为此，我们必须反思金融数字化转型的终极目标是什么。

二、互金平台的社会责任反思

2020 年 12 月，中国银保监会约谈蚂蚁集团，引发业内对互联网企业社会责任的深入思考。金融监管机构指出了蚂蚁金融存在的几种严重问题，诸如公司治理机制不健全、法律意识淡漠、藐视监管合规要求、存在违规监管套利行为、利用市场优势地位排斥同业经营者、损害消费者合法权益进而引发消费者投诉等，并要求蚂蚁集团尽到更多的社会责任。为此，国家市场监管总局也依法对阿里巴巴集团控股有限公司实施"二选一"等涉嫌垄断行为开展立案调查，对做好相关金融管理工作提出了明确要求，对强化反垄断和防止资本无序扩张等作出了一系列重要部署。

今天，互联网企业责任缺位事件十分常见，引起了社会广泛关注。从"百度魏则西事件"到今天约谈蚂蚁集团，都是互联网企业缺乏社会责任的一种必然反映。互联网企业、互金平台在提供产品和服务时，不仅应该考虑给客户创造价值，提供的产品的质量是有质量保证，符合客户需求，不能欺骗或者是以假冒销售等形式坑害消费者，更应该为社会安全负责，提供更加有保障的社会责任承担方式。

1979 年，现代企业社会责任之父的阿奇 B. 卡罗尔（ArchieB. Carroll）给出了一个综合性的定义认为企业社会责任（Corporate – Socialresponsibility，CSR），是指在给定的时间内社会对组织所具有的经济、法律、伦理、慈善方面期望的总和。也就是说，经济责任是企业最纯粹的社会责任，但并不是企业唯一的责任。今天，作为社会的一个组成部分，社会不仅赋予互联网企业承担为社会提供产品和服务的权利，也赋予了在法律框架内实现 CSR 社会责任目标，提升了互联网企业的社会责任体验感。

在 2014 年 9 月北京召开的"互联网金融企业社会责任峰会"上，由工信部、中国人民银行、中国银监会、中国社科院以及百余家互联网金融企业代表出席，会议还发布了《互联网金融企业社会责任自律联盟、互联网金融企业社会责任报告白皮书》，互联网企业代表承诺履行社会责任，追求阳光利润，保证利益相关方合法权益。

但令人遗憾的是，作为社会发展新驱动力之一的互联网企业，伦理缺失责任缺位事件这几年并不少见。例如，网上 C2C 电子商务交易平台，坑蒙拐骗时常发生，几乎没有任何人交税，假货、水货、虚假陈述产品充斥其中，甚至有泛滥之势。互联网企业为了短期利益，对水货、假货等采取了睁一只眼闭一只眼，并未投入更多精力来关注和解决这些问题。究其原因，要实现互联网企业的这些承诺则需要多方面的合作，最重要的一条就是互联网企业不能忘却自己应该承担的社会责任。互联网企业只盯着眼前的几分毛利，将导致很多违法行为抬头。

2021 年 4 月 29 日，中国人民银行、中国银保监会、中国证监会、国家外汇局等金融管理部门联合对部分从事金融业务的网络平台企业进行监管约谈。京东金融、度小满金融、腾讯、字节跳动、滴滴金融、360 数科、美团金融、天星数科、陆金所、新浪金融、苏宁金融、国美金融、携程金融 13 家网络平台企业实际控制人参加了约谈。

我们认为，网络平台企业在提升金融服务效率和金融体系普惠性、降低交易成本方面发挥了重要作用，发展的总体态势是好的，但同时也普遍存在无牌或超许可范围从事金融业务、公司治理机制不健全、监管套利、不公平竞争、损害消费者合法权益等严重违规问题。当前，个别互联网企业钟情于点击量、广告量的商业行为，热衷于不诚信、不向上的商业活动，这样的做法无异于杀鸡取卵。其承担的道德层面和慈善层面的责任需要加强互联网企业的社会整体意识和道德水平。只有行业自律、法律强制、政府主导、社会监督等各种手段内外结合，才能形成良性的社会机制，使得互联网企业作为经济活动的新生力量落实好其肩负的社会责任。

说实在的，那些掌握了实质话语权的"互联网精英企业们"应该承担更多社会责任，因为社会给予了互联网企业很多的改革红利。在"社会责任"基础上，互联网企业应该思考自身现在及未来社会中所承担的角色，在树立诚信、积极、健康的社会氛围方面，互联网企业完全有能力承担更多社会责任，自觉保护金融消费者合法权益不受侵犯，并遵循以下3项原则。

第一，坚决不从事不正当的竞争活动，维护互联网市场公平竞争秩序，融入国家发展大局中，自我约束、自我管理，承担企业社会责任，做真正的互联网行业自律者，不给我国的社会带来巨大负面影响。

第二，坚持所有互联网经营活动依法依规，不仅是金融业务必须持牌经营，接受监管机构对各类行经营行为的监管，更要以消费者权益保护为核心的服务意识，按照市场化、法治化原则，落实公平竞争和保护消费者合法权益要求，进一步规范金融业务经营与发展。

第三．坚守服务实体经济和人民群众的本源，在服务实体经济和遵从审慎监管的前提下守正创新，树立严格遵守金融监管要求的合规意识，维护公平竞争环境的市场意识，努力成为助推国内国际双循环的重要力量。

总之，我们希望互联网企业能以社会责任为支点，在承担了自身经济责任基础上，维护自身、股东和员工经济利益外，还要承担其对社会、环境、公益乃至人文的各种责任，关注社会民生、道德准则，扮演一个有社会责任感的好角色，创造与自身商业价值相对称的社会价值。

三、数字化转型与员工技能匹配度反思

今天，数字化技术发展越来越专业、水平越来越高，各项新技术不断突破和使用，银行、金融机构数字化能力在不断提升，但是这些技术是不是能够让每一个银行的员工、每一家金融机构都能够理解、掌握呢？国有大行中大部分都是几十万名的员工体量，整个金融业有800多万名的从业人员，全国从事普惠金融行业的金融机构、互金平台大约至少也有350多万家，他们

是不是都能够完成数字化转型？这恐怕是有疑问的。实际情况是，转型过程中并不是所有员工都转成符合数字化银行要求的员工，金融机构数字化转型与员工之间匹配程度并不一致。

从数字化转型本身看，技术发展、专业度提升，同时银行、金融服务本身又专业性很强，两方面叠加在一起，就意味着金融机构对企业管理、风险控制等方面的要求也会越来越高。也许，对于科技人员而言，金融业务中涉及的数字技术并不复杂，但对于普通的员工和普通的客户来讲，数字化转型背后的技术原理可能都很难理解，大部分金融服务人员不太能理解区块链技术中的哈希函数等原理，大多数客户并不懂得数字迭代概念，最多是知其然而不知其所以然，真正带来的不仅仅是金融机构之间的差距，还有不同客户群体的数字鸿沟。

早有学者感叹，如果普惠金融完成数字化转型，要求所有员工既懂金融，还要懂数字技术，这种要求是很难在金融机构全面推广和达到的，现实是这类人才是很少的。[①] 今天，我们是否真的做到了从员工、从管理、从监管、从风控到数字化的完美契合？是否真的做到了"数字技术＋金融服务"的完美结合？如果转得不好，节奏把握不好，可能会带来普惠金融机构、服务供应者、客户和员工之间的技术鸿沟。

四、金融科技伦理失范的反思

近年来，金融科技不断创新发展，深刻改变了传统金融服务的方式和业态，特别是数据作为生产要素使人与人之间、人与机器之间的关系发生了新变化。虽然提高了金融服务效率和金融能力，促进了金融市场发展，但也衍生出复杂多样的伦理问题与潜在风险，给传统金融伦理治理带来新情况和新问题，更给金融创新、金融监管、金融安全带来一系列新的挑战。

---

① 赵锡军：《金融与数字技术融合：需要思考的技术与伦理问题》，载"中国普惠金融研究院网站"，2021 年 12 月 24 日。

与传统金融伦理失范行为相比，当前我国金融科技伦理失范主要表现在两个方面：一是数据伦理问题。一些机构和科技人员以牺牲数据隐私为代价，导致客户信息被盗用或出售，对客户绑定的银行卡及账户等敏感信息缺乏保护的信义义务，产生相关的不良交易、限定交易、捆绑销售等行为，导致不公平协议。在居民数字能力存在鸿沟的情况下，有的科技创新活动不尊重不同群体的需求和权利，导致信息红利分配不公问题。二是算法伦理问题。算法将人们的各种足迹和活动，转变为对人们的各种打分和预测，并进行贷款评估、保险评估，规则代码化会带来不透明、不准确、不公平、难以审查等问题。通过算法可以强化对金融消费行为控制，使消费者实质上处于弱势地位，被深度嵌入一种隐形不自由境地，产生算法控制问题。①

金融伦理失范带来的危害不仅容易造成金融服务歧视，引发金融诚信失范，使消费者权益受到损害，还助长了市场垄断和不公平竞争，放大了金融风险，危及公共安全。例如，为了数字化而数字化，一些商业银行、互金平台、小贷公司或科技公司的手机银行、App 软件频繁迭代升级，功能越做越多，但用户体验却越来越差。特别是对于客户最常用的账户查询、资金转账、投资理财、贷款功能不断弱化，越藏越深，在手机银行、App 软件最明显位置摆放了非金融业务或者非核心金融业务，有些银行甚至连转账功能都要找半天。不知道这样的数字化升级迭代真的是从服务用户视角出发的吗？还是从商业银行最大限度地汲取商业利润视角出发的？

又如，有的商业银行、互金平台、小贷公司或科技公司开放的"便民数字软件"感觉纯粹就是工程师视角，从来不为方便客户考虑。曾经有一家研究机构撰文描述：手机银行转账账号录入修改，不能一键删除，需要一个个修改。如果鼠标没放在最后一位数字，最后一位还删不了。转账的短信验证码，不是自动发的，需要用户自己点击发送，不如柜台操作模式来的方便和

---

① 肖钢：《金融科技伦理约束不健全，构建金融科技伦理体系刻不容缓》，摘自《新金融大数据》，2022 年 3 月 8 日。

快捷。①

确实如此。从这些例子看出，我国商业银行数字化转型过程中存在的问题，折射出商业银行、互金平台、小贷公司或科技公司是否真的是把用户放在心上？是否真的以用户为中心推进数字化转型，还是仍然以自身商业化利润为标准？如果数字化喊喊口号，作为掩人耳目的装饰物，那无非就是在现有银行业务上增加数字技术的应用罢了，本质上什么也没有改变。

今天，我们依然没有设立组建全国性金融科技伦理委员会，缺乏对全国金融科技伦理治理体系的指导和协调。从全国范围看，鲜有自律组织、市场机构以及高校智库等开展金融科技伦理研究工作，学术成果并不多见，至少没有在普惠金融领域形成一种思潮，没有体现出对金融科技伦理的足够重视。

我们依然没有明确金融科技伦理治理需要遵循哪些基本原则，是"以人为本、伦理先行"原则，还是"风险可控、敏捷治理"准则？也没有制定适合中国金融市场的伦理标准、指南，更没有将普遍认同的伦理底线上升为行业公约。

我们依然没有真正建立起全国统一的金融伦理审查评估、评估标准，很少组织金融机构、互金平台、小贷公司、民间放贷组织和金融科技公司开展伦理与道德评选比赛，更不用说将伦理道德纳入金融机构、互金平台、小贷公司、民间放贷组织和金融科技公司风险管理评价中。

我们依然严重短缺金融伦理人才，放眼望去，没有一家金融机构、头部互金平台和大型科技公司设立"首席伦理官"，也没有在金融从业人员入职、职称认证、伦理知识竞赛等方面嵌入科技伦理知识考核，更没有鼓励高等院校、科研机构将金融科技伦理作为财经类专业的教学和科研主导课程或研究内容。

所谓广义的金融伦理，是指金融机构、从业人员、社区、政府、参与者等在金融交易与金融活动中所涉及的伦理关系、伦理意识、伦理准则和伦理

---

① 参见《警惕银行数字化转型的浮夸之风》，摘自《金融大数据观察》，2021 年 11 月 30 日。

活动的总和，是调节和规范金融活动中利益相关者的行为规范和道德准则。所谓狭义的金融伦理，则是指金融机构及其从业人员以及金融市场必须遵循的道德规范与行为方式，是作为主体提供各种金融服务的金融机构、金融从业人员和金融市场所应遵循的行为规范与道德准则。目前，我国金融伦理学仍处于萌芽阶段，有些人纯粹是从伦理的角度加进金融的考量，有些人是为了实现金融市场效率最大化，不得不考虑伦理问题，避免一方在这个过程当中对其他人的利益产生损害。但不管怎么说，科技伦理治理是金融市场必须面对的挑战，它的成败涉及科技能否真正支撑金融市场可持续发展。

目前，我们不得不面对的现实是，科技的巨大力量和潜在风险已经超出了人们的认知能力。互联网环境正处于"流量为王"的收割期，购物平台假冒伪劣盛行，社交平台成为谣言扩散器问题依然屡禁不止。如果不认真对待金融伦理，很可能因为技术的滥用使公众丧失对科技的信任。正如马克思韦伯在《新教伦理与资本主义精神》中描述的那样：资本赚钱是正当的，但是无节制、无原则的赚钱是会违反宗教伦理的。

普惠金融领域同样不能独善其身。比如一些互金平台、金融科技企业以牺牲客户数据隐私为代价，导致客户信息被盗用或出售，对客户绑定的银行卡及账户等敏感信息缺乏保护的信义义务，产生相关的不良交易、限定交易、捆绑销售等行为，导致不公平协议，个别金融机构、互金平台、小贷公司、金融科技企业的科技创新活动不尊重不同群体的需求和权利，不仅导致数字鸿沟日益严重，甚至形成价格垄断、利率垄断、数据垄断和行业垄断，导致财富、信息和技术红利分配不公，侵害社会低收入人群、社会弱势群体、老年人、妇女儿童以及城镇居民的合法权益。上述问题的根源在于我国金融行业（包括普惠金融行业）对金融科技伦理意识较为薄弱，普遍存在重科技、轻伦理，重发展、轻治理的现象，金融科技伦理约束机制很不健全，伦理评估评价和审查审计制度仍需完善。因此，加快构建金融科技伦理治理体系已势在必行。有学者高声疾呼，现代金融业的确需要深入考虑伦理问题，因为如果不考虑责任，不考虑伦理，只是"任性"地创新与发展，最终可能反过来损害的还是自己的长远利益。①

中共中央颁布的《关于坚持和完善中国特色社会主义制度　推进国家治理体系和治理能力现代化若干重大问题的决定》提出"健全科技伦理治理体制"，强调伦理道德在科技活动中的重要地位，为加强科技伦理治理提供了遵循原则。2022 年 3 月 22 日，中国人民银行金融科技委员会专门召开会议，要求建立健全金融科技伦理监管框架和制度规范，加强科技伦理风险预警、跟踪研判和敏捷治理，引导从业机构落实伦理治理主体责任，用"负责任"的科技创新打造"有温度"的金融服务，切实维护消费者合法权益、服务实体经济。②

这是我们必须认真思考的一个金融伦理问题。金融机构、互金平台、小贷公司、金融科技企业在享受社会赋予的资源及机会的同时，理应以符合伦理、道德的行动回报社会。从总体上看，企业社会责任是人们对于企业基于期待而加于其身的一种道德责任。如果社会大众、普通用户都理解不了金融服务的内涵和背后的逻辑，不断地被所谓的各种算法、迭代、升级所控制，忙个不停、疲于应付的同时还要遭受个人隐私等被暴露的风险，甚至情绪也被技术牵着鼻子走。这不应该是互联网时代需要的数字化服务，也不应该成为普惠金融领域数字化转型的风向标。

五、数字化是开放还是狭隘的反思

事实上，大多数人往往只接受自己愿意接受的信息，对其他信息可能视而不见。数字化转型以后，海量信息源和某些相对封闭的网络环境，诸如微信群、抖音、快手、微博，人们每天只能接受这些信息，久而久之，反而弱

---

① 杨涛：《从金融伦理看互联网的社会责任》，摘自《当地金融家》，2016 年 10 月刊。

② 参见《央行金融科技委员会：建立健全金融科技伦理监管框架和制度规范》，摘自《上海证券报》，2022 年 3 月 24 日。

化了人们的知识面，强化了人们的知识偏见。这是因为微信群是往往是持某一类观点的人组建的，里面的群友都看见同一类的所谓"志同道合"的观点，没有太大的不同。如果有观点不同，也不会加入这个微信群。每天，我们都能看见持有不同意见的个别人被"剔除"出某一个微信群的情况。这就充分说明了问题。同样，抖音和快手往往只向用户推荐用户喜欢看的消息或者自己关注的博主的消息。而要提升流量，赚更多的钱，就是使用极端刺激的观点才能吸引眼球，增加读者群点击量，如此一来，就必须迎合读者的口味。这可能更强化了人们的对立和"封闭性"。在现实生活中，不同观点的人们，虽然在某一方面有分歧，但在其他方面还可以交流，因为面对的立体和多面的个人，但在这些封闭环境中数字化过程中，人们只知道定向的、选择性、同质的信息浏览，一旦观点不同，更容易让读者偏执一端，在网络上剑拔弩张，并导致后续所有场景中的水火不容，加剧了人们的对立和矛盾。所以，从某种意义上说，数字化加速了人们对信息选择的偏爱程度，也导致了人们的观点越来越封闭和狭隘。

六、数字化的过度转型问题反思

我们经常听见一个名词"过度消费"，意思是是指不符合国情，与经济发展水平不相适应，超出个人基本需求和支付能力的消费，是一种扭曲的、不可持续的消费方式，破坏个人品格和社会风气，浪费资源。从理论上划分，过度消费包括超前消费、病态消费。[①] 一般来说，过度消费可以满足短时期

---

① 超前消费是指消费者或为了提前享受，或为了追赶潮流，或为了某种虚荣，往往超出自己经济承受能力的限度，超标准地提高自己的生活档次与购物水平。诸如购物中追逐新鲜的、奇特的、名牌的商品；房子不但要新的，而且还要豪华的；家具要高档的，进口的；刚刚脱贫，就成了疯狂追逐高档轿车一族。而病态消费是一种非理智的反常消费，它不同于高消费，本质上是一种畸形消费。病态消费往往集中在极少数暴富而又素质低下的人群身上，其种种表现往往匪夷所思、不可理喻。有的暴富者，儿孙刚刚出生就给他们购置高级住宅；还有人正值壮年就看风水、买坟地把墓修好，把活着的与死后的事一并操办，企图一劳永逸，阴阳两齐美。病态消费尽管是先富阶层中的极少数人所为，但他们挥霍无度、无理智、不道德的消费行为，往往容易败坏整个先富阶层的声誉，加剧社会仇富心理，不利于构建和谐社会。

享受，但超越了一个国家和地区现实的经济能力，造成了财富的浪费，破坏了自然资源和生态环境，阻碍了经济的长期和持续发展，也不利于居民消费水平的渐进式提高。

同理，在普惠金融数字化转型过程中，我们是否也存在过度转型问题？

在数字化转型过程中，更多的是对金融机构、互金平台和金融科技公司的创新方式，更多的是对现行社会生活模式的形式改变，很少对社会底层人群、低收入群体、社会弱势群体内心需求进行探究。不去关心老百姓介意的质量问题，而是关注金融机构、互金平台和金融科技公司推出的新潮产品，不去聚焦老百姓在意的价格问题，而是关切金融机构、互金平台和金融科技公司炒作的新式服务。

其实，早有学者对数字化转型过程中的问题提出过疑问。人类社会生产功能可以由机器人包揽，但人类社会消费功能却无法由机器人代替。智能机器人可以替代人类的生产功能，但能不能替代人类的消费欲望？[①] 换言之，无人超市可以改变人们在超市购物的方式，无法改变消费者的要求质优价廉的消费愿望。在数字化转型过程中，金融机构、互金平台和金融科技公司真正关心的是可以反映出金融机构、互金平台和金融科技公司经营的终极目标是什么？

互联网科技（IT 技术）只是加快和提升了各种交易"信号"传输和处理而已。例如，有了手机，医院管理者得以在很短时间里就把自己接收到的信号呈报到上级计划者那里；有了更先进的软件，上级计划者有可能更快更好地调整，以作出"新计划"，但互联网科技（IT 技术）再先进，也不能就尚未发生的信号对计划作出随时的动态调整，更无法改变变化和调整中的交易"信号"、产品"计划"与服务"执行"之间的相互匹配关系。目前，金融数字化发展并不能改变金融的本质特点，转型面临着技术高速发展带来的挑战，人工智能技术的过度使用是否会放大普惠金融领域风险？是否与自然人

---

① 赵磊：《世界处在巨变的前夜》，摘自《江汉论坛》2017 年第 1 期。

真实的消费目的背道而驰？"数字鸿沟"的产生，是否与消费过快、过急和过偏有关系呢？这些数字化转型过度带来的问题，值得我们深思。

七、数字化转型的隐私权保护反思

随着互联网技术的发展，很多领域出现了新的发展业态，使得服务的方式发生了深刻变化。比如，互联网出现以后，有些金融服务像支付、清算等只能由原来的依托于专人专柜提供，变成了通过普通的公众网就可以完成。①而现在公众网比专网触达面更广、触达点更多，互联网技术可以使得金融服务的范围、深度、广度、水平、效率都得到很大提高，只要客户能够接触公共网络就都可以触达这些业务。但与此同时，在这个数字化转型过程中客观上也使得所有的客户或机构变成了"透明人"，金融技术的透视能力不断提高，导致个人隐私权直接暴露在金融机构或互金平台视野下。从长远角度看，数字化转型导致的这种状况必须得到改观，否则，保护金融消费者隐私权就成为空头支票。

八、普惠金融数字化创新与合规反思

金融创新可以包括宏观、中观、微观三大层面。其中，从宏观层面来看，主要是金融体系是否会带来金融监管史上的重大变革，进而给实体部门带来深远影响。从中观层面看，则是全新的金融技术与金融制度这两大驱动力。从微观层面看，则是集中于金融工具的创新，通过更加多元化的金融产品来实现金融功能的"落地"。

与此对应，我们可以在普惠金融数字化创新中全面引入金融合规要素。首先是金融合规带来从普惠金融数字化创新到共享金融的挑战。普惠金融数字化创新追求的目标是让那些长期受传统金融体系排斥的社会底层人群、低

---

① 赵锡军：《金融与数字技术融合：需要思考的技术与伦理问题》，载"中国普惠金融研究院网站"，2021年12月24日。

收入人群、小微企业拥有公平机会，获得足够的普惠金融产品和服务，共享大数据带来的金融产品及服务创新，努力实现金融资源更加有效、公平的配置。但是，合规管理却要求普惠金融数字化在实现风险、效率与利益的"三角权衡"中选择合规，就是避免各种"过犹不及"，尽可能实现金融创新的最佳效果，防止金融"厂商"的行为失控或失当。但现在的问题是，小微企业在社会中承担的责任和权利严重不符，导致了他们自身的存在以及生活条件也受到一定的打压。小微企业承担了过多的社会责任，但是在融资特别是资金支持方面，对于金融机构来说议价能力特别弱。因此，宏观合规与微观实践之间的矛盾是无法避免的，未来必须很好地加以协调，化解两者之间的矛盾。

九、数字化发展与融资贵问题反思

以互联网为代表的公共服务网络的发展，可以提供效率更高、成本更低的业务，基本上解决了小微企业、个体工商户以及城乡居民融资难的问题。今天，我国小微企业、个体工商户、农村经济组织以及城乡居民想借钱已经不是一件很困难事情，困难的事情是小额信贷利率依然居高不下。那么，问题来了，数字化最终目的是通过科技手段降低金融信贷利率、使得小微企业、个体工商户、农村经济组织以及城乡居民可以享受到金融信贷的红利，还只是更加方便借款人操作借款呢？

作为商业性机构，其核心利益就是对利润的追求、对风险的控制。商业银行这种核心利益直接影响其对小微企业的贷款决策。资本流动的趋利避害性，客观上导致市场资金很难自觉地流向小微企业，市场力量无法促使资金配置到小微企业。于是，商业银行、互金平台、小贷公司和金融科技企业大多采取两种方式解决：一是提高信贷门槛，控制对小微企业的信贷投放，增大小微企业融资难度，迫使其以更高的成本通过其他渠道融资；二是按照利率覆盖风险原则，提高贷款定价，结果是直接或间接增大了小微企业、个体工商户、农村经济组织以及城乡居民融资成本，继续恶化"融资贵"问题。

今天，商业银行、互金平台、小贷公司和金融科技企业要想解决这一失灵现象，大多依靠大数据、区块链、人工智能、云计算等数字化技术，打造前、中、后台立体交互的数字化服务体系，对客户进行大数据画像，实现批量化营销与个性化精准化营销的有机联动，覆盖长尾群体，降低获客成本和营销成本，降低企业融资成本。但是，当前普惠金融市场的实际结果却并非如此。小微企业、个体工商户、农村经济组织以及城乡居民银行小额信贷的利率依然是比较高昂的。除了结构性问题和风险分担机制建设不足问题外，似乎还存在其他的因素制约着小额信贷利率的趋低化进程。

普惠金融数字化转型虽然重要，关乎普惠金融行业未来发展，但是，数字化转型也有不能改变的东西。我们以商业银行为例，影响一家银行经营发展的核心问题、根本问题是不能数字化转型的，否则，根本问题转型了，被数字替代了，最后的结局只能是非银行化了。

当前，人们最有兴致谈论的就是数字化能够提高商业银行经营的效率，但问题是，商业银行、互金平台、小贷公司和金融科技企业本质上是需要生存和发展的，这直接导致目前商业银行、互金平台、小贷公司和金融科技企业发展仍存在"规模导向"而非"价值创造导向"的惯性，依然注重表象化的融资便利化、快捷度而非信贷利率的可负担性。越来越多的商业银行、互金平台、小贷公司和金融科技企业都在宣扬自己银行系统软件如何方便客户借贷，但对客户是否能承受住高企的信贷利率担忧却只字不提，大有避重就轻的嫌疑，成为普惠金融市场利率居高不下的原因。

这才是数字化转型的重要问题，其实，老百姓心里明白，对个别互金平台、科技企业不去解决老百姓真正关心的问题，而是在炫耀自己科技是如何快速赚钱，请问，互金平台、科技企业利用高科技手段提升打款速度，从本质上与用户并没有太大关系，无关客户痛痒。

近几十年来，我国经济发展主要靠投资驱动，商业银行、互金平台、小贷公司和金融科技企业只要做大规模就能赚经济周期上行的钱和利差保护的钱，没有内在驱动力去关注客户需求与满意度。在很大程度上，商业银行、互金平台、小贷公司和金融科技企业不了解（也可能是不关心）客户真实的风险情况、产品偏好、非金融需求、人生阶段等，客户成了最熟悉的陌生人。因此，很难让商业银行、互金平台、小贷公司和金融科技企业定价理念从"以我为主"向"以客户为中心"转化。商业银行、互金平台、小贷公司和金融科技企业的定价除了考虑自身成本与风险外，很难再从培育与维护客户关系角度来考虑客户承受能力。所以，自身盈利与客户承受能力之间究竟应该如何平衡才能最终消除高昂的利率？这确实是一个值得普惠金融领域认真思考的问题。

十、数字化转型无法解决的问题反思

首先，数字化解决不了管理机制的问题。因为数字化能够将管理的流程由线下搬到线上，却无法改变商业银行、互金平台或小贷公司管理机制。其实，真正影响商业银行、互金平台或小贷公司高质量发展和数字化转型成效的，关键因素不在于管理流程是走线下还是线上，而是机构（平台）内部资源配置、绩效考核方面的机制是否合理。线上的数字化终究是一种发展战略的手段，内部管理机制才是发展战略有效传导的关键。以风险管理数字化为例，数字化并不能消灭金融风险，也不能改变风险防控的初衷，能够提升风控的效率，但前提是先要建立完善的风险管理体系，制定与业务适配的风险战略，才能通过数字化防控系统有效防控金融风险，有了风险管理体系框架与专业能力的支撑，数字化的风险管理才能真正发挥作用。

显然，商业银行、互金平台或小贷公司要获得数字化转型成功，必须逐步优化以高质量发展为核心的管理机制，解决一个科技部门与业务部门的目标一致性核心问题，推动金融与科技有机融合。科技建设要以金融业务发展为导向，数字化转型成效要以是否推动了业务发展为评价标准。最核心的管

理机制是资源配置与绩效考核，如何围绕数字化转型战略目标，建设一套适配的管理机制，是最考验银行智慧的，也反映了银行是否具备数字化变革的决心。

其次，数字化解决不了监管公正性问题。在一个监管数字化的金融环境中，如何保证代码或其背后的算法可信、可靠和可控是有效监管的前提。人工智能、机器学习、预测分析均涉及对大量且多样数据集的数据科学复杂应用。监管者越来越难以理解和审查日益复杂的模型，尤其是当这些工具被用于监管目的时（如内部风险评估模型和压力测试）。于是，越来越多地采取自动化监管决策系统，美其名曰是帮助监管者更有效、更及时进行金融监管。但问题是，自动化的决策系统也是有可能产生错误、不公平或者不公正结果的，如何采取措施保证所构建的自动化系统是可信、可靠且可控的？遗憾的是，目前全世界各国约束自动化运行体系的信任机制和法律标准并未与技术的发展同步，立法者、监管者和执行者（法院）无法从根本上保证从区块链或者基于人工智能数字化系统的计算机框架内不会产生不公平、不公正情形。

参考文献

［1］中央财经大学财绿色金融国际研究院．《中国资本市场 ESG 发展 2019 年度总结报告》［R］．北京：中央财经大学，2019．

［2］艾瑞咨询系列研究报告．《疫情下中国新经济产业投资研究报告》．

［3］袁利平．公司社会责任信息披露的软法构建研究［J］．政法论丛，2020（2）．

［4］安国俊，李皓．政府引导基金发展现状思考［J］．中国金融，2020（5）．

［5］安国俊，贾馥玮．新冠疫情对经济的影响分析及对策研究［J］．金融理论与实践，2020（3）．

［6］疫情下中国新经济产业投资研究报告 2020 年［C］．艾瑞咨询系列研究报告（2020 年第 3 期），上海艾瑞市场咨询有限公司，2020．

［7］林永青．"影响力投资"与"资本向善"：2020 年资本市场新旋律［J］．金融博览，2020（5）．

［8］陈怡俊，黄海峰．基于结构化合同设计的社会影响力投融资模式研究［J］．中国物价，2020（3）．

［9］吴金旺，顾洲一．数字普惠金融：中国的创新与实践［M］，北京：中国金融出版社，2021．

［10］张秀兰．网络隐私权保护研究［M］．北京：北京图书馆出版社，2006．

［11］顾海峰，马聪．政府监管、市场约束与银行风险承担——来自中国 178 家商业银行的证据［J］．金融经济学研究，2020，35（1）．

［12］陈周阳．广西农信社围绕绿色金融支持地方经济发展纪实［N］．金融时报，2017．

［13］鲁政委，汤维祺．协调推进绿色金融与普惠金融发展［J］．银行家，2017（3）．

［14］国家发改委．绿色产业指导目录（2019 年版）［S］．2019．

［15］王文珠．浙江农信十五年华丽嬗变的内在逻辑［J］．中国农村金融，2019（6）．

［16］马连贵．多维度全面风险管理构筑风控堡垒［J］．中国农村金融，2018（2）．

［17］陈涛，胡正航．绿色金融支持雾霾防治研究［J］．青海金融，2018（3）．

［18］何德旭，苗文龙．金融排斥、金融包容与中国普惠金融制度的构建［J］．财贸经济，2015（3）．

［19］魏涛．供应链金融：直击中小企业融资痛点，助力实体经济发展［J］．国际金融，2020（1）．

［20］胡宗义，丁李平，刘亦文．中国普惠金融发展的空间动态分布及收敛性研究［J］．软科学，2018，32（9）．

［21］江晓．人口年龄结构、社会保障水平对居民消费的影响分析［J］．商业经济研究，2018（13）．

［22］姜松，周鑫悦．数字普惠金融对经济高质量发展的影响研究［J］．金融论坛，2021，26（8）．

［23］焦瑾璞，孙天琦，黄亭亭，汪天都．数字货币与普惠金融发展——

理论框架、国际实践与监管体系［J］. 金融监管研究，2015（7）.

［24］刘东. 对外贸易对城乡居民消费差距的影响——基于省级面板数据的实证检验［J］. 投资研究，2018（12）.

［25］李连梦，吴青，聂秀华. 电子商务能缩小城乡居民消费差距吗？［J］. 技术经济，2020（2）.

［26］刘东皇，王志华，刘宁. 城镇化对城乡消费差距的影响研究——基于收入差距中介效应的视角［J］. 技术经济与管理研究，2020（3）.

［27］刘淇. 人口老龄化对城乡消费不平衡的影响：兼析储蓄效应机制的作用［J］. 商业经济研究，2021（24）.

［28］楼智慧，程艳冉. 商贸流通业对城乡居民消费差距的影响实证分析［J］. 商业经济研究，2020（23）.

［29］吕雁琴，赵斌. 数字普惠金融与城乡居民消费差距［J］. 金融与经济，2019（12）.

［30］贝多广，李焰，数字普惠金融新时代［M］. 北京：中信出版集团，2017.

［31］乔美华，秦善勇. 人口结构、城乡消费差距动态演进与门槛效应［J］. 技术经济与管理研究，2018（5）.

［32］彭定赟，陈玮仪. 基于消费差距泰尔指数的收入分配研究［J］. 中南财经政法大学学报，2014（2）.

［33］任海军，王艺璇. 乡村振兴战略下的西部数字普惠金融效率测度及影响因素研究［J］. 兰州大学学报（社会科学版），2021（5）.

［34］孙爱军. 中国城乡居民消费差距的现状及其影响因素分析——基于1996—2009年省际面板数据的实证研究［J］. 北京工商大学学报（社会科学版），2013（2）.

［35］王健，赵凯. 中国城镇化、老龄化、城乡差距与经济发展研究——基于有调节的中介效应模型［J］. 当代经济管理，2020（7）.

[36] 王露露. 中国数字普惠金融的空间异质性及影响因素研究 [J]. 金融与经济, 2021 (3).

[37] 王欣亮, 刘飞. 基础教育投入不均会扩大城乡消费不平衡吗?——基于多重面板门槛模型分析 [J]. 西北大学学报 (哲学社会科学版), 2018 (1).

[38] 王修华, 赵亚雄. 中国金融包容的增长效应与实现机制 [J]. 数量经济技术经济研究, 2019 (1).

[39] 夏园园. 普惠金融视角下小额信贷机制发展研究 [J]. 湖北社会科学, 2010 (9).

[40] 王作功, 李慧洋, 孙璐璐. 数字金融的发展与治理: 从信息不对称到数据不对称 [J]. 金融理论与实践, 2019 (12).

[41] 肖云, 米双红. 城乡一体化视角下数字普惠金融发展与城乡居民消费差距的动态关系检验——兼论收入差距的中介效应 [J]. 商业经济研究, 2021 (18).

[42] 邢冀源. 新零售视角下网络零售业发展对城乡居民消费差距的影响——基于 2009—2020 年省级面板数据 [J]. 商业经济研究, 2021 (18).

[43] 易行健, 周利. 数字普惠金融发展是否显著影响了居民消费——来自中国家庭的微观证据 [J]. 金融研究, 2018 (11).

[44] 闫军, 李岩, 张建军. 电子商务对城乡居民消费差距的影响——基于区域视角的实证测度 [J]. 商业经济研究, 2019 (21).

[45] 杨明婉, 张乐柱, 颜梁柱. 普惠金融发展的测度体系与影响因素研究——以广东省为例 [J]. 金融监管研究, 2019 (1).

[46] 殷贺, 江红莉, 张财经, 蒋鹏程. 数字普惠金融如何响应城乡收入差距?——基于空间溢出视角的实证检验 [J]. 金融监管研究, 2020 (9).

[47] 张彤进, 蔡宽宁. 数字普惠金融缩小城乡居民消费差距了吗?——基于中国省级面板数据的经验检验 [J]. 经济问题, 2021 (9).

［48］于井远，王金秀．基础公共服务支出对城乡消费差距的影响研究［J］．统计与决策，2020，36（11）．

［49］张月朗，龚志民．中国城乡居民工资性收入与消费差距的实证研究——基于我国地级城市2000—2011年经验数据研究［J］．湘潭大学学报（哲学社会科学版），2017（4）．

［50］张志元，李胗．共同富裕背景下数字普惠金融减贫有效性研究［J］．济南大学学报（社会科学版），2022，32，（1）．

［51］赵晨希，王合玲．中国城乡消费差距的实证分析［J］．统计与决策，2016（17）．

［52］周小川．深化金融体制改革［J］．中国金融，2015（22）．

［53］胡育蓉，齐结斌．普惠金融与中小企业成长［M］．北京：中国金融出版社，2021．

［54］宋建波，盛春艳．企业履行社会责任对财务绩效影响研究——来自中国制造业上市公司的实证检验［J］．财经问题研究，2012（8）．

［55］BE CK T, DEMIRGUC - KUNT A, PERIA M M. Reaching out：Access to and use of banking services across countries［J］. Social Science Electronic Publishing, 2007（1）.

［56］DATTA S K, SINGH K. Variation And Determinants Of Financial Inclusion And Their Association With Human Development：A Cross Country Analysis［J］. Iimb Management Review, 2019（4）.

［57］FRIEDMAN M. A Theory of the Consumption Function［J］. NBER Books, 1957（4）.

［58］JI X M, WANG K, XU H, LI M C. Has Digital Financial Inclusion Narrowed the Urban - Rural Income Gap：The Role of Entrepreneurship in China［J］. Sustainability, 2021, 13（15）.

［59］JOSEPH, ALOIS, SCHUMPETER J, MAYNARD, KEYNES. The General Theory of Employment, Interest and Money [J]. Journal of the American Statistical Association, 1936 (31) .

[60] LEYSHON A, THRIFT N. The restructuring of the U. K. financial services industry in the 1990s: a reversal of fortune? [J]. Journal of Rural Studies, 1993 (3) .

[61] LI J R, LI B W. Digital inclusive finance and urban innovation: Evidence from China [J]. Review of Development Economics, 2021.

[62] LIU G, HUANG Y Y, HUANG Z H. Determinants and Mechanisms of Digital Financial Inclusion Development: Based on Urban – Rural Differences [J]. Agronomy – Basel, 2021, 11 (9) .

[63] SEKABIRA H, QAIM M. Mobile money, agricultural marketing, and off – farm income in Uganda [J]. Agricultural Economics, 2017 (5) .

[64] YU C J, JIA N, LI W Q, WU R. Digital inclusive finance and rural consumption structure – evidence from Peking University digital inclusive financial index and China household finance survey [J]. China Agricultural Economic Review, 2022 (1) .

[65] Wang Dr Faye Fangfei, Online Dispute Resolution: Technology, Management and Legal Practice from an International Perspective, Chandos Publishing (Oxford) Limited, 2008.

[66] Pablo Cortes and Fernando Esteban de la Rosa, Building a Global Redress System for Low – Value Cross – Border Disputes, International and Comparative Law Quarterly, Vol. 62, No. 2, 2013.

[67] Ethan Katsh, and Colin Rule, What We Know and Need to Know about Online Dispute Resolution, South Carolina Law Review, vol. 67, No. 2, 2016.

[68] Ethan Katsh, ODR: A Look at History, in Online Dispute Resolution: Theory and Practice: A Treatise on Technology and Dispute Resolution, in M. S Wahab et al. Eds. , 2012.

后　记

　　2021年，针对近年我国普惠金融领域涌现的联合贷款、助贷、小额信贷、灵活就业以及商业银行互联网贷款进行了梳理，我撰写了《中国普惠金融创新业务与监管初探》，全面评估了各种创新业务风险，提出了本土化监管理论、监管原则和监管建议，并对社会大众普遍关心的非法集资行为、小贷公司定罪反思以及网贷P2P查禁等问题进行了深入分析。

　　作为"北京大学普惠金融与法律监管研究基地"系列丛书的第一本专著，《中国普惠金融创新业务与监管初探》出版以后受到业界关注，不少朋友提出普惠金融领域还有很多创新和监管问题需要梳理和调整，为什么不能写一个论述中国普惠金融方面系列专著？虽然我的金融理论研究水平还有待提高，但还是受到了鼓舞，感觉自己有责任对发生在我国普惠金融领域热点问题作一个记录、梳理和分析，帮助金融机构、互金平台、小贷公司以及个体工商户更好理解普惠金融，也为监管机构寻求规范之道提供一点帮助。

　　于是，2021年9月，我开始关注和收集普惠金融数字化转型和合规发展方面最新动向。2022年1月，"北京大学普惠金融与法律监管研究基地"系列丛书的第二本《中国普惠金融数字化转型与合规发展》开始动笔，聚焦商业银行、互金平台、非银金融机构以及金融科技企业数字化转型方案，涉及助农金融服务网点、个人征信、社区金融、合规监管以及金融消费者普遍关心的金融纠纷案件数字化在线保护等问题。

到了 3 月，北京突然遭受新冠肺炎疫情的严重反弹，小区封闭，无法外出调研、访谈和查阅资料。我每天都关在书房埋头写作。除了下楼做核酸，每天大部分时间都扑在新书写作上。虽然章节字数进展很快，但从早到晚高强度的静坐写作也让我血压升高。但一看见王老师和我在 2003 年人民大学逸夫会议中心的合影时，好像就有一股力量在催促着我，让我重新有了继续写作的信心。

记得第一本《中国普惠金融创新业务与监管初探》因为疫情缘故一直拖至 2021 年 6 月才得以出版，未能让老母亲生前亲眼看见这本在她身边写成的书。我一直深感自责和难过。每每想起，我就提醒自己不能懈怠，必须加快写作。无论如何赶在今年 9 月 10 日教师节那天，把第二本《中国普惠金融数字化转型与合规发展》亲手送到王作富老师面前，让老师看到学生献给他老人家的新书。

说起我和王老师的渊源，早在 1989 年 11 月就开始了。当时我在上海社会科学院法学研究所攻读硕士研究生，王老师正巧到上海华东政法大学参加中国法学会年会，在硕士导师吕继贵教授鼓励下，我专门拜访了王老师。那是我第一次见到王老师。并不像我原先猜测的那样，王老师丝毫没有"大博导"的架子，平易近人的大家风范再次给我留下了深刻印象。

1990 年，我去大连参加会议，再次见到王老师。虽然没有专门交谈，但王老师还是在会议茶歇时问了我硕士毕业论文的写作情况，并鼓励我要深入调研，力求解决司法实践的热点问题。

1992 年，我硕士毕业被分配到上海海通证券公司工作。那时，我常常出差到北京，我总喜欢去中国人民大学校园里走一走，看一看，去静园 13 号楼拜访王老师。好几次在王老师家中，我们讨论起证券市场内幕交易、操纵交易价格问题，忘记了吃饭，难为武师母（已故）一连热了好几次饭菜。甚至有一次因为讨论中外合资股份有限公司股东能否成为职务犯罪主体问题，一直讨论到下午 2 点才吃上午饭。

2000 年，我考进了中国人民大学法学院。12 月 26 日，青锋、陈兴良、张军、世平、孙力、胡云腾、王新清、桑红华（女）、谢玉童、马民革（已故）、韩耀元、刘志远、翟中东、王铼（女）、赵永红、唐世月和我齐聚一堂，在北京燕山大酒店庆祝王老师 72 岁华诞，我真切感受了师门大家庭的温暖，体会到了师兄师姐的团结友爱。

从那时起，我就一直追随王作富教授研习法律。由于我曾经在证券公司工作过，当时王老师就建议我把研究定位在金融违规与证券监管领域，将我过去 8 年证券从业经验与博士阶段学习结合起来，不至于白白"浪费" 8 年证券从业经历。于是，在 3 年博士期间，我运用分析法学、社会法学和比较法学方法，对涉及证券市场违规基本理念、认定原则、监管措施、刑事责任与民事赔偿方面进行深入探讨，撰写了《证券违规犯罪新趋势与认定处罚》《中国创业板股票上市操作路径与法律实证》（上下卷）、《证券市场新型犯罪识别与赔偿途径》3 部专著，主编《中国大学维权调查》，出版学术论文集《站在法律与金融交汇处》，力争在证券违规与法律监管领域闯出一条研究新路。

在人民大学攻读博士期间，我最熟的就是通往王老师家中的林荫小路，高耸的南槐树记录了恩师多少个春夏秋冬的不倦教诲。每每我遇到学习难题，王老师就会从繁忙的学术活动和教学中抽出时间悉心指导，每次的指点总使学生茅塞顿开，受益匪浅。

记得 2003 年 3 月 4 日，我去王老师家里取论文修改稿，王老师告诉我说："每天晚上赶着看，年纪大了，字太小，两眼看得直流泪。"临别时，恩师还要我从头到尾地通读二遍，告诫我做学问一定要精益求精，要用通俗易懂的语言表达主题思想。为了我的博士毕业论文，当时已 75 岁高龄的王老师从资料收集拟定提纲到论文结构耗费了大量心血，甚至连文中的漏字、错字以及语病都逐一指正。文稿中红蓝色的条条杠杠，凝集着恩师心血，让我敬佩恩师治学严谨，更让我感到惭愧和自责，不敢有半点虚妄和浮躁。

2003年9月，我进入中国人民大学财政金融学院博士后流动站，师从吴晓求教授开展证券与金融方面研究。在站期间，面对证券发行模式、定价结构以及金融衍生品种的价格定位等艰深晦涩的金融问题，我一直坚持运用王老师的研究方法，从未感到金融与法学之间存在着不可逾越的障碍。2009年，《上市公司证券违规犯罪解析》的出版更坚信了金融必须与法律结合起来才能使高深晦涩理论散去教条气味，理论必须与市场交汇起来才能使冷峻的法律条款热融于大众生活。

王老师一辈子也是这样身体力行，整躬率物，万世师表。

五十年代，国之初建。王教授意气风发，大胆跟进时代脉络，学习引介苏联法学，提升涵养学术，刊行注疏法学，成为新中国最早一批刑事法学先驱。十年浩劫，重创法制。王教授也不能幸免，曾经被派往北京房山、通县（现通州）等地，参加"四清"工作，后又下放北京多地"五七干校"劳动改造，种田、养猪都干过。1978年中国人民大学复校，时年五十有余，王教授又重新回到大学工作，仍以开放心态，重拾奋发之气，参加了我国《刑法》（1978年版）起草工作。1988年又担任刑法总则修改组组长，积极参与中国刑事法学第二次历史进程。1990年以后，王作富教授多次应全国人大法工委邀请参加系列单行刑法草案及专门问题研讨，多次应国家最高司法机关之邀参加司法解释创制工作，成为新中国刑法学的主要开拓者和奠基人之一。

七十年来，王作富教授言传身教，桃李天下。上至共和国检察长，下至普通科教人员，茁壮成长，很多学生已经成为当代法学教授、商业翘楚、著名律师和政府官员。可以说，王教授在三尺讲坛辛勤耕耘，为国家人才培养作出了杰出的贡献。

六十年来，王作富教授尽心竭力，笔耕不辍，始终以饱满的治学态度，撰写学术专著、主编法学专业书籍多达60多部，发表学术论文80余篇，个人著述近400万字，著作等身，其法学思想已经根植于中国法律体系中，并且在司法实践中不断传承和发展。

五十年来，王作富教授形成了独具特色教学风格，主张用通俗易懂的教学语言诠释枯燥难懂的理论问题，提倡用形象生动的司法案例分析冷峻生硬的法律条款。王教授反对用晦涩难懂的故弄玄虚，卖弄出短命的华丽词藻。国内法学教育界、司法界亲炙其教诲而卓然有成绩者不可计数，得到国内外法学界一致肯定和广泛尊敬，学术影响力持续至今，至圣先师，成为中国刑事法学代表性人物之一。

四十年来，王作富教授学识高超，虚怀若谷。作为新中国刑事法学的主要参与者之一，中国人民大学刑事法律学科创建者之一，王教授励精图治，丰富、发展了中国刑事法学科，亲手开创的人民大学中国刑事法学体系如今已蔚然大观。

王作富教授谦逊做人，谦让做事。对待学术，王教授既不逞能炫耀，更不称霸杏坛。对待同事，王教授总是赞誉有加，平易近人，从未有过负面评价。对待财富金钱，王教授秉持身外之物的不争之态，豁达谦让。无论取得何种学术成就，王教授总是安然若素，一带而过；不管获评何种荣誉称号，王教授更是平静面对，淡然处之，目光又义无反顾地投向下一个新的学术高地。

王作富教授从善待人，循循善诱。无论是博士（后）生，还是硕士生，甚至是本科生，王教授总是鼓励有余，提倡学术民主，不把自己观点强加给学生，他曾指导一位学生关于"刑法中因果关系"的毕业论文。当时关于这个问题理论界有两种观点，一种观点主张刑法中因果关系就是原因和结果的必然联系；另一种观点则主张刑法中因果关系是原因与结果的偶然关系。王教授赞成第二种观点，但这篇论文大赞第一种观点，但是王老仍然给这位学生打了满分，因为他发现这位学生为写这篇论文阅读了大量的哲学著作，引证了大量论据证明因果关系是一种必然的关系，由此表明学生是下了功夫的，治学态度也是严肃的，应该予以肯定，而不能只以老师观点作为评判是非的标准。王教授学术民主的治学风范由此可见一斑，从不傲贤慢士，更无盛气凌人，令人敬佩。

王作富教授主张教学相长，喜欢和学生讨论问题，鼓励学生独立思考。他说和学生们谈话，自己也很受启发。学生们也觉得他平易近人，不会居高临下以导师自居，所以都愿意和他探讨问题。王教授一直鼓励学生学术问题必须具备争强好胜的钻研精神，不要畏惧困难而萎缩不前。而对学术以外的东西，诸如学术待遇、科研经费和课题头衔等，王教授始终告诫学生不可贪大求全，不必计较物质得失，更不能追名逐利，贪墨败度。

是的，王教授遇事不争，从善做人，处事不苟。这使得包括我在内的王门弟子们终身受益教诲。正如老子所讲："夫唯不争，故天下莫能与之争也。"正是王教授这种为人性格和处世风格，一直影响着我对科研、生活的态度。

反观现实，无论是法学界还是金融领域，都充斥着假劣伪冒。有的"法学大师"科研成果造假，以假充真，以次充好，骗取名誉地位和利益。有的"金融大咖"数字造假、实验作假、统计做假。在利益诱惑下，浮躁心理滋生蔓延，道德缺失引发蚁膻鼠腐。他们或投机，或懒惰，或蛮横，学术研究缺乏严谨精神，不是作品粗制滥造、庸俗不堪，就是抄袭剽窃，篡篡不饬，要不然整日陷于坐而论道的"自娱自乐"，闭门造车，自我欣赏、自鸣得意、自我陶醉，最后不能自拔。最恶心的就是崇洋媚外风气日渐猖獗，在研究、写作、评比中，崇洋媚外，盲目地以国外特别是西方的学术观点、学术标准之是为是，以国外特别是西方的学术观点、学术标准之非为非，盲目崇拜西方理论和观点，寡廉鲜耻，从"人类灵魂工程师"沦为"舶来知识抄袭者"，躯壳里没有一点点血性和骨气，甘当域外学术走狗。

2014年，由弟子们自发组织撰写的《草木有本心——王作富学术人生自述与侧记》，这是一本为王作富教授教学生涯60年的口述回忆和陈兴良、张军、胡云腾等学生的纪念、回忆文章的合集。我也在书中表达了心声，一直坚持奉行老师的为人之道，干净做人，坚持老师的处世之规，清新干事，在快乐气氛中完成一项又一项的科研成果。这都要感谢恩师的长期教诲。当然，说到感谢，这点文字是不够的。

2021年9月10日教师节，我和刘志远、王铼、谢玉童、刘树德相约去看望王教授。席间，王教授虽然话语不多，但思路依然流畅。临近中午，我们起身向王教授告别。王教授在家人搀扶下坚持走到电梯口向我们挥手告别。那一瞬间，弟子们感动无比，伤感几许……

2022年的9月10日，我要送上这本新书，向辛勤耕耘三尺讲台75载的恩师祝福，奉上一首七言律诗，且作恩师95岁华诞的献寿之礼。

竹无俗韵兰相伴，梅散余香曼上枝。

大树已成犹未晚，小苗初种不嫌迟。

寸阴尺璧留千古，一字千金入四时。

丹鹤巢边松最老，遐龄天赐记恩师。

今天，我还想对您说——我不是您最出色的学生，而您却是我最尊敬的老师。我愿把这份崇高的敬意献给您：从走近学术这扇大门的那一刻起，虽然注定是变化中的寂寞，但我也体会到了学习的快乐和满足。

今天，恩师的教诲经常让我感到惭愧。反省之余，不敢有半点虚妄和懈怠，任何鲜花和赞美都无法代替学生对恩师倾注心血的报答，唯有不懈努力，潜心研究，做好学问，永远奋进在前行路上，才能无愧于您的教诲，无愧于自己良心。

本书的出版得到了中国金融出版社肖丽敏主任的大力支持，责任编辑赵晨子女士做了大量艰苦细致的文字整理工作，在此表示感谢。当然，书中部分数据、图表借鉴了中国人民大学中国普惠金融研究院相关研究成果，其中有蒋宏宇、廖博等研究人员提供的帮助。我的硕士研究生周华青、张凯蓉、丁柳、高荐峥和乔浩同学也帮助寻找文献资料、文字整理、制表和勘验数据，一并表示感谢。

我还要特别感谢曹石金董事长和谢如东董事长。可以说，如果没有他们的资助，新书是无法按时付梓印刷的。

记得 2022 年 4 月上旬，我给远在南京的曹石金董事长打电话时，流露出新书出版资金缺口的窘境，曹董事长当时就明确表态支持，并指派了公司品牌总监与我对接，专门办理资助新书事宜。后来，新书需要一些案例支撑，曹董事长还专门选取了江苏银承网络科技公司 5 个经典案例充实到新书中。这不仅使得新书内容更加丰富完整，更让我真正体会到了一个互联网行业对中国普惠金融事业的支持。对此，我心存感激。

也是 4 月上旬的一天，当我微信告知谢董事长新书出版经费面临缺口时，谢师兄十分支持，马上回复"若有任何缺口，我将给你补足！"说实在的，我没想到师兄会如此爽快答应，而且不计任何回报。当时我心里除了感激之外，还有一点点的不敢相信。一个月后谢师兄如数打款，面对我的再三谢意，师兄只回复了一句"赞助一事，真的不必挂在心上，我们一起共同为祖国的普惠金融做点事"。言简意赅，质朴平淡，彰显师兄风范，成就了我和谢师兄交往的一段佳话，验证了师兄不求回报，慷慨解囊，无私支持普惠金融科研活动，令我感动至今。

在这次新书出版过程中，确实让我深刻体会到朋友情谊，看清了一些"朋友"真面目。平日里称兄道弟，开口赞成普惠金融，闭口支持学术研究，但一谈及新书资助事情，马上环顾左右而言他，就是不肯出手相助，张三李四没有了下文……

其实，这些人不值得写进我的新书里，但发生的事情又构成新书出版的一个真实过程。也许，把这些真实经历写进《后记》，可以让读者知道什么才是朋友帮助，什么才算同学情谊，什么才叫不求回报！

再次感谢曹石金董事长、谢如东董事长对普惠金融学术研究的资助。当然，还要感谢周高航、张亮、温厚娇同志提供的帮助和支持。

最后，感谢杜晓山老师为北大普惠金融与法律监管研究基地系列丛书撰写《总序》。有着中国小额信贷之父美誉的杜老师，对普惠金融领域深耕多年，主张普惠金融应该是可负担、能持续的小微金融，不应该是以高利率为特征的微型金融，必须多为全社会低收入群体、小微企业和个体工商户提供可得的金融服务，不能以赚取社会弱势群体为自身发展目标。这些年来，杜老师与我多次交流普惠金融领域的理论问题，在合作撰写文章过程中，对我的一些不成熟的学术观点耐心指出问题，让我深受鼓舞。本书中的不少观点都受到了杜老师的启发。这次杜晓山老师、曹石金先生专门拨冗写序，不仅是对北大普惠金融与法律监管研究基地的鼓励，更是对我的科研工作一种鞭策。

由于我的学术水平有限，书中存在不妥之处，特别是我国普惠金融数字化转型发展迅猛，日新月异，涉及的合规监管政策变化很快，部分学术观点、监管策略只限于学术性建议，加之时间仓促，书中难免有所疏漏，欢迎各位业内同仁和广大读者批评指正。

顾雷　谨识
2022 年 7 月 12 日北京文化大厦